漂亮股票结构形态学
理论篇

高青松 著

中国商业出版社

图书在版编目（CIP）数据

漂亮股票结构形态学.理论篇/高青松著.--北京：中国商业出版社,2019.5
ISBN 978-7-5208-0739-5

Ⅰ.①漂… Ⅱ.①高… Ⅲ.①股票交易—基本知识 Ⅳ.① F830.91

中国版本图书馆 CIP 数据核字（2019）第 079148 号

责任编辑：朱丽丽

中国商业出版社出版发行
010-63180647　www.c-cbook.com
（100053 北京广安门内报国寺 1 号）
新华书店经销
北京京东印刷厂印刷

*

710 毫米 ×1000 毫米　16 开　19 印张　260 千字
2019 年 5 月第 1 版　2019 年 12 月第 2 次印刷
定价：88.00 元

****

（如有印装质量问题可更换）

前 言
趋势、结构、形态与信号

如果你爱一个人,那么你叫他炒股,因为股市是一个竞技场,是通往财务自由的一条捷径;如果你恨一个人,那么你也叫他炒股,因为股市是一个屠宰场,是一个让人千金散尽还复来的韭菜园。

如果你需要找到这条通往财务自由之路的捷径,如果你不想反复成为让人一茬茬收割的韭菜,那么建议你先读一读这本书。这本书不是要交予你一把独门暗器,而是希望你具备一点竞技场的"常识"。股市是弱肉强食的丛林,险象环生,不仅需要智慧与勇气、财运与福德的匹配,更需要最起码的理论与技能"常识"。我能够做的,就是以混沌与分形理论为基础,以"量、价、阴、阳、时、空"为元素,构建"趋势、结构、形态、信号、靠山"为框架的交易决策系统。这个交易系统,虽然不能保证你在股市的惊涛骇浪中长命百岁,但具备这些"常识",至少是你进步与成长的阶梯。

有人说:"我很困惑,涨停板出来了,一定能够满足特定结构与形态;但满足一定的结构与形态,并不一定涨停。"

我回答:"你说得很对,但不要困惑。"

不确定性是股票市场固有的本质。但不能因为其不确定性,就否认其在一定的空间范围、一定的时间序列里具有一定的规律性。混沌与分形理论告诉我们，看似混沌的市场走势，都带有人类思维结构的自相似性。这种人类思维结构的自相似性会在股票价格的波动中体现出来，因此在不确定性的市场中，必然存在一定概率的确定性。漂亮股票结构形态学，就是通过"趋势、结构、形态、信号和靠山"，在不确定性中寻找一定概率的确定性。

"趋势、结构、形态、信号和靠山"具有一定的逻辑层次。比如说，"低调乾坤阳"是形态，"梅开二度"是结构，形态隶属于结构之下，没有结构只看形态，或者只看裸K，不看对应的量柱，不管阴阳，不管厚薄，不管远近，不理高矮，不看时间与空间，那么失败的概率就很高。"低调乾坤阳"在下降通道中也有，不过你敢打吗？如果是在"梅开二度"的结构中，我就敢打。趋势第一，结构第二，形态第三，信号第四，靠山只是止损。止盈在"大阳内部结构"里，在左侧压力处。善战之人，求之于势，但趋势是分级别的，洛氏霍克是结构，是中等级别的趋势，但中等趋势可以演化为大级别趋势。上升5浪是结构，日像形态5浪上升结构完成，就得出货；分时上升5浪结构完成却没有涨停，那么接下来就是调整的开始。"靠山不倒，我就不跑"，这是指操盘的弹性；"靠山一倒，撒腿就跑"，这是指风险控制。这些内容都是漂亮股票结构形态学的基础知识。

所谓"漂亮股票"，指的是具有"清晰的结构"和"典型的形态"的个股。而那些"结构不清晰""形态不规则"的个股，不是我们的"菜"。不是我们的"菜"，我们就不关注，也不跟踪，更不参与交易。因为漂亮股票结构形态学认为，只有那些具备"清晰的结构"和"典型的形态"的个股才是我们可以看得懂、可以辨识和把握的机会。坦白地说，漂亮股票结构形态学，是具有一定的局限性的，它只能解释一部分具有显著特征的股票背后的逻辑。任何试图把漂亮股票形态结构学作为普适性工具的想法，都是错误的。

有些股友把漂亮股票结构形态学总结的战法模型理解为具有百分百必涨形态，这要么是其认知存在盲点，要么是犯了形而上学的错误。事实就是说，任何一种战法模型，只存在胜算概率的高低，确定性的大小。股票市场，操作的就是概率。我们的任务，就是通过不断修正模型的参数，使之向更高的胜算概率靠近。就算是顶级预测大师，对于未来的事情预判，也只能用或然性的语言。所谓"铁口直断"，要么是缺乏职业素养，要么是新人入门还没有摸到门道。在漂亮股票结构形态学的所有表述中，从来就没有说过哪种战法具有百分百的胜算。企图用一个永恒固定的战法模型，然后不管什么情况，只要按图索骥冲进去，就有一个现成的盈利，这是一根筋思维。事实证明，凡是抱着"只要起点相同，就会有相同的结果"的思维模式去操作，结果都会吃大亏。股票市场，没有万能的宝贝。股市的运行，是多种因素综合作用的结果，没有任何因素是万能的主宰和唯一决定的力量。如果说有万能的宝贝，那就是"顺势而为"。

是否按照操作程序进行交易，是评判业余与专业选手的重要依据。专业操盘手，遵循一定的套路和程序来进行交易，而一般散户大多凭借自己的想象，几乎没有模型，也不讲究操作程序。股票交易，看似简单，其实并不简单。要想出手见红，要想获得较好的收益，不仅要了解"宏观趋势、中观结构、局部形态、微观信号"，还要懂得"见好就收"与"风险控制"。

评判专业操盘手与非专业操盘手的标准不在于交易的失误与否，而在于其是否有风险控制的预案，以及面临机遇时的果断，面临风险时"斩立决"的执行力。专业操盘手也会有做错的时候，这是由市场的不确定性决定的。专业操盘手在交易前，一定会找好"靠山柱"，画好止损线，破了线一定会在第一时间认错出局。买入与卖出信号，就是进退的依据，根据确定的信号操作，是专业操盘手的素养之一。

实战操作，专业操盘手一定会根据客观、定量的信号进行交易，市场信号才是唯一的决策依据，而不能模棱两可地主观臆想。对于大多数专业操盘手而言，他们并非具有独门暗器，而是具有相对固定的操盘模式、一套简单的进出信号原则，以及坚定地按此去做的严明纪律。

为什么炒股票还要学理论？因为炒股票不简单。股票市场汇集了大量的精通金融、历史、政治、哲学、心理学、数学、统计学等学科知识的团队，包括公募基金、私募基金、社会游资等精英团队。这些人大多数是在金字塔顶端的超级高手。在金融市场这个食物链的顶端，他们才是吃肉的狼。股票市场，就是一片相互依存、相互竞争、风吹草长，各种植物与动物相互依存的大草原。草长起来了，才会引来羊；羊要吃草，狼要吃肉。股票市场说穿了，就是一片丛林。

在这个生态系统里，要想生存，没有一定的技能是不行的。要具有一定的技能，就需要一定的理论指导。理论的好处，就是理论给予的极限，比如kdj信号、macd的背驰、均线系统的穿越与支撑，等等。工科出身的人都知道，理论上的极限有时候是无法超越和突破的。比如光速、绝对零度、能量守恒定律等。工程上，专业人员与业余爱好者的区别在于是否了解极限的存在。为什么涡轮蒸汽机的效率到百分之六十多就无法提高呢？因为不论工艺上如何改进，蒸汽的温度是有限的。热力学上的卡诺定理设定了特定温度条件下发动机的效率上限。有了这个理论基础，做事就不会异想天开。也不会问出蒸汽机的效率为什么到不了90%这样的傻问题，在实际工作中也不会胡来。看起来这是工程领域里的道理，股票市场也一样适用。

食其时，百骸理；动其机，万化安。为什么2019年1月14日002941新疆交建（见图A-1）在连续拉升七个涨停板后，需要见好就收及时出货？就是因为理论上有这样一个7板翻番到顶的极限，同时高位出现分时结构烂板，明确的撤退集结号吹响。明白了这个"极限"的道理，就不会在连续7个涨停板后，还会拼命买进。股票市场是一个非常凶险的围猎场，没有一定的理论做指导，没有一定的分析工具，或者说没有一定的常识，是很难长期生存的。

几乎在任何一个领域，做事情都有专业和不专业的区分。股票市场上，职业操盘手相对较少，而业余操盘手相对较多。职业操盘手，是经过专业训练的，具有一定的理论基础和职业素养的。业余操盘手的水平就参差不齐了，大多数没有理论基础，更谈不上专业素养。

漂亮股票结构形态学，就是想用最简单的语言，传播最实用的技术，使那些只要有小学文化水平的人，经过一段时间的训练，也能够具有一定的股票交易常

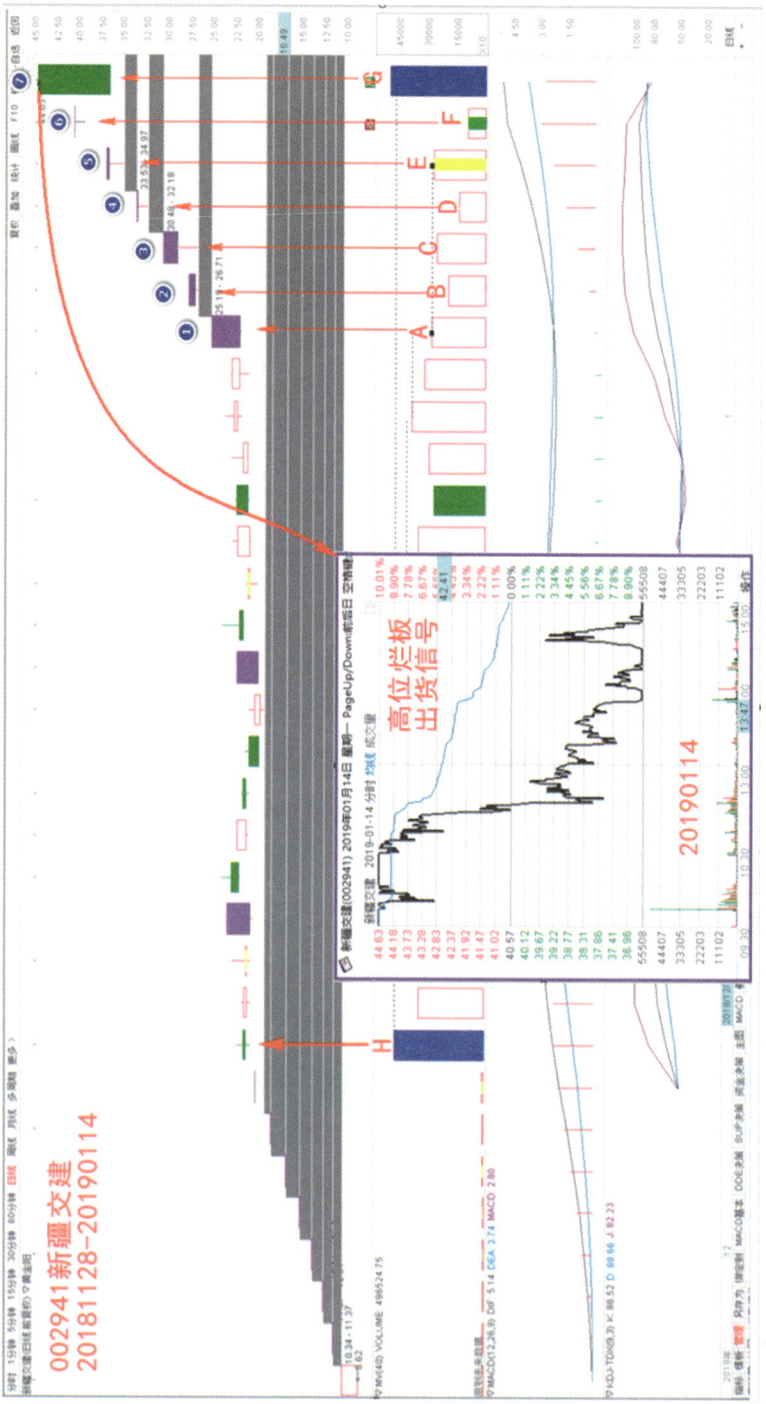

图A-1 新疆交建七板到顶板极限图

识，能够通过量价结构、通过图形，看懂股票价格波动的动力来源与背后的逻辑，踏准股价波动的节奏，从而做到一定程度的"避害趋利"。

没有交易就没有伤害。只要参与交易就要有接受伤害的思想准备。股市如同战场，有交战就有伤亡。而且股票市场的伤亡，远远比战场的伤亡来得残酷。自从有股票市场以来，只有10%的股民能够赚钱，70%的股民亏损，20%的股民打个平手白忙活一场。因此，参与交易之前，先问问自己：我的技术与功底、我的才华和智慧、我的财运和福运，是否能够进入前10%？如果不能，那么伤亡、割肉、当韭菜就成为必然。不要说什么价值投资无效，不要说股票市场的管理者无能。股市就是围猎场，你参与其中，就等于认可弱肉强食的规则。参与股市交易，不可能是精准扶贫，更不可能实现共同富裕。进入股票市场之前，先到中央电视台看看《动物世界》这档节目，丛林法则在股票市场每天都上演得淋漓尽致。

有研究表明：天天进进出出买卖股票，如同夜夜做新郎，不仅亏本钱，还会亏身体；而那些不看趋势，不管结构，不理政策，觉得某只股票好，就一头扎进去，不会见好就收，不做风险控制，而且长期赖在里面不出来，工资到账就补仓的，大有人在。至于熊市底部割肉，牛市高位追涨，追涨杀跌，深陷其中，不能自拔的，更是无以言表。

相比之下，那些在股票市场能够生存下来且有所盈利的炒家，一般都经历过切肤之痛。他们也是与众人一样，懵懂入市，备受煎熬，某一天幡然醒悟，拜师学艺，海纳百川，不断钻研，了解了一些常识，掌握了一定的技能。但凡那些由亏损变盈利的，首先，就是学会把交易的频率降下来。统计表明，把交易的频率降低到50%，盈利能力至少可提升到两倍。部队打仗，激战五日，休整三月，道理普通得不能再普通。参与市场交易，不可能是生活的全部，对于大多数人而言，还有正式的职业和事业，还有家庭和社会圈层，还有诗和远方。第二条，就是能够较好地控制自己的情绪。情绪得到控制，就不会因为操作某一只股票失误而"死猪不怕开水烫"而长期赖在里面。相反，他们在操作之前一定会设置好风

险控制线。一旦破线，说明市场走势与自己的预判不一致，因此他们会在第一时间"斩立决"，以保存本金。在大的下跌趋势形成之初，他们就会识别风险，减仓甚至空仓休息，等待调整到位，结构完整，出现买点机会再次出战。

而缺乏交易训练者，在交易失误，上涨结构完成，下跌趋势出现以后，还抱有幻想，赖在里面不出来，以至于被长期套牢。或急于扳回本金，接二连三下重手，结果会适得其反。更有甚者，有些人做了一次出色的交易，逮住了2个涨停板，就突然之间觉得自己天下无敌，接下来就把自己的能力无限放大，放松警惕频繁操作，把之前赚到的钱很快输光。很多人犯的同样一个错误，就是在连续上涨之后卖掉了某只股票，赚钱了，于是信心爆棚，立马买入另外一只，结果很快就被套牢。不知道张弛有度，不知道空仓休息的，不是疲劳死，就是被套死。

天行有常，不为尧存，不为桀亡。应之以治则吉，应之以乱则凶。漂亮股票结构形态学，企图通过结构形态分析了解股价波动背后的逻辑，通过形态物语捕捉确定性的交易机会。本书反复传播的一种理念就是：春季播种，满仓进取；夏季长成，辛勤耕耘；秋季收割，见好就收；冬季刀枪入库马放南山。所谓"顺势者赚，逆势者亏"，就是最朴素的道理。

股票市场说简单，很简单，说复杂，很复杂。看似简单，其实比做实业要复杂得多。要想做好交易，关键是必须具备一定的职业素养和专业技能，按照职业的做事方法去做交易。专业素养就意味着遵守流程和操作规范，有一套相对固定的交易模式和交易系统。

专业素养还体现在对新知识新技能的学习上，真正的高手，往往是最善于学习的。不同的技术流派、不同的操盘模式，都是自己学习的对象。学习的目的，是为了适应新的形势，接受新的常态，因为市场在不断变化。不学习和接触新的知识，很快就会被市场淘汰。君不见，60后的操盘手和90后的操盘手，其风格是完全不一样的。前者行事风格相对稳重，建仓、洗盘、震仓、拉升、出货都有迹可循，属于善良的群类；而后者则非常凶猛，今天涨停，明天跌停，翻云覆雨神出鬼没，并非善主。因此越是具有专业素养的人，越要与时俱进，在动态中不断学习和进步。

如图A-2所示，601800中国交建在2014年7月9日至12月19日这个期间，主力以60日均线为标准，逐步完成建仓、洗盘、试盘、震仓、拉升等程序，每一步都是循规蹈矩、稳打稳扎。这就是典型的60后或者70后操盘手法，属于公募机构主导的操盘风格。普通的散户，只要耐得住寂寞，买进后看住60均线，不有效跌破60均线不出，在相对高位则根据短期均线组（5、8、13）的变化来出货，一般都能享受到丰厚的利润。正道之行，不问吉凶，所谓顺势而为，所谓顺之者昌，这就是60日均线的威力。

而如图A-3所示的300345红宇新材在2018年6月期间，短短几天翻云覆雨，从跌停到涨停，从涨停到跌停，动不动就是启动"核按钮"，一天振幅20%，无所不用其极。这就是典型的90后操盘手法，属于游资主导的操盘风格。普通散户，没有强大的心脏，多数都会被呛死。

有些人在实体经济领域经营得很好，进入股票市场之后也以为自己可以把做实体经济的经验带到股市。但事实上，很多在实体经济里的风云人物进入股市很快就被无情地淘汰了。实体经济和虚拟经济，这是完全不同的两个领域，需要完全不同的专业技能，因此跨界之后，还得以空杯的心态重新学习。用实体经济的思维和方法来操作股票，是行不通的。

能否把握"趋势"，是在股票市场能否赚钱的第一要义。理论上，当趋势朝下时，要做到"刀枪入库马放南山"，空仓是最佳的生存策略。如果一定要"抢反弹"，那么，最佳策略是采用"2080原则"，即只动用全部资金的20%，偶尔打打游击战，抢一把就跑。而80%的资金要放在银行，不能动用。

在大趋势朝下的过程中，完全空仓远离股市当然是最好不过的，但完全空仓也有一个弊端，就是长期远离股市会让自己丧失对市场的感觉。因此，拿出总量资金的20%，活跃在股市交易的最前沿，也算是一种不错的策略。最坏的结果，就是自己把这个20%的资金在熊市的过程中全部消耗完毕。即便把这20%的兵力全部打光，当牛市来临，还有80%的有生力量可以动用。而在熊市中积累的对市

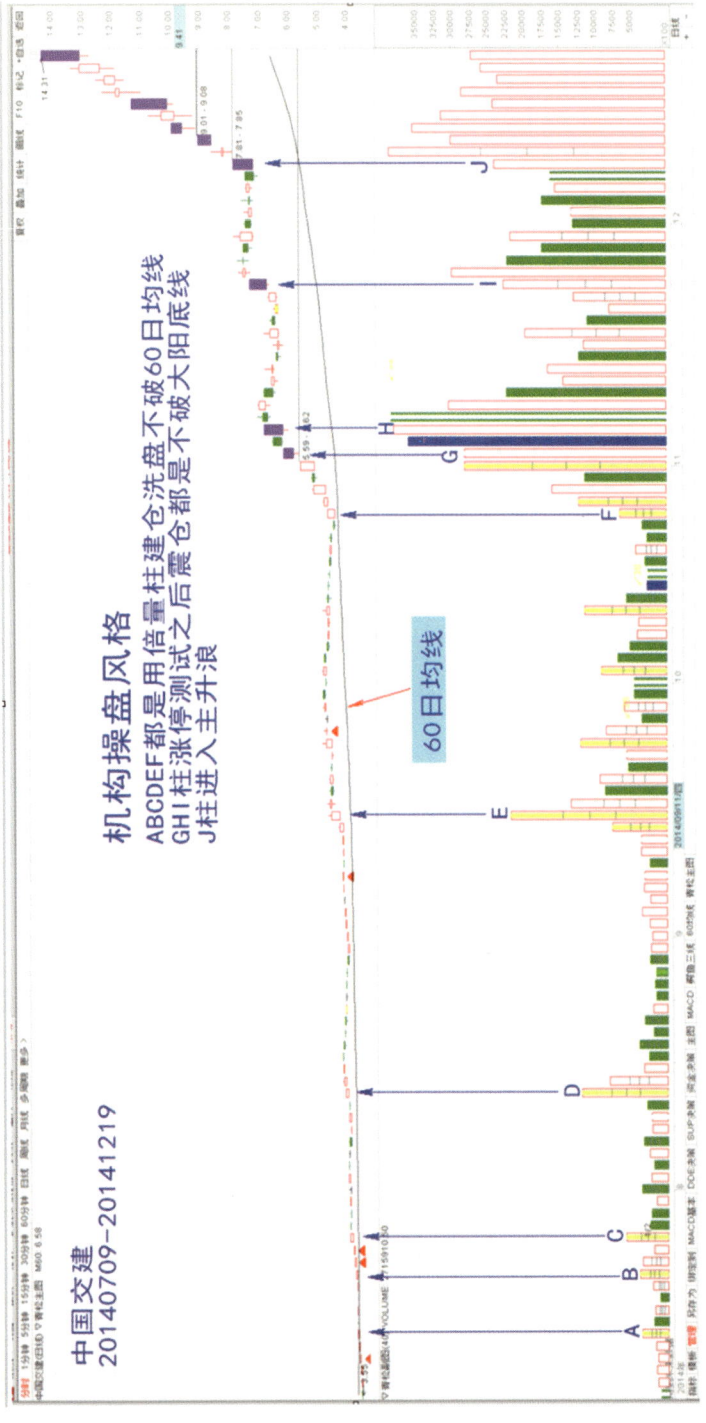

图 A-2 中国交建机构操盘风格图

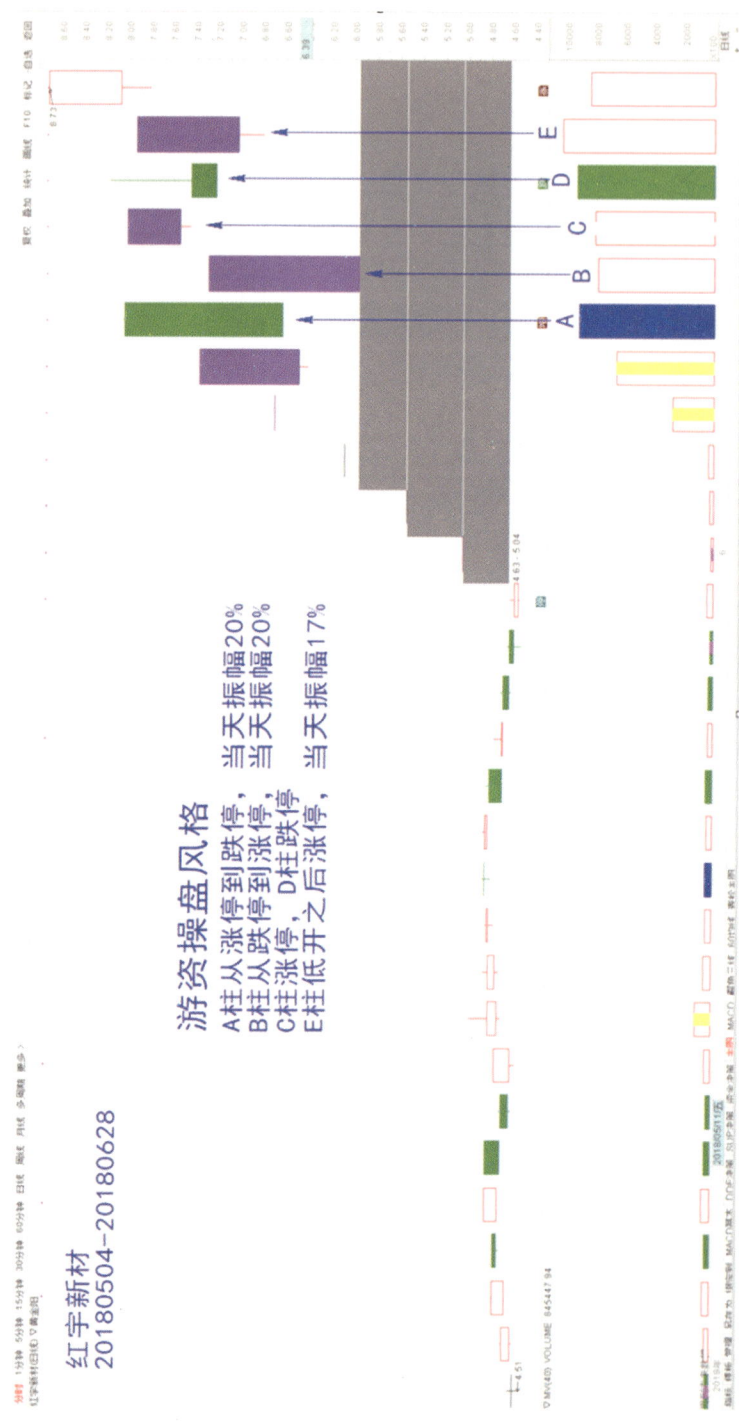

图 A-3 红宇新材游资操盘风格图

场"心跳"的感觉，在牛市中可能会有加倍的回报。当牛市来临，全部资金都要全力以赴，有条件的，还可以外加杠杆。

"2080原则"还有一层含义，就是在熊市的时候持仓的时间累计不能超过20%，80%的时间要学会空仓。而在牛市的时候，则要反过来，80%的时间要满仓持有，20%的时间用来空仓。

根据"趋势"定仓位，跟着"结构"做波段，根据"形态"选股票，根据"信号"定进出，这就是我们追求的目标。

希望本书的出版，能给更多的股友带来新的赋能。技术没有秘密，技术讲究缘分。缘分未到，你会认为结构形态学一钱不值；缘分未到，即便你学习了，也不会受益；命自我作，福自己求。缘分到了，结构形态学里任意一个战法，都是你的倚天屠龙剑；缘分到了，结构形态学里的任意细节，都是你可以把握的财富聚宝盆。

湘潭大学商学院 高青松
2019年元月于咸嘉新村

目 录

第一章 "顶分形"与"底分形" ············001
第一节 顶底分形的概念 ············001
第二节 分形的确认信号 ············004
第三节 分形的强弱 ············005
第四节 灵活研判的思路 ············012

第二章 梅开二度底部结构形态 ············014
第一节 "梅开二度底部"的概念 ············014
第二节 双底结构质量的辨识 ············016
第三节 极品双底结构——乾坤扇 ············019
第四节 分时结构双底与双顶的相互转化 ············023

第三章 洛氏霍克结构 ············029
第一节 洛氏霍克结构的概念 ············029
第二节 上涨趋势结构形态 ············030
第三节 下跌趋势结构形态 ············033
第四节 洛氏霍克结构的延伸 ············034
第五节 应该注意的几个问题 ············037

第四章 箱体平台结构 038

- 第一节 箱体平台结构的概念 038
- 第二节 箱体的指向性 041
- 第三节 箱体的能量 043
- 第四节 关于普适性 047
- 第五节 箱体平台之前的第一波涨幅 047
- 第六节 结构的完整性与介入机会的选择 049
- 第七节 左侧压力问题 052
- 第八节 不同位置箱体平台操作 052

第五章 标准波浪结构 056

- 第一节 相关概念及原理 056
- 第二节 分时5浪不涨停 060
- 第三节 日线形态5浪结构 061

第六章 倍量柱的指向性 071

- 第一节 倍量柱的概念与价值 071
- 第二节 上涨趋势中倍量柱的指向性与交易技巧 073
- 第三节 下跌趋势中倍量柱的指向性 075
- 第四节 盘整期间的倍量柱 078

第七章 谷底线的支撑和阻力 082

- 第一节 谷底线的概念 082
- 第二节 谷底线的支撑与阻力 084
- 第三节 压力与支撑的相互转换 086
- 第四节 macd指标与谷底线的强弱 089

第八章　"靠山柱"的设置与动态调整 ················091
第一节　主动止损与被动止损 ················091
第二节　"靠山柱"的动态调整 ················094
第三节　风险控制线的其他参照物 ················097

第九章　"三好学生"连板涨停基因 ················098
第一节　"三好学生"涨停基因的内涵与价值 ················098
第二节　"三好学生"涨停基因的市场原理 ················100
第三节　关于普适性的说明 ················104

第十章　闪崩的前兆与预判 ················107
第一节　闪崩现象背后的原因 ················107
第二节　闪崩前量价结构形态的主要特征与风险控制 ················111
第三节　实战追踪 ················120
第四节　缓实急虚 ················123

第十一章　阴阳的性质及其转换 ················129
第一节　量价"阴阳"的性质 ················129
第二节　量价阴阳的辩证 ················131
第三节　量价阴阳的转换 ················134

第十二章　主力出货的标志性信号与行为习惯 ················139
第一节　短期涨幅较大的庄股出货信号 ················139
第二节　问题股出货信号 ················146
第三节　突发利好连续暴涨之后的出货信号 ················148

第十三章　价升量缩的奥秘 ················154
第一节　日线形态的价升量缩 ················154
第二节　分时量波的价升量缩 ················157

第十四章 敌峰、我峰与隐形左峰·········173

第一节 敌峰与我峰·········173
第二节 隐形左峰·········178

第十五章 早盘买入"停顿法"与"正三围结构"·········190

第一节 停顿法的内在逻辑·········190
第二节 分时结构的"正三围"·········191
第三节 正确使用"停顿法"的利弊·········191
第四节 实盘检验与学员操作总结·········201

第十六章 尊重主力的习惯·········205

第一节 以均线系统为参照物·········205
第二节 以结构形态为参照物·········211
第三节 以分时量价结构为参照物·········214

第十七章 无量跌停与爆量建仓·········218

第一节 "穷光荣"的前世今生·········218
第二节 经典案例分析·········222

第十八章 涨停板选股·········223

第十九章 狐鬼神仙与核按钮·········237

第二十章 七步选股法·········245

第二十一章 "见好就收"与"天长地久"·········261

第二十二章 "次新股"的"三种命运"·········269

第二十三章 结构形态形似而神不似的甄别·········272

学员反馈集锦·········275

后记·········283

第一章
"顶分形"与"底分形"

第一节 顶底分形的概念

"分形"这个名词是数学家曼德尔伯特发明的,他是最早用分形研究经济的人。他在不规则中发现了规则,并将这种"不规则"中的"规则"命名为"分形"。

曼德尔伯特在研究棉花价格波动的资料时发现,虽然每个特定价格变动具有随机不可测的性质,但每天与每月的价格变动曲线完全是整体缩小后的形状。对于某特定不规则客体,不论放大倍率为多少,分形纬度始终保持固定;所有"不规则"之中,都存在这种"规则"性。他认为混沌是有时间性的,系统初始误差随时间的推移而放大,混沌体现为一个变化的过程。分形是空间性的,系统结构随测量精度的变化而变化,分形体现为结果。混沌与分形理论的奇妙之处在于把确定性和随机性这两个以前互不相干的东西糅和到一起了。分形的核心是自相似,看似无规则、碎片状的东西,其实也是有确定性规律的。

"分形"的另外一种叫法就是"结构"。结构是万事万物内部元素在时间和空间里的排列形态，即分形。初始分形就是"根本结构"。借助结构这个概念，那么看似杂乱无章的复杂现象中，就可以找到许多出乎意料的秩序和规律。事物在空间和时间中的汇集方式，就暗示着某种规律性，并可以用数学来表述它们的特征。

最先把混沌与分形引入证券市场的是美国人比尔威廉斯，他研究发现分钟走势图与周线/月线图，往往呈现相同的结构，即自我相似性，这就是分形理论在金融市场的应用。后来《缠中说禅》即缠论的作者在其新浪博客中也常常用到这个词。证券市场所谓的"分形"带有"转折点的结构形态"的意思。

趋势的反转，一定是从"分形"结构形态开始的。上涨趋势是从"底分形"开始的；下跌趋势是从"顶分形"开始的。如图1-1所示，ABCD组合就是一个"顶分形"结构，EFGH组合则是一个"底分形"结构。当然这里面有一件事情要说明白，有一个条件，就是ABCD这四根价柱之间不存在互相包含的关系，即A不包含B、B不包含C、C不包含D。

在一般的资料里面，把ABC三根柱子看成"顶分形"。但我觉得这里面其实是存在问题的。因为C柱自己不能证明自己。所以，我建议再加一根D柱来确认ABC这个"顶分形"。同理，EFG三根柱子也需要H柱来确认。

在股票交易实战中，分形只是一个微观的局部。分形是有级别的，比如说，周线级别、日线级别、30分钟级别、5分钟级别。不同的级别，操作的方法就会不一样。我们很多人是以日线级别来看分形的。

这里必须跟大家强调一点：ABC出来了，并不代表上涨行情就此结束；但上涨行情结束，必然会有一个ABC顶分形。同理，EFG出来了，并不代表下跌行情就此打住；但下跌行情反转，必然会有一个EFG分形。

《缠中说禅》的作者曾经说过，操作其实很简单，一个基本的原则就是，任何走势，无论怎么折腾，都逃不出"底-顶"或者"顶-底"以及连接两者的中间过程这个节奏。

事实上，所有的顶点都必然是由顶分形开始的；所有的底部，都是从底分形开

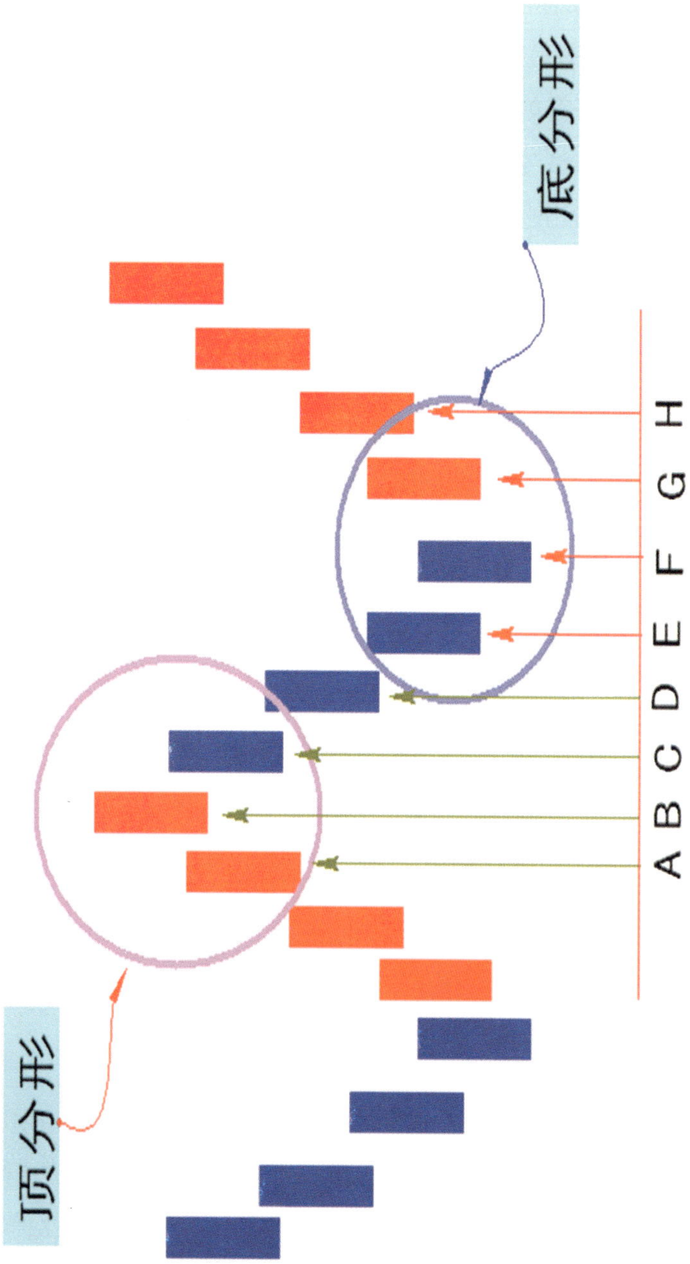

第一章 "顶分形"与"底分形"

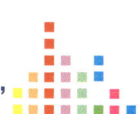

图1-1 标准的顶底分形示意图

始的。一旦出现顶分形，离开是唯一的选择。底分形获得确认，才可以进入；直到顶分形出现，才可以卖出；中间这个过程，就坚定持有。底分形没有出现，就一直等待。有信号就操作，没有信号就休息。一切都要傻瓜化，不要想得太复杂。

顶底分形，看起来简单，但具体到执行，就非常复杂了。复杂不在顶底分形图形的本身，而在于人性与恐惧。很多人是这样的：当顶分形出来了，因为贪婪而没有出货；当底分形出来了，因为恐惧而不敢买入。这就是执行力的问题。要做到图形、信号和行动一致，需要钢铁般的意志。

钢铁是怎样炼成的？《缠中说禅》的作者认为钢铁战士的基本标准是：

（1）买点总是在恐慌的下跌中形成。只要出现买点，就要义无反顾地买进。

（2）卖点总是在疯狂的上涨中形成。只要卖点出现，手起刀落，斩立决。

（3）任何操作的失误，只是一次跌倒。跌倒就爬不起来的，绝对不可能成为钢铁战士。失误就要总结，同一错误不要犯两次。

（4）买错比卖错严重。一旦确认买错了，一定要手起刀落。如果市场给你一次机会改错而你没有把握住，那就买豆腐回家撞豆腐；如果市场给你第二次机会改错而你还是把握不住，那就直接回家撞墙。

（5）你比市场强悍，市场就是你的，否则你就是市场的猎物。

傻瓜化操作，看起来简单，但要做到很不容易。因为我们大多数人都存在幻想，都不是钢铁。要把自己修炼成具有钢铁般的意志和钢铁般的执行力，需要勇气，更需要智慧。

第二节　分形的确认信号

实战中，确认分形的信号，多数情况下只能是一种提前预判。实际走势，可能会发生偏差，有的分形成功，有的失败。分形是否成功，与以下一些因素相关：（1）组合体的量价关系结构；（2）当下的过程结构；（3）大盘指数和板块指数的走势；（4）所在的趋势位置。

第一章 "顶分形"与"底分形"

以603067振华股份（见图1-2）为例，分析其组合体量价关系结构。先看ABCD组合：从局部结构来看，ABC三柱的组合并无问题，但其结果却是一个假"底分形"结构，问题出在第四柱D的身上，D柱付出了比C柱更多的努力（量柱增高），而得到的结果（价柱下跌）却比C柱对应的价柱（价柱上涨的幅度）差很远。这就是努力没有得到相应的回报，暗示上涨趋势受阻。

同理，振华股份的EFGH组合是一个假"顶分形"结构。从局部看，EFG三柱组合看起来是一个完整的"顶分形"结构，但H柱却没有确认EFG的"顶分形"结构资格。因为H柱的收盘价高于G柱的收盘价，换句话说，H柱付出的努力比G柱少，但获得了效益为正（阳柱）的结果，而G柱为负（阴柱）的结果。

有比较才有鉴别，振华股份的IJKL组合就是一个被确认的"顶分形"结构，是真的而不是假的。因为L柱跳空低开，且其收盘价比K柱的收盘价要低，顶分形获得确认。

第三节 分形的强弱

实战中，分形的信号其实是比较复杂的。因为涉及量价关系以及价柱的形态组合。

以300411金盾股份2018年6月19日的底分形为例。如图1-3所示，C柱跳空开盘，且收盘价高于B柱，这是一种较为强势的分形信号。而且接下来D柱也是跳空高开，并以高于C柱的实顶为收盘价，确认分形的信号也很强烈。如果C、D两柱都为跳空高开则是强势确认信号的叠加，具有双重保险的作用。C、D两柱量价同步上扬，付出的努力与得到的结果匹配。D柱跳空高开且5~15分钟正三围结构，是早盘买点信号的确认；如果早盘5~15分钟无法确认其正三围结构，则等到收盘前15分钟再进行审查，如果当天分时结构没有明显犯错，且预判D柱当天收盘价高于C柱的收盘价，则在收盘前15分钟到5分钟之内买入。

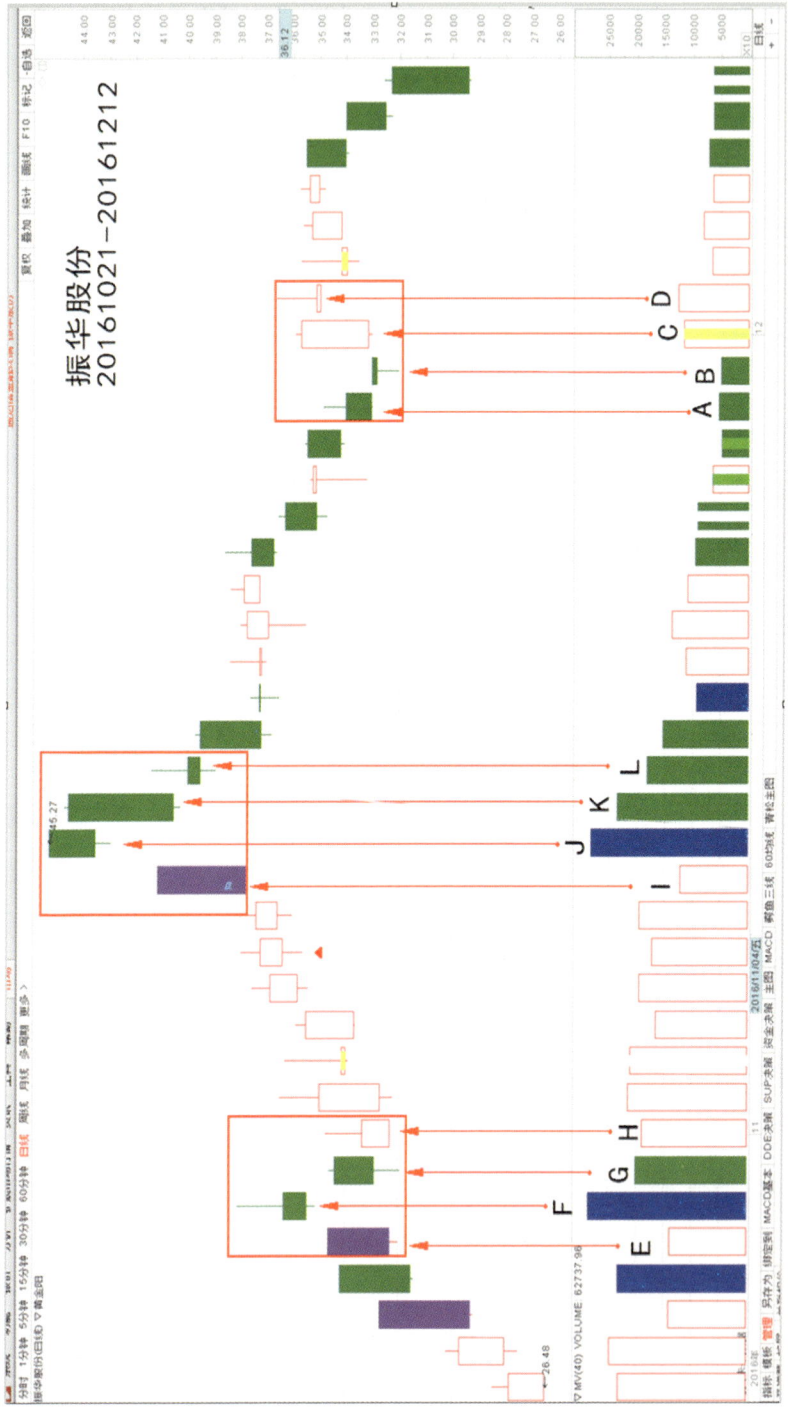

图1-2 振华科技真假顶分形示意图

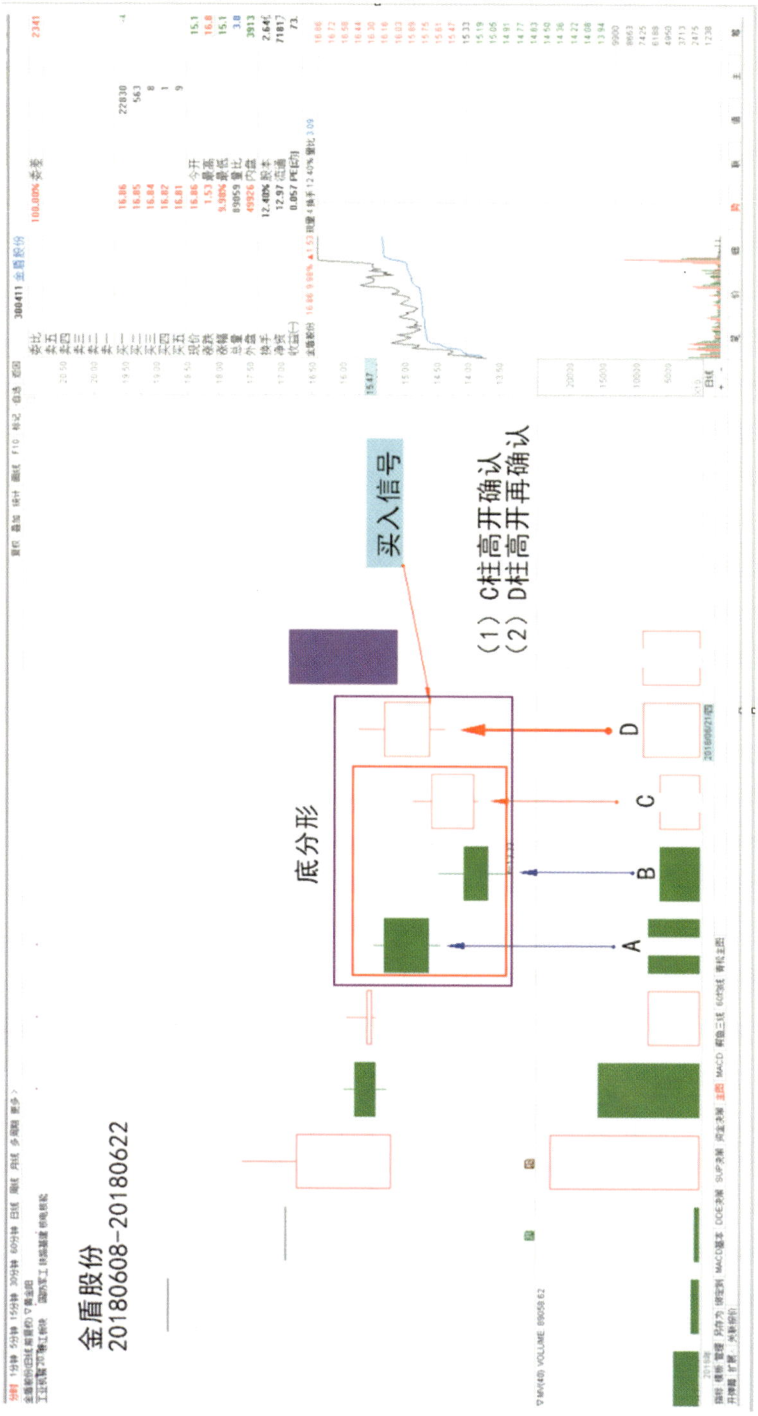

第一章 "顶分形"与"底分形"

图1-3 金盾股份强势底分形图

这里需要特别提醒的是：D柱跳空高开并不是唯一的确认信号，跳空高开之后一路下行的情况也很多。记得一定要使用"停顿法"，观察5~15分钟。无法在15分钟之内判断其为正三围或者倒三围时，可以等到收盘前15分钟再进行审查。

由此引申出一个顶底分形能量大小定理，就是如果在转折的时候，有跳空高开的现象，不过，缺口被当天补上，但当天收盘价高于前一柱的收盘价，这种形态为"强势分形"。特别地，当天跳空高开且这个跳空缺口，其后三天都没有补上，则这个分形之后的趋势力度能量会相当大。为了区别于一般的顶底分形，把这种具有缺口不补的分形，叫作"超级顶分形"或者"超级底分形"。

如图1-4所示，880003平均股价指数2014年7月24日的底分形，就是超级底分形。其后走势凌厉，涨幅达到177.6%，形成2015年大牛市。

而平均股价指数2015年6月12日的顶分形，构成一个"超级顶分形"，如图1-5所示。其后下跌到2018年10月，跌幅达70%，还不知道是否止跌。

如图1-6所示，880003平均股价指数在2018年7月20日的ABCD组合、在8月8日的EFGH组合，在8月20日的IJKL组合，都存在后一根K线被前一个交易日的K线包含的现象。这种被包含的分形结构，即使分形被确认，其后走势也不会干脆。分形是买卖双方反复较量的过程，分形越简单，证明其中一方的力量越强大。一个复杂的分形，就算一方赢了，其后走势也是经常反复的。

我们把这种具有包含关系的底分形或者顶分形，叫作"弱分形"。"弱分形"是多空双方都存在犹豫不决的心态，之后的走势较为复杂。

总结一下，分形有强弱，根据量价结构的不同，可以把分形分为四种类型：弱分形（有包含关系的价柱）、平普通分形（低开高走或者平开高走）、强势分形（跳空高开但没有形成显性的缺口）、超级分形（跳空高开且其后三日内缺口不补）。不同类型的分形，对后续的走势有较大的影响。

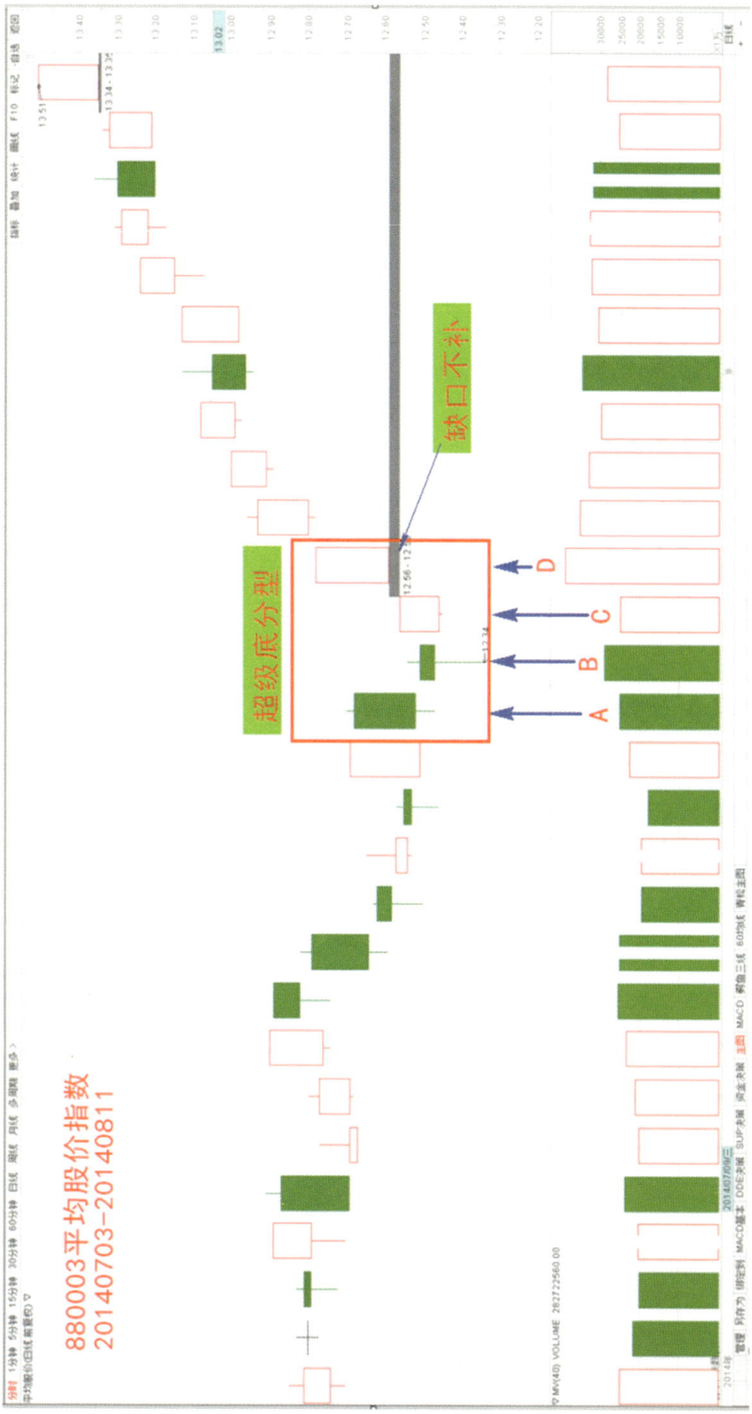

第一章 "顶分形"与"底分形"

图1-4 平均股价指数超级底分形图

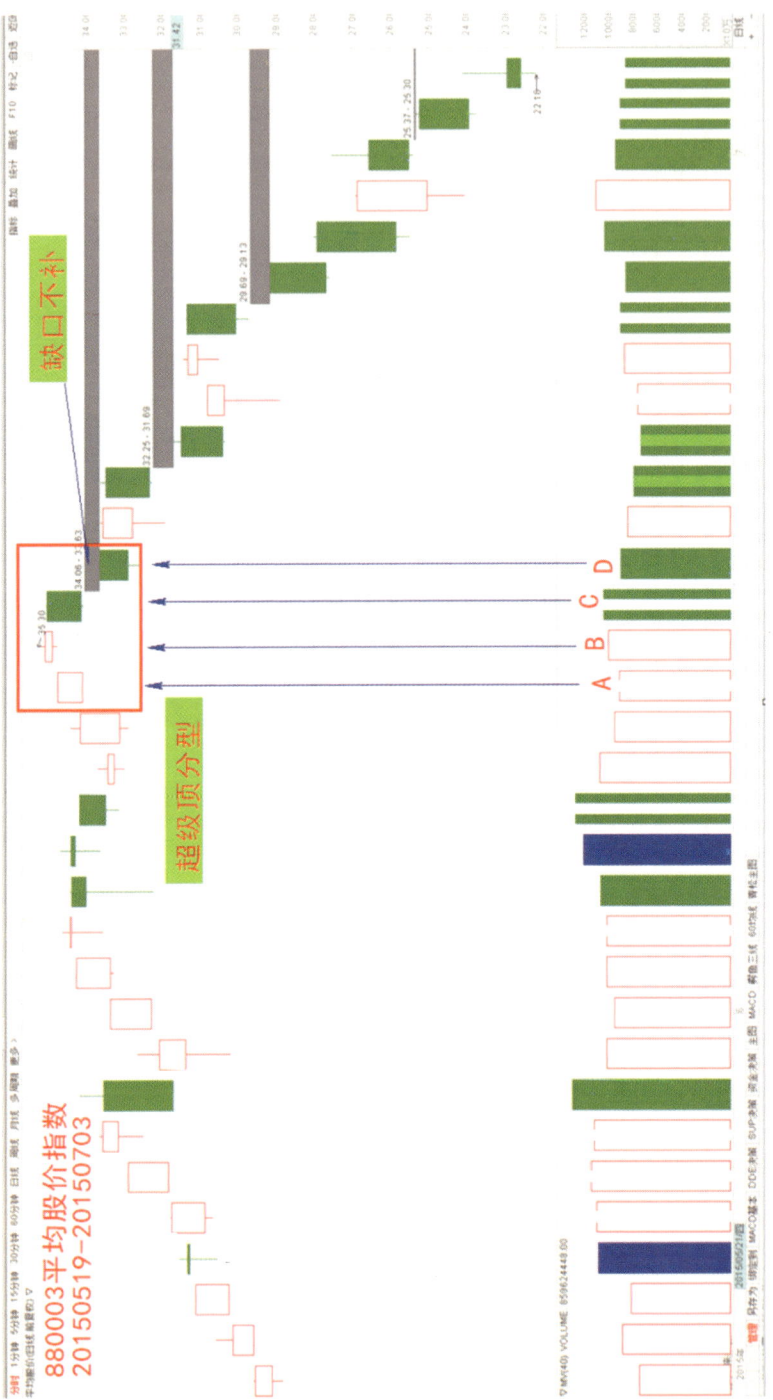

图1-5 平均股价指数超级顶分形图

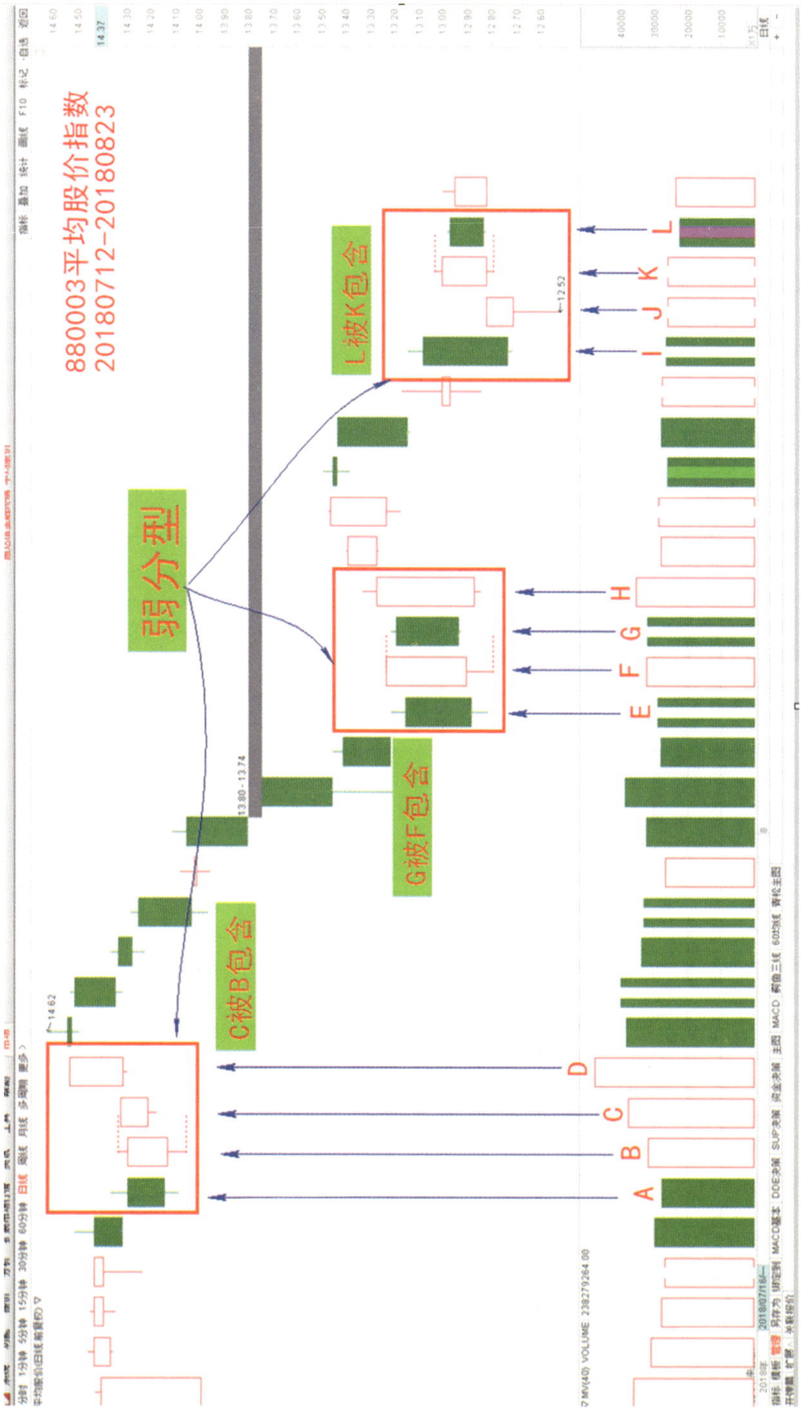

第一章 "顶分形"与"底分形"

图1-6 平均股价指数弱顶弱底分形图

第四节　灵活研判的思路

顶底分形的形态表现多种多样，不是固定不变的。实战中还需要根据主力的历史习惯，来进行研判。

很多人都一直在寻找股票市场中的屠龙术，希望能够抓住所有的妖股。其实，妖股的诞生，完全是由市场生态决定的。特别是在市场趋势朝下的过程中，总有一部分游资不甘寂寞。资本是追逐利润的，不是来股票市场做慈善的。既然游走于江湖之间，赚钱本来是天经地义的事情，但无奈我大A是扶不起的阿斗，没有三、五、八年，难有一次激情。这中间是无穷无尽的阴跌与无奈，多年没米下锅。没钱可赚是常事。于是乎，一些游资抱团，铤而走险逆势而为，聚集资金，采用手段，比如说2017年的张家港行、江阴银行，2018年的万兴科技、贵州燃气等都是属于被逼成妖的范畴。在大数据监控的时代，这些所谓的庄家，成妖之后，迟早要走向死亡的，只看管理部门愿不愿意抓，什么时候抓。

因此，《缠中说禅》的作者曾经说过，市场是一场围猎游戏，没有什么庄家，有的只是赢家和输家。很多所谓的庄家，死得比散户还难看，前赴后继的庄家尸骨堆成了山。徐翔就是庄家的代表，至今还身在监狱。

市场里所谓的庄家，并不是无所不能。把庄家描绘成能够超越技术指标、超越基本面、超越大势、超越大盘的，是一种常识性的谬误。市场就是一个围猎游戏，就是一个狩猎场，要在市场中生存，必须成为一个好猎手。一个好的猎手，首先必须学会安静、无言，而不是每天游走在各种qq群、微信群的。

猎手只关心猎物，猎物不是分析而得到的，不是你道听途说得来的，而是你看到的。要相信眼睛，而不是相信你的臆想。所有的资金面、政策面、基本面，这面那面，最后都体现在你看得到的图形上。如果政策面、基本面利好或者利空，但市场却不认可，则在图形上就不会出现异动，或者即使出现短暂的异动，

第一章 "顶分形"与"底分形"

很快还会回到原点，即从哪里来回到哪里去。政策面、基本面，最后都要体现到结构上、形态上。在图形上，关键的转折点，就是顶分形、底分形。能否抓住这两个关键节点，涉及股市投机的赢与亏。

既然这面那面最终体现在图形上面，那么，"结构形态学"就有了用武之地。

第二章
梅开二度底部结构形态

第一节 "梅开二度底部"的概念

梅开二度底部，特指具有双底结构或者多重底结构形态，换句话说是指在一轮下跌之后，股价在同一水平线附近两次或者三次形成底分形的结构形态。连续下跌之后初次获得支撑，一般会开展自动反弹，于是形成第一次底分形。但反弹之后，一般需要对底部进行再次确认，当价格再度回落到第一次底分形的附近，并在此形成第二次底分形的结构形态，就形成了"双底"结构。以此类推，也可以是"三重底"或者"多重底"的。

以002898赛隆药业（见图2-1）为例。该股在2017年11月连续下跌，直到11月28日初步获得支撑，但12月4日和5日连续两天出现恐慌性抛售。恐慌性抛售之后有一波弱势反弹。12月20日和21日继续朝下进行测试，在同一水平线附近，出现A和B两次底分形，就是"双底"结构。

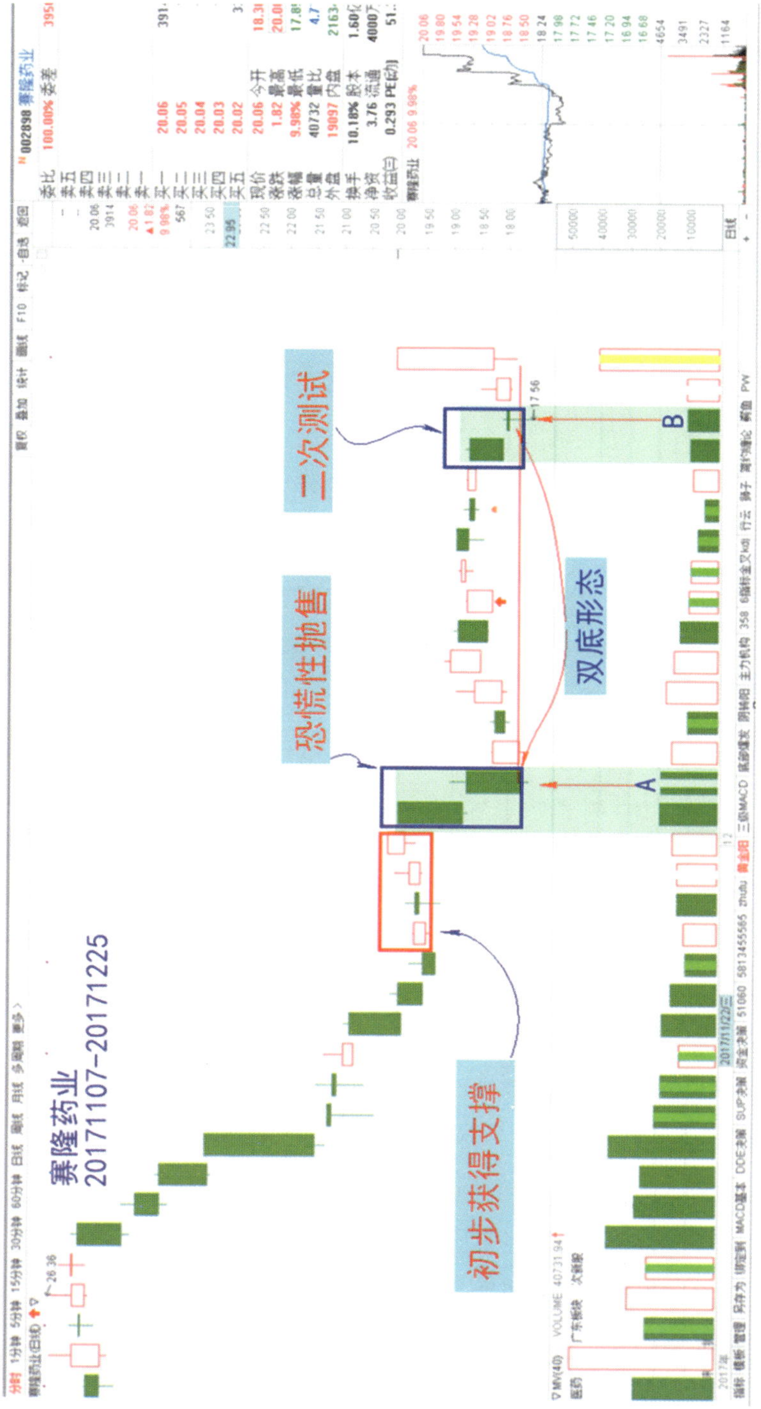

第二章 梅开二度底部结构形态

图 2-1 赛隆药业双底构建形态图

第二节　双底结构质量的辨识

股价在同一水平线附近形成两次或者多次底分形的形态，这本身就是一种"结构"形态。但由于"结构"内部存在质量的高低问题，不同的质量，对后续的方向选择和力度大小会有较大的影响。内部的质量，原则上是由"量与价"的阴阳、高矮和厚薄决定的。但如果对量价阴阳、高矮、厚薄不熟悉，那么也可以借助macd指标、量价能量指标进行综合判断。如果第二次底分形时对应的macd、对应的量价能量指标与第一次底分形产生明显的衰竭差异，则结构完成。但如果衰竭差异不明显，则还需要进行第三次甚至第四次底分形，以测试市场做空能量是否真正衰竭。于是就有了"三重底"或者"多重底"的形态。

对比002898赛隆药业（见图2-2）A与B的量价能量，可以明显看出B柱价柱实体比A柱价柱实体小，振幅也显著降低。同时，也可以明显看到B柱对应的成交量比A柱要少很多。这说明第二次向下测试的时候，下跌动能明显衰减。

再参考macd指标，可以发现从A到B，A柱最低价为17.53，B柱的最低价为17.48，显然，B柱创了新低，但macd柱状图由绿变红，为明显的背驰信号；且在AB之间，macd完成水下（即0轴下）金叉。一般来说，相对底部的"双底"结构是否完成，要考察两个辅助指标：第一，macd产生背驰信号；第二，macd出现水下金叉信号。

相对底部构建期间，其结构是否完成，与macd是否产生水下金叉有着密切的关联。一般来说，股价经过快速的下跌之后，出现类似的"双底"形态。比如300223北京君正（见图2-3），在2017年4月24日的A柱和5月8日的B柱，AB之间由于时间不够，macd没有出现金叉信号，虽有"双底"形态，但结构没有完成，所以其后涨幅为20%，非常有限。而2017年6月2日的C柱和7月18日的D柱，CD之间macd出现了金叉信号，因此"双底"结构完成，其后走势喜人，迎来了一波翻番的涨幅。

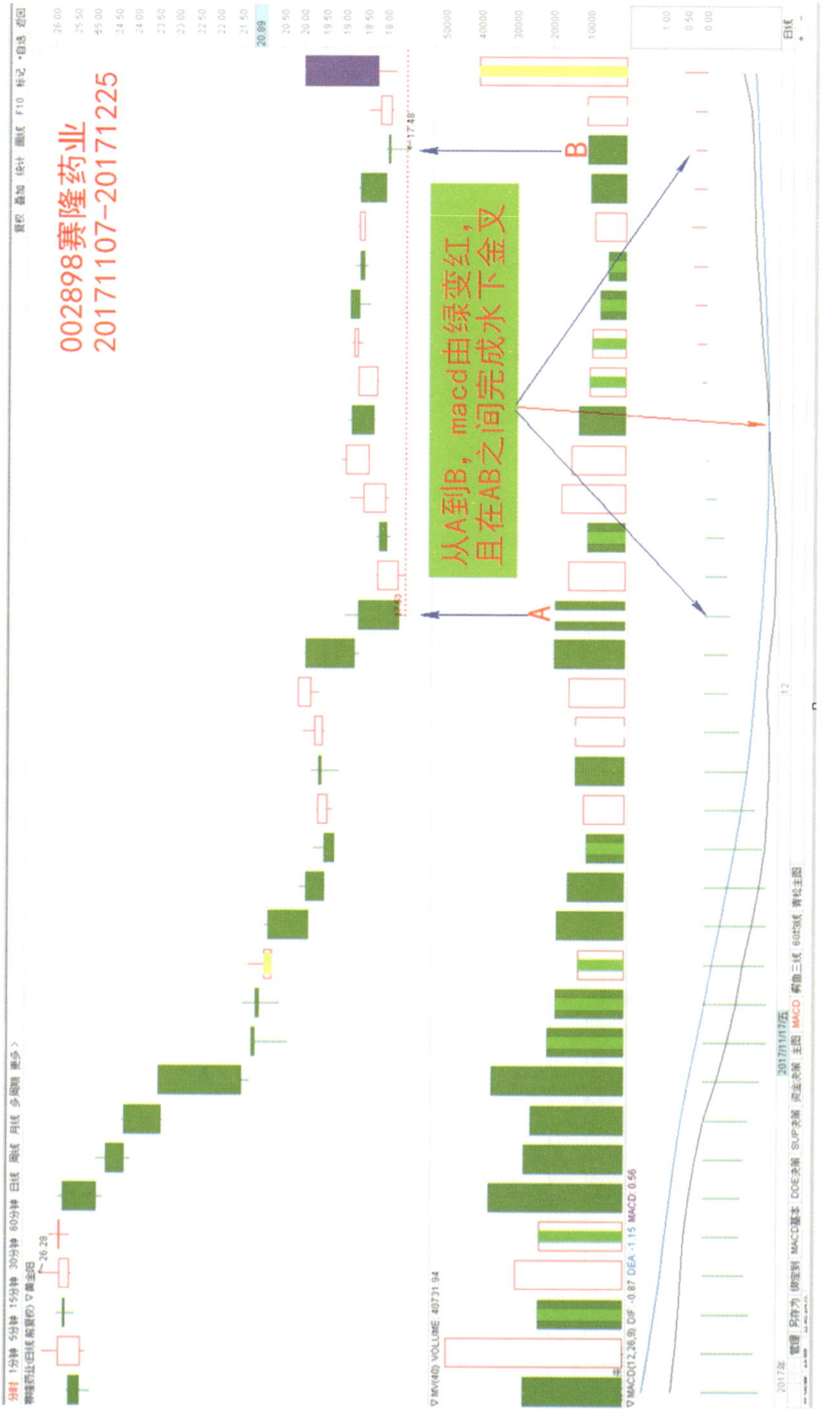

第二章 梅开二度底部结构形态

图 2-2 赛隆药业底部双底结构 MACD 指标图

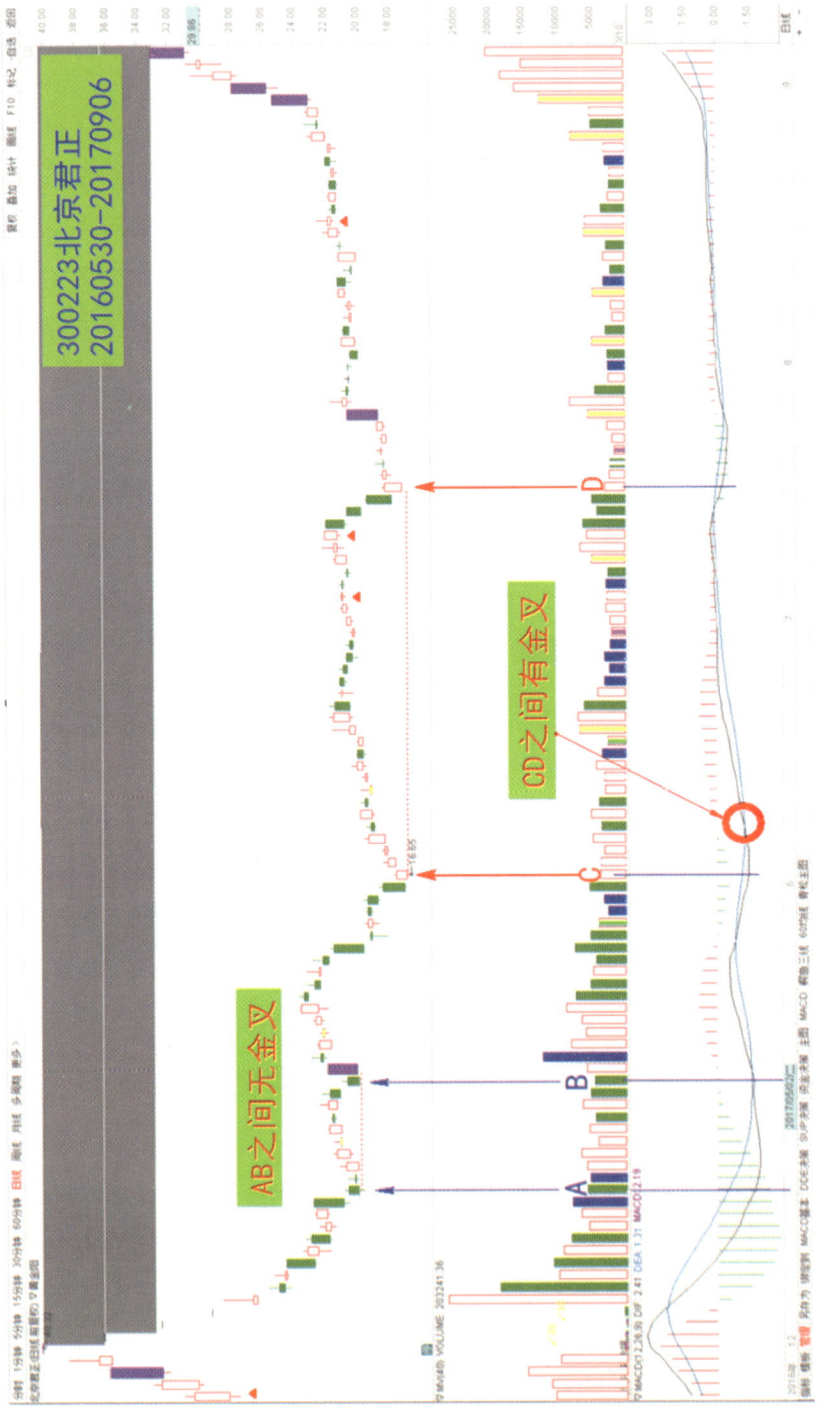

图 2-3 北京君正底部双底结构 MACD 指标图

第二章 梅开二度底部结构形态

我们再看600520文一科技（见图2-4），在2017年11月构筑底部期间，采用的"三重底"。原因是在完成"双底"之后，macd还未完成水下金叉。在二次底与三次底之间，macd终于完成了水下金叉，所以其后才有一轮上涨行情。

第三节 极品双底结构——乾坤扇

需要说明的是，并不是所有的双底结构其后股价走势都非常强劲。双底结构完成之后，是否彪悍走强，受多种因素的影响。包括当时宏观的政治经济环境、内政外交的态势、标的公司的基本面，以及当时该板块题材的冷热情况。撇开这些因素不谈，仅仅从技术形态来考察，也有强弱之别。经过多年的经验总结，我发现具有"乾坤扇"的，其后彪悍走强的概率较大。

啥叫"乾坤扇"？如图2-5所示，002098浔兴股份在2018年10月19至29日期间，构筑了一个基本持平的双底结构，这个结构是以"三上三下"为基柱构建的，即价柱和量柱先为价涨量升的梯量柱，再为价跌量缩的缩量柱。也就是像上台阶和下台阶，上台阶123，下台阶321。从价柱结构形态看，有点像一道拱门；从量柱看，5根柱子合在一起就像个"A"字量形，三级台阶上去，三级台阶下来。整体看，是不是像一把"扇子"？而且这把扇子有扭转乾坤的作用，因此我们就把具有这种特性的结构叫作"乾坤扇"。一面阳一面阴，阴阳转换定乾坤。"乾坤扇"，好记、形象。浔兴股份其后走势强劲，成为当时的一只大牛股。

再看603076乐惠国际（见图2-6），其2018年10月19~25日，也构成了一把"乾坤扇"，其后连续拉升三连板，三连板后遇到左侧的隐形左峰的压力，开始正常回调。

相比较而言，浔兴股份（见图2-5）其后走势比乐惠国际要强，原因在于来自左侧的压力是不一样的。浔兴股份在遇到左峰时也回调了2天，但再往左侧走，其7个一字板跌停处几乎没有什么成交量，因此可以视为无压力区。

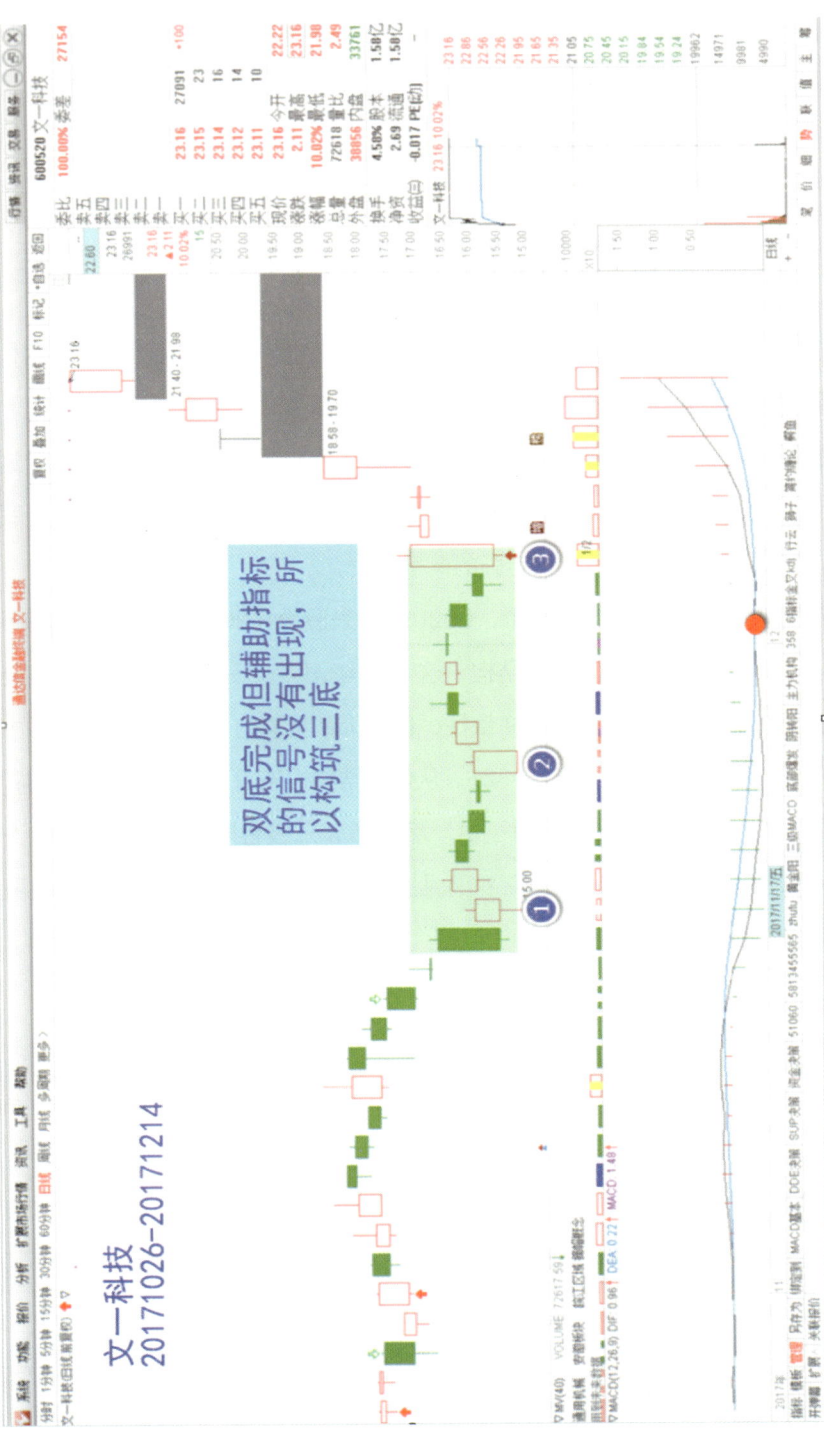

图 2-4 文一科技三重底结构图

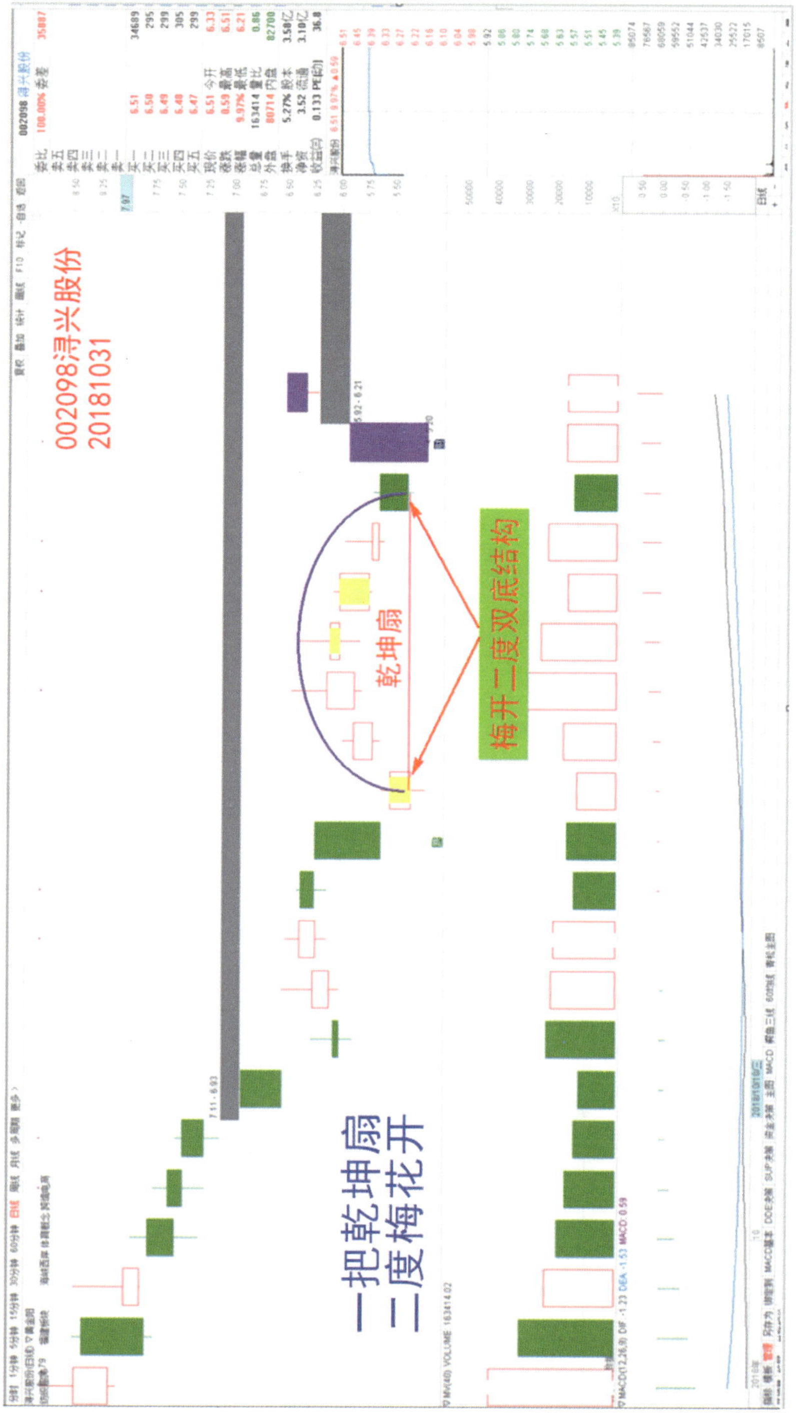

第二章 梅开二度底部结构形态

图2-5 浔兴股份梅开二度双底结构图

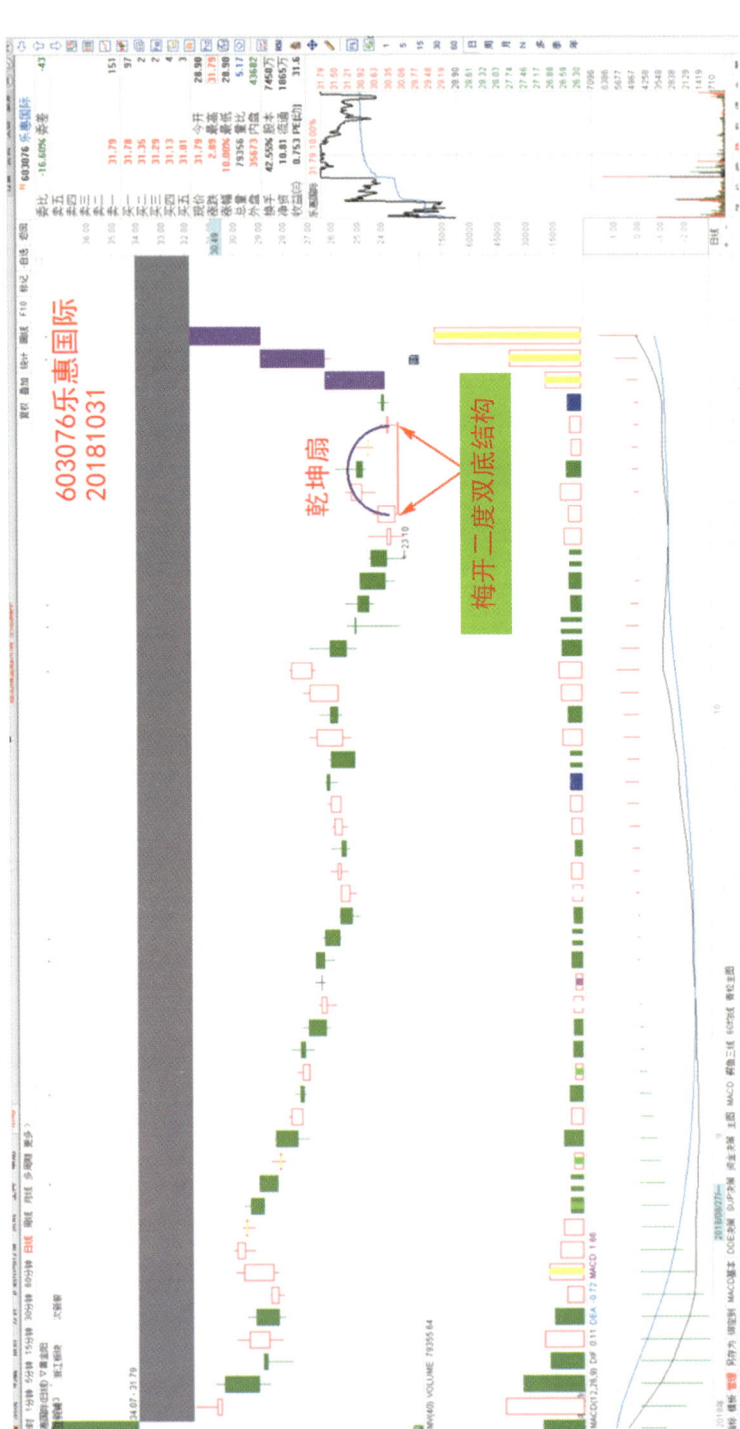

图 2-6 乐惠国际梅开二度双底结构图

第二章 梅开二度底部结构形态

第四节 分时结构双底与双顶的相互转化

根据双底与双顶的级别，可以区分为周线级别、日像级别与分时级别。一般来说，级别越高，其后的方向延续性，在时间上和空间上就越强。但在小级别的分时结构中，双底与双顶可能会反复转换。由于分时结构是一种微观形态的结构，这种转换速度是非常快的，需要引起足够的重视。

实战中，有些朋友看到分时双底就买入了，但有些时候刚刚构筑W底之后，又出现双顶M头形态。一旦出现双头无力的情形（双头无力指的是右侧顶部对应的量柱比左侧顶部对应的量柱要低的形态），股价就会回调。因此有些人对双底结构的可靠性表示怀疑。事实上，股价的运行是动态的，出现某种形态，只能说明多方或者空方暂时取得了优势。但随着其他因素，包括大盘指数和板块题材等因素的影响，先前积极的可能转变为消极，消极的也可能转变为积极。因此W底是完全可以被破坏的。谁来破？一般来说，M顶可以破坏W底。M顶出现后，W底又可以化解。这就是积极与消极之间生克制化原理。积极与消极是相互转化的。

以000638万方发展（见图2-7）为例，该股在2018年11月8日上午9:36出现分时结构W双底形态，但到9:41和9:53时呈现双重M顶的形态。10:01和10:07出现均线上方的W底，但迅速又在10:11出现双顶。10:30和10:42分出现W双底，化解了上面的M顶。10:48开始拉升并快速涨停。

再看002112三变科技（见图2-8），在2018年11月7日的分时图上可以明显看出其在上午出现M头，但下午13:57-14:43又出现了W双底结构，化解了上午的M头带来的消极影响。11月8日，该股跳空高开并在3分钟内封住涨停板。

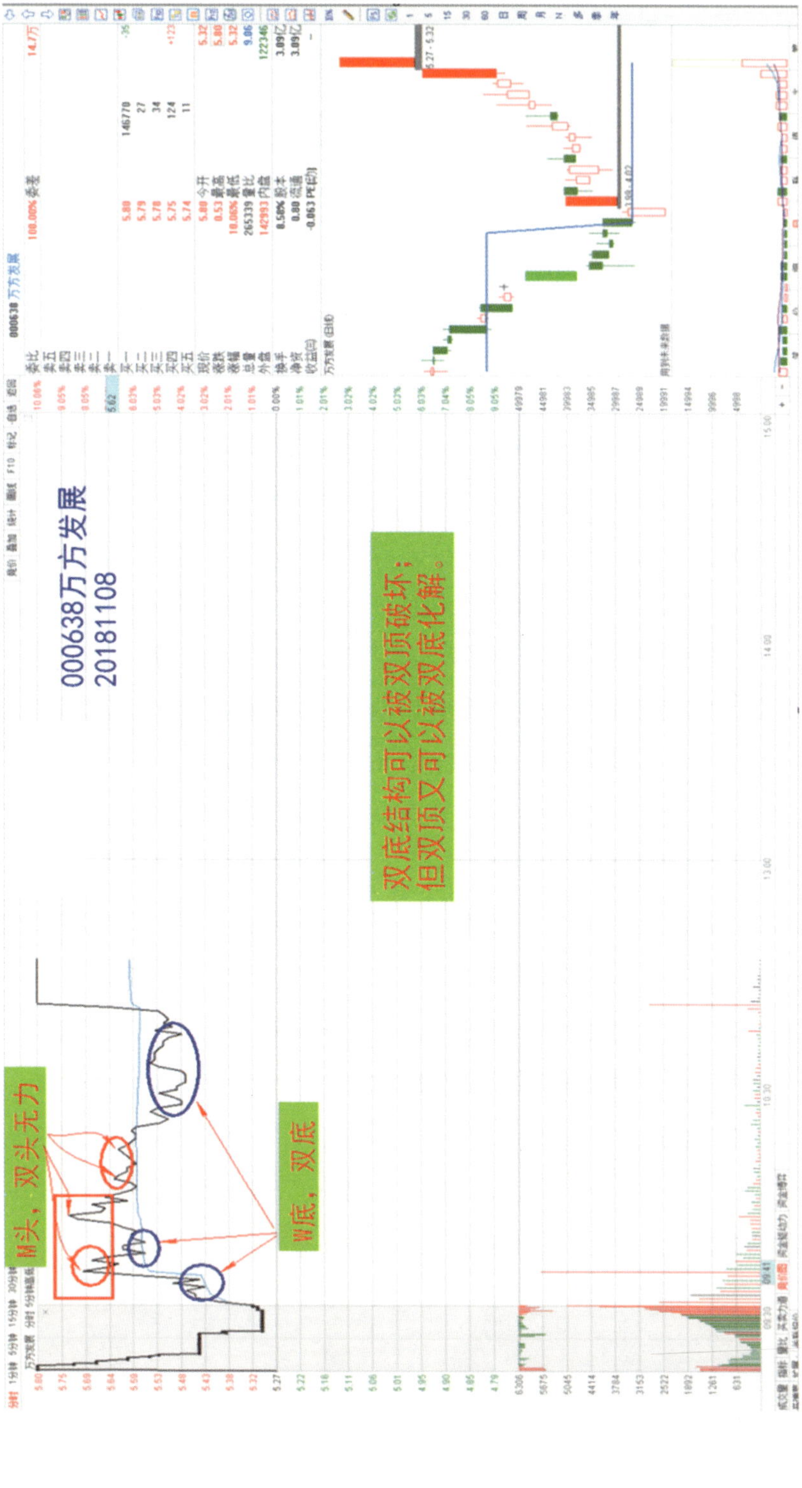

图 2-7　万方发展分时双底与双顶结构图

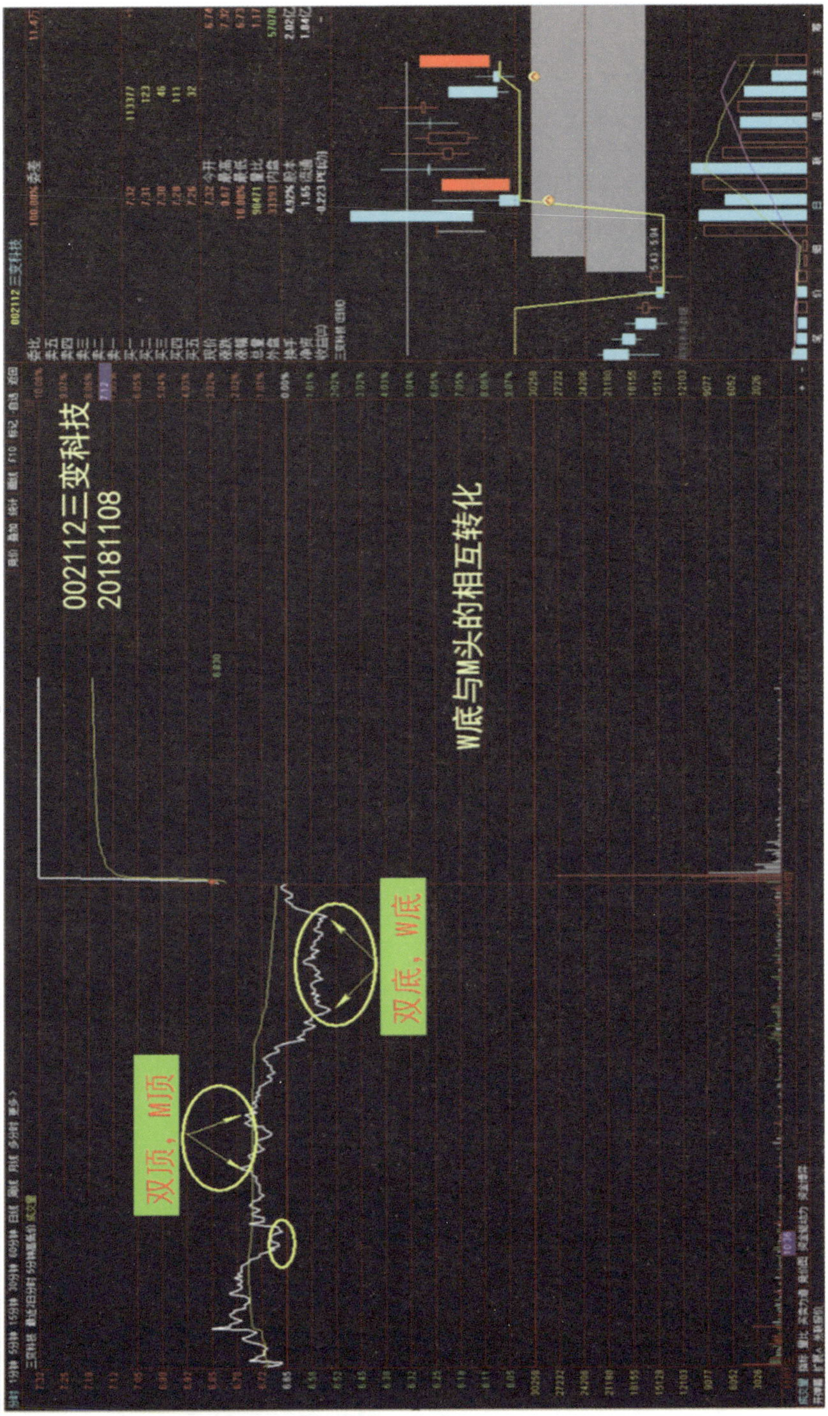

第二章　梅开二度底部结构形态

图 2-8　三变科技分时双底与双顶结构图

原则上，在日像状态遇到左侧有较大压力时，比如隐形左峰（上行补缺）、左峰、较厚的箱体平台等，那么一旦在分时结构出现双顶时，其马上展开调整的概率就较大。至于调整的时间和调整的幅度，要看左侧压力的大小，还要看当时整个大盘运行的趋势，也要看个股所在板块的情况。

以002362汉王科技为例，如图2-9、图2-10所示，该股在2018年10月22日的A柱，分时结构出现M头，当时左侧水平方向恰好遇到"隐形左峰1"的压力，所以A柱之后开展回调。股价运行到11月2日，又恰巧碰到左侧水平方向的"隐形左峰2"的压力，因此B柱之后，同样开展回调。

相反，如果左侧水平方向没有什么压力，则分时结构出现M头，其后当天通过W底自行化解的可能性就较大。这个就不一一举例了，读者可以自行找到很多案例。

第二章 梅开二度底部结构形态

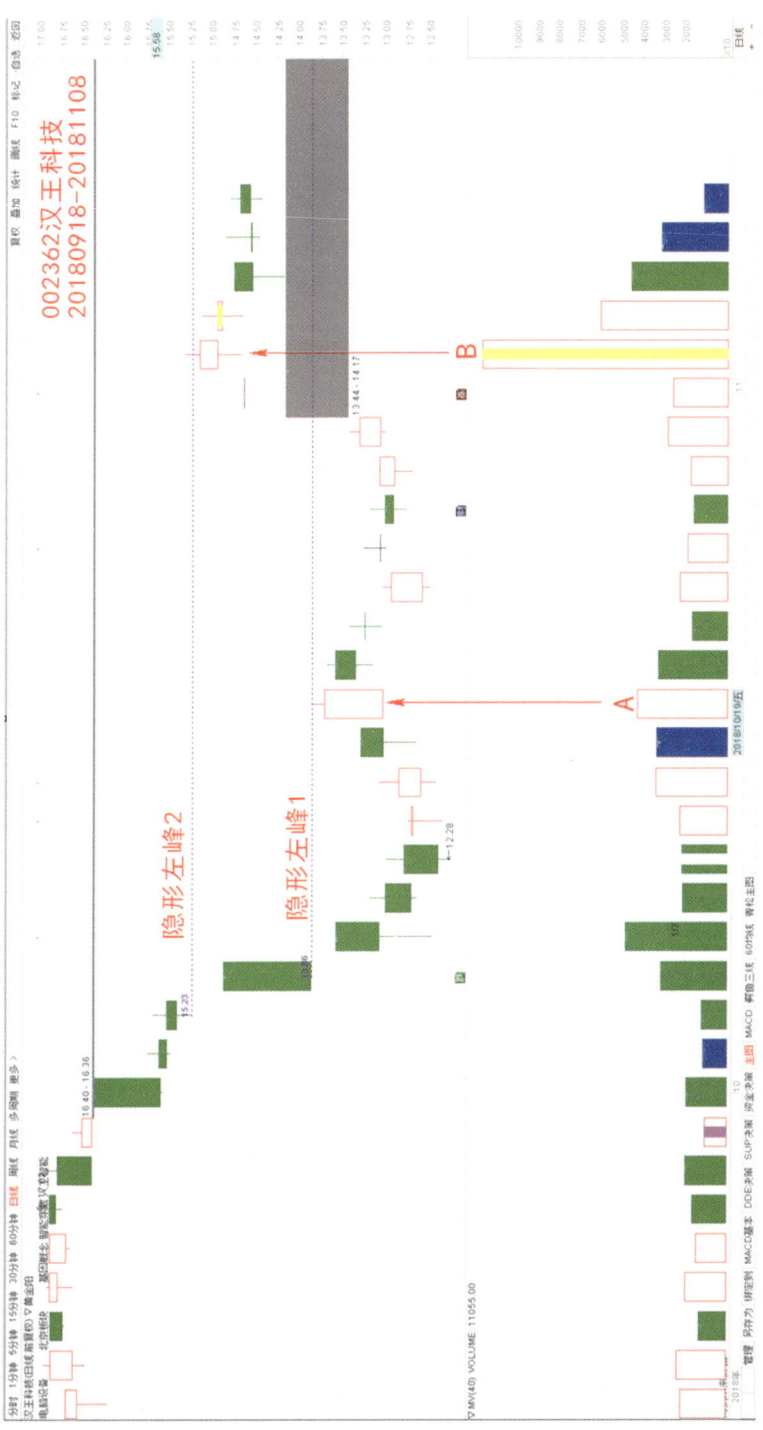

图 2-9 汉王科技隐形左峰图

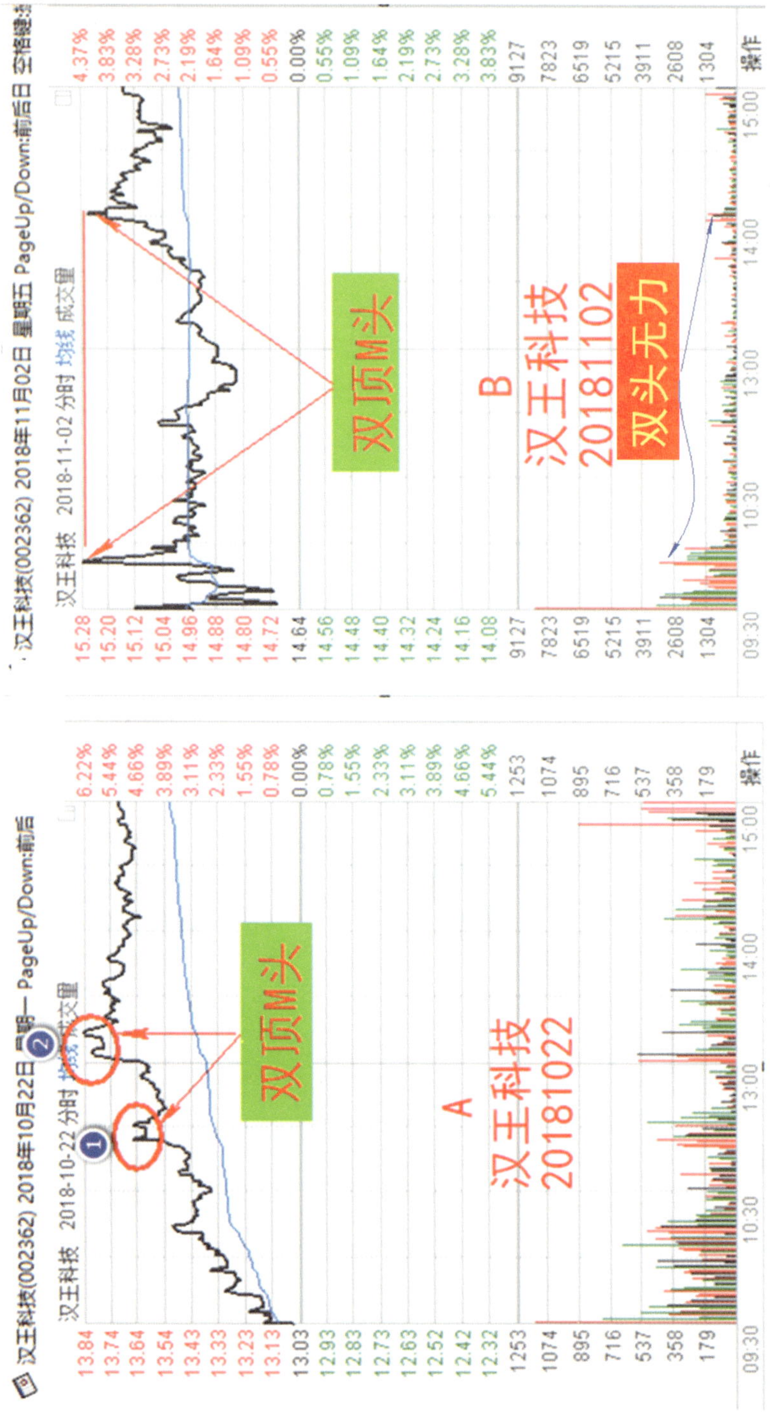

图 2-10 汉王科技分时双顶结构图

第三章 洛氏霍克结构

第一节 洛氏霍克结构的概念

洛氏霍克是美国著名的投资家和交易大师。他的家族在19世纪80年代就进入了证券市场。受家族文化的影响,他在14岁就开始接触交易。他一生中有60年以上的交易经历,而且获利丰厚。他本人绝大多数时候只看K线图做交易,很少使用其他技术指标。

简单地说,洛氏霍克结构就是一组K线组合形态,根据某段走势的相邻两个高点一个低点或者两个低点一个高点来预判股价运行的方向。换句话说,洛氏霍克结构就是根据K线的形态对走势类型进行分类,即上涨趋势结构、下跌趋势结构以及盘整结构。

洛氏霍克结构具有简单实用的特点。特别是在一轮趋势行情里,对踩准涨跌节奏,具有极高的指导价值。

第二节　上涨趋势结构形态

1. 标准上涨趋势结构

标准的洛氏霍克上涨结构一般出现在相对低位。以300265通光线缆为例，如图3-1所示，A、B、C三点即可构建一个结构，这里只要求C点比A点高即可。取A、C的最低点画连线，即形成一根上升趋势线。不过，C点之后价格必须突破B点，上升趋势才得以确认。所以，一个完整的洛氏霍克结构，是由A、B、C三点，再加上一个升破B点的信号D构成。A、B、C三点是基础，D点是确认。因此，也可以说，是四点组合，形成一个菱形结构，确认上升趋势。

相对低位的洛氏霍克结构一旦形成，事实上就是底分形的第二次确认。原则上，洛氏霍克结构一旦被确认，上涨趋势就已经形成。

2. 上涨趋势结构测幅即买入与卖出信号的确认

以300265通光线缆为例，如图3-2所示，A、B、C三点出现后，并不能确认C点就是自B点开始调整的最低点。因此需要借助微观确认信号。M柱出现阳盖阴，于是C点的底分形初步获得确认，可以初步预判上涨趋势成立，此时为第一次买入信号。当价格继续上涨，突破B点平衡线时，即当确认信号D出现，根据测幅，了解上涨还有一定的空间，则可以进一步加仓，此时为第二次买入信号。

卖出，则需要借助一个公式对股价的运行节奏进行预测。预测上涨的目标幅度，可以指导我们如何止盈。因为外部环境的不同，存在天时、地利与人和的差异，上涨的强度也会有区别，于是就有了第一目标、第二目标与第三目标的差异。

强度的问题，涉及的因素很多，不是可以全部解决的。所以，需要我们临盘结合其他技术指标进行动态研判。

上涨洛氏霍克结构测幅的公式是：

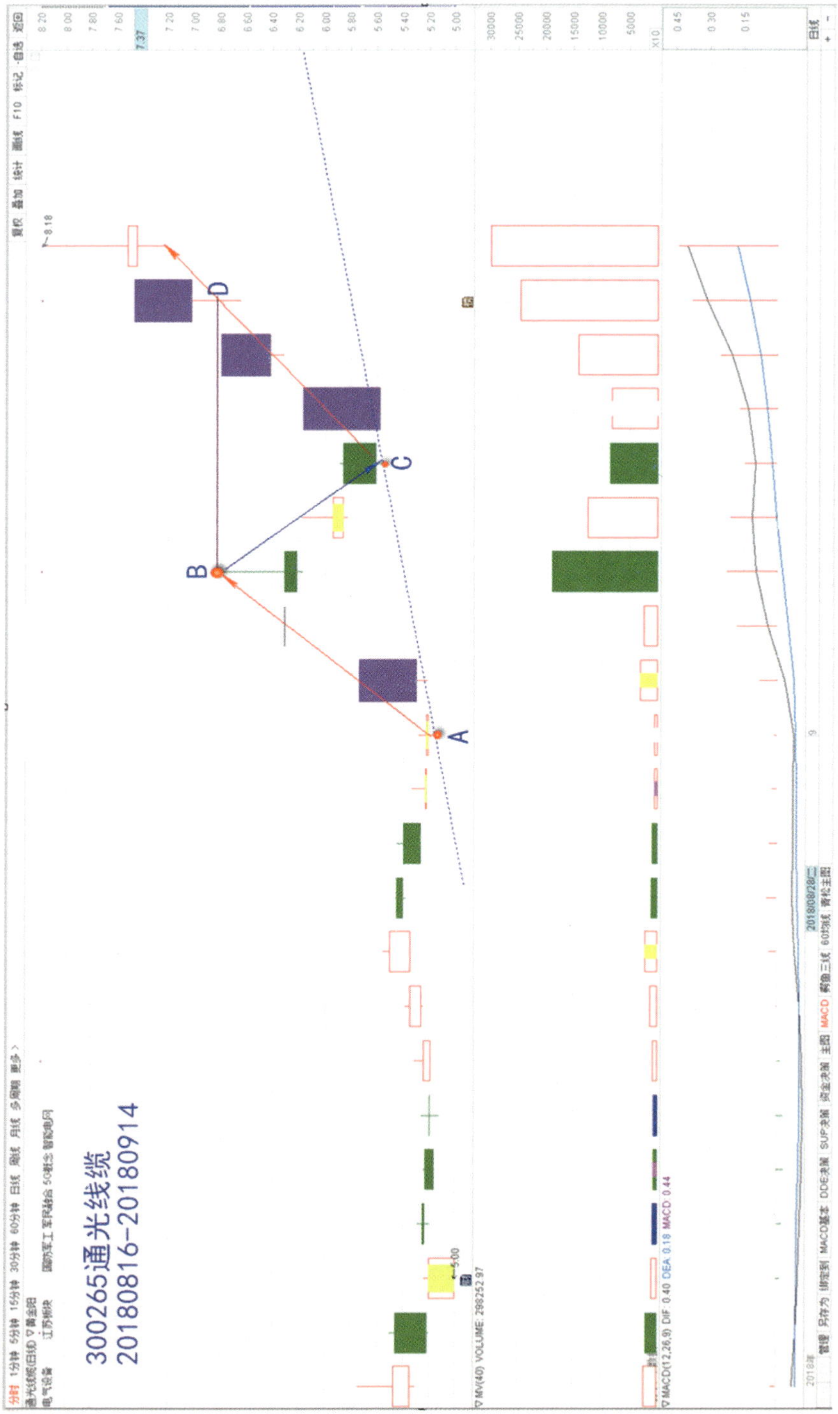

第三章 洛氏霍克结构

图 3-1 通光线缆洛氏霍克上涨趋势结构图

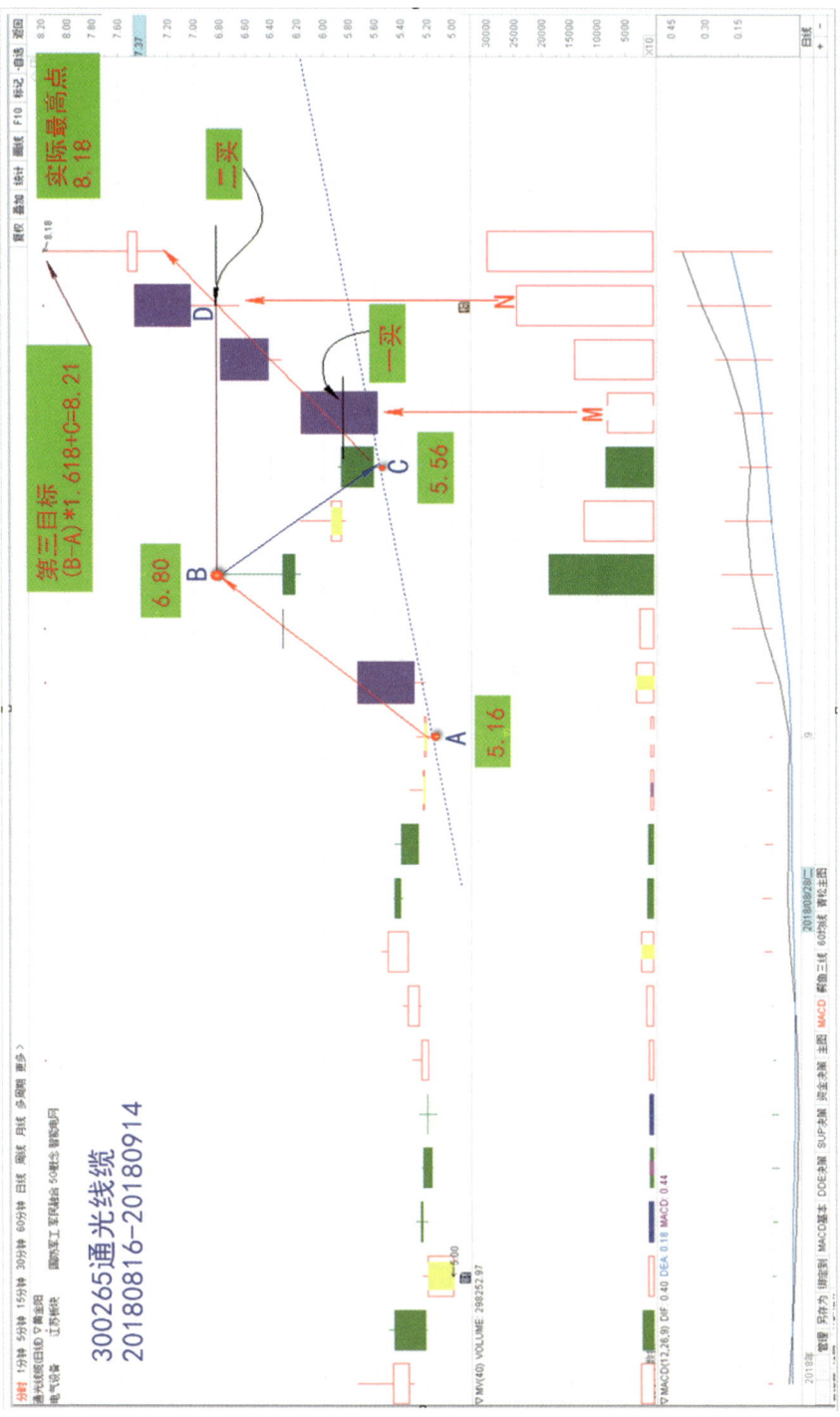

图 3-2 通光线线缆洛氏霍克上涨趋势结构目标测算图

（1）预期目标E1=（B-A）×0.618+C

（2）预期目标E2=（B-A）×1+C

（3）预期目标E3=（B-A）×1.618+C

以300265通光线缆为例，如图3-2所示，一旦M点出现阳盖阴，则可以用公式预测未来的涨幅。第一目标价位E1=（B-A）×0.618+C=（6.80-5.16）×0.618+5.56=6.57；第二目标价位E2=（B-A）×1+C=7.20；第三目标价位E3=（B-A）×1.618+C=8.21。

实际走势是2018年9月14日对应的O柱的最高点为8.18，与预测的第三目标8.21非常接近，只相差3分钱。因此，当O柱接近预测目标的时候，看看其左侧是否有压力，看看分时内部结构是否犯错。如果其左侧有压力或者分时内部结构出现"价涨量不涨"即"上面有想法，下面没办法"的时候，就要及时出货止盈。

第三节 下跌趋势结构形态

一个标准的洛氏霍克下跌结构，一般出现在相对高位。以002628成都路桥为例，如图3-3所示，该股在2016年2月底至3月初，在相对高位出现洛氏霍克结构A、B、C三点。C点是阶段性高点A之后出现的一个次高点，因为无法超越A点而掉头朝下，D点使其下跌趋势得以确认。沿着A、C的最高点连线AC，即为下跌趋势线。

这种下跌洛氏霍克趋势结构，第一卖点是在A点，第二卖点在C点。当然，在A点的时候，还没有形成洛氏霍克结构，其卖点需要根据macd背驰信号或者A柱的量价关系来进行卖出决策。而当清晰的A、B、C一旦形成，就可以预判行情处于下跌状态中。一旦跌破B点，则下跌趋势获得确认。这里的跌破B点，指的是有效跌破，即收盘价收在B点之下。如图3-3所示的D柱，收盘价8.20就是在B点的8.23之下。

下跌趋势一旦获得确认，则可以用测幅的公式计算出预期的点位：

（1）预期目标E1=C-（A-B）×0.618

（2）预期目标E2= C-（A-B）×1

（3）预期目标E3= C-（A-B）×1.618

如图3-3所示，002628成都路桥在跌破8.23之后，预期第二目标E2=C-（A-B）×1=9.58-（10.35-8.23）=7.46，预期第三目标E3= C-（A-B）×1.618=9.58-（10.35-8.23）×1.618=6.15。

而实际走势与预期第二目标相差8分钱；实际走势与预期第三目标相差3角钱。虽然有一定的误差，但不降低预测对于实战的指导价值。

相对高位的洛氏霍克结构一旦形成，事实上就是顶分形被再次确认。原则上，洛氏霍克结构一旦被确认，下跌趋势就已经形成。但下跌的强度会有差异，因此有第一目标、第二目标与第三目标的区别。由于强度存在差异，所以，需要我们临盘进行动态研判。

第四节　洛氏霍克结构的延伸

在一轮趋势行情里，洛氏霍克结构是可以不断延伸的。这个延伸是以预期第三目标附近的调整为基础的。如果股价远远超过预期最大目标，则会透支行情，从而引起趋势的转折。即由上升趋势转变为洛氏霍克下跌趋势。但在转折的时点，往往伴随一定级别的macd背驰信号。

以002427ST尤夫为例，如图3-4所示，该股在2018年8月至9月期间，走了一个上升趋势的洛氏霍克结构延伸。第一个洛氏霍克结构是A1B1C1，确认信号是Rh1，其最大目标价位即E3=9.96，实际最高点为10.00，相差4分钱；第二个洛氏霍克结构是A2B2C2，确认信号是Rh2，其最大目标价位即E3=12.94，2018年9月19日已经到达11.74，后续还会往12.94靠近。

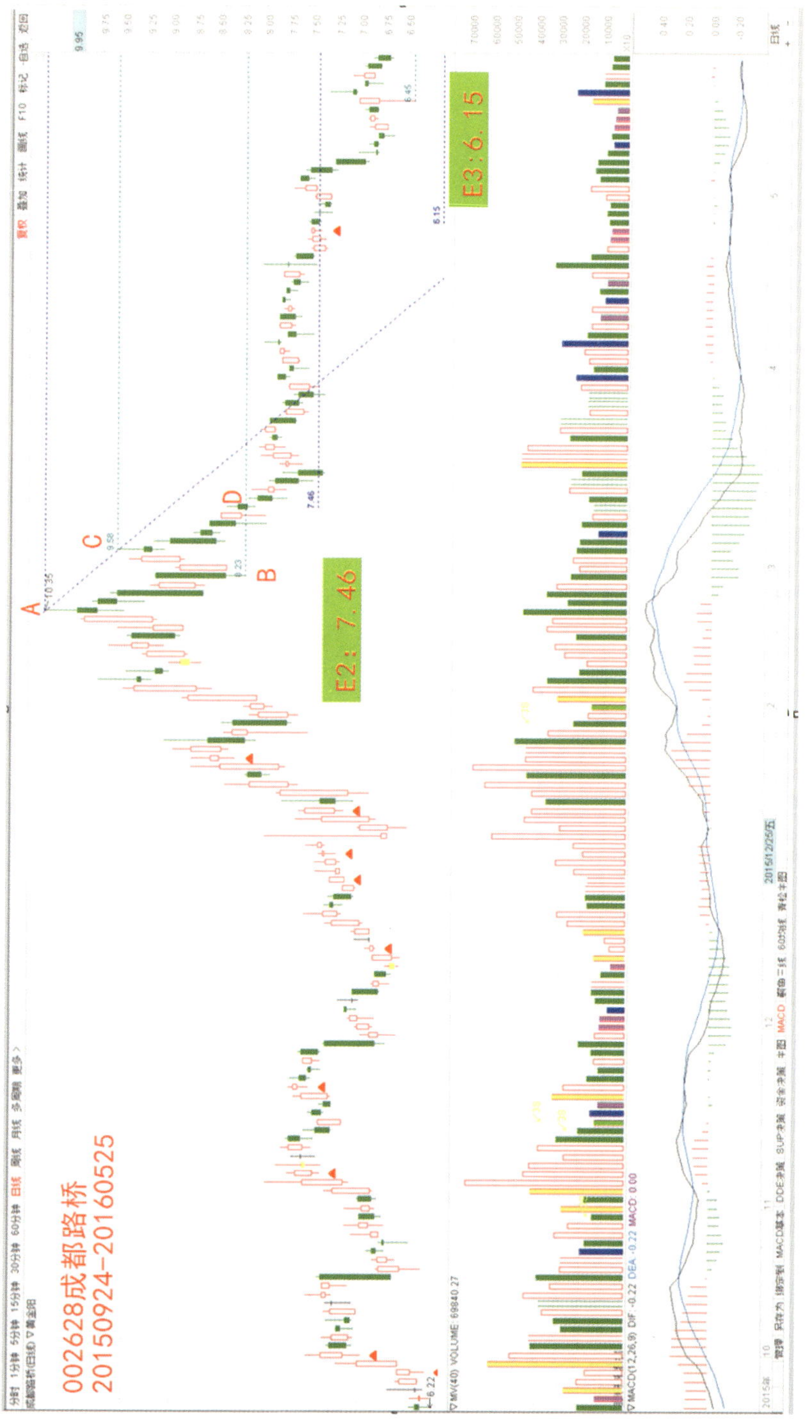

第三章 洛氏霍克结构

图3-3 成都路桥下跌趋势洛氏霍克结构目标测算图

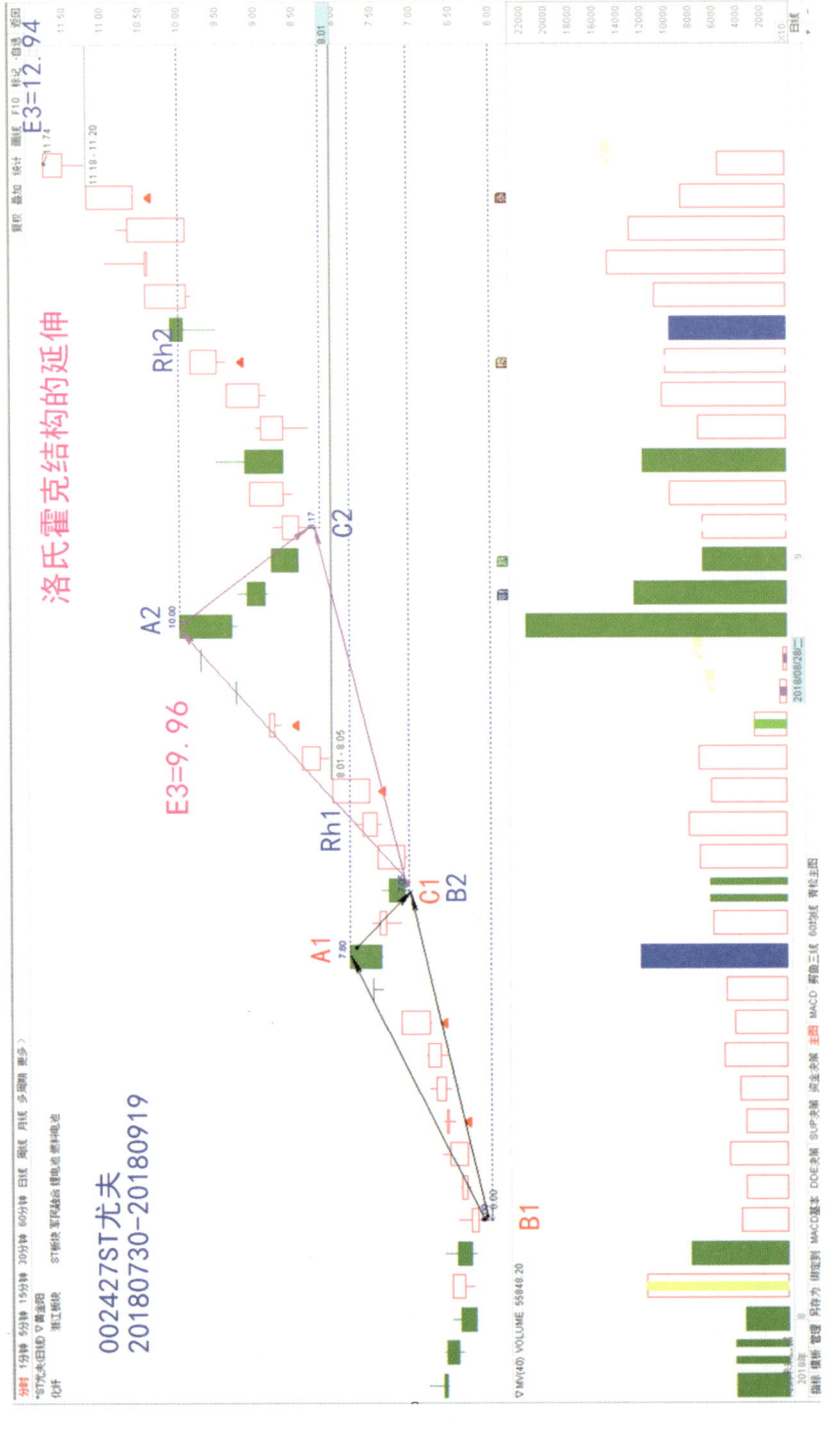

图 3-4 ST尤夫洛氏霍克结构的延伸图

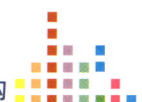

第五节　应该注意的几个问题

第一，不要滥用洛氏霍克结构。由于人类思维存在多样性，股票运行的结构也会多种多样。因此，不能因为学了洛氏霍克结构，就拿洛氏霍克结构去套用所有的股票走势类型。事实上，市场上只有一部分股票具有清晰而且标准的洛氏霍克结构。我们只选择这些具有清晰且标准的洛氏霍克结构进行跟踪和交易。

第二，不要僵化对待目标预测值。当大盘或者个股所在版块行情相对弱的时候，可能到第一目标价位时就会开始调整；稍微强一点的，可以达到第二目标价位；而最强的，则是达到第三目标价位，甚至远远超过第三目标价位。这一切，与外部环境、内部结构、基本面、政策面等多种因素有关。

有的时候，实际走势与预测值会相对比较精准，恰恰走到预测位就戛然而止；而有的时候，实际走势与预测值会存在一定的差距，离目标位还有一定的空间就回调了，或者连续上涨远远超越预期目标位。这需要在实际操盘中根据个股左侧是否存在压力、压力的大小，以及大盘走势与个股所在的板块指数走势情况进行适当调整。实际走势与预测走势，上下相差10%～30%的情况也是有的，遇到极端行情时，误差可能更大，因此千万不要生搬硬套，不能在明显出现卖出信号时，还在等待目标价位的实现；也不要在左侧明显没有压力而当下还在连续涨停的时候卖掉手中的全部筹码。为防止出现这种现象，最好的办法是分批买进或者分批卖出。

第四章
箱体平台结构

第一节 箱体平台结构的概念

箱体平台结构,在缠论体系中又被称为"中枢",是主力操盘常用的一种结构。在底部,可以用来实现低成本吸筹;在上涨中继,可以用来洗盘,以减轻拉升过程中的压力;在阶段性顶部,可以用来从容分批出货。

箱体平台是常见的一种结构,类似于缠论结构里的"中枢",是多空双方展开拉锯战的区域。如图4-1、图4-2所示,根据位置的不同,箱体平台可以分为三大类型:相对顶部的箱体平台、相对底部的箱体平台;上涨或者下跌中继箱体平台。

一个完整的箱体,位置不同,构建的要素也有区别。

(1)底部基本结构:"上-下"两笔,或者"上-下-上-下"四笔,下不去则买。

(2)顶部基本结构:"下-上"两笔,上不去,则卖。

(3)下跌中继基本结构:"上-下-上"三笔,上不去则卖。可能延伸。

(4)上涨中继基本结构:"下-上-下"三笔,下不去则买。可能延伸。

不管是两笔、三笔还是四笔,笔与笔之间必须有重叠的区间。比如下跌趋势中的"上-下-上"和上涨趋势里的"下-上-下",其构件至少是具有重叠区间的三笔。但箱体可以延伸,由三笔变成五笔或者更多。这个"一笔"指的是直观看上去的形态,是一个下跌或者上涨的动作。这个上涨或者下跌的动作,可以是一根K线,也可以由几根K线组成。这里不需要像缠论中讲的那么严格,因为缠论要求一笔必须由五根K线组成。

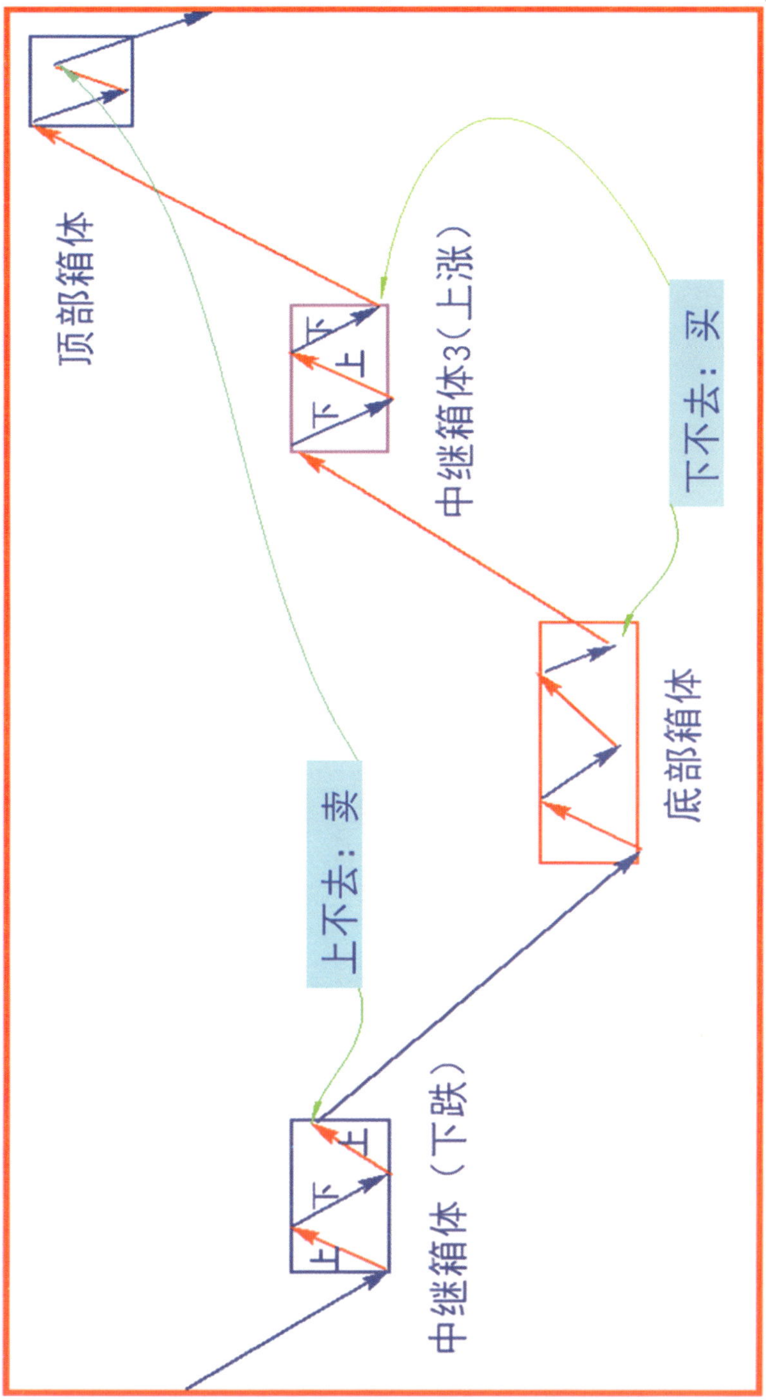

第四章 箱体平台结构

图 4-1 标准的箱体结构示意图

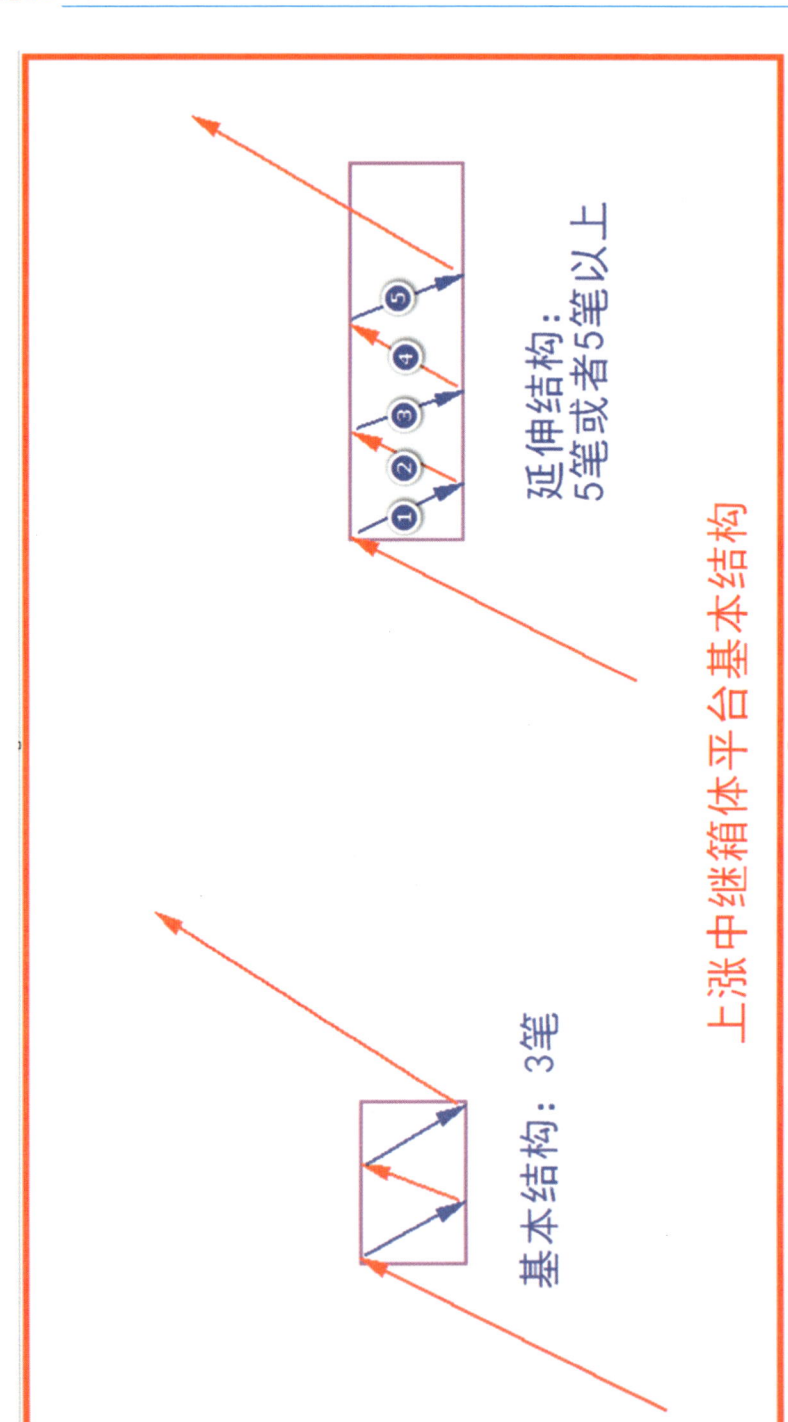

图 4-2 上涨中继箱体平台基本结构图

第四章　箱体平台结构

第二节　箱体的指向性

箱体是有方向的。相对顶部的箱体平台是下跌前多空双方的拉锯战，股价在箱体内反复震荡有利于主力从容出货，主力出货完毕之后，股价的运行方向是跌破箱体平台的下沿，并开启下跌之路。相对底部的箱体是上涨前多空双方的拉锯战，股价在箱体内反复折腾，有利于主力从容收集足够便宜的筹码，主力完成筹码收集之后，股价的运行方向是升破箱体平台上沿，并开启上涨之路。下跌中继箱体平台是下跌途中的多空双方拉锯战，股价跌破箱体平台下沿之后方向朝下。上涨中继的箱体平台是上涨途中多空双方拉锯战，升破箱体平台上沿之后方向朝上。

箱体平台的方向可以借助短期均线组或者长期均线组来进行辅助判断。如果短期均线组（5、8、13）开口发散朝上，则预示下跌暂时中止，短期行情转折朝上，即箱体的方向选择朝上；如果短期均线组开口朝下发散，则是鳄鱼张嘴，短期调整在所难免。如果长期均线组（45、55、65）开口朝上发散，则表示中长期趋势朝上；而长期均线组开口发散朝下，则表示中长期趋势朝下。

以300624万兴科技为例，2018年2月初到3月初完成了一个上涨趋势里的箱体平台构建。如图4-3所示，请比较一下箱体平台内三次调整期间的价柱和量柱的匹配情况。即便箱体"下-上-下"结构完成，但第二个"下"的缩量程度不够（见2区），则需要补充一个缩量的动作（见3区）。

由于该股为新上市的次新股，长期均线系统还没有形成，只能考察短期均线组在箱体构建时的表现情况，A柱为低调乾坤阳，到A柱"下-上-下"箱体基本结构完成，但A柱之前的调整过程中缩量不够，且此时短期均线组还没有理顺。直到B柱的低调乾坤阳，才完成短期均线组的朝上发散开口，C柱高开，此时买入信号强烈。但macd水上金叉信号较慢，到D柱才出现。

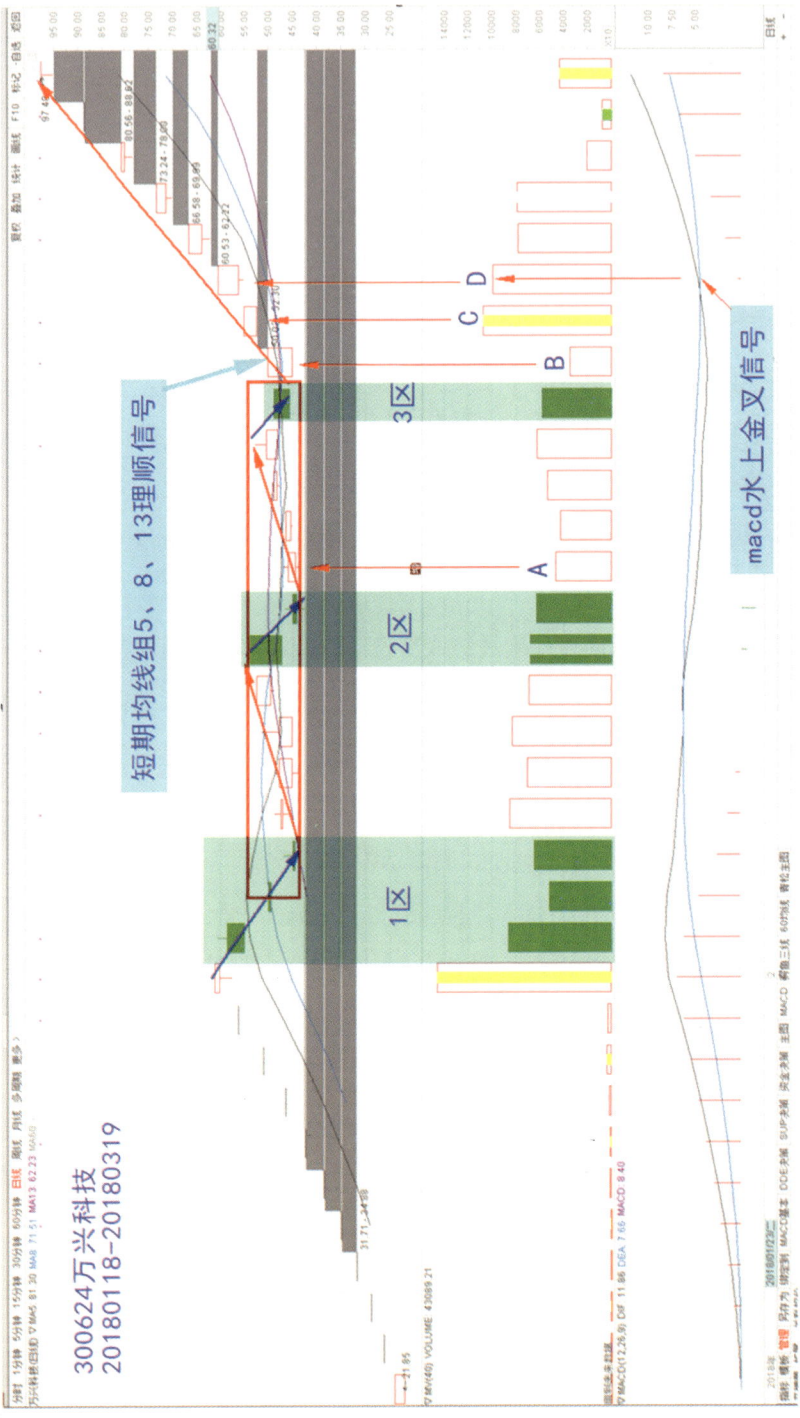

图 4-3 万兴科技上涨中继箱体平台结构图

实战中，最有价值的是上涨中继箱体平台，如果结构完美且在均线长线组（45、55、65）之上，且macd在水上出现金叉，则极有可能走主升浪。当然，相对底部的箱体平台也有一定的介入价值。如果价格处于短期均线组（5、8、13）之上且短期均线组出现开口朝上，macd水下完成金叉，当这两个信号同时具备时，具有一定的介入价值，不过涨幅有限，不要期望太高。

是不是顶部箱体平台和下跌中继平台就没有价值了？显然不是。它的价值在于可以提供撤退的集结号。比如，短期均线组开口朝下，则无论是相对顶部的箱体平台还是下跌中继平台，都是一个重要的撤退信号，及时撤退，可以避免套牢，如图4-4所示，当完成一个下跌中继中枢，短期均线组开口朝下时，表示朝下的趋势已经确认，此时最好的策略是远离。

第三节 箱体的能量

箱体平台结构不仅要看价柱，更要比较价柱实体大小、振幅大小，还要比较对应的量柱的阴阳高矮。以上涨中继箱体平台为例，"下"的这一笔为调整，前后两个"下"的量能，最好能够递减，即第二次的调整时量柱呈现的高矮和面积比第一次要明显减少才行。如果后者比前者还高好多，则箱体结构可能会延伸，继续测试，直到量能明显降低。

如图4-5所示，300624万兴科技在2018年2月的一段箱体，其中，A、B、C三段均为调整段，但其消极的能量是逐级递减的。如果用阴柱的数量来区分，A段的阴柱为三根，B段的阴柱为二根，C段的阴柱为一根，能量是在不断地衰减。消极能量的衰减，意味着调整很快结束。

当然，也可以用高度与面积来区分，比如002199东晶电子（见图4-6）2018年7月的一段箱体平台，A、B、C三段的阴柱数量是三根、两根、三根，但量柱和价柱的高度逐级递减，也是衡量消极能量衰减的信号。

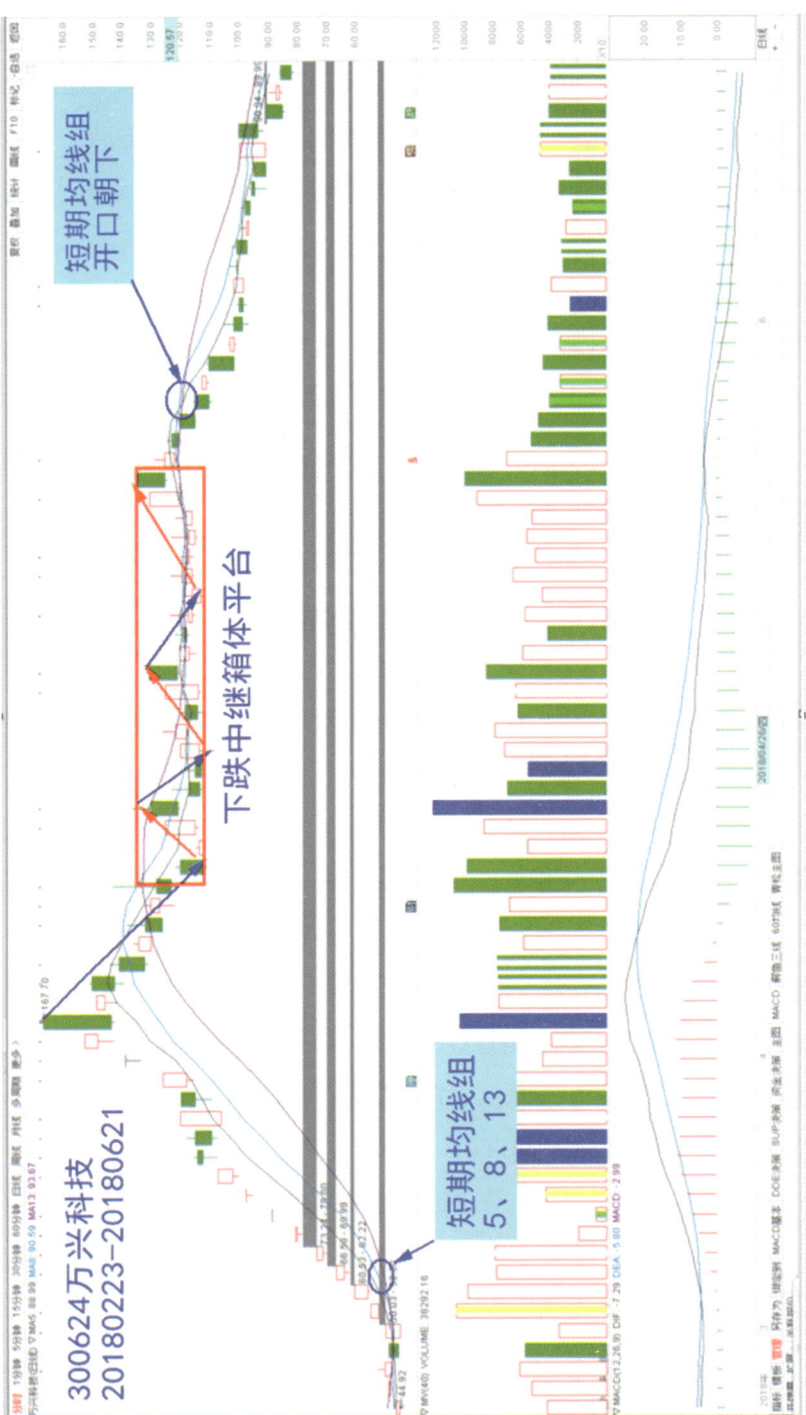

图4-4 万兴科技下跌中继箱体平台结构图

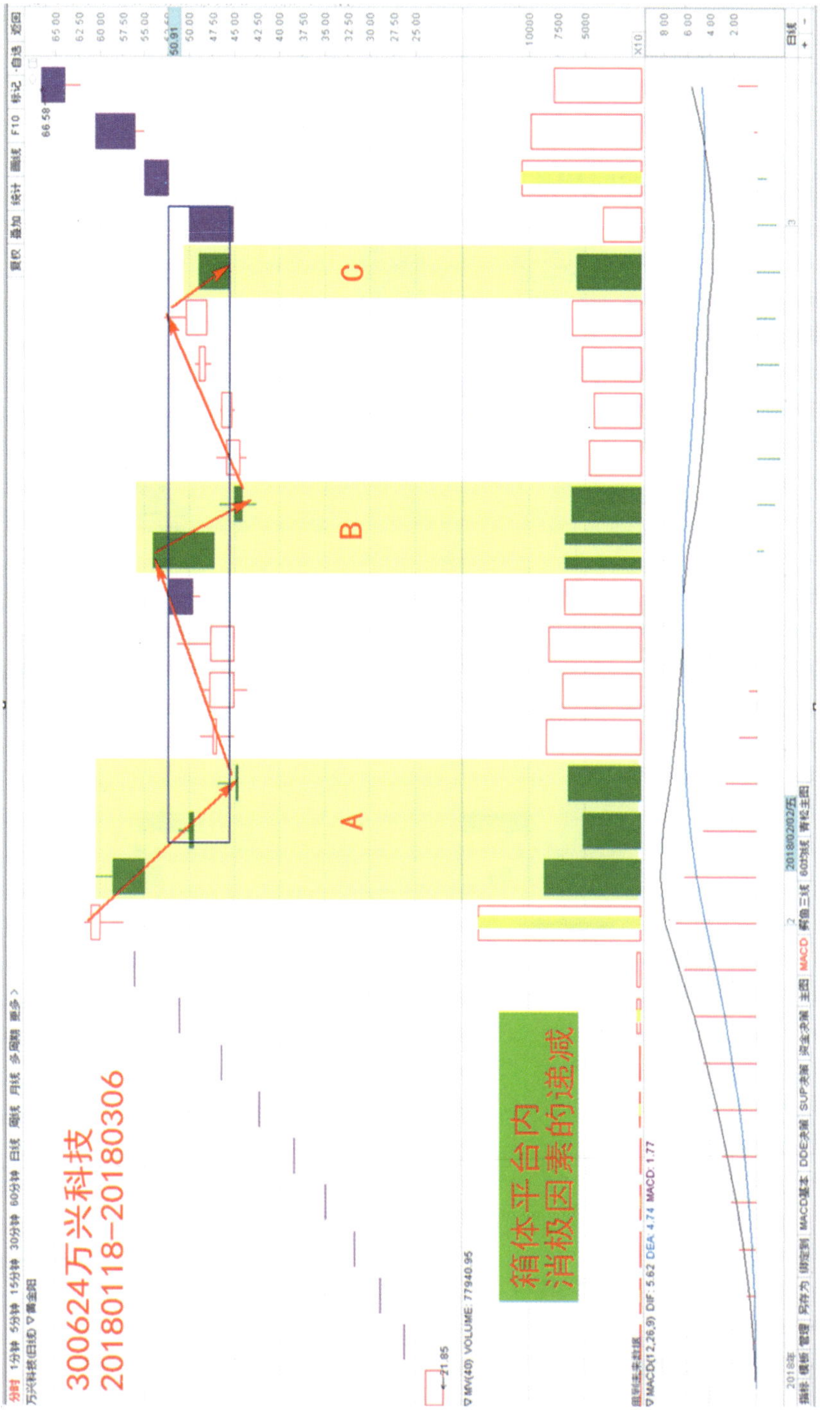

第四章 箱体平台结构

图 4-5 万兴科技上涨中继平台能量结构图

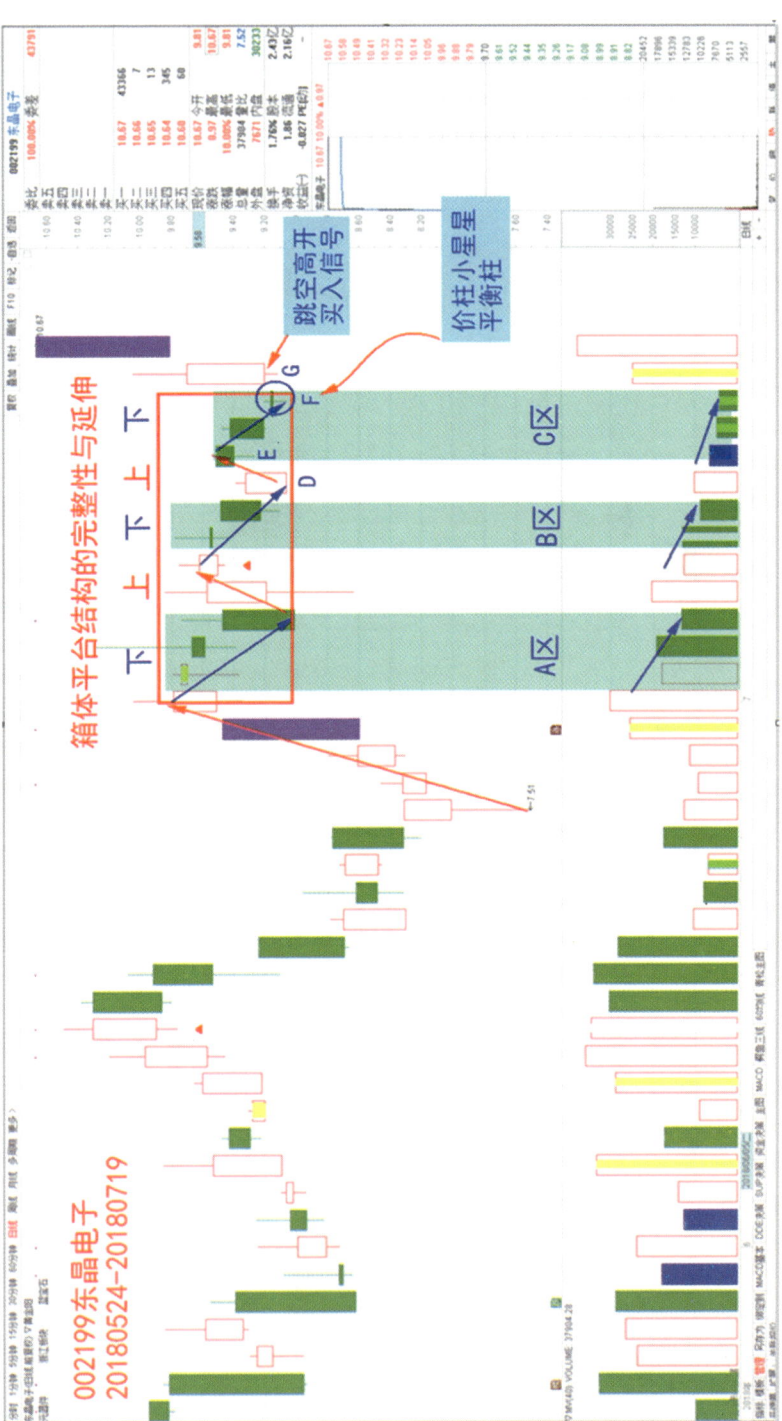

图 4-6 东晶电子箱体平台结构的完整性与延伸图

第四节　关于普适性

不是所有股票都有标准的箱体平台结构，不要企图用箱体平台结构去分析任意一只股票。能否用箱体平台结构去分析和预测某一只股票，从两个方面来考察：

（1）该股历史上是否有用箱体平台的习惯？如果有这个习惯，则当下或者未来该股继续出现箱体平台的可能性就较大，否则可能性就较小。

（2）只有清晰的箱体结构出来了，才可以用箱体平台结构去分析。箱体结构没有出来之前，不能主观臆想。当三笔结构完成，我们就知道形态出来了。当然，在三笔还没有完成之前，根据其历史习惯，也可以预判。预判的目的，是为了引起重视，最后还是要等待结构完成信号。

第五节　箱体平台之前的第一波涨幅

上涨中继平台进入段的涨幅以30%~50%为宜。进入段的涨幅超过70%则行情有可能被一次性透支。以600874创业环保为例，如图4-7所示，箱体平台进入段的涨幅为65%，未达到70%的上限。因此，其后完成"下-上-下"结构后，继续朝上走主升浪。其时，短期均线组（5、8、13）和长期均线组（45、55、65）都是发散朝上。上升趋势在箱体平台构筑期间，其朝上的趋势保持完好。

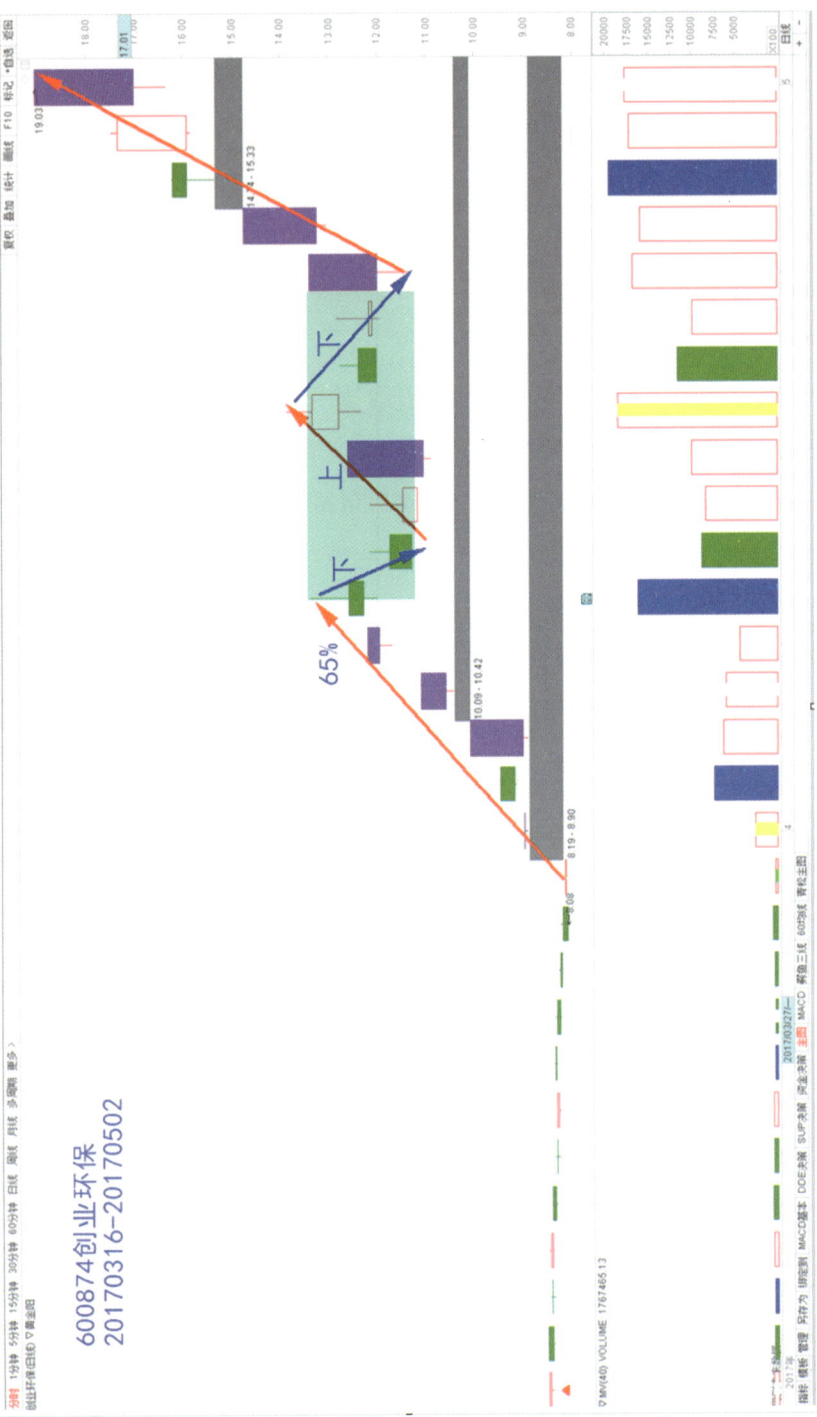

图4-7 创业环保上涨中继箱体平台结构图

第四章　箱体平台结构

第六节　结构的完整性与介入机会的选择

一般来说，上涨中继的箱体平台在完成"下-上-下"基本结构后，一旦出现"早春新芽""低调乾坤阳""宝莲灯"等形态，如果第二天早盘3~15分钟能够正三围确认，就是买点信号。

但有时候，由于本身结构的量价关系存在瑕疵，可能形成箱体平台的延伸，即由3笔延伸至5笔甚至7笔或者更多。因此，在实战中既要认真考察其结构的完整性，也要认真核查其量价结构的匹配性，如果量价匹配问题存在瑕疵，则需要谨慎对待，避免提前介入被套。

以002199东晶电子为例（见图4-8、图4-9），该股在2018年7月中旬构筑了一个上涨中继箱体平台。经过A区和B区的两次调整，箱体基本结构"下-上-下"三笔已经完成，预判D柱为"早春新芽"，等待E柱的确认买入信号。E柱跳空高开，这是一个很积极的信号，但遗憾的是，跳空高开之后，15分钟呈现典型的倒三围结构，因此，E柱这一天没有买入的信号。为什么会导致D柱这个早春新芽得不到确认呢？根子在于B区调整期间缩量程度不够。因此，主力被迫继续洗盘，平台自然延伸。

到C区，主力连洗三天，成交量、价柱的振幅与A区和B区相比，C区明显衰减。所以缩量的问题一解决，主力很快就拉升。特别是F柱这根缩量十字星非常漂亮，价柱实体只有2分钱，价格上下波动范围收窄，说明市场情绪已经非常平稳。G柱跳空高开，且15分钟正三围结构，买入信号明确。

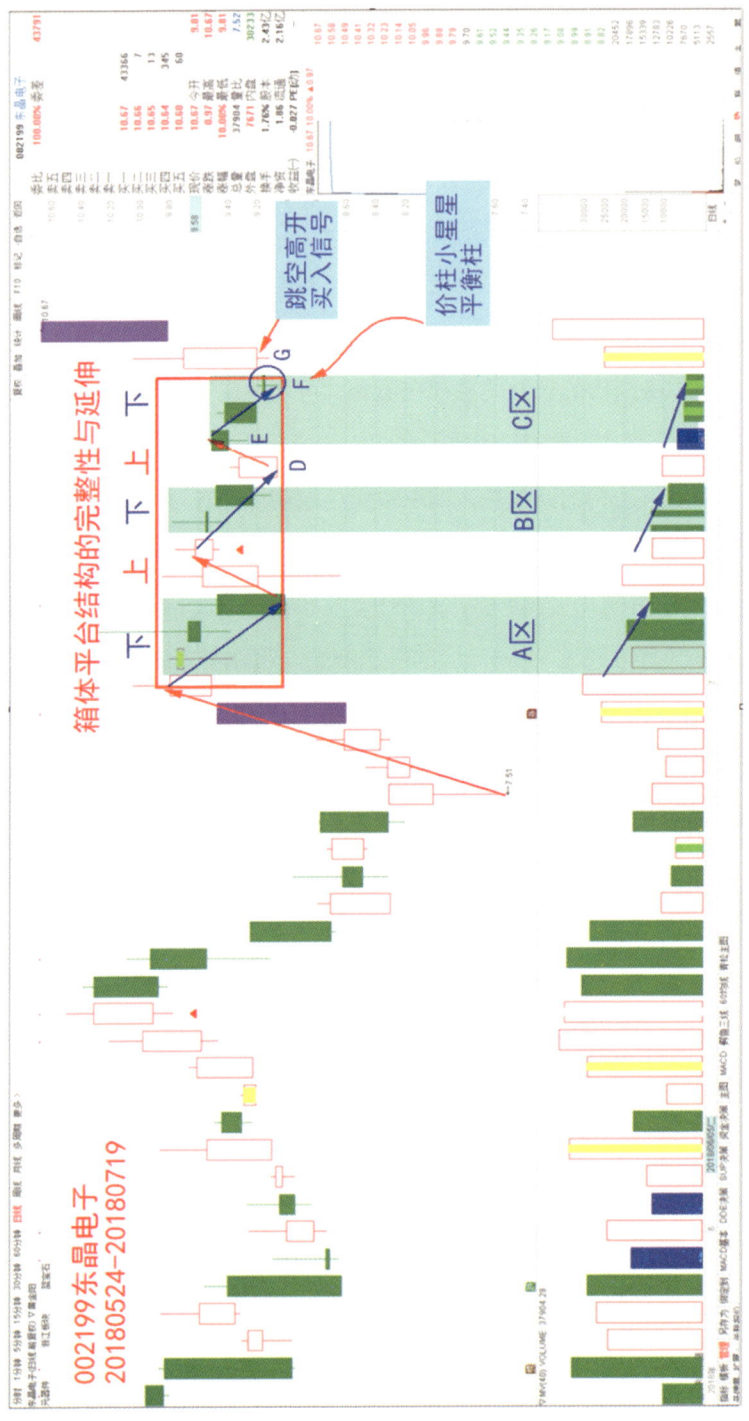

图 4-8 东晶电子箱体平台买入信号示意图

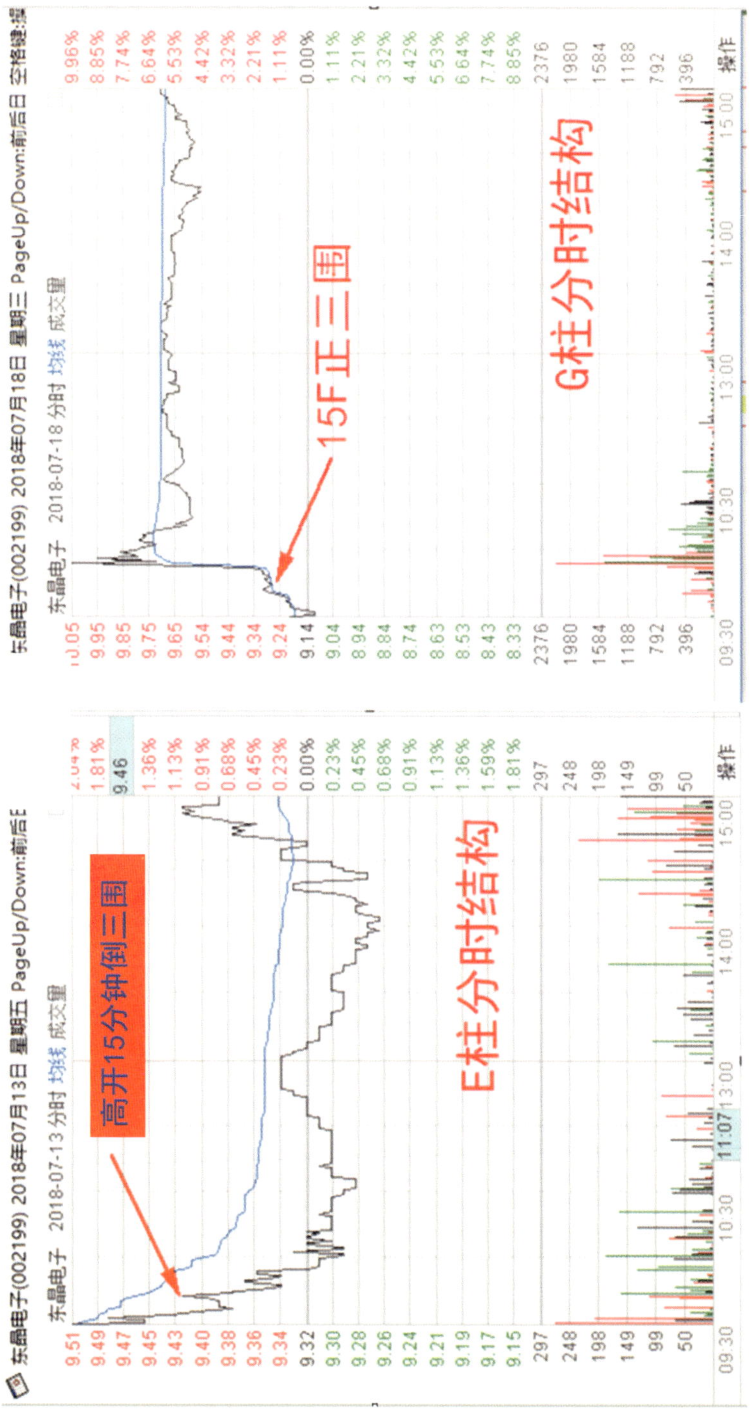

第四章　箱体平台结构

图 4-9　东晶电子分时结构正三角与倒三角示意图

第七节 左侧压力问题

还有一个细节,即便箱体平台结构完成,缩量情况也符合要求,但如果左侧存在较大的压力,也会迫使箱体平台延伸。这个压力,可能来自左峰平衡线、谷底线、下跌周期的二分之一的位置、大阴中线、大阴实顶、隐形左峰线、重要均线等。

以300062中能电气(见图4-10)为例,该股基础条件非常好,前置基因有"三好学生"(三连板),岳母也很漂亮(底部起来就有涨停板)。底部箱体平台到B柱之前已经完成"上-下-上-下"基本结构,B柱涨停,但H柱受阻上不去了,继续下来做箱体的延伸。为什么H柱上不去呢?原因是H柱左侧的D柱和E柱形成了一个向下的跳空缺口(又名"隐形左峰")。隐形左峰是一个天然的阻力,如果不是以跳空涨停的方式越过这道坎,那么回踩箱底下沿就是大概率。从图形上可以看出,H柱之后调整三天,达到箱体下沿,到第四天才跳空朝上。

第八节 不同位置箱体平台操作

箱体平台在不同的位置,有不同的交易策略。

第一,相对底部位置。相对底部箱体平台具有两种方向选择,其一是成为下跌中继,其二是成为底分形反转。但实战中的买入原则是必须在风险释放之后,也就是必须在调整之后才能找机会买入,因此在完成"上-下-上"之后,必须再等待其回调并显著缩量的信号。事实上,这种"完成"必须由四笔构成:即"上-下-上-下"。即当其结构完成四笔之后,下不去就买。所以,相对底部箱体平台看四笔。但有时候,底部只有两笔就开始上攻,即完成"上-下"之后就放量凌厉上攻,这可以参考"梅开二度底部形态构建"和"缠论结构""波浪结构"。

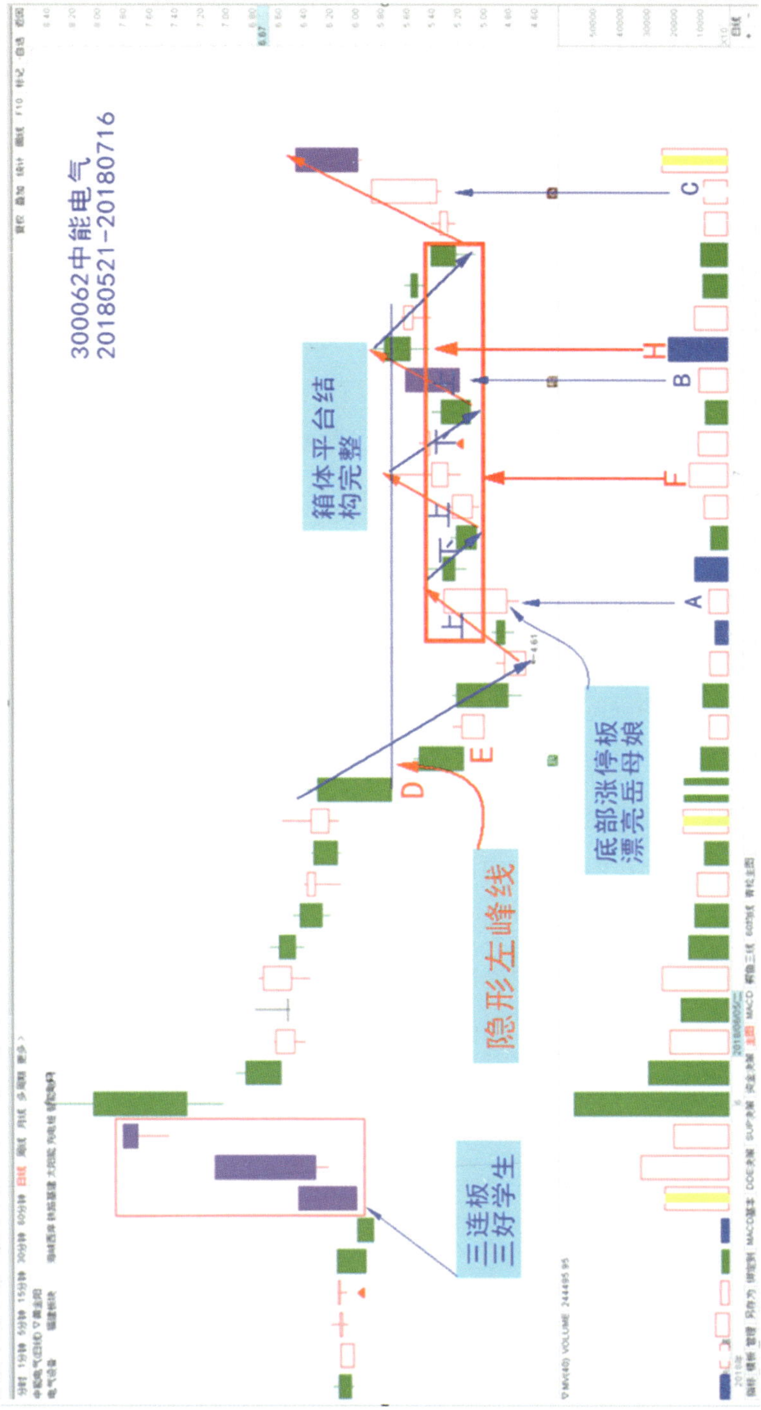

第四章 箱体平台结构

图 4-10 中能电气箱体平台左侧压力结构示意图

第二，相对顶部位置。相对顶部箱体平台，也就是说，一只股票在一波涨势中连续上涨的涨幅超过70%甚至翻番，此时容易形成阶段性的头部结构。一般来说，只要第二笔不能创新高，则上涨中止、下跌开启的信号就比较强烈了。因此在实际操作中，不需要等待箱体结构三笔完成，而是在第二笔就得做出交易决策，即当其结构为"下-上"的时候，就得寻找卖点信号，上不去（不创新高）要卖。

当然，也可以借macd背驰信号来进行交易决策。比如贵州茅台（如图4-11）在2018年年初，明显出现周线级别的顶背驰信号。原则上，在第一次顶背驰时就要给予高度重视，可以先出货一部分。等第二次顶背驰信号出来，应该全部出局。而等到以缺口的方式跌破箱体平台的时候，就意味着一轮凌厉的大跌开始了。

第三，下跌途中。下跌中继平台，其基本结构是"上-下-上"三笔，上不去（不创新高）则卖。但平台也可能延伸。这里面有一个原则，就是一旦跌破箱体下沿，需要止损。可以参考短期均线组（5、8、13），一旦开口朝下，务必在第一时间止损。

第四，上涨途中。上涨中继平台，其基本结构是"下-上-下"三笔，下不去则买。但平台也可能延伸。可以参考长期均线组（45、55、65），一般来说，箱体进行震荡期间，不会有效跌破这个长期均线组。如果有效跌破，则说明情况发生变化，由上涨中继平台演变为相对顶部箱体平台。

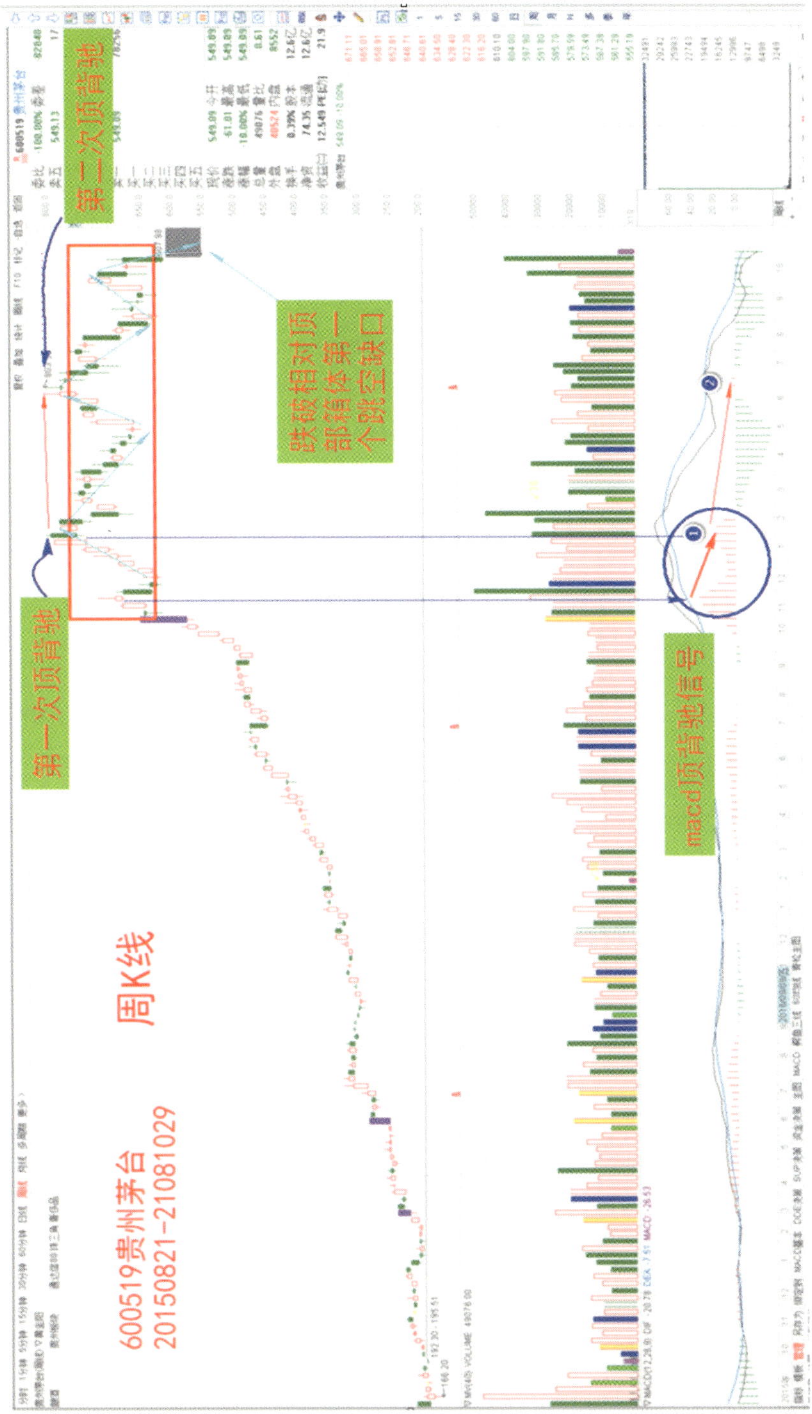

第四章 箱体平台结构

图 4-11 贵州茅台周 K 线相对顶部箱体结构示意图

第五章
标准波浪结构

第一节 相关概念及原理

波浪理论也称波动原理，它具有三个重要的概念：形态、波幅与时间。其中，最重要的是形态。该理论认为，波幅大小与时间间隔并不一定会重复出现，但有一些波浪结构形态会不断地重复出现，而且把波浪结构小周期的图形进行连接，可以形成大周期的图形。这种小周期、大周期的结构，其实就是混沌与分形理论所说的结构的自相似性。任何曾经出现过的结构，可能会再度出现，而且会在相同或者近似的位置出现。因此这种结构的自相似性，可以被发现，也可以被利用。

如图5-1、图5-2、图5-3所示，波浪理论认为，在股市涨跌的过程中，一个完整的循环应该包含8波，5波上升和3波下降，即符合斐波那契数列。而涨跌的比例与进行的时间，与斐波那契数列所衍生出来的黄金比率有关，包括0.382、0.5、0.618、1、1.618。

波浪理论有三条"铁律"，也就是有三条具有统计学意义的规律。这三条规律是：

第五章 标准波浪结构

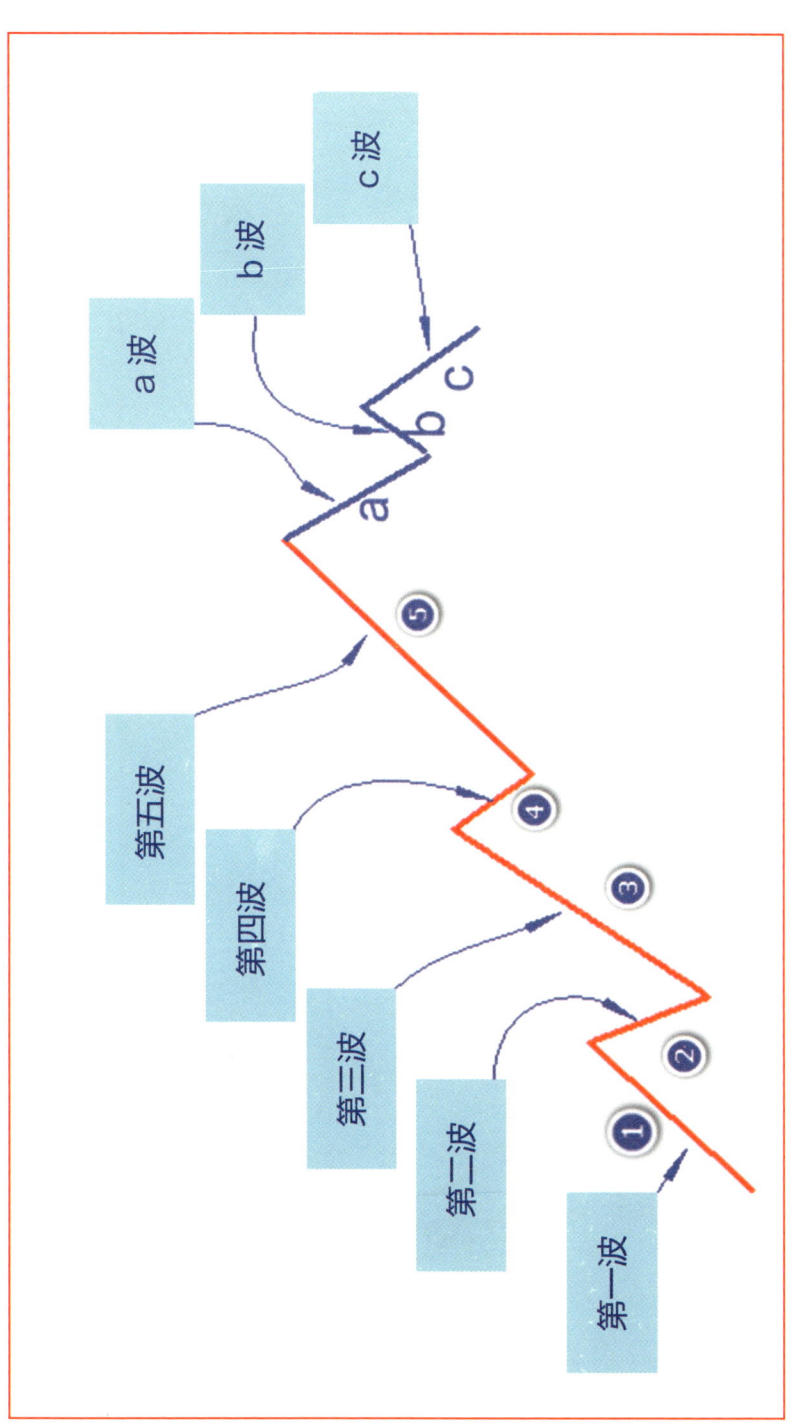

图 5-1 标准波浪结构示意图

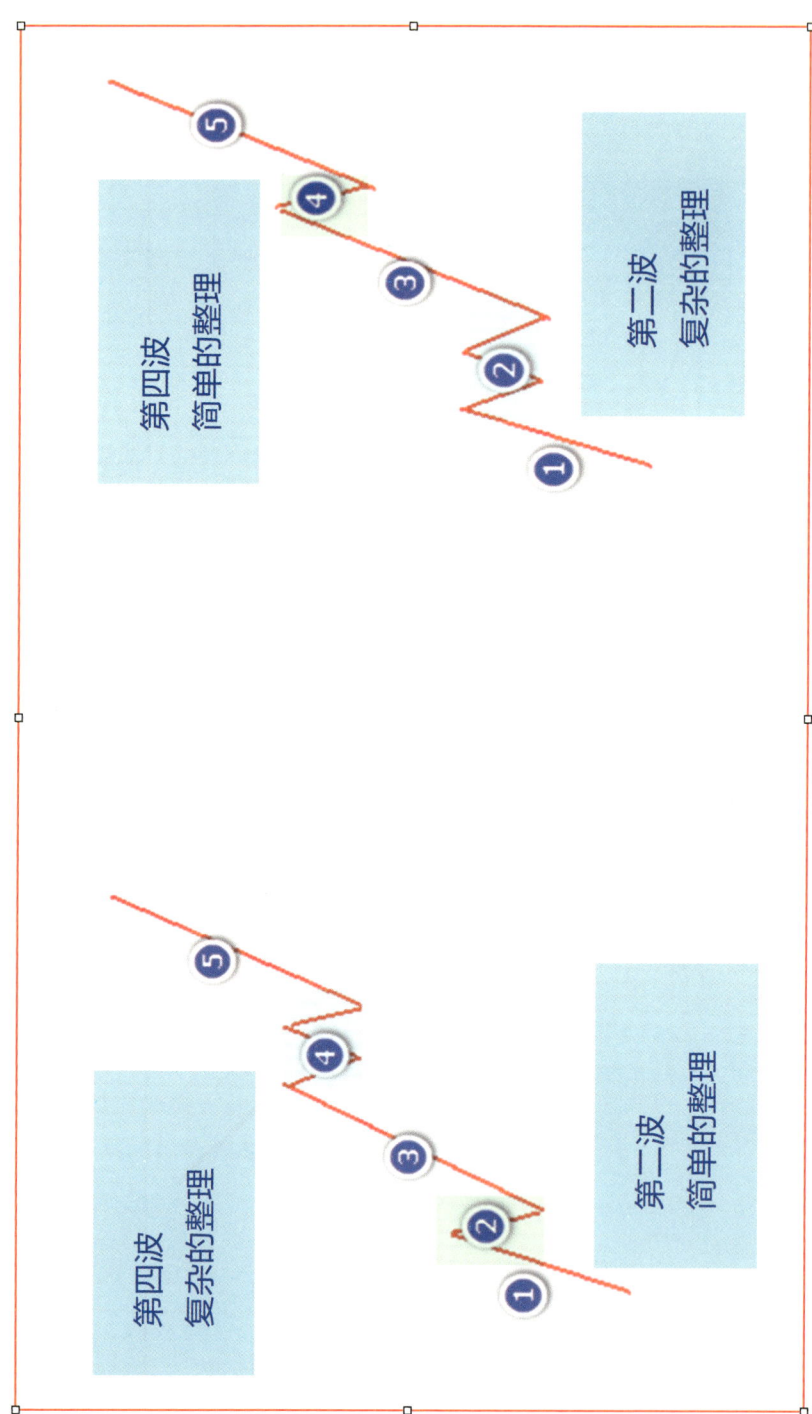

图 5-2 波浪结构第二波与第四波的上升波结构分类

第五章 标准波浪结构

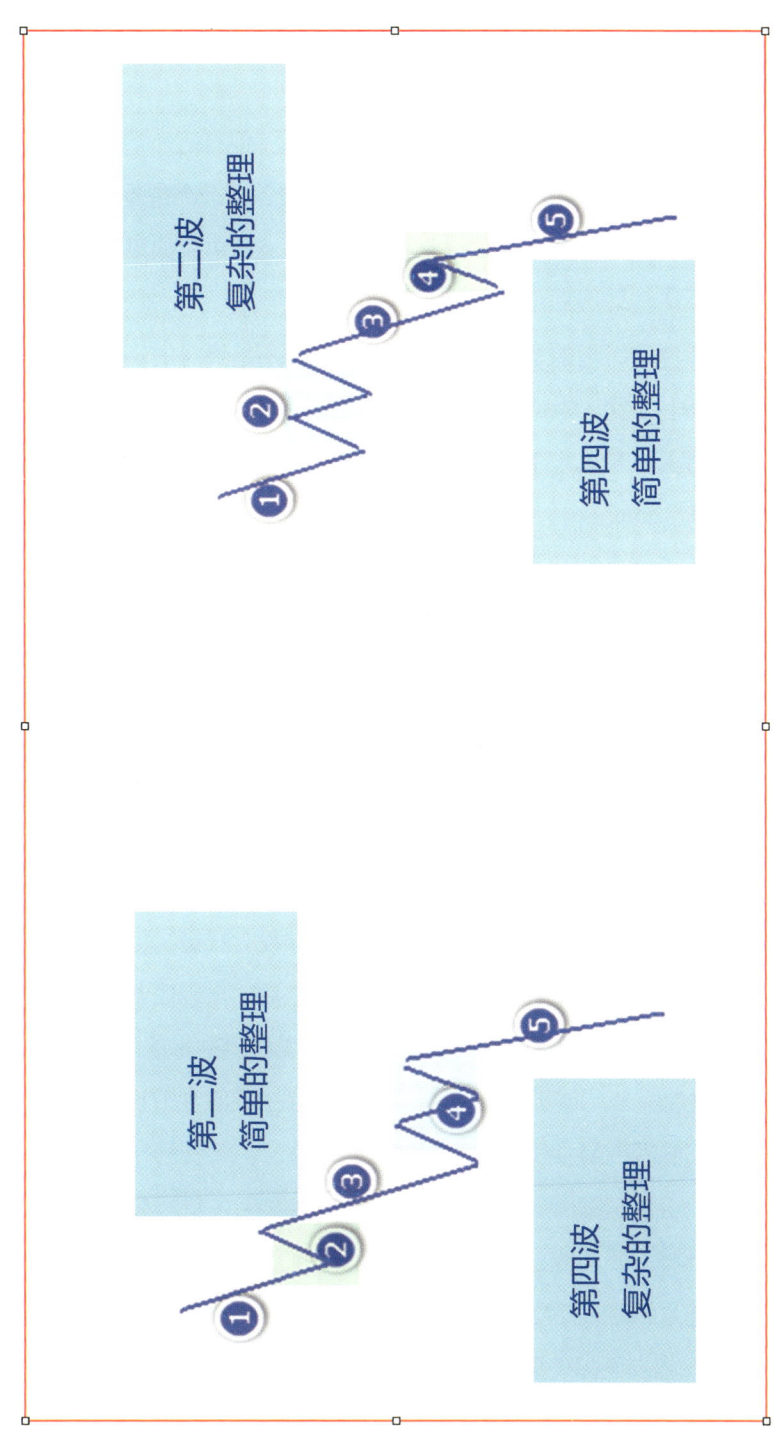

图 5-3 波浪结构第二波与第四波的下降波结构分类

（1）第三波往往是最大的波段。但有时第五波会走延长波段，所以第三波绝对不会是最短的波段。

（2）第四波低点不得与第一波高点产生重合（但有例外，并非绝对）。

（3）第二波与第四波中必然有一个是简单波，另一个是复杂波（有例外，不绝对）。即交替原则，如果第二波复杂，则第四波简单；如果第二波简单，则第四波复杂。

所谓"铁律"，指的是概率较大而已，但并不是绝对的。很多人因为看到原著中的"铁律"，就认为是100%，不折不扣的规律。其实，这是一个误解。股票市场，从来都是一种概率事件。概率有大小，但没有必然。因此，在实战中切不可刻舟求剑。

第二节　分时5浪不涨停

在分时结构图中，如果出现一个清晰、完整的5浪结构，而没有涨停的，则在其完成上涨5浪结构以后，就会走下降的3浪结构。因此，利用这个规律，可以在完成5浪结构时减仓。以601326秦港股份为例，该股在2017年10月20日出现分时5浪不涨停，见图5-4中的B柱。虽然B柱分时结构符合"价涨量跟"、"上面有想法，下面有办法"的要求，即分时量价结构并没有犯错，但由于存在一个清晰的、完整的5浪不涨停的结构，因此在5浪完成之后，出现回调时就应该做一个减仓动作。再结合"数羊战法"，A柱为小倍阳，B柱也是小倍阳，当B柱的收盘价低于A柱的收盘价时，向上的趋势被破坏，因此在B柱收盘前10分钟，可与预判当天的收盘价不能高于A柱的收盘价时，应该清仓。

原则上，分时5浪不涨停，大多数情况下会发生在左侧有阻力的地方，比如左侧左峰（敌峰）平衡线、左侧的大阴实顶平衡线、隐形左峰线（上行补缺），等。在这些地方的分时五浪不涨停，回调的概率是相当大的。

以603871嘉友国际（见图5-5）为例，该股2018年3月14日的A柱，其分时结构为5浪不涨停,其后果然回调。从分时量价结构看,价涨量跟,并没有明显犯错。但左侧有个左峰,存在明显的阻力。因此,分时5浪不涨停之后,当天就遇阻回调,第二天跳空阴继续调整。

分时5浪不涨停,且左侧有阻力时,大概率会回调,即使量价结构健康(高价对应高量),接下来也会有调整。实战中,一旦发现股价运行到左侧阻力线附近,且出现清晰的、完整的5浪不涨停分时结构,根据自己的仓位情况,进行适当减仓或者清仓,待回调到位后再度捡回。

第三节 日线形态5浪结构

日线形态的5浪结构,有些股票明显,有些不明显。不是所有的股票都具有清晰的5浪上涨结构。我们只关注具有明显的、清晰的波浪结构的股票。没有明显的结构形态,不要硬去数浪。很多股票的走势是无法数浪的,如果拿起一只股票就去数浪,会把自己陷于盲目甚至是万劫不复的境地。所谓"千人千浪"的诟病,就是企图用波浪理论去解释所有的股票走势。根据多年的实战经验,建议大家只对具有清晰波浪结构的股票使用波浪理论进行分析与预判,对没有清晰的波浪结构的股票,就不要霸王硬上弓。

数浪的目的,是找机会做好第三浪或者第五浪。一般在第二浪和第四浪结束时的这两个节点会有低调乾坤阳或者早春新芽形态买入信号。

以603058永吉股份为例,如图5-6所示,该股在2017年12月26日至2018年2月1日,日线形态走出了一个清晰、完整且非常标准的5浪结构。

与经典理论不一致的地方是,永吉股份的第二浪和第四浪都比较简单。比较简单的第二浪或者第四浪,时间节点一般在3、5、8天为最佳,时间长了则后期走势不干脆。

实战中,第三浪有3个连板或者4个连板为最佳形态。第3浪超过5个连板则会透支行情,导致后面很难出现像样的第五浪。

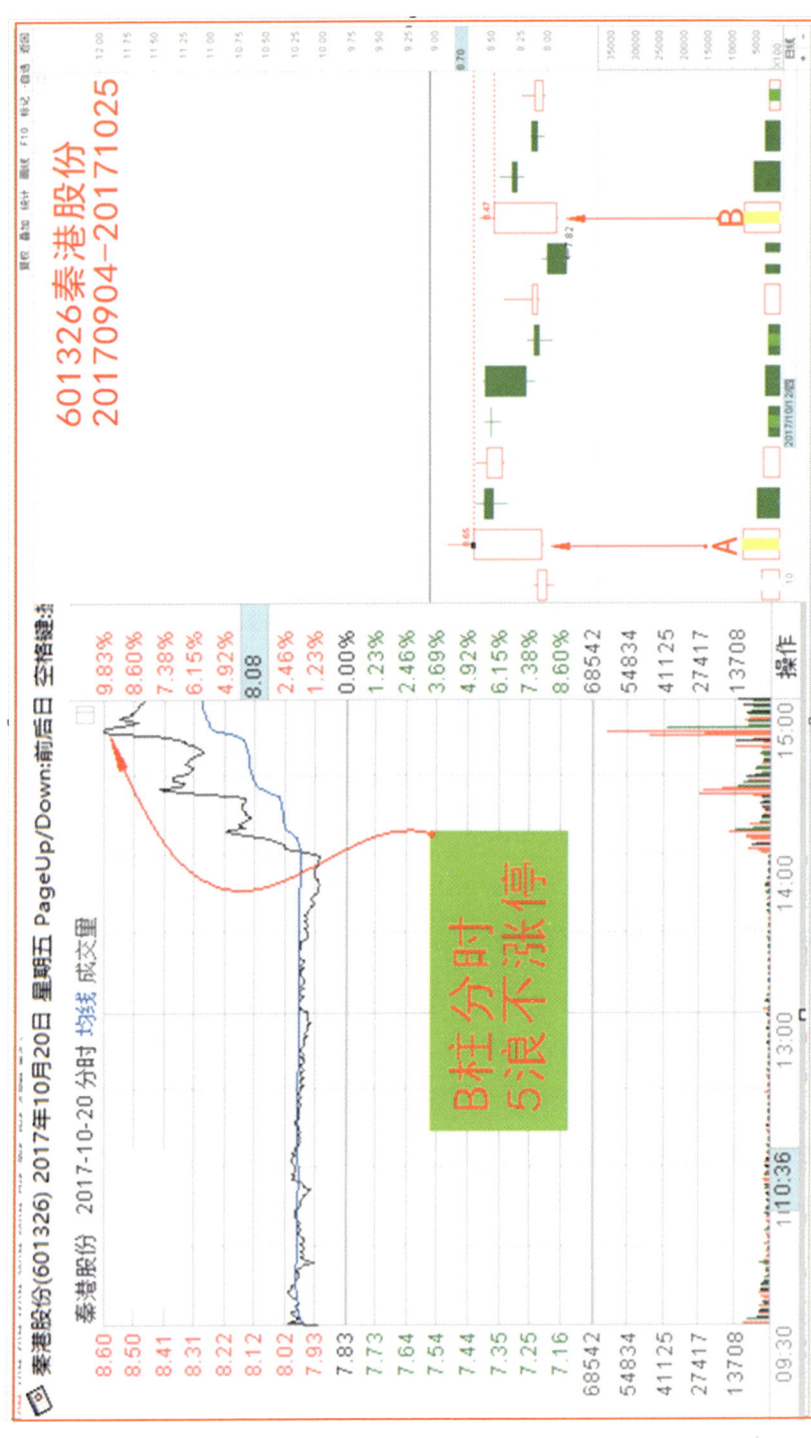

图 5-4 秦港股份标准的分时结构 5 浪不涨停示意图

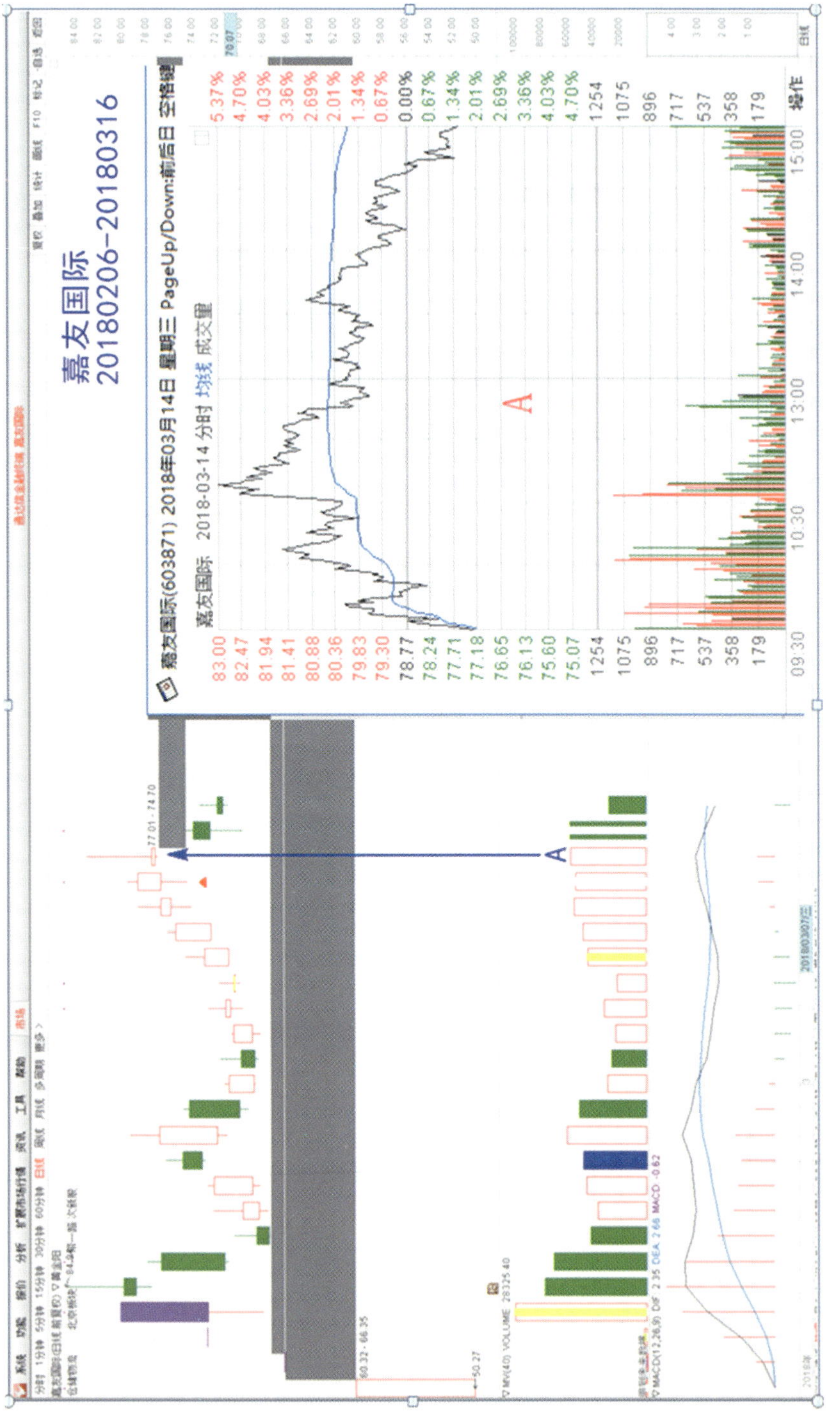

第五章 标准波浪结构

图5-5 嘉友国际分时结构5浪不涨停示意图

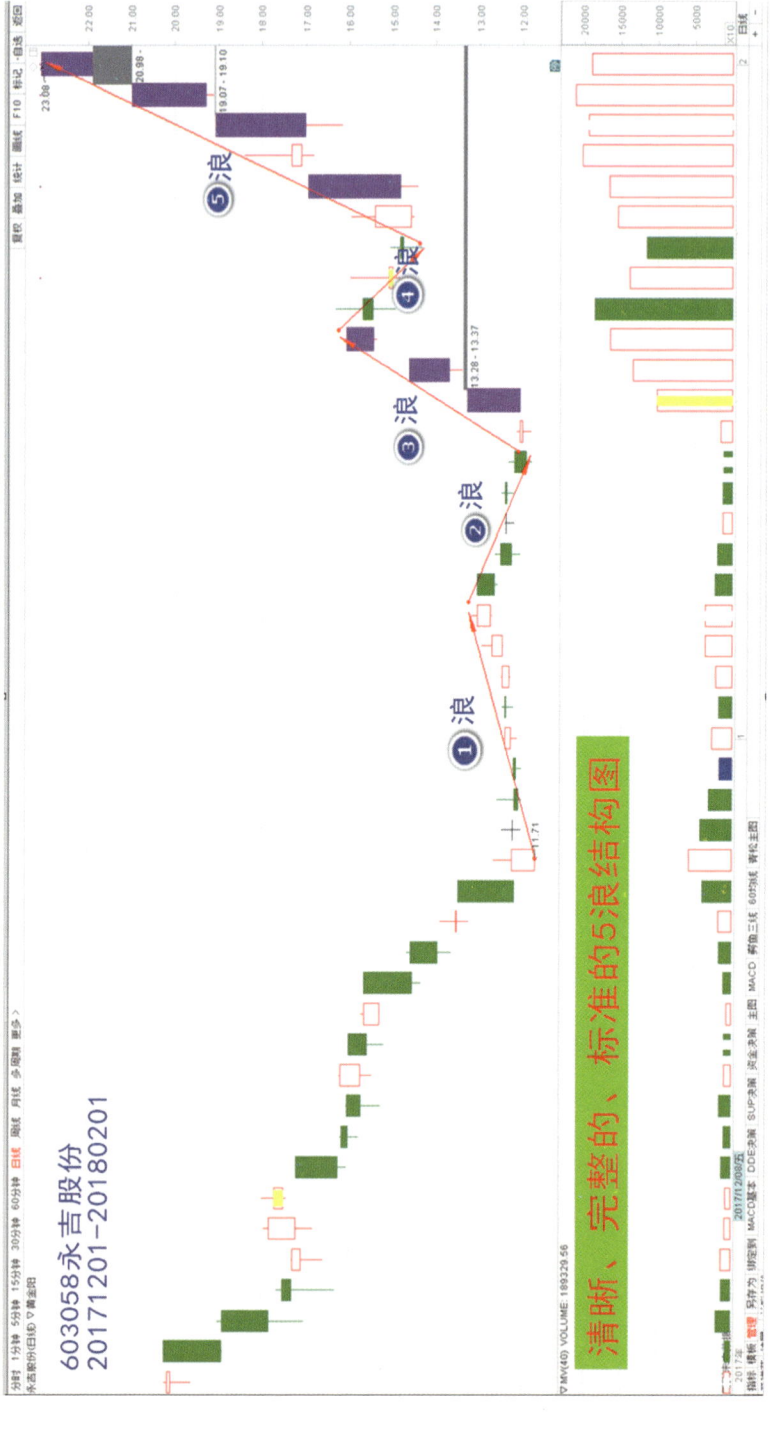

图 5-6 永吉股份清晰完整标准的 5 浪结构示意图

第五章 标准波浪结构

实战中，还有一种形态，即第二浪和第四浪的调整是以横盘震荡或者箱体震荡的方式进行的。这种以横盘震荡或者箱体震荡的方式表现出来的第二浪或者第四浪，也是非常标准的波浪结构。2017年4月至5月期间600875创业环保的5浪结构，就是这种形态，如图5-7所示。

以300163先锋新材为例，该股在2015年3月至6月，走出了一个较为标准的5浪结构。如图5-8所示，第一浪价涨量跟，主力温和放量抬高价格抢筹建仓。第二浪属于洗盘，从图形看，属于"二浪简单"的范畴，二浪有序缩量调整，量柱与第一浪起涨时的量柱基本上齐平时，开启第三浪。第三浪比较复杂，属于延伸浪，有一个"上-下-上"的结构。第四浪调整比较复杂，属于"四浪复杂"的范畴，有一个"下-上-下"的小结构。由于第三浪已经产生延伸，所以第五浪比较短小。

总结一下，日线形态标准5浪结构特征：

第一浪属于主力建仓阶段，一般会有温和的价涨量涨的情况出现。

第二浪属于主力洗盘阶段，一般会呈现"有序缩量"的形态。如果连续洗两次，那就可能演变为"二浪复杂"的箱体结构。

第二浪只要没有创新低，都在第二浪范围之内。而且第二浪回调的幅度越深越安全。

第二浪谷底的量柱比第一浪起涨点的量柱还低，则调整到位的信号更加确定。但不是说，第二浪调整一定要缩量与第一浪起涨时一致。

第三浪或者第五浪利润丰厚，不要错过。第五浪的涨幅与第一浪和第三浪是否产生过延伸有关，如果在第一浪或者第三浪已经有了延伸，则第五浪涨幅有限。如果第一浪出现延伸，则第三浪和第五浪不会出现延伸。延伸的意思是：大浪里包含5小浪或者3小浪。第一大浪、第三大浪、第五大浪都有可能产生延伸，但三者只有其一，最多有二，不会3浪都会延伸。以600776东方通信为例（见图5-9），该股在2018年9月至2019年1月，走出了一个具有"上-下-上-下-上-下"的小结构延伸3浪，之后，还走出了一个强势的延伸5浪。

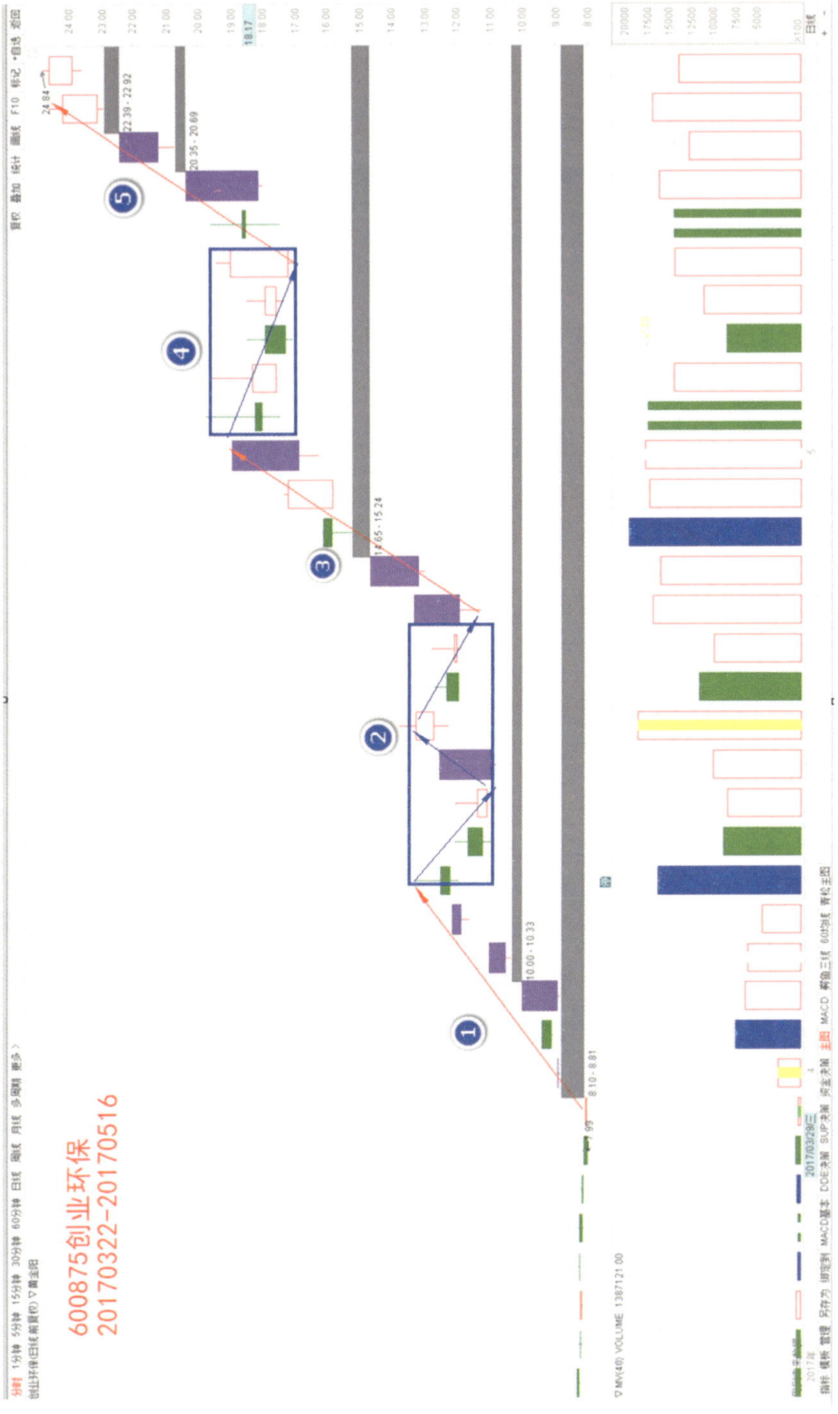

图 5-7 创业环保 5 浪结构示意图

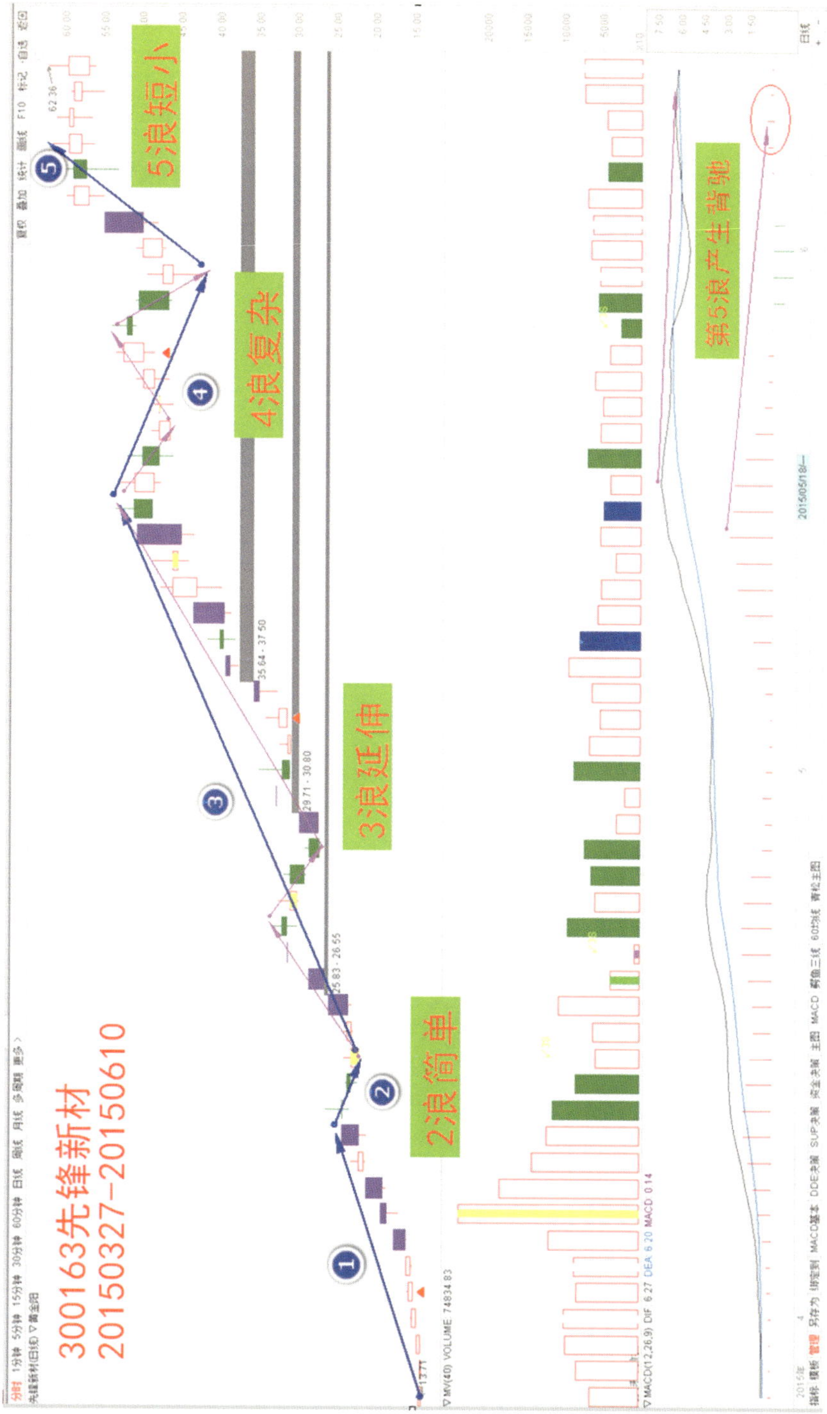

第五章 标准波浪结构

图 5-8 先锋新材 5 浪结构示意图

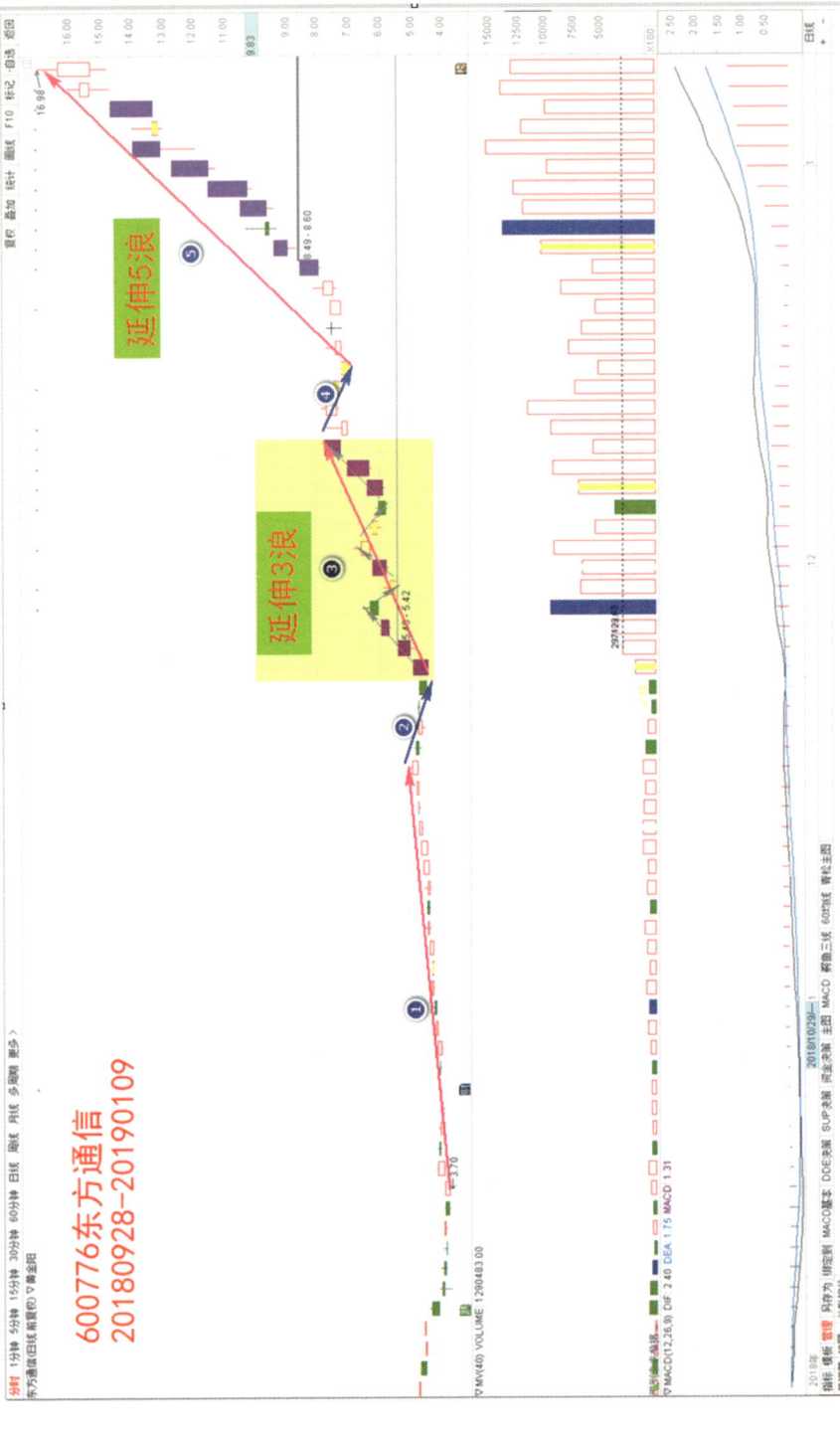

图 5-9 东方通信 5 浪结构示意图

第三浪一般要求放量大阳上涨，放量力度越大越好。但一般以3~4个连板为宜，涨幅不要超过50%。如果第三浪涨幅超过50%，则属于提前透支，会造成第五浪短小甚至消失。

如果第三浪或者5浪产生延伸，则可能在macd等指标上出现背了又背的现象，此时，应该以结构的完整性为判断标准。

当第二浪简单时，第四浪可能会比较复杂（如先锋新材）。第二浪复杂时，则第四浪简单。第二浪与第四浪的复杂与简单可能产生交替现象。但也不是绝对的，有时候第二浪和第四浪都比较简单（如永吉股份）；有时候又会都比较复杂（比如创业环保）。复杂与简单，与主力的思维结构有关，与当时的大盘涨跌节奏有关。主力需要借势而为，需要天时、地利与人和。因此，在应用波浪理论时思维不要一根筋。

第四浪回调一般不会太深。错失第三浪上涨的投资者会焦虑地等待任何可以介入的机会。第四浪原则上不能与第一浪重叠。第四浪与第一浪不产生重叠，走势更猛。但也有产生重叠的现象，比如2017年12月至2018年2月的603009北特科技（见图5-10），其第一浪的最高点与第四浪的最低点产生了重叠，但并不影响其走出一个完整的5浪结构。因此"第四浪原则上不能与第一浪重叠"不是绝对的。

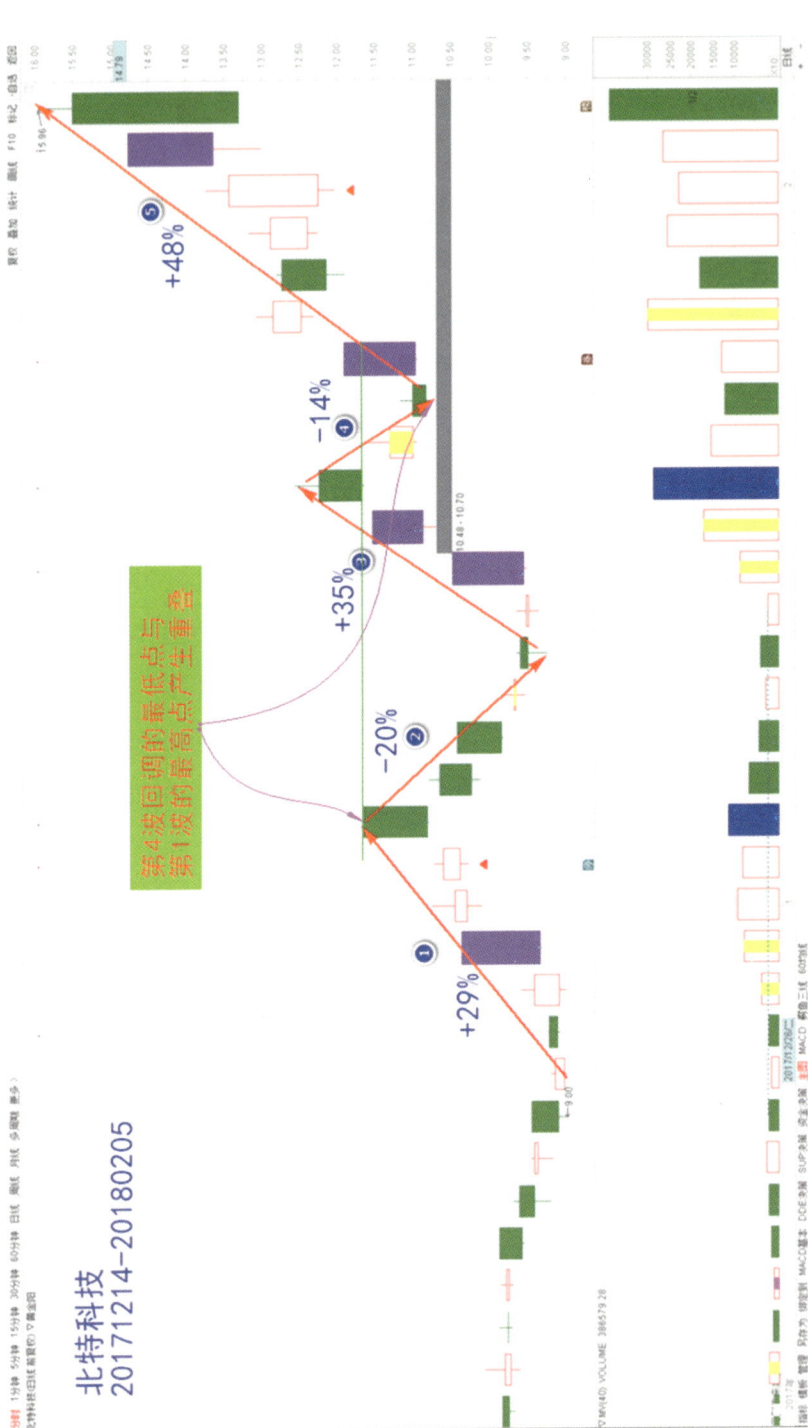

图 5-10 北特科技 5 浪结构示意图

第六章　倍量柱的指向性

第六章
倍量柱的指向性

第一节　倍量柱的概念与价值

倍量柱，就是比前一个交易日量柱增量一倍或者一倍以上阳性量柱，其对应的价柱与前一个交易日的价柱相比一定是上涨的形态。这个增量一倍，可以允许误差10%左右。至于一倍以上，无论多少倍，都统称为倍量柱。

阳性倍量柱的出现，说明成交量显著增加，是市场合力积极做多的标志信号。但单个的倍量柱，在实战中并无实际利用价值。但当倍量柱呈现一定的结构形态时，则内含玄机。连续的倍量柱，本身就是奋力朝上的态势；而间隔出现的倍量柱，则可以借助其收盘价的高低来辅助确定趋势的方向，从而捕捉买入或者卖出时机。

相邻非连续三根或者三根以上的倍量柱，具有显著的指向性；但如果结合60日均线，则可以显著提高预判趋势的准确性。

以600103青山纸业为例，如图6-1所示，该股在2014年6月至10月间，出现了12根倍量柱。其中，X、Y、Z三根为连续倍量柱；H、I两根也为连续的倍量柱；A、B、C、D、E、F、G这七根为非连续的倍量柱。

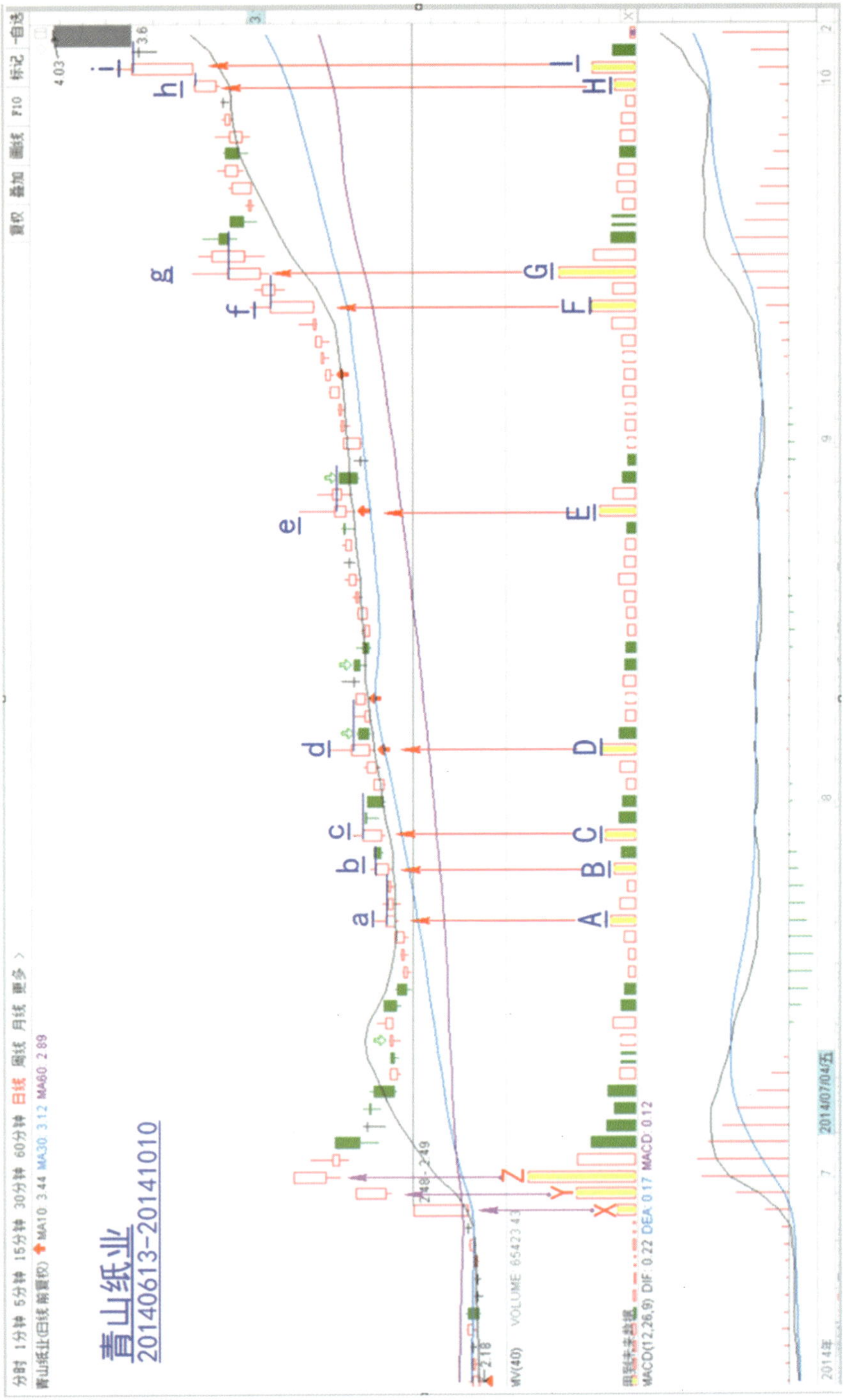

图6-1 青山纸业倍量柱的指向性示意图

第六章 倍量柱的指向性

第二节 上涨趋势中倍量柱的指向性与交易技巧

如图6-1所示,显而易见,X、Y、Z三柱和H、I两柱属于一口气连续做多拉升的行情。而A、B、C、D、E、F、G这七根倍量柱,看似杂乱无章,实际上暗藏玄机,是有规律可循的。

第一,这七根柱子对应的价柱收盘价a、b、c、d、e、f、g,是一个比一个高,这就为我们提供了一个辨别趋势的工具:不管倍量柱本身的高矮情况如何,只要相邻两根倍量柱之间,后一根倍量柱对应的收盘价高于前一根倍量柱的收盘价,则视为趋势朝上。

第二,这七根倍量柱之后都有缩量整理的形态。根据这个倍量柱之后第二天都有缩量整理的规律,我们在倍量柱的当天可以适当卖掉一部分股票,等后续在相对低位再接回昨天已经抛出的股票。这样反复做,可以积少成多,降低手中股票的成本。

第三,在一轮上升趋势里,主力会借助均线系统来进行震荡洗盘。青山纸业这个主力把股价维系在20日均线附近上下波动,盘整中以不破30日均线为极限。如果做长线,则只要股价不有效跌破30日均线,则可以一直持有。一旦有效跌破30日均线,特别是以大阴柱的方式跌破30日均线,则把手中股票全部抛出,获利了结。当然,不是所有主力都是以30日均线为攻防线,也有用20日均线或者60日均线的,这要看主力的思维习惯。同一主力,在不同的阶段,依托的均线也可能不一样,即在上一轮牛市中依托的均线是30日均线,下一轮牛市可以依托的是20日均线或者60日均线。

再看601106中国一重在2014年6月至9月期间的一段走势。如图6-2所示,A、B、C、D、E、F、G、H、I、J一共11根倍量柱,其对应价柱的收盘价a、b、c、d、e、f、g、h、i、j,无一例外都是步步升高的。在实战中,只要后一根倍量

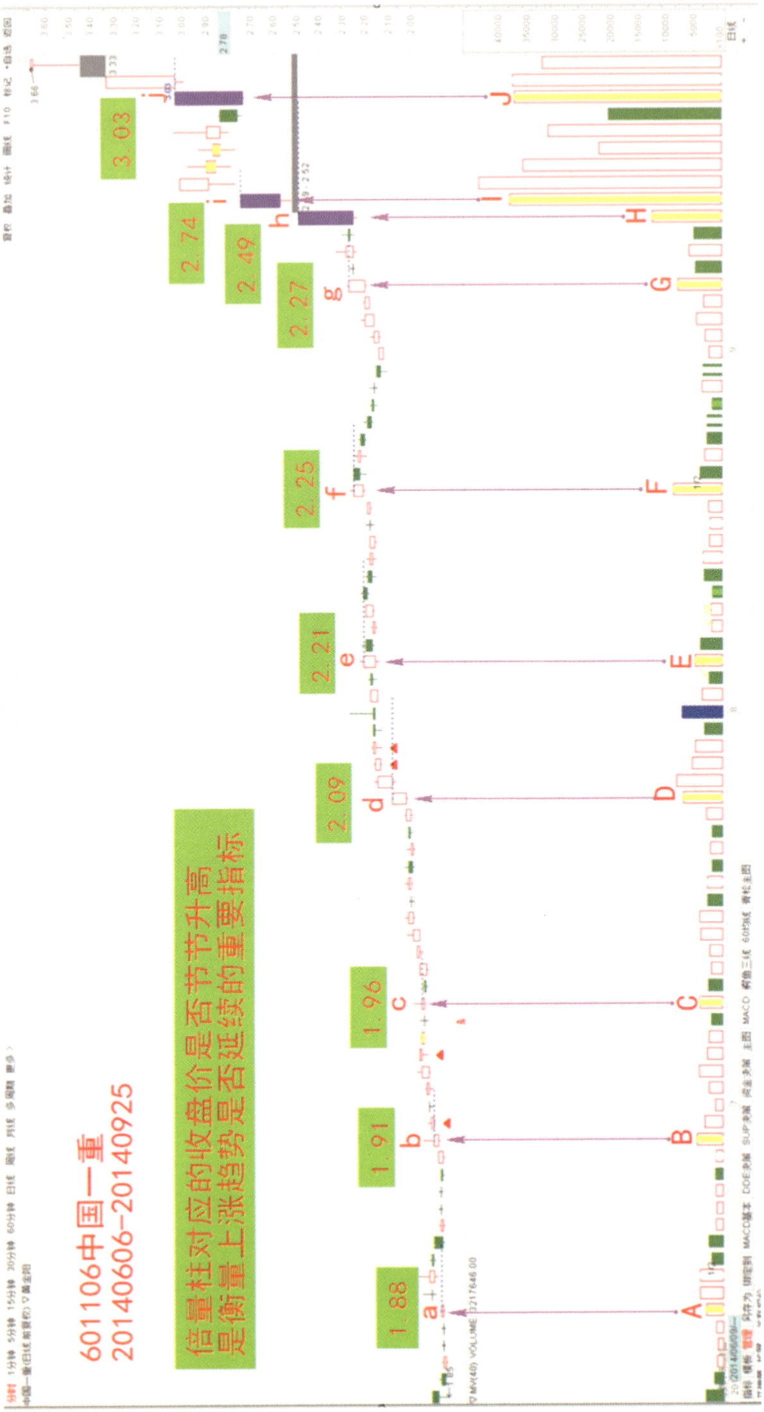

图6-2 中国一重倍量量柱的指向性示意图

柱对应的价柱收盘价高于前一根倍量柱的收盘价，就表示上升趋势延续，已经建仓的股票就可以一直持有。

如果在上升中途，出现某一根倍量柱的收盘价低于前一倍量柱的收盘价，此时应该有所警觉，如果此时股价还在60日均线之下，则应该适当减仓；股价运行在60日均线之上则还可以继续观察。当股价跌破当前最近一根倍量柱对应价柱的实底时，要进一步减仓。只要股价不有效跌破60日均线，就没有必要清仓。当处于牛市状态时，可能还有第二波的情况出现。如果股价重新站在60日均线之上且出现连续的三根倍量柱对应价柱的收盘价步步高升，说明上升趋势延续，此时可以把减掉的仓位重新捡回，从而享受"强二波"带来的利润。

以601106中国一重在2014年12月19日至2015年4月22日这段时间的走势为例（见图6-3），2014年12月31日的A柱被有效跌破，说明趋势已经遭到破坏，此时应该适当减仓甚至抛售大部分持有的股票。2015年3月17日前面出现间歇性倍量柱三根，且这三根倍量柱对应价柱的收盘价属于节节高形态，加上当天股价已经重新站上60日均线，则可以预判股价重新开启上升趋势，可能开启牛市的"强二波"。

如果当下左侧最近一根倍量柱出现之后，很长时间没有再出现新的倍量柱，此时股价已经涨到一定的高度，卖出股票的时机则需要根据日线形态或者30分钟级别的顶背离信号、顶分形信号来进行操作，没有必要等到股价跌破最后一根倍量柱的实底再卖。

第三节　下跌趋势中倍量柱的指向性

以603843正平股份为例，我们看看该股在2016年8月至2017年1月间的一段走势。如图6-4所示，A、B、C三根柱子均为阳倍量柱。A、B、C三根倍量柱所对应的收盘价分别为a、b、c，显而易见，B柱对应的收盘价低于A柱，C柱对应的收盘价低于B柱。

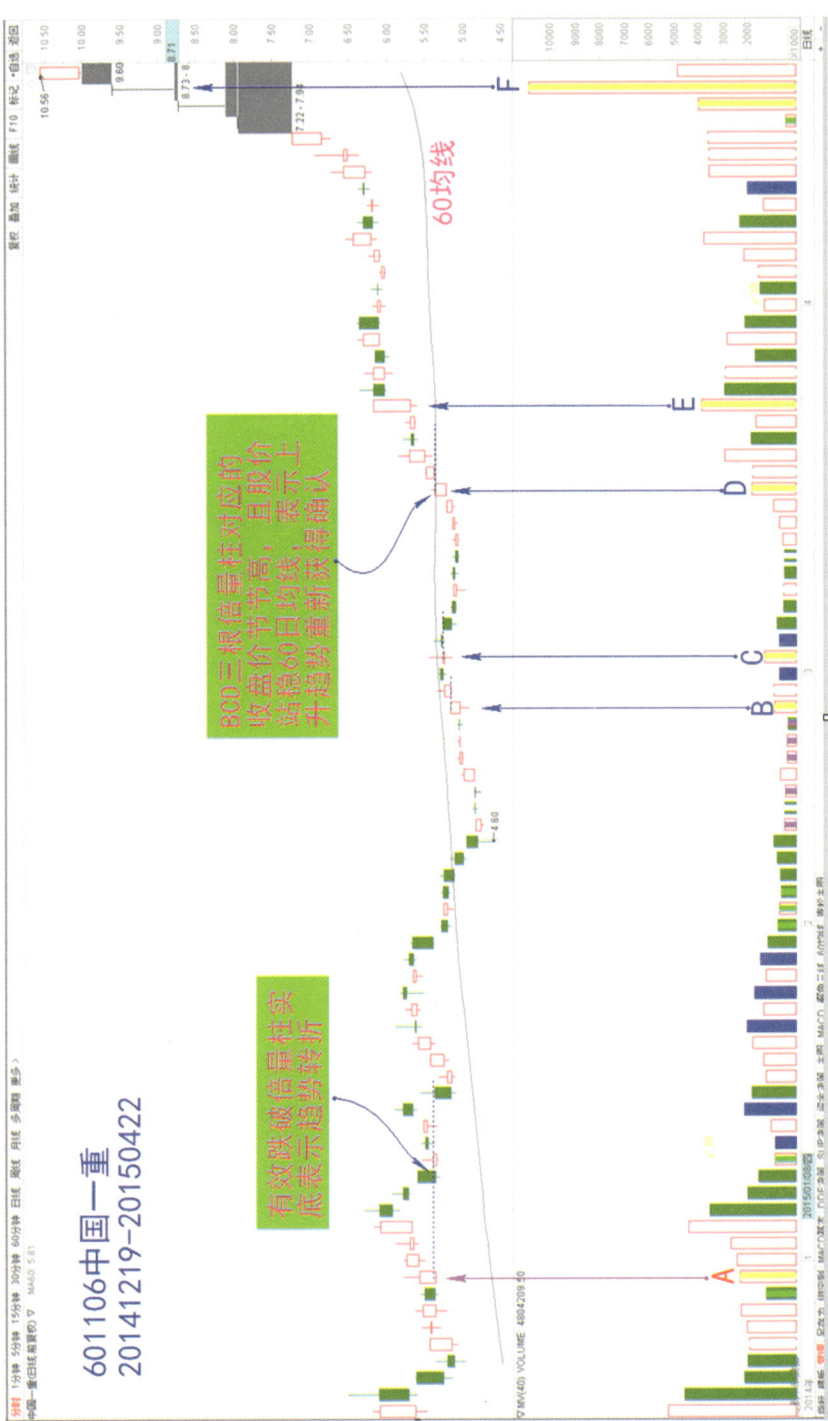

图6-3 中国一重上升趋势与60日均线结构图

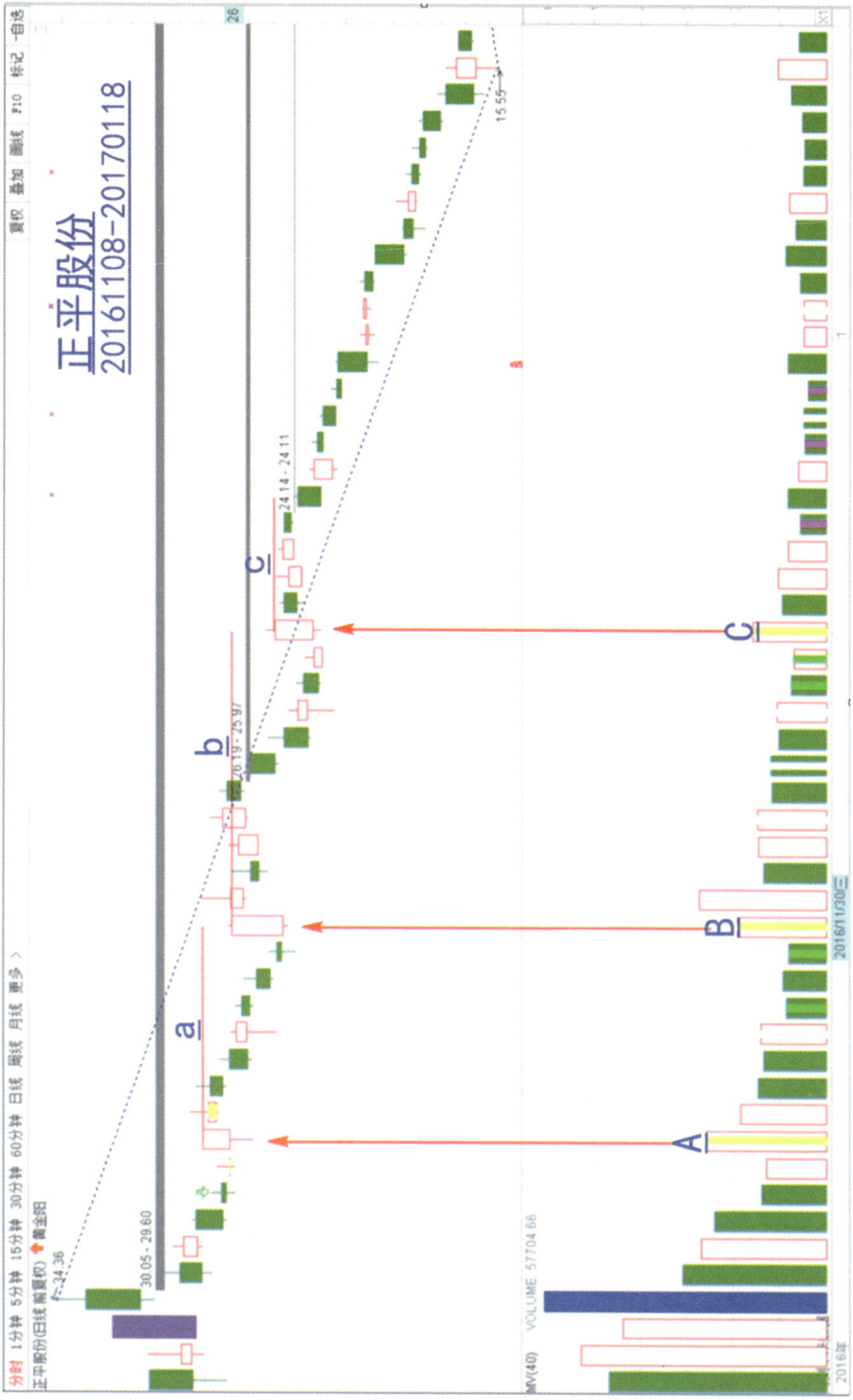

第六章 倍量柱的指向性

图 6-4 正平股份下跌趋势中倍量柱的指向性示意图

A、B、C三根柱对应的价柱收盘价a、b、c，一个比一个低；同时，A、B、C这三根价柱的实底均被有效跌破；朝下的趋势就这样被确认了，也就是说，相邻的三根倍量柱决定方向。实战中不管倍量柱本身的高矮如何，只要相邻三根倍量柱之间，后一根倍量柱对应的收盘价低于前一根倍量柱的收盘价，且A、B、C三根倍量柱的实底均被有效跌破，则可以确认趋势朝下。如果股价跌破60日均线或者已经在60日均线之下，则下跌趋势更为确定。

朝下的趋势一旦被确认，这样的股票，短期而言就失去了买入或者长期持有的理由。实战操作时，一旦股价有效跌破当前最近一根倍量柱的实底，就有必要实施"斩立决"行动，果断斩仓。在没有出现明确而且清晰的底分形之前，都没有介入的价值。60日均线还没有走平上翘之前，如果要抢反弹，也只能"抢一把就跑"，这样可以防止下跌中继或者底部补跌带来的伤害。

第四节　盘整期间的倍量柱

股票的走势类型一般可以分为上涨、下跌、盘整三种形态。上面讲到了倍量柱在上涨与下跌趋势中的相关规律。现在我们来分析第三种形态，即倍量柱在盘整中，是否有一定的规律。

以600186莲花健康（见图6-5）为例，该股在2012年7月至2013年1月间，一共有11根倍量柱。F柱之前，60日均线趋势朝下；F柱之后，60日均线开始上翘。横盘期间，有的倍量柱之后有一定涨幅，有的倍量柱之后却立马调整，倍量柱之间并无明显的可以利用的规律。

B柱的收盘价高于A柱，但C柱的收盘价低于B柱，这就是股票在盘整中的结构形态。B、C、D柱似乎可以预判趋势朝下，但E柱的收盘价又高于D柱的收盘价。倍量柱对应的收盘价呈现忽高忽低的结构时，就是股价区间震荡盘整的结构形态。

再看600186莲花健康（见图6-6）在2018年8~9月期间，有O、P、Q、R四根倍量柱，倍量柱之后都有调整。主力依托倍量柱进行箱体平台震荡筑底。60日均线走平，还没有开始上翘，所以趋势尚未确认。O、P、Q三根倍量柱对应的收盘价步步升高，但倍量柱R对应的收盘价与前一根倍量柱Q对应的收盘价相比却降低了。这种情况说明趋势摇摆不定，方向不明，应该逢高减仓或者出货。一旦出现这种情况，就意味着短期调整很快就会来到。为什么需要减仓甚至清仓？是因为调整的深度，很难预测。

总而言之，在股价盘整期间，也就是在中枢震荡期间，实战参与的意义不大。如果一定要参与，也只能快进快出，抢一把就跑，打点短差。为什么抢一把就要跑？因为，中枢结构完成之后，可能转折上涨，也可能成为下跌中继。如果成为下跌中继，则杀伤力一般会比较大的，如果跑慢了，就会被深套其中。

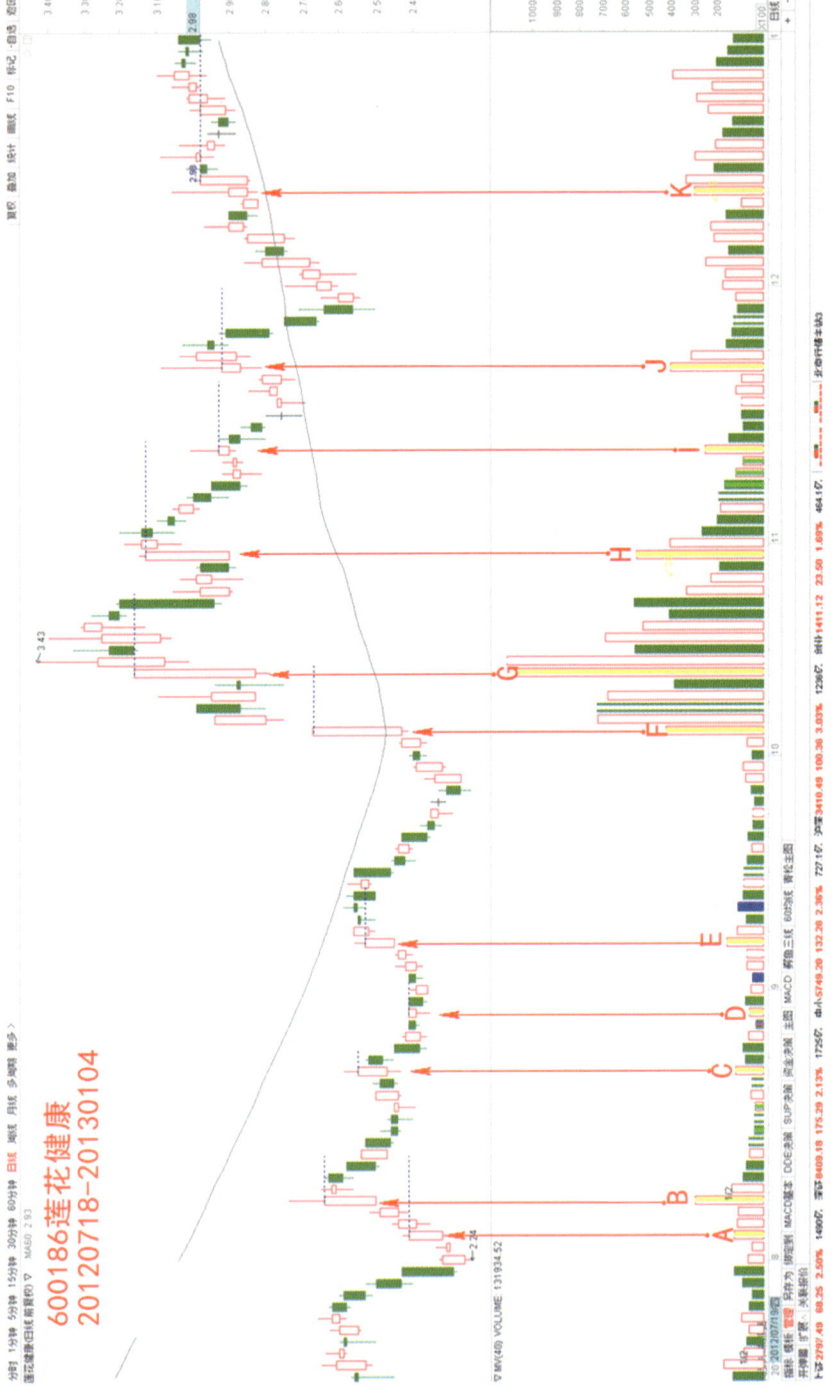

图6-5 莲花健康盘整期间的倍量柱结构图

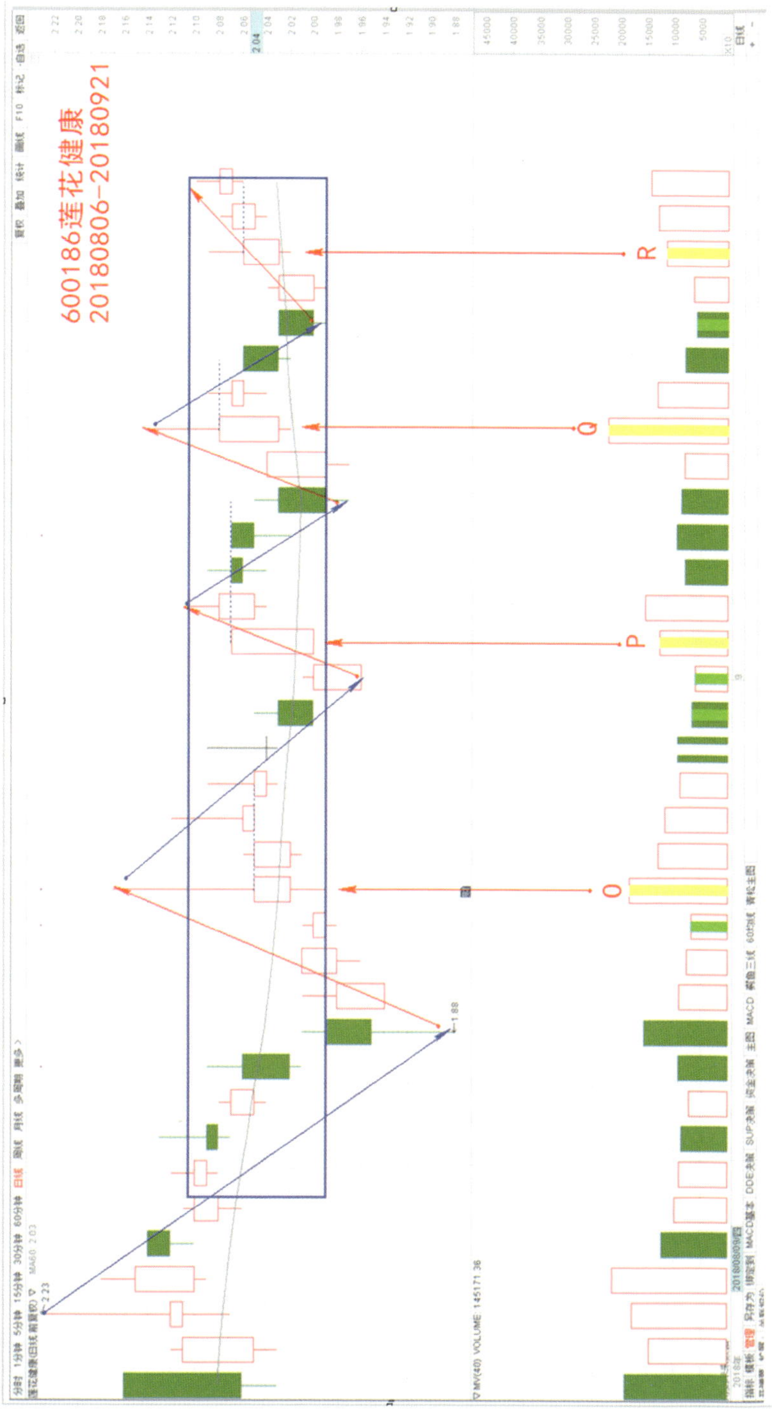

第六章 倍量柱的指向性

图 6-6 莲花健康箱体平台震荡期间倍量柱结构示意图

第七章
谷底线的支撑和阻力

第一节 谷底线的概念

谷底是指某个波段的最低点,以这个最低点画水平线,就是谷底线。

谷底线取点一般有二个,即实体的低点与虚底的低点。原则上,先取实底线,再取虚底线。虚实之间,优先取点与左侧有精准对应的精准线。

以600462九有股份在2018年7月至9月间的走势图为例,如图7-1所示,"谷底线1"可以取A柱的实底划线,因为A柱的实底与B柱的虚底精准对应在3.20。"谷底线2"则有两种画法:一是以C柱的虚底划线;二是以D柱的虚底和E柱的实底划线,因为这两点都是3.01,是精准线。"谷底线3"则取F、G、H三柱的实底划线,因为这三柱的实底都精准在2.58这条线上。

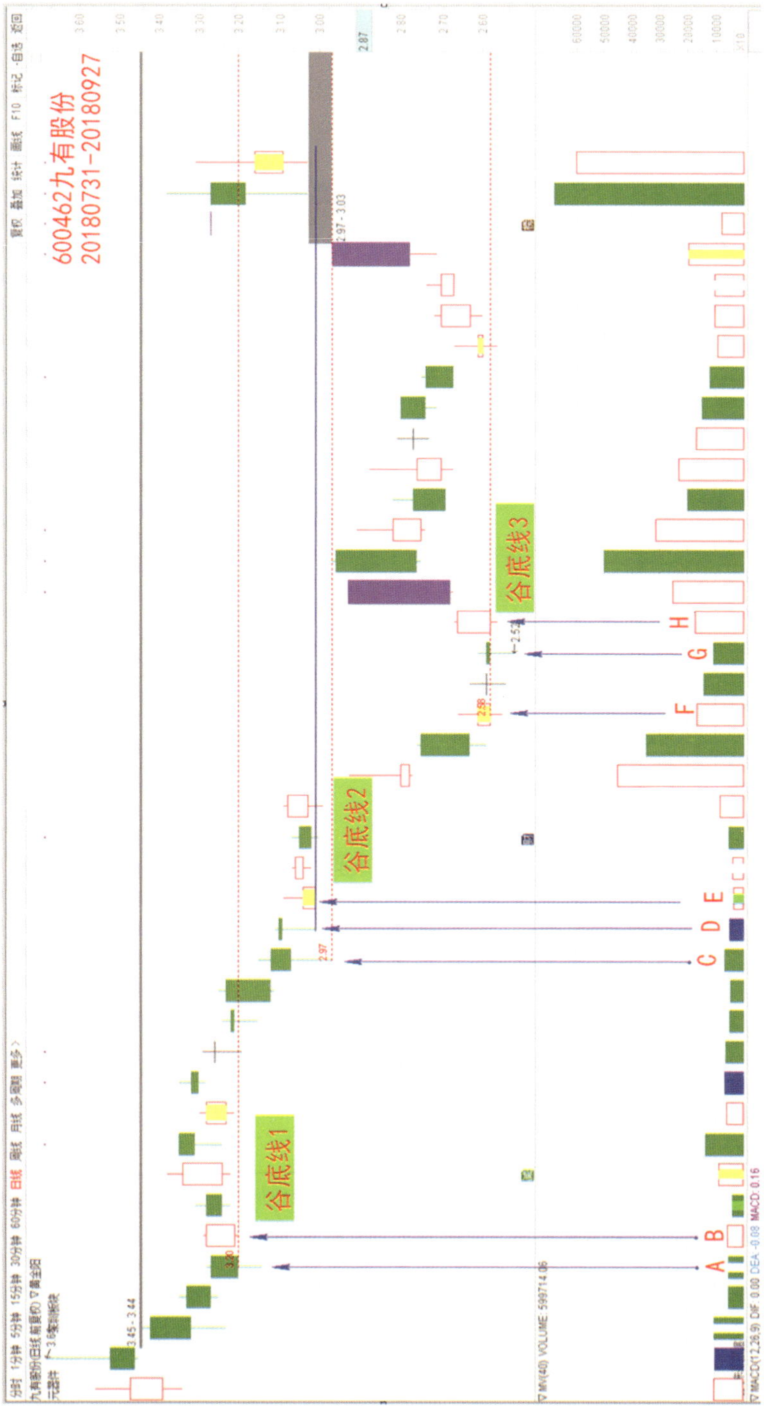

第七章 谷底线的支撑和阻力

图7-1 九有股份谷底线的支撑与阻力示意图

第二节　谷底线的支撑与阻力

谷底线，在实战中具有重要的价值。它的价值在于，线上线下两重天。谷底线，既可以为支撑线，也可以为阻力线。

理论上，线上为支撑，线下为阻力。即当股价由上往下遇到谷底线，谷底线会有一定的支撑力，但一旦跌破谷底线的支撑，则会加速下跌。而当股价由下而上遇到谷底线，则谷底线有天然的阻力，一般而言，首次攻击左侧谷底线必有回撤的动作。

谷底线的支撑力和阻力的大小与所在位置有关。在相对底部和上涨中继中出现的谷底线，当60日均线朝上时，原则上支撑力较强；而在相对顶部首次回调或者下跌中继中形成的谷底线，支撑力弱。60日均线朝下形成的谷底线，对日后的上涨具有较大的阻力。

谷底线还有一个功能，就是研判未来的发展方向。有两种情况值得关注：

第一种情况是一旦跌破会加速下跌。这种跌破谷底线加速下跌有时候具有对称性，即线上最近的左峰有多高，那么线下的跌幅至少会与最近左峰的距离相等的跌幅。

第二种情况是假跌。主力有时候会故意跌破谷底线，故意打破所有技术派的心理防线。假跌的时候，一般会是缩量下跌，且大多数在三至五个交易日之内，价格会重新站上谷底线。这种情况一旦出现，往往会有一波凌厉的涨势。在实战中，也把这种形态叫作"弹簧效应"。

以300612宣亚国际在2017年4月到2018年3月的实际走势为例，如图7-2所示，B柱跌破"谷底线a"，但这种跌，是假跌。为什么呢？因为C柱立马以涨停板的方式在跌破谷底线的第二天即站上谷底线。这个假跌的动作之后，该股快速凌厉地上涨了40%。从该股后续的走势看，D柱又故伎重演，跌破"谷底线b"，

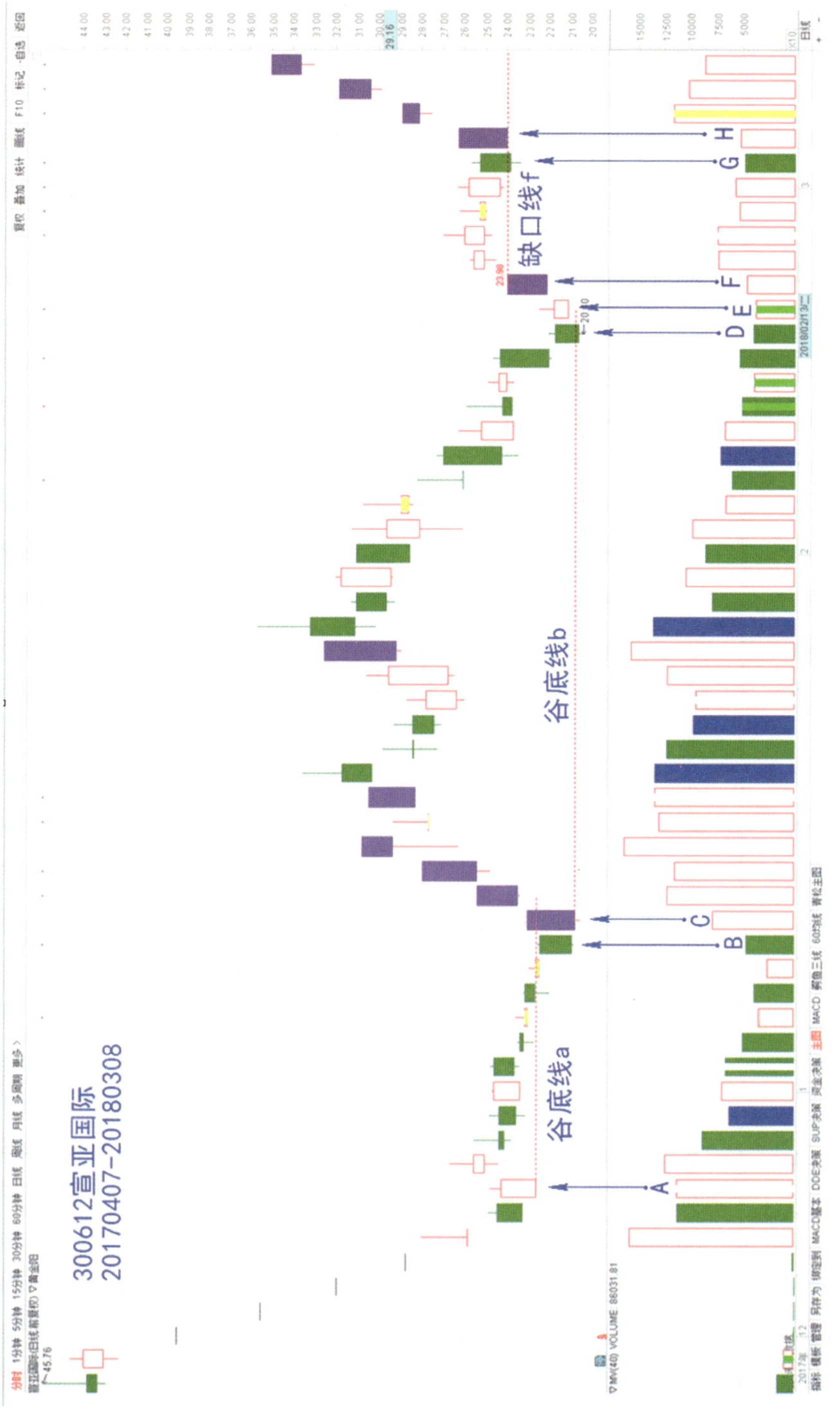

第七章 谷底线的支撑和阻力

图 7-2 宣亚国际谷底线的支撑示意图

但第二天，E柱跳空高开，收盘价站在"谷底线b"之上，从F柱开始，又开始一波凌厉的上涨。

第三节　压力与支撑的相互转换

以002691冀凯股份为例，如图7-3所示，该股在A柱遇阻，原因是左侧有谷底线1和谷底线2的双重阻力。该股在C柱遇阻，是因为有谷底线3的阻力。谷底线3是除权以后形成的断层，除权以后形成断层，当股价向上遇到谷底线时，具有较大的阻力，原则上第一次挑战是过不去的，但这个位置常常被很多交易者忽略。B柱以后有30%左右的涨幅，是因为谷底线4的支撑。

以603722阿科力（见图7-4）为例，A柱跌破谷底线1，加速下跌，且具有对称性，即下跌的幅度与谷底线左侧第一左峰的高度基本上对称。B柱在上升途中遇到左侧的谷底线1，具有强大的阻力，首次攻击回撤。C柱跌破左侧谷底线2，加速下跌，且具有对称性，即下跌的幅度与谷底线左侧第一左峰的高度基本上对称。D柱在上涨途中遇到谷底线2和3，首次攻击遇阻。E柱在下跌时得到左侧谷底线4的支撑，形成底分形，开展了一轮涨势。F柱在下跌时得到谷底线5的支撑，这是上涨中继中形成的谷底线，具有较强的支撑力。

谷底线1属于相对顶部之后下跌途中的第一个谷底线，其支撑力几乎没有，但其后的阻力却较大。谷底线4属于相对底部的谷底线，其支撑力强大。谷底线5属于上涨中继中形成的谷底线，其支撑力一般较强。

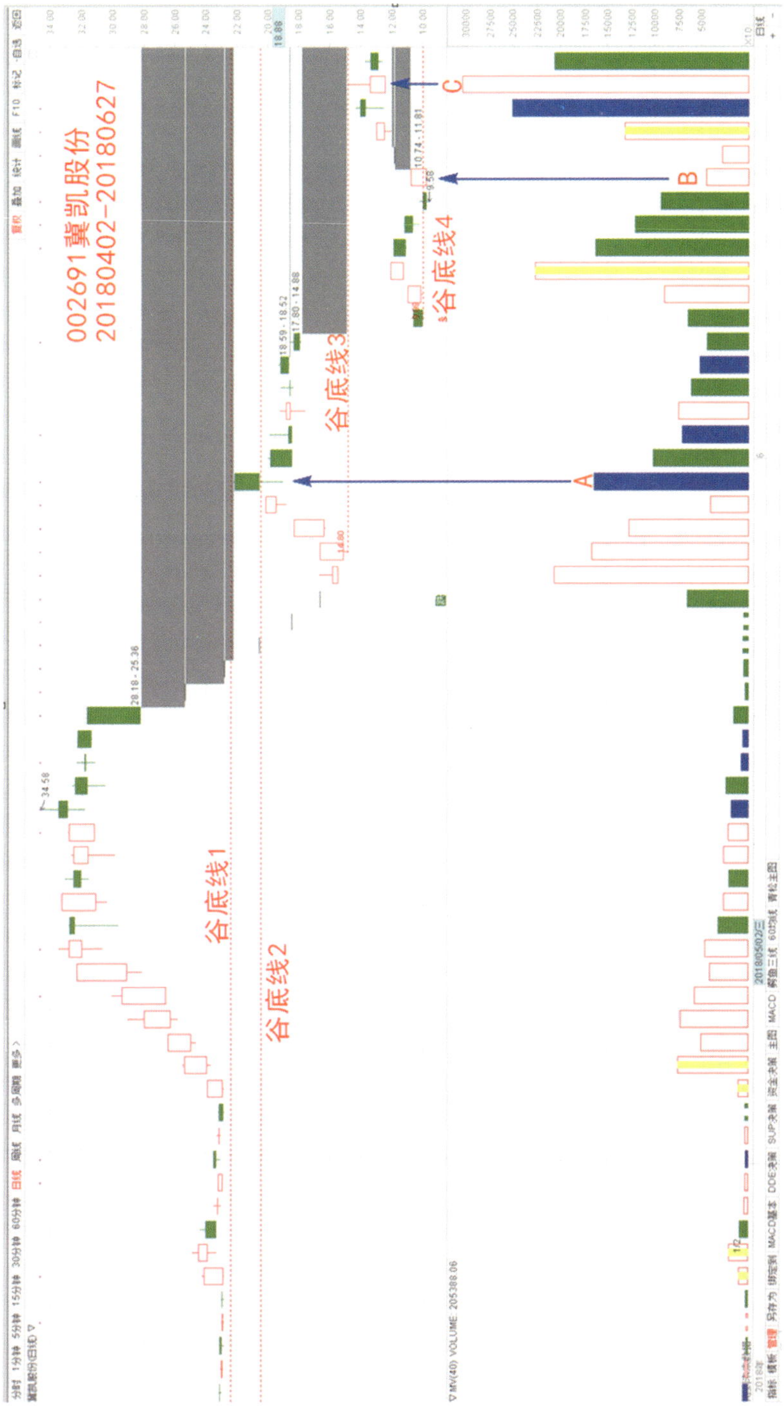

第七章 谷底线的支撑和阻力

图 7-3 冀凯股份谷底线的压力与支撑图

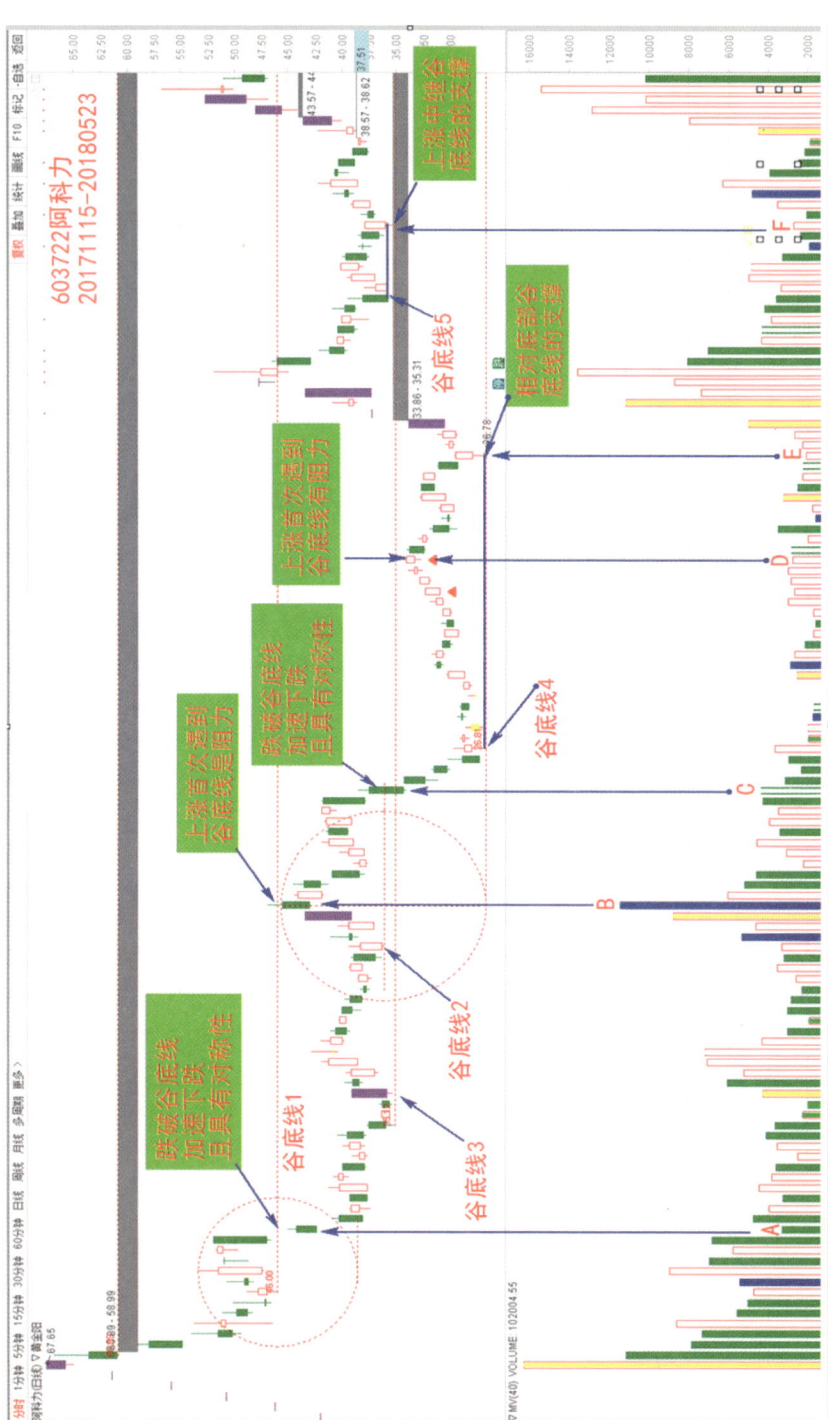

图 7-4 阿科力谷底线的支撑与阻力示意图

第四节 macd指标与谷底线的强弱

实战中，为了预判谷底线的支撑力强弱，有无支撑力，可以借助macd这个工具进行辅助判断。在相对底部，出现双底形态，谷底线是否有强大的支撑，主要看macd是否出现趋势背驰或者盘整背驰信号。如果出现背驰信号，则支撑力得到证实。在上涨中继中出现双底形态时，要考核谷底线支撑力的强弱，一样可以借助macd是否产生背驰信号来进行研判。

还是以603722阿科力为例，如图7-5所示，该股AB连线形成谷底线，对比B与A两处对应的macd红绿柱与快慢线，明显可以分辨出B点已经产生盘整背驰。CD连线也是谷底线，对比D与C两处对应的macd红绿柱与快慢线，明显可以分辨出D点已经产生盘整背驰。根据缠论，任意背驰都必然制造某级别的买卖点，因此，B点和D点，因为产生盘整背驰信号，所以都具备短线买入的价值。至于个股产生盘整背驰后的涨幅，与大盘整体环境有关，与板块题材的热点持续性有关，与操盘主力的强弱有关，不能一概而论。

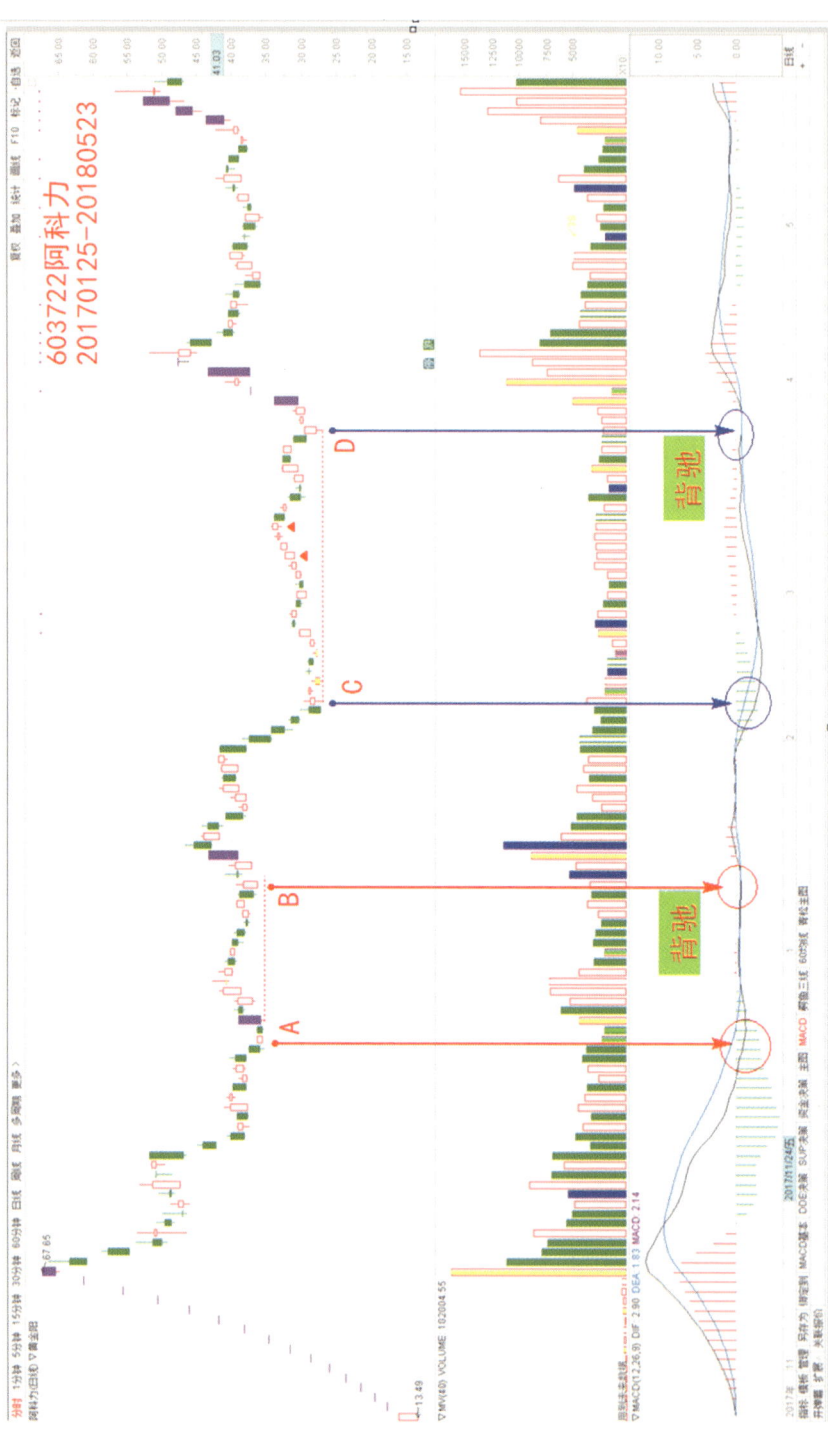

图 7-5 阿科力谷底线的支撑与 MACD 信号图

第八章 "靠山柱"的设置与动态调整

第一节 主动止损与被动止损

很多人在做股票交易时，缺了一个重要的东西，这个东西就是风险控制。这个东西很要命的，没有的话，就会很危险。任何一次战役，在做好进攻策略的同时，也要制定好防守策略。攻防、攻防，只攻不防，会吃大亏。我们很多人在进攻的时候，就没有考虑过防守的问题，等到买入之后不符合预期方向时，又麻木不仁，听之任之，这是被深度套牢的重要原因。

卖票，有"主动卖票"与"被动卖票"的区别。"主动卖票"是指有计划、有原则、有依据地卖票，包括"主动止盈"和"主动止损"两个部分。

"主动止盈"是指在上涨途中，当左侧遇到明显的阻力时，如果发现当天分时内部结构出现不协调的情况，则需要分批主动出货。所谓"不协调"，指的是价涨、量不涨的情况达到一定的标准时的状况。如果在左侧有较大的压力时，分时量价关系出现"不协调"，即出现"上面有想法，下面没办法"、高位栏板、高位大阴、开板量大于封板量、分时5浪不涨停等情况时就逐步卖票，这是卖在上涨途中，属于"主动卖票"。

"主动止损"是指买入之后，如果不符合方向预期，也就是说预期它会涨，结果却不涨反跌，则在有效跌破某一事先设置好的靠山柱底部的"风险控制线"时，要在第一时间内"斩立决"，以较小的损失来保存本金，避免被深度套牢的状况发生。换句话说，就是有点像"壮士断腕"的味道，是对错误决策支付的一种成本。

"被动卖票"就是通常所说的"割肉"。刚开始亏损时往往抱有幻想，以为它会回来。但市场的实际走势却恰恰相反，行情在期待中亏损一点一点地加深。当亏损额和时间折磨周期一旦超过自己的承受力时，恐惧感就会越来越强，吃饭不香睡觉不着，此时就容易做出"割肉"的决策，眯着眼睛，不看亏损多少都一刀割了。而市场往往会对"割肉"行为开一个戏剧性的玩笑：不割它不涨，你一割它就猛涨。为什么会发生这样的情况呢？因为你的承受力被击破之时，也是主力早就预期的时间节点。这是心理学研究的成果，被主力在股票市场的应用，这一招屡试不爽，很少失手。

由于股市的运行是动态的，每天都在变化，因此风险控制线确定后并非一成不变。实战中的风险控制线，是需要进行动态调整的。这个动态调整，难倒很多人。

其实，所谓"攻防"，这两个字应该是不可分的。在组织进攻的同时，必须要设置好风险控制线。而设置风险控制线，就得找好"靠山柱"，根据"靠山柱"来画风险控制线。买入之后，一旦不符合预期方向，有效跌破风险控制线，要在第一时间"斩立决"，也就是要在第一时间主动止损。

什么叫"靠山柱"？是你在买入之前必须事先设置的风险控制线，而这条风险控制线，必须要生根在一根重要的价柱上。我们把这根重要的价柱，叫做"靠山柱"。

以600532宏达矿业为例，如图8-1所示，当运行到B柱时，预判A、B两柱构成双底形态。到C柱阳盖阴，AB双底结构形态初步获得确认。D柱跳空高开，为双底形态之后买入信号的确认。如果在D柱买入，则当天需要找到"靠山柱"。

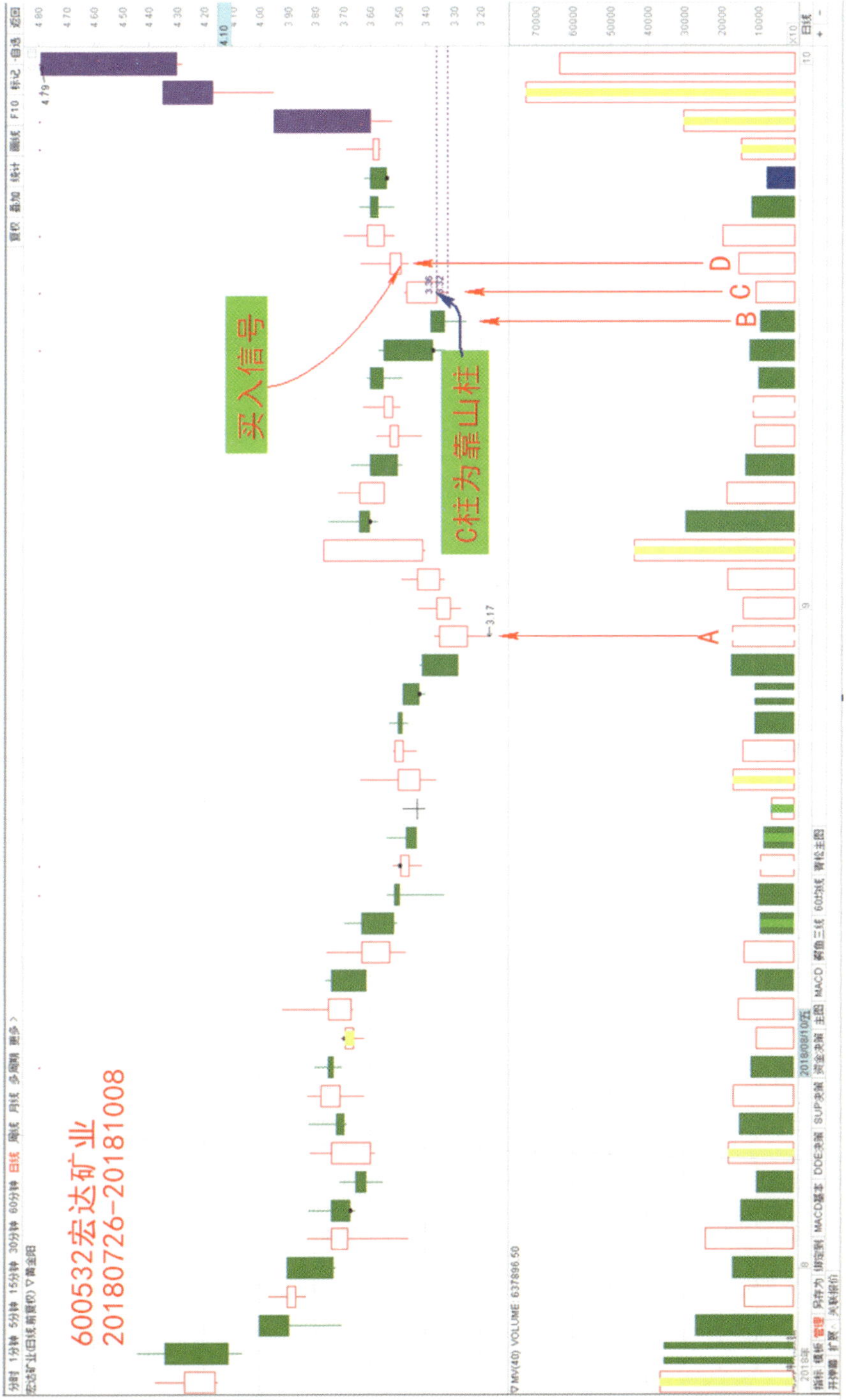

第八章 "靠山柱"的设置与动态调整

图 8-1 宏达矿业靠山柱的设置图

显然，C柱就是当下左侧最适合的"靠山柱"。沿着C柱的实底3.36划线，作为第一风险控制线；在C柱的虚底3.32划线，作为第二风险控制线。D柱之后的股价运行，只要不破3.36或者3.32这两条线，则坚定持有待涨。如果有效跌破D柱的实底或者虚底，则必须在第一时间"斩立决"。

第二节 "靠山柱"的动态调整

风险控制线的设置是有原则的，即必须生根在一根靠山柱上的。这根"靠山柱"，一般需要一根关键K线。在阶段性底部时，也可以是小阴或者小阳。

"靠山不倒，我就不跑；靠山一倒，撒腿就跑"。这是在买入之后，不符合预期方向而采取的一种主动止损的策略。在第一时间斩立决，不管对错，都要严格执行纪律。严格执行纪律，才可以把市场风险控制在一定的范围之内，避免深度套牢。

以000776广发证券为例，如图8-2所示，假设是在2017年12月29日的B柱买进的，那么当天在买进之前，以A柱的实底16.51作为风险控制线，当然，A柱就是"靠山柱"。那么买入之后，三天之内会出现以下两种情况：

第一种情况：不符合预期方向。如果在买入后第二天或者第三天有效跌破16.51，则说明股价运行的方向与预期不符，那么，在有效跌破16.51的当天进行主动止损。

第二种情况：符合预期向上的方向。只要后续不有效跌破16.51这根风险控制线，则继续持股。

实际情况是，B柱买入之后，C柱继续上涨，且出现成交量比B柱大的倍量柱C。那么在接下来的操作中，就需要动态调整靠山柱了。

C柱之后如何操作？建议以C柱的的二分之一的位置画线作为风险控制线，即以16.92作为C柱以后的风险控制线。如果后续不有效跌破这个风险控制线，则继

第八章 "靠山柱"的设置与动态调整

续持股。

当股价运行到D柱，遇到中周期性的二分之一的位置。中周期的二分之一位置是当前这个页面的最高点M柱虚顶19.71到N柱的最低点16.43，最高点与最低点连线的二分之一价位18.07，这个中线位置一般来说有天然的阻力。D柱最高点18.05，与中周期的中线18.07差2分钱，遇到阻力之后，主动调整五个交易日，但在这五个交易日里，都没有有效跌破D柱的二分之一位置17.51，可以继续持有。

当股价运行到E柱，其左侧有明显的压力线"左峰线1"。E柱价柱较长，为保险起见，可以设置三条线。在E柱实顶18.73划线，在E柱的二分之一位置18.44划线，在E柱的实底18.18划线。如果其后股价运行在18.73之上，说明股价运行安全，继续持有；如果其后有效跌破18.73，减仓三分之一；有效跌破18.44，减仓三分之一；有效跌破18.18，全部出货。E柱之后由于左侧水平位置有左峰线1，这是阻力线，E柱之后有调整属于正常现象。

实际运行情况是，E柱之后横盘调整三天不有效跌破实顶，之后继续上涨，F柱放量过"左峰线2"，第一次挑战左峰，此处一定有阻力。因此把风险控制线从E柱转移到F柱身上。在F柱的实顶20.16画第一条线，在F柱的二分之一位置19.68画第二条线，在F柱的实底19.20画第三条线。G柱有效跌破19.68，减仓一半；H柱有效跌破F柱的实底19.20，则全部清仓。

通过广发证券这个案例，我们知道了动态调整"靠山柱"的必要性。即随着行情的演绎，"靠山柱"不是一成不变的。必须根据行情的发展变化进行调整。但这个调整是有方向的，即只可以往上调整，不可以往下调整。

为什么只能往上调整？因为如果股价不断地上涨，而此时我们的风险控制线设置太低，则会贻误战机，损失利润。

为什么不能往下调整？因为如果买入之后不符合上涨的预期，反而跌破风险控制线，则此时的风险控制线就是主动止损的最佳节点，否则越调越深，导致不必要的亏损。

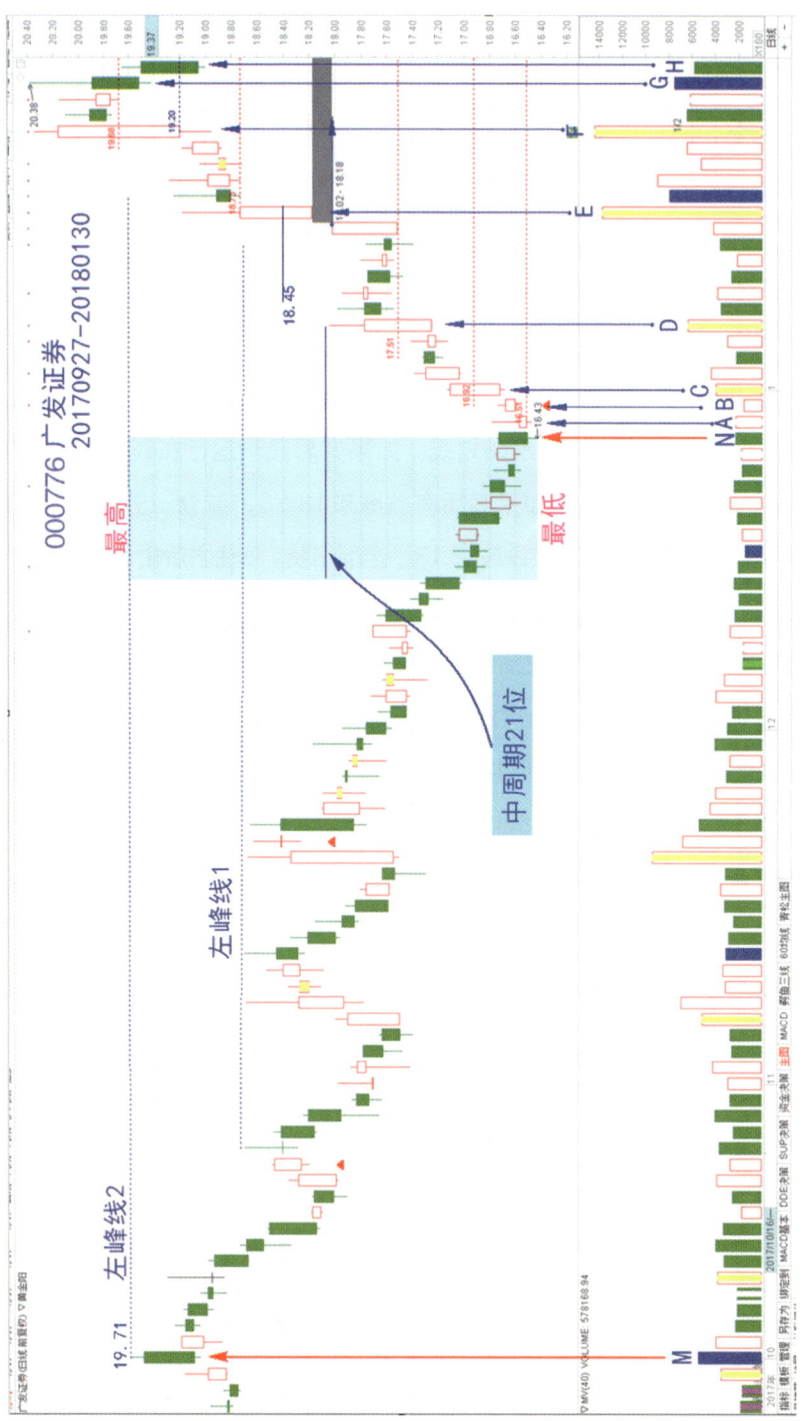

图8-2 广发证券靠山柱的动态调整图

第八章 "靠山柱"的设置与动态调整

第三节　风险控制线的其他参照物

实战中，还有更复杂的情形，需要根据实际情况动态处理。当然，除了掌握"靠山柱"这个工具之外，也有使用"均线系统"的5日均线、13日均线、30日均线或者60日均线作为主动止损参照物的，也有根据"谷底线""左峰线""上升通道线"作为主动止损线的。

究竟以什么作为依据来设置止损线，建议把主力历史上的习惯作为参考依据，也可以根据资金的大小以及风险承受能力等来进行确定。

这些工具，无所谓好与坏，只有时间的快与慢、效率的高与低的差别。唯一需要提醒的是，不管使用什么作为决策依据，需要在买入前就设置好，不要临时更改或者反复更改。一旦有效跌破事先设置的止损线，则需要在第一时间止损。任何犹豫不决、麻木不仁的思想，都会导致失去最佳止损机会。

漂亮股票结构形态学系列课程，在不同的战法模型里，都会提到初始买入如何设置靠山柱的问题，但随着行情的演绎，靠山柱得不断地移动，就像广发证券这个案例一样。

第九章
"三好学生"连板涨停基因

第一节 "三好学生"涨停基因的内涵与价值

市场上有一部分主力,习惯连续拉升涨停板。涨停板属于强势,那么连续拉升涨停板,就是非常强势。这个连续拉升的涨停板,一般以三个为标准,三个连续拉升的涨停板是最有价值的形态,所以取名为"三好学生"连板涨停基因。弱一点的,可以是两个连续的涨停板;强一点的,可以是四个甚至五个连续的涨停板。

"三好学生"连板涨停基因的价值在于,经过一段时间的调整(时间可长可短)之后,其继续出现连续涨停板的概率较大,是谓"强者恒强"。

如图9-1所示,000498山东路桥在2018年7月至9月期间,A、B、C三个连续的涨停板,就是"三好学生"涨停基因。

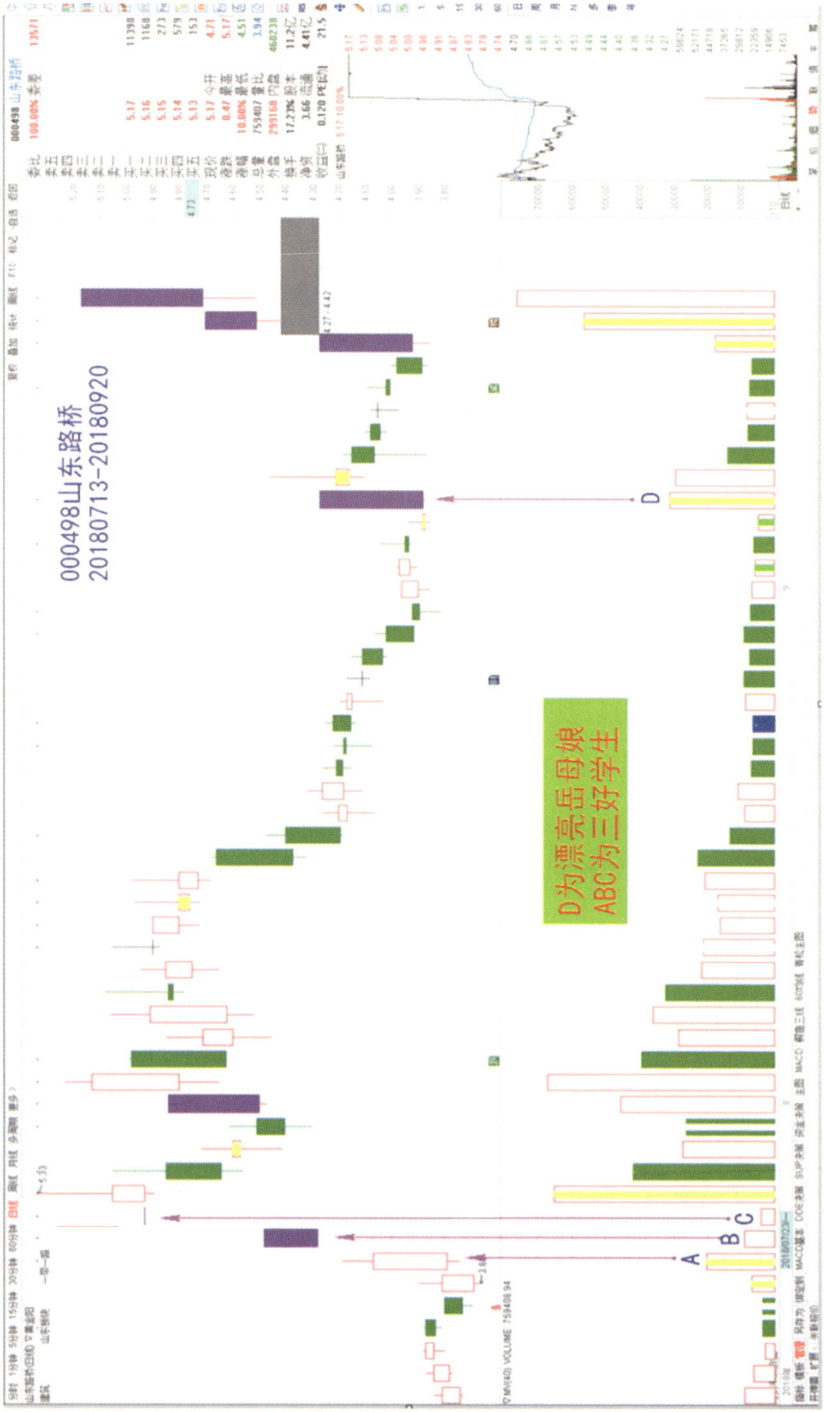

第九章 "三好学生"连板涨停基因

图9-1 山东路桥"漂亮岳母"与"三好学生"示意图

第二节　"三好学生"涨停基因的市场原理

这个理论的基础是：一个在小学、中学就当过"三好学生"的，读大学的时候再次获得"三好学生"的概率就较大；如果在小学、中学从来没有得过"三好学生"，到大学突然得"三好学生"的可能性有，但概率极低。

以000498山东路桥为例，该股在2018年7月23日（封板以后开板也算一个涨停板）、24日、25日出现三连板。后经过长达8周的调整，在9月18日、19日、20日再次崛起，连续三个涨停板。这种连续的涨停板重现，也一定程度上揭示了主力思维结构和行为习惯的"自相似性"。即同一个行为结构，会在不同的阶段，反复重现。

再看300103达刚路机，如图9-2所示，该股在2018年7月23日、24日、25日、26日连续四个涨停板，后续连续调整，跌破其四连板的起涨点，9月12日止跌。与山东路桥几乎一样，调整时间接近8周。止跌后用两个无腿单枪即两个"宝莲灯"的形态暗示转折朝上，9月17日、18日、19日、20日连续四个板，结束该轮涨势。从两次上涨的幅度看，后一次几乎就是前一次的重现。这种前后行为的相似性，是由人的思维结构和行为结构的自相似性决定的。

根据统计，"三好学生"涨停基因出现后，再次出现几乎相似性的K线结构的，中间的时间周期一般短则2-3个交易日，长则30-50个交易日。山东路桥和达刚路机这两个案例的时间周期属于30-50个交易日的范畴，再次崛起的起点在前一次起涨点附近，有时甚至低于前一次起涨点。

看看002259升达林业（见图9-3），该股在2018年9月10~19日的8个交易日内，就完成了两组"三好学生"的K线结构形态。再次崛起与第一波的时间间隔只有2天，再次崛起的起点，则在前一波涨幅的二分之一位置。

而601619嘉泽新能（见图9-4）在2017年8月15日至2018年5月23日之间，则呈现两组"两连板+三连板"的组合K线形态，起涨点位置大致相同，K线组合虽然表现形态略有差异，但把主力操盘思维结构的自相似性体现得淋漓尽致。

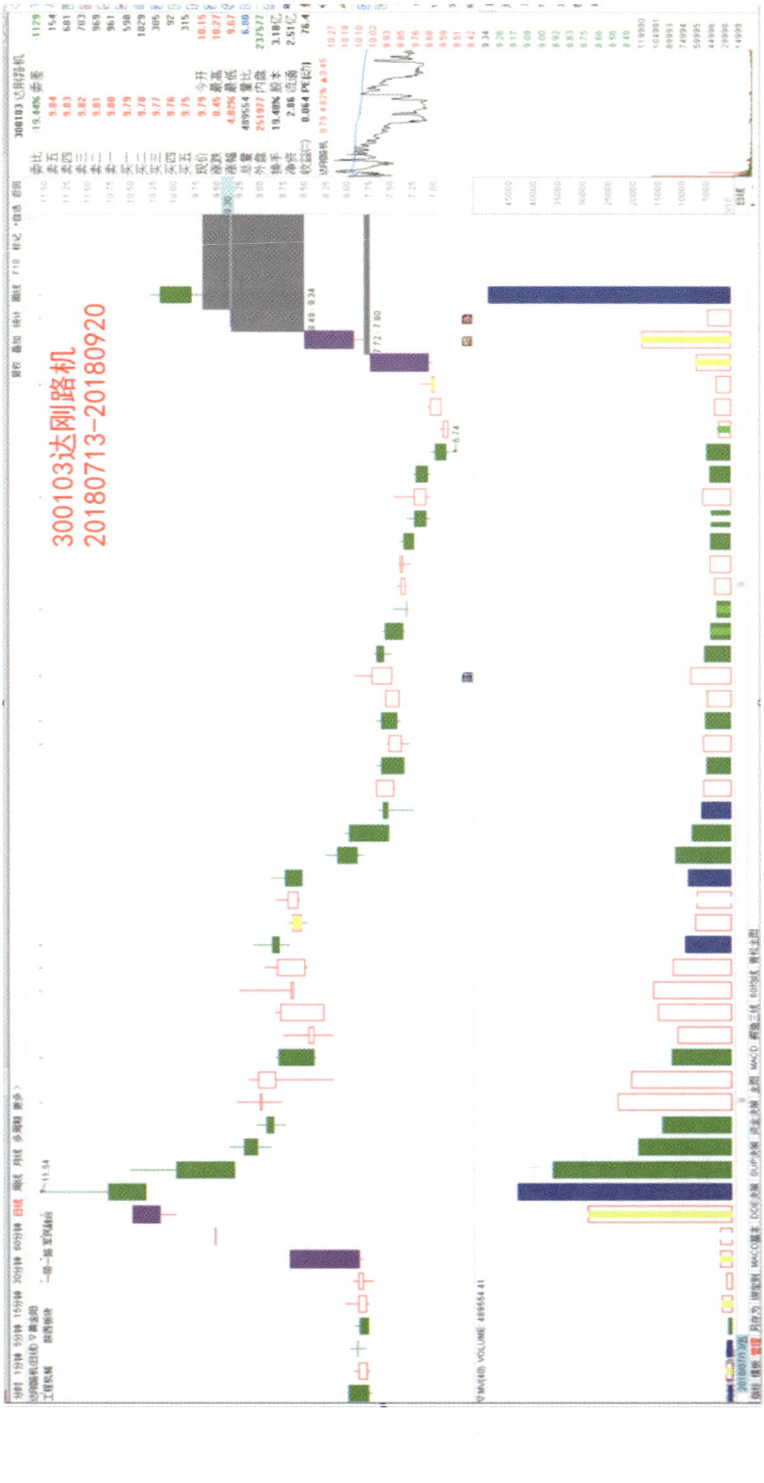

第九章 "三好学生"连板涨停基因

图 9-2 达刚路机 "三好学生"与"漂亮岳母"示意图

漂亮股票结构形态学　理论篇

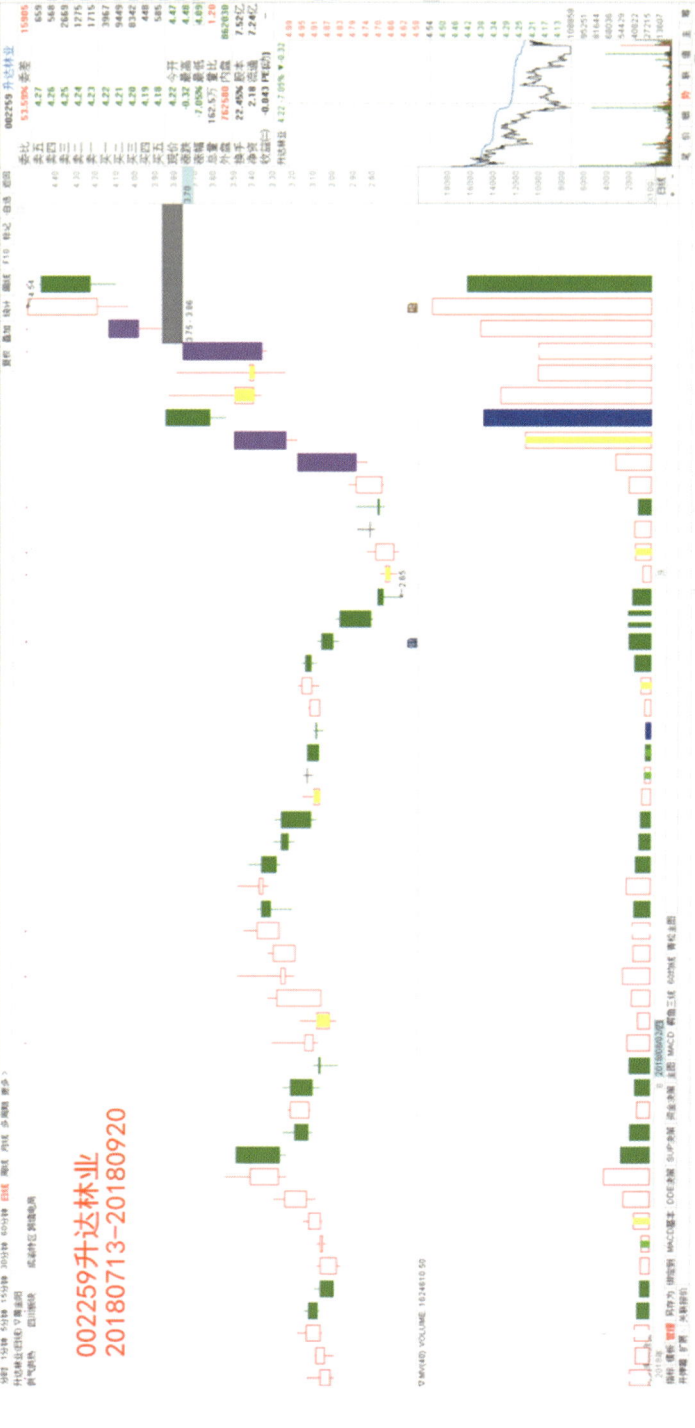

图9-3　升达林业"三好学生"示意图

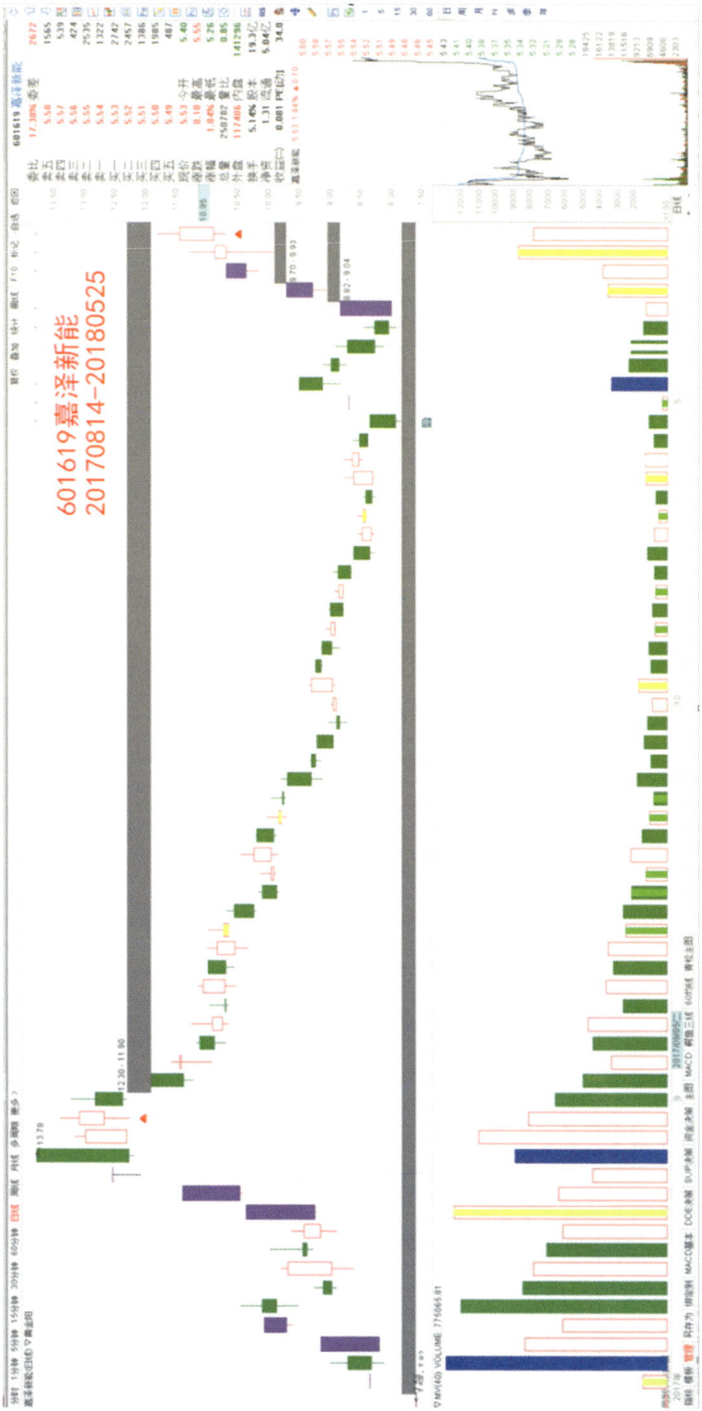

第九章 "三好学生"连板涨停基因

图9-4 嘉泽新能 "三好学生"与"漂亮岳母"示意图

103

第三节　关于普适性的说明

这里需要说明的是，并不是所有三连板之后，都会在一定的时间周期内再次出现三连板。能否再次出现连续的涨停板，并不完全取决于主力的思维结构和行为习惯。主力的行为受到多种因素的影响。能够让主力尽情发挥其行为结构的自相似性，也需要外部环境的配合。这种外部条件的配合，主要是指大盘的走势以及板块的联动效应。没有板块的联动效应，主力借不到外部合力的东风，也不会霸王硬上弓。

山东路桥和达刚路机几乎是在同一时间节点，采用相同的步调完成两组三连板K线形态，主要是受益于板块联动效应，山东路桥属于基建板块，达刚路机属于与基建密切相关的基建设备板块。因此，一带一路同步起舞，不是主力私下商量的结果，而是外部消息对同一题材同时刺激的结果。外部条件刺激加上主力行为习惯，二者共振，才有再次出现连续的涨停板这个结果。同样受板块题材的刺激，上一次没有连板习惯的，一般再次刺激的时候，也很难有连板的行为。换句话说，这就是"强者恒强、弱者恒弱"。

如果第一次连续拉升超过5个板特别是连续拉升达到7个板的，比如000816智慧农业（见图9-5）在2018年2月期间，连续拉升7个涨停板，则属于一次性透支消费。其主力在高位做了一个箱体平台，且在这个平台内一直都是放高量，说明其主力已经在高位把大部分筹码交换出去了。主力在相对高位出货完毕，即便其后可见单独的涨停板，也是回光返照。大军过后，寸草不生，预计该股之后数年也很难有像样的上涨行情。换句话说，如果一次性连续拉升7个板，股价已经翻番，且在高位持续放量出货，属于一次性透支行情，除非特殊情况，则在后续很长一段时间内都难以见到连续拉升的涨停板。

这里说的"特殊情况"是指股性活跃的"妖股"，比如000025特力A（见图9-6）在2015年9月到10月间，第一波连续拉升9个板，第二波则连续拉升8个板。对付这种"妖股"可以借助"强二波战法"的力量。

图 9-5 智慧农业一次性透支行情与回光返照示意图

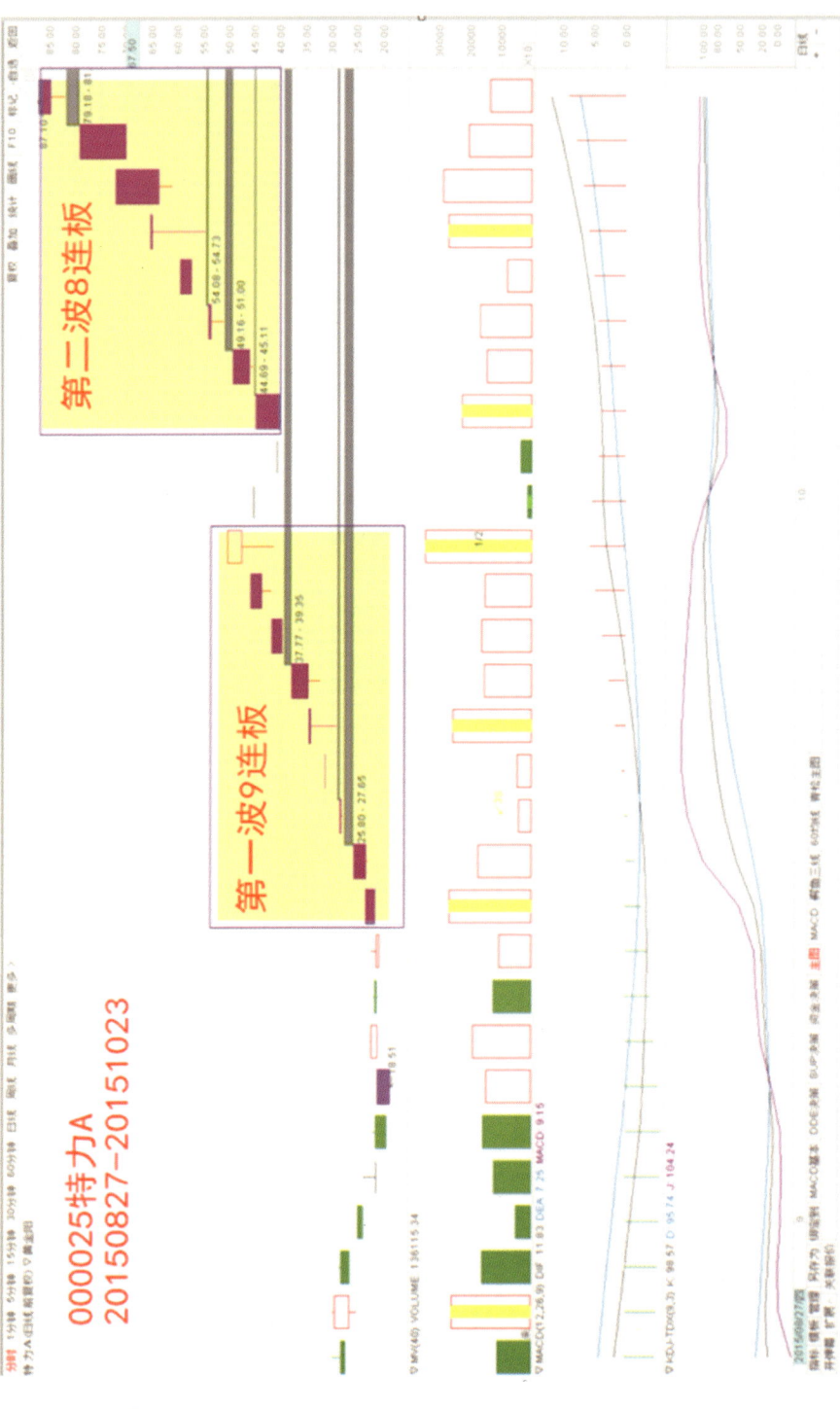

图 9-6 特力 A "妖股" 强二波示意图

第十章　闪崩的前兆与预判

第十章
闪崩的前兆与预判

第一节　闪崩现象背后的原因

《缠中说禅》的作者曾经说过，市场是一场围猎游戏，没有什么庄家，有的只是赢家和输家。很多所谓的庄家，死得比散户还难看，前赴后继的庄家尸骨堆成了山。徐翔就是庄家的代表，至今还身在监狱。

市场里所谓的庄家，并不是无所不能。把庄家描绘成能够超越技术指标、超越基本面、超越大势、超越大盘的，是一种常识性的谬误。看看2017年12月到2018年2月闪崩的002188ST巴士，2017年6月闪崩的002134天津普林，2018年2月初闪崩的000793华闻传媒、002178延华智能、002112三变科技，2018年5月闪崩的002072凯瑞德，2018年6月闪崩前的000752西藏发展，2018年7月闪崩的002143印纪传媒，等等，从图形上可以发现，主力坐庄的酸甜苦辣，个中滋味，难以言表。当然，个股发生闪崩，城门失火殃及池鱼，最受伤的还是持有该股票的普通投资者，也许多年积累的血汗钱，顷刻间就因连续的一字板跌停而打了水漂，而且可能永远也无法知道闪崩背后的真相。

最著名的是闪崩是600132重庆啤酒，就是因为2011年12月这个闪崩，成就了一个家喻户晓的新词，即"关灯吃面"。在经历了连续6个跌停之后的一个晚上，一名网友发布了一篇题为《一边吃、一边哭》的帖子。帖子的内容就这么几句话:"今天回到家,煮了点面吃,一边吃面一边哭,泪水滴落在碗里,没有开灯。"这位股民,没有一句咒骂,没有一句埋怨,但其身心备受煎熬的痛苦,淋漓尽致地展现在人们面前。从此以后,"关灯吃面"就成为一个股市专用术语,用以表达股票投资失利以后极度痛苦的心情。

尽管时代在进步,管理有成绩,但让中国股民"关灯吃面"的剧本,一直在上演。而且近几年愈演愈烈。重庆啤酒的闪崩,仅仅是一个开端。重庆啤酒之后,更恶劣、更凶狠、给予股民造成更大的伤害的闪崩,一个接一个。不过,这样的事情司空见惯之后,大家似乎都已经麻木了。

关于"闪崩"的根源,坊间流传有以下四种类型:

第一,阴谋论。即上市公司与庄家联手搞阴谋诡计。庄家先让上市公司出业绩突然飙升的利好,引诱公众投资者抢筹,主力顺势派发手中持有的筹码。等庄家把持有的筹码差不多派发完毕,上市公司配合出公告,宣布公司将进行资产重组。股票停牌数日或者数月之后,该公司却宣布重组失败。股价于是像决堤的水库大坝,连续十几个或者二十几个跌停。而庄家却静静地在低位接货。这些低成本的筹码,大多是散户带血割肉的结果。如果散户不愿意割肉,那么主力利用自己的优势,把股价再下一个台阶,待主力低成本收集到足够的筹码之后,便开始拉升。快速拉升,股价上涨50%,甚至翻番,主力在相对高位的平台上再行出货。股市弱肉强食的生态链,就这样形成了。

第二,阿斗论。即上司公司为扶不起的阿斗。或是管理混乱、或是经营无方、或是技术和产品被市场淘汰、或是经营决策失误,造成庄家入驻的上市公司连续亏损,可能即将被证监会宣布为ST;或者是上市公司因数据造假而被证监会立案调查;或者是因为企业遇到重大诉讼;或者是因为商誉减值。林林总总的原因,一句话,就是不行了,玩不下去了。那么深陷其中的庄家为了尽快脱身,想方设法瞒天过海,利用其第一时间获取信息的优势,在盘面上制造虚假供求关系,营造虚假繁荣景象,然后变戏法出逃,出逃之后,股价如同弃儿,飞流直下,形成闪崩。最显著的例子,是000816智慧农业在2018年4月被宣布为ST之前,主力奋力一搏弄出7连板,终于在3.8-4.5之间把筹码抛给不明就里的接盘者,而原庄家成功出逃。庄

第十章 闪崩的前兆与预判

家出逃之后的ST慧业,门前冷落鞍马稀,飞流直下三千尺。

第三,断裂论。即庄家因资金链断裂或者因其他原因而引起股价的闪崩。如同多少亿年前的恐龙,曾经主宰世界,但突然被灭绝,从这个世界消失一样。比如002054德美化工,2018年2月初,突然闪崩。公司公告称经营正常,并无重大事项发生。坊间传言,此次闪崩与上市公司本身并无多大关联,但主控庄家的资金链出了问题,无法在高位维持自弹自唱的局面,庄家无力护盘,于是股价如同脱缰的野马,奔流而下。

第四,减持论。就是大股东减持。大股东减持,对盘面会形成强大的冲击。控庄主力一般与大股东有着密切的联系,因此会提前获得大股东要减持的消息。在大股东减持消息公布之前,控庄主力一般会要求大股东公布诸如短期业绩大增、业务签单量大增等利好消息,以利于把股价做高出货。因此,一些公司多年业绩平平,突然来一个业绩大增的消息,也许就是多头陷阱。

市场就是一个狩猎场,要在市场中生存,必须成为一个好猎手。猎手只关心猎物,但猎物不是靠分析基本面而得到的,也不是看财务报表和企业公告得来的,而是要用眼睛去捕捉。唯一靠得住的是自己的眼睛,要相信自己的眼睛。这些闪崩的股票,公司的公告,多数都是"公司经营正常,没有该披露而未披露的信息",但股票就是闪崩了,打入了十八层地狱,见不到天日。单从信息的披露来审查基本面,可能永远也找不到闪崩的答案。但K线图形不会欺骗人,所有的资金面、政策面、基本面,这面那面,最后都体现在你看到的图形上,体现在量价阴阳结构里。

无论多么狡猾的狐狸,只要猎手仔细观察,总可以看到其闪崩前的蛛丝马迹。比如2017年12月闪崩前的002188ST巴士,如图10-1所示,在图形结构上,就明显表现了出来。其价柱表现为长长的上影线和长长的下影线交替出现,披头散发,形似猪八戒手中的钉耙。间或出现高高的倍量柱,但付出的努力与得到的结果明显不太匹配。这种收盘价节节败退的倍量柱大家千万不要用"数羊战法"去对待,否则就会吃大亏。这种在箱体平台内表现出来的钉耙,是筹码高度集中、流动性缺失、主力自弹自唱的真实写照。

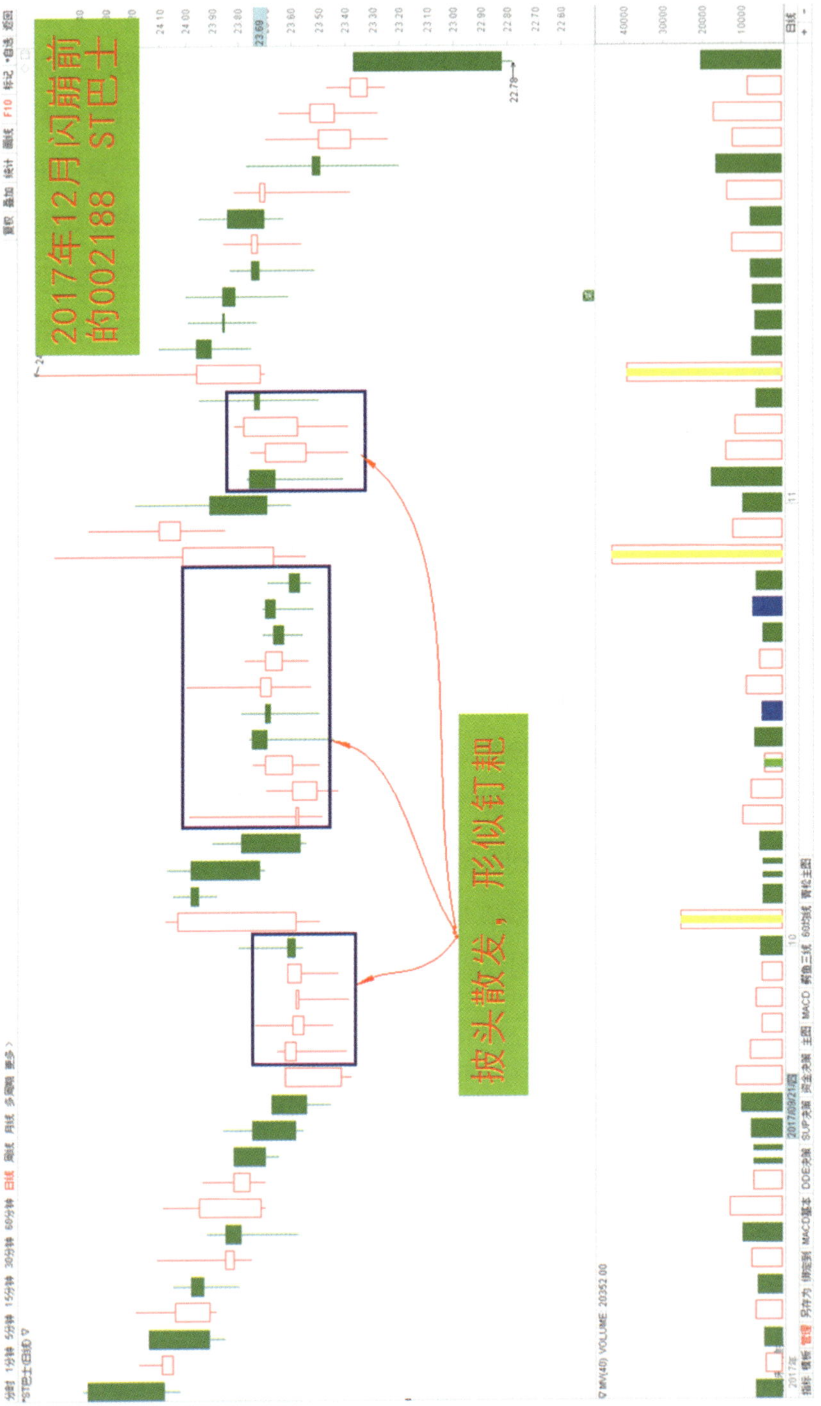

图10-1 ST巴士闪崩前的征兆图

第十章 闪崩的前兆与预判

第二节 闪崩前量价结构形态的主要特征与风险控制

总结一下最近几年闪崩个股的结构形态，发现有一些共同的特征：

1. 相对高位显著放量，主力高位成功出逃

企业进行资产重组，如果成功，就上天堂，一般情况下会有意想不到的连续一字板涨停；而如果失败，则下地狱，一般情况下会有意料中的连续一字板跌停。

以300198纳川股份为例，该股在2018年2月2日公告因重大资产重组而停牌，而在公告的前一日即2月1日，如图10-2所示，E柱为一根长长的放量阴柱，该日成交1.56亿元，跌停收盘，当天同时跌破5、8、13日这三根短期均线组，表明空头开启。2018年7月31日宣布中止重大资产重组，8月2日复牌，持续跌停5个一字板。

其实，从量价关系看，宣布重组之前的E柱充分表明，一部分人已经提前获得该公司即将公告资产重组的消息，且并不看好资产重组的预期结果。因此，在宣布停牌前提前出逃，图形上的表现非常明显，即这一天为高开低走的放量大阴柱。从提前出逃的这个动作看，出逃者显然是对该公司进行资产重组结果的预期不看好。而作为市场的普通参与者，是无法提前预知该公司要宣布进行资产重组的，只有那些获得内幕消息的才可以提前出逃。当天开盘高开2%，然后为倒三围结构，到上午11：06之后直线下跌，11:12封住跌停板。从局部形态来考察，留给一般市场参与者盘中出逃的反应信号，在直线下跌之前并不是特别的强烈。

那么，作为无法提前获得内幕消息的普通参与者而言，市场是否没有预警信号呢？答案是有的。如图10-2所示，我们从右往左看，该股在2017年9月初有一波上涨，幅度是67%。但在阶段性的顶部，构筑了一个阴高量的密集区，A、B、C、D四柱均为阴高量（A、B柱为高量阴柱，C柱为阳，但下跌途中"单阳不是阳"；D柱为假阴真阳，后续没有把假阴真阳踩在脚下之前，视为阴），这四根阴高量，累计换手率达到117%，也就是说，主力通过这四个交易日，基本上已经完成出货任务。主力完成出货之后，股价就慢慢下跌，跌破前一轮上涨的起点，且新的底部没有一个涨停板，说明没有新的主力资金入驻。

因此，对于主力已经出货完毕，被主力抛弃的个股，即便跌到起涨点附近，底部没有主力明显介入的标志信号，一般尽量不要参与。而一旦发现某一天突然莫名其妙出现高量阴，那就不要幻想，要"斩立决"，否则，接下来可能就是万丈深渊。

2. 长阴长柱高量阴，翻倍之后要小心

以300517海波重科为例，如图10-3所示，在2018年7月底、8月初，大盘连续下跌的情况下，该股却逆势上涨。在8连阳之后的8月6日，出现一个高位的温和放量的假阴真阳，8月7日就突然出现一根长阴长柱即C柱，跌破短期均线组（5、8、13日均线组），跌破左峰平衡线，接下来是连续的一字板跌停。而该公司却连续公告并无重大利空因素。查阅该公司最近的公告，除了7月12日公布的上半年公司利润可能比上年同期减少5%~20%之外，并无其他利空消息。公司利润比上年同期下降20%左右也不是什么多大的利空因素，如果一定要把这个公告看成为利空，那么后面的8连阳，说明股价并没有受上半年预期利润减少的影响。8月7日之后的突然跌停总不会是无缘无故的，其背后的真实情况，从公司公告中无法解释。

作为普通的公众投资者，虽然无法了解其背后的逻辑，但从图形上却可以提前辨识该股可能成为"地雷"的蛛丝马迹。

如图10-3所示，该股在闪崩前最近的这一波涨幅，从14.19起步，到最高27.95，差不多翻番。在这一波的上三分之一的位置，即6月8日和22日先后出现了两根长阴长柱，这两根阴柱的合计换手率接近23%。这两根长阴长柱就是识别"地雷"股的明显信号，其背后的逻辑是有人在这两个交易日里大量卖出了手中的股票。A、B、C这三根长阴长柱，就是我们眼睛看到的现实。资金面、基本面，这面那面，最后都体现在看得到的图形上。

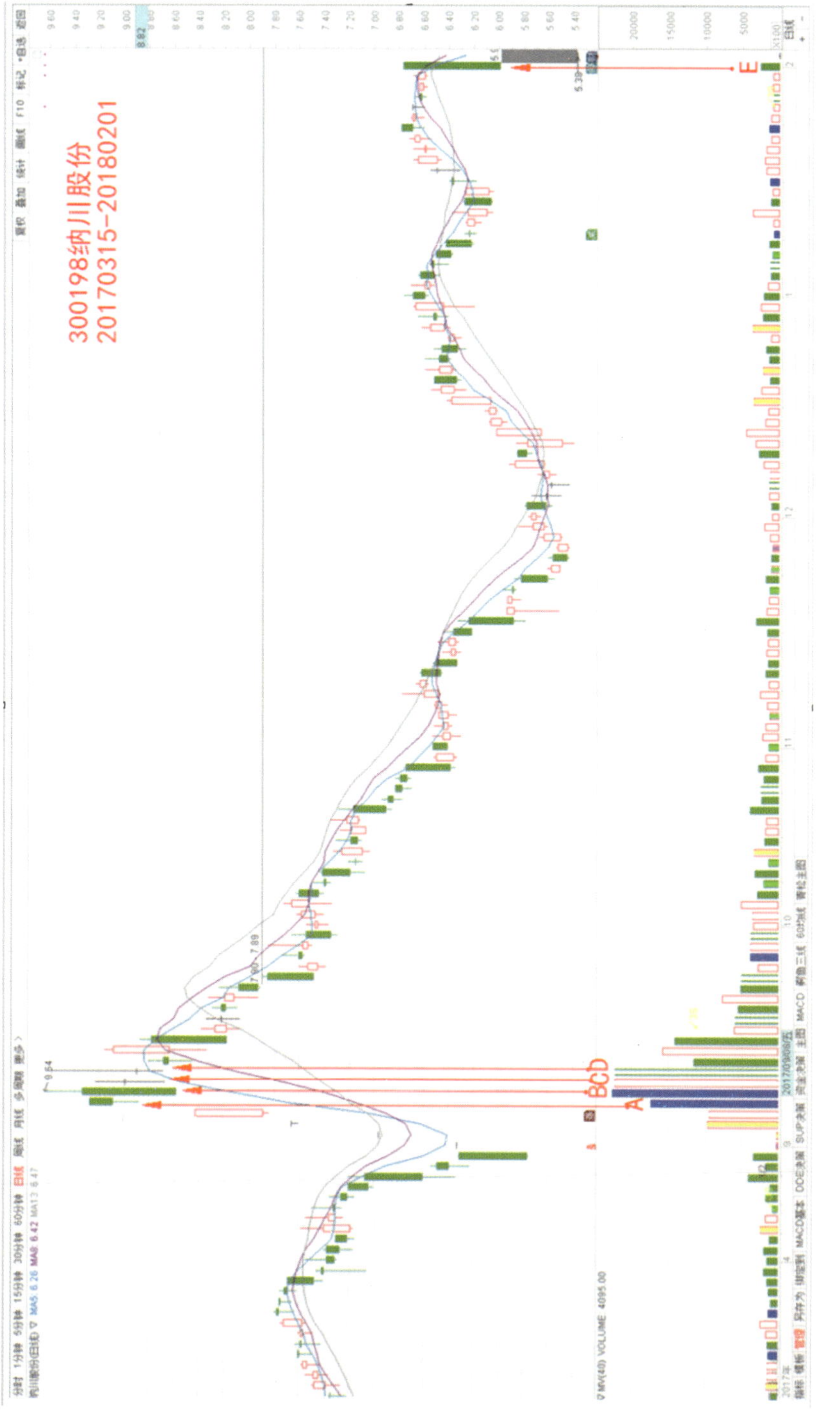

第十章 闪崩的前兆与预判

图10-2 纳川股份闪崩前的征兆图

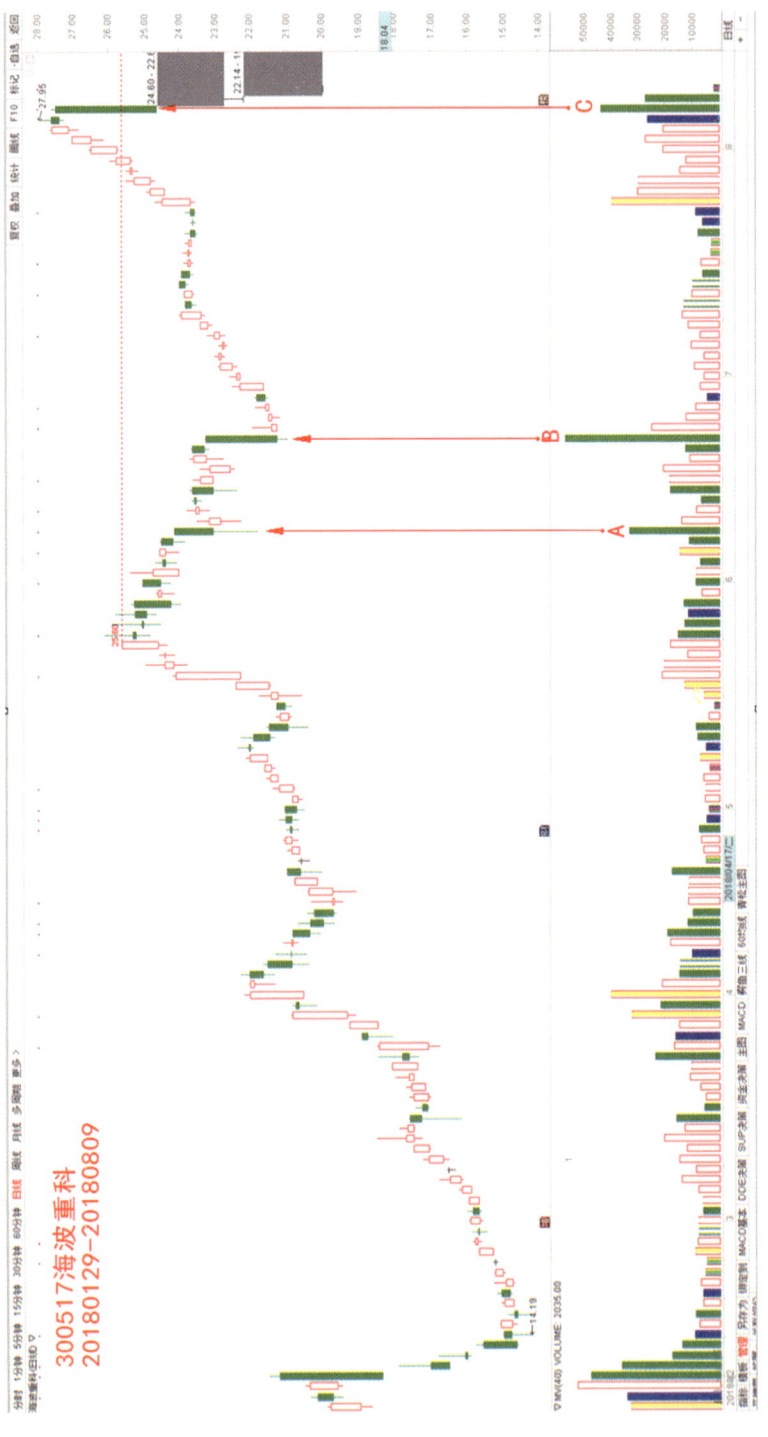

图10-3 海波重科闪光前的征兆图

再看000673当代东方（见图10-4），2018年3月19日公告称该公司第一季度净利润预计同比超过6倍，但次日即3月20日该股却出现放量的长阴长柱，说明有人借好消息在集合竞价阶段就出货了。3月21日该股从跌停板上拉起，当天成为天地板，即B柱，从跌停到涨停。不过，事实却证明这个天地板是一个假动作，因为3月22日的C柱为显著低开的假阳真阴，且当天明显放量，成为看起来是阳柱、实际上却是阴柱的"假阳鬼子"。C柱之后，该股走势为小阴小阳，并无特别怪异的地方。5月4日该股走出鳄鱼三线腾空阳涨停，且连续涨了3个涨停板。但5月10日就露出了真实的面目，一根高开低走的长阴长柱出现了，这就是D柱。该股这一波从2017年12月6日的9.31元起步，到D柱的最高点23.00元，股价已经翻倍。2018年5月21日的E柱又是长阴长柱，主力拼命抛出股票的狰狞面目完全暴露。5月23日公告当代东方投资股份有限公司拟筹划非公开发行股票，公告出来之前，已经连续两个跌停，说明有人提前得到消息，并不惜一切代价出货。从不惜一切代价出货这个行为看，出货者对当代东方投资股份有限公司拟筹划非公开发行股票的前景并不看好。该公司随后在6月25日起停牌，公告称是因为筹划资产重组。8月2日该公司发布公告复牌，但声称重组事宜还在继续推进的过程中。8月2日起，该股连续一字跌停。

从图形看，A、C、D、E这四根放量的长阴长柱说明，先知先觉者已经出逃。一般的公众参与者无法理解放量的长阴长柱背后的逻辑。事实上，普通的参与者可以借助一个简单的工具，即13日均线来决定自己手中筹码的去留。一旦13日均线被有效跌破，一定要减仓甚至空仓，才是规避风险的法宝。

从上面两个案例可以看出，凡是一轮涨幅已经翻番，一旦出现高量的长阴长柱，必须尽快逃跑。

3. 小阴小阳像钉耙，披头散发似魔怪

与前面两类情况不同，当主力对某只股票实现高度控盘之后，由于标的公司内在质量变差、盈利能力显著下降或者因为连绵不断的诉讼等其他原因，造成市场参与者稀少，盘面全靠主力维持。当数据造假被发现，或者资产重组涉嫌内幕交易遭到立案调查，或者因为主力资金链断裂，或者重组失败，就会发生闪崩。

图10-4 当代东方闪崩前的征兆图

第十章 闪崩的前兆与预判

这种类型的股票形态有一种显著的特征，就是股价长期在某个平台上横盘，股价为波动范围很窄的小阴小阳，形态类似钉耙；且不断有长长的上影线或者长长的下影线反复出现，披头散发，类似妖魔鬼怪。

以000576广东甘化（见图10-5）为例，我们分析一下该股在闪崩之前的形态。A柱、C柱、E柱都是诡异的长腿，而B柱和D柱为明显的放量长阴长柱。F区、G区和H区为波动范围很窄的小阴小阳，类似猪八戒的钉耙。这种钉耙状的形态表明，市场参与者稀少，主力自弹自唱，维持盘面的交易，间或有人出货，股价迅速下沉，主力又迅速拉起，以维持盘面的稳定。

以002054德美化工（见图10-6）为例，该股在2018年2月1日开始闪崩，连续7个交易日跌停。2018年2月5日公告称：公司近期经营情况正常，内外部经营环境未发生重大变化。因此，从公开的资料信息中找不到该股闪崩的原因。

但该股的结构形态已经充分说明主力因资金链断裂而力不从心的窘态。如图10-6所示，A、B、C、D、E、F柱均为高量阴，在G区的方框平台内维持小阴小阳的价柱形态，即使从量柱看，间或有倍量阳，但付出的努力与得到的结果不匹配，也就是花了很多钱，却无法把价格拉起来。事实上，这是主力通过倍量柱的办法在悄悄出货。因供过于求而无法使价格拉起来。在闪崩前，我们可以看到其价柱的形态类似猪八戒的钉耙，拖着长长的上下影线，而价柱实体却很短。这种在日像上呈现的钉耙状K线，在分时图上则与心电图类似。心电图式的分时图，暗示市场参与者较少，主要是主力在自弹自唱。

因此，今后一旦发现自己手中的股票，在某一箱体内长期横盘且形似钉耙，间或出现莫名其妙的阴高量，且倍量阳对应的价柱实体短小，那么就要引起高度的警觉了。

看似杂乱无序的股票市场，其实是有一定的规律可循的。但规律需要发现，规律更需要总结。再狡猾的主力，也有露出自己尾巴的时候。当然，作为市场参与者之一的社会公众投资者，能否利用规律保护好自己的胜利果实，确保自己盈利，那还需要一定的经验积累。

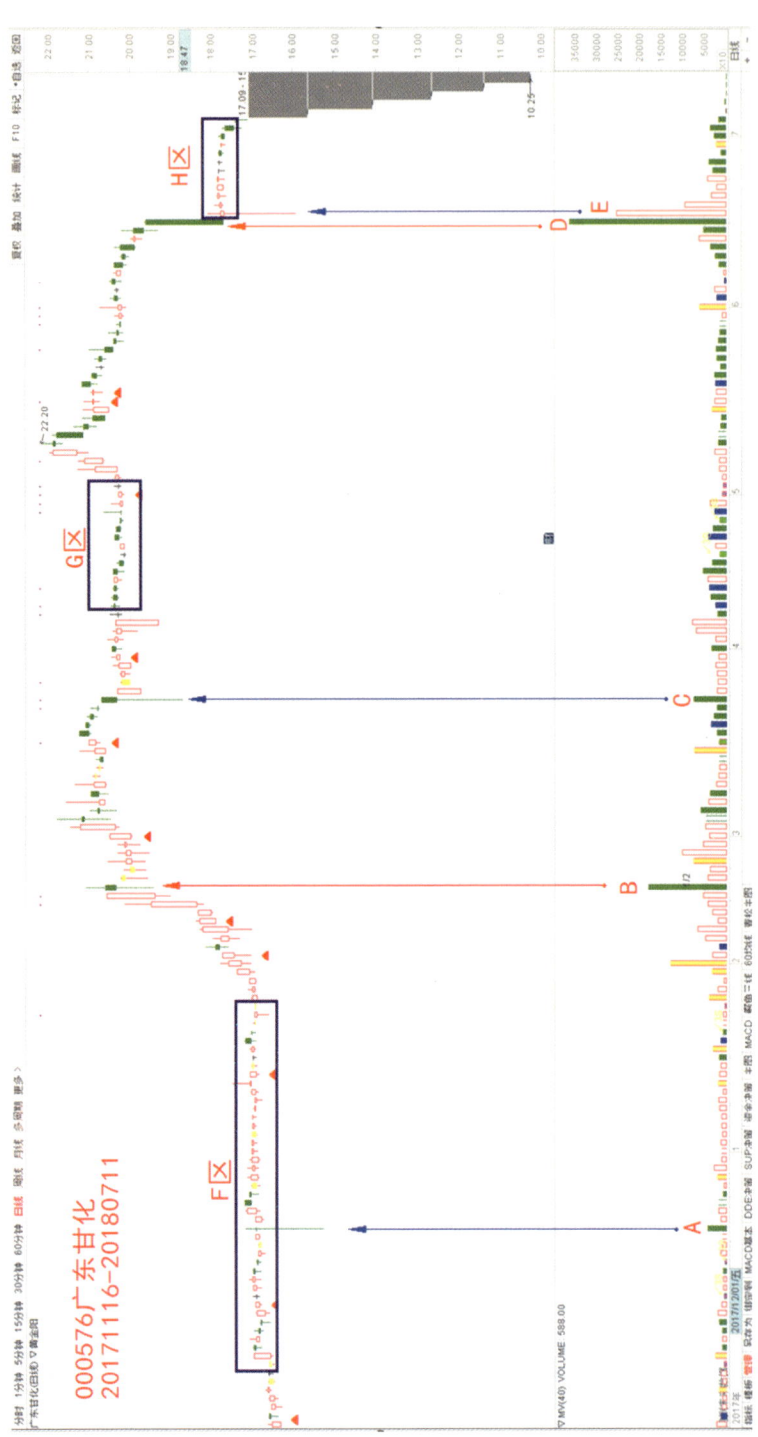

图 10-5 广东甘化闪崩前的征兆图

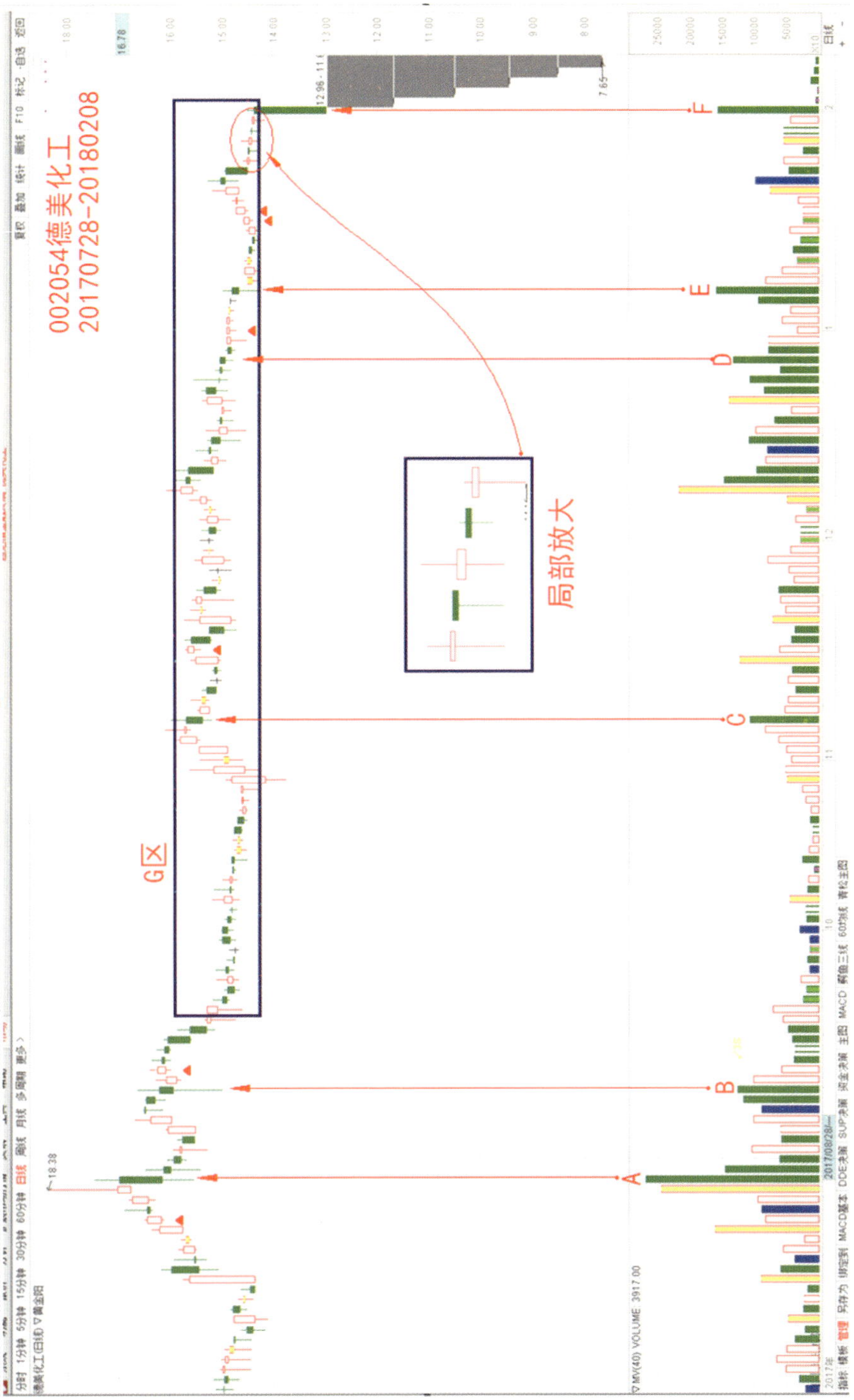

第十章 闪崩的前兆与预判

图10-6 德美化工闪崩前的征兆图

第三节　实战追踪

2019年1月30日，在事先毫无预兆的情况下，600892大晟文化和002319乐通股份双双闪崩跌停。如图10-7和图10-8所示，从基本面看，二者毫无关联，前者属于传媒娱乐板块，后者属于化工行业，闪崩前都没有明显的基本面利空消息。但仔细一看其最近的结构形态，就会发现两者有惊人的相似之处：

（1）看日像，形似钉耙。日K线长期在几乎一条水平线上形成披头散发的"钉耙"状态，上下振幅不大，小阴小阳维持股价，即便下跌，也能瞬间拉回。

（2）看分时，形似心电图。盘中成交量很少，多数时候全天换手率不到1%，有时候连续几天的换手率在0.5%左右甚至更低。在某一个价位停留十几分钟甚至三十分钟也没有交易，在分时图上价柱就表现为一条横线，量柱几乎为零。这是筹码高度集中，流动性缺失的具体表现。

这种结构形态，一般情况下，说明有庄家在里面维持市价。但是这种靠庄家维持市价的局面是难以持久的，一旦庄家实力不济，就会主动放弃坚守。庄家放弃坚守，股价很可能就是连续一字板跌停。等股价腰斩甚至跌到只有原价的三分之一甚至四分之一的时候，就会有主力（可能是原有老庄家，也有可能是新庄家）在低位大量收集筹码。等筹码收集完毕，一般会走一个翻番的行情。

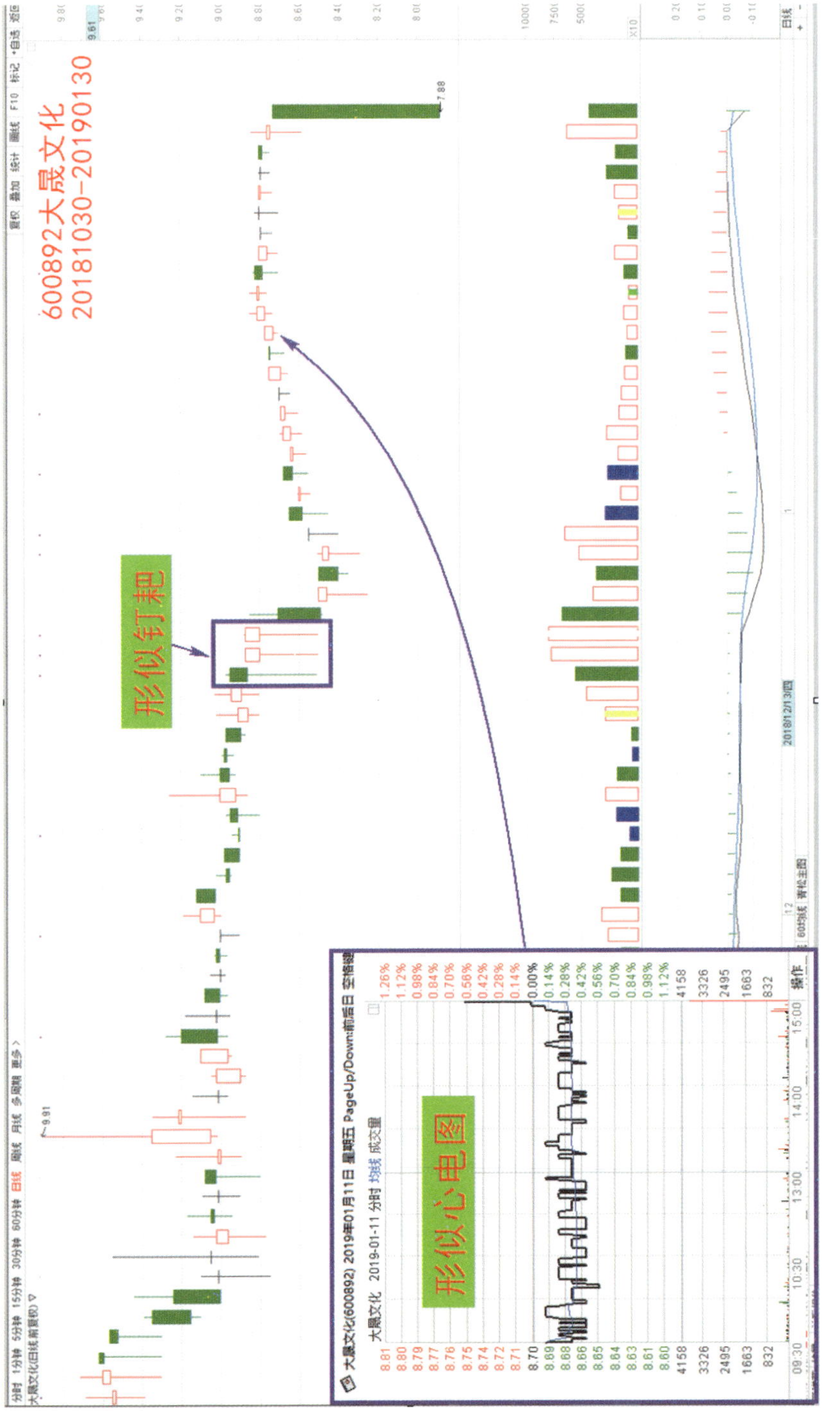

第十章 闪崩的前兆与预判

图 10-7 大晟文化闪崩前的征兆图

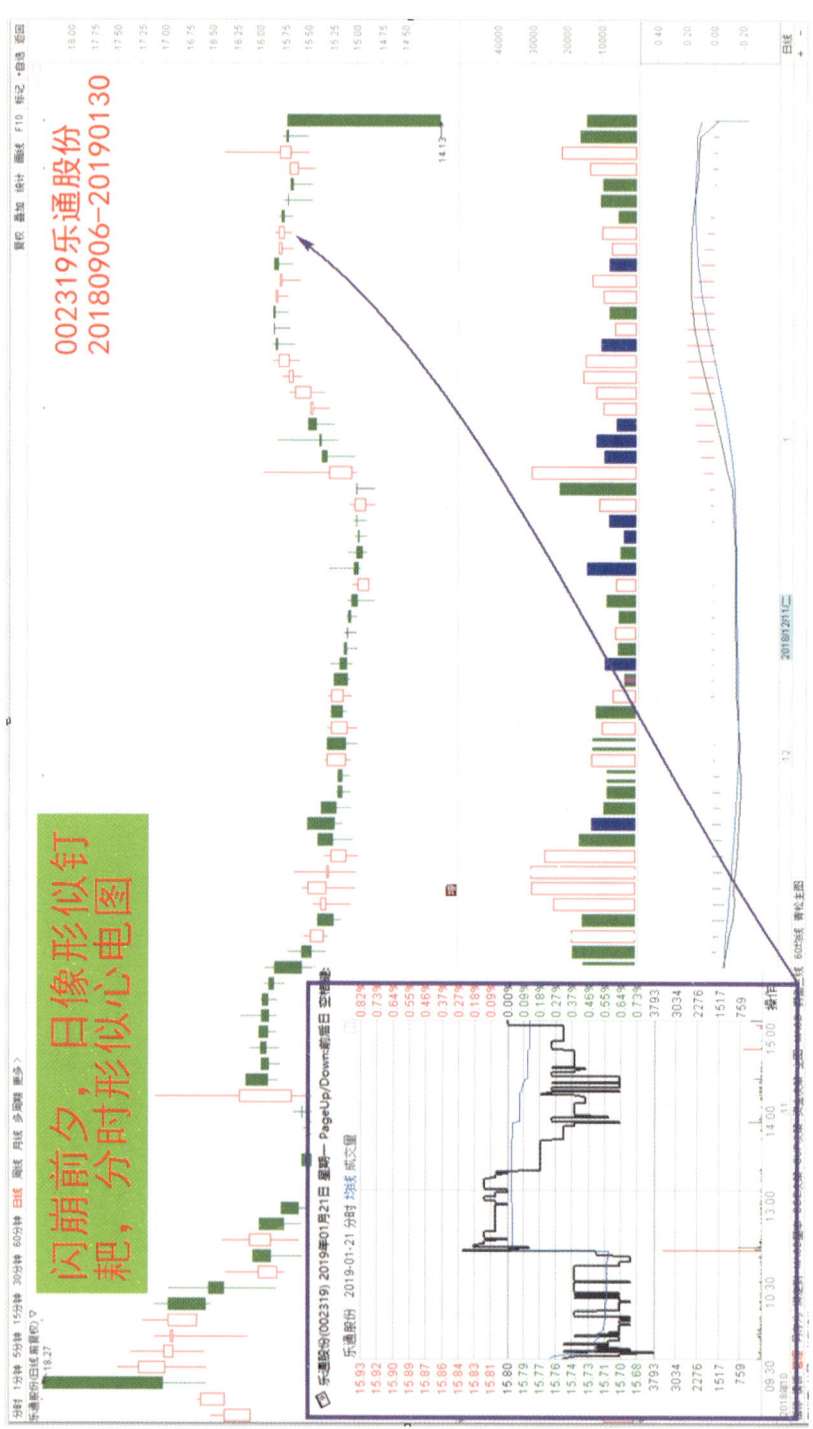

图10-8 乐通股份闪崩前的征兆图

第十章 闪崩的前兆与预判

第四节 缓实急虚

还有一种情况，从图形上看，走的好好的，但突然遇到诸如财务造假、业绩变脸、商誉减值等利空消息，而主力还没有来得及在利空消息发布前完成出货任务。怎么办呢？一些主力利用巧妙的手段，在即便出现巨大利空以后，仍然可以把散户玩弄于鼓掌之间。比如2019年1月的002011盾安环境（见图10-9）为例，如果久经沙场，不难看出盾安环境闪崩前的蛛丝马迹。但盾安环境闪崩前的蛛丝马迹的表现与大晟文化、乐通股份是不一样的。

不一样在哪里？

第一，我们从图形上可以看到，盾安环境（见图10-9）在2018年10月有过一次连续四个跌停板的闪崩，股价几近腰斩。后来其主力奋发图强，从底部起来，到遇到隐形左峰的压力，上涨了70%，虽然股价没有实现翻番，但也"穷光荣"了一把。从这一波的上涨形态看，主力在相对高位，构筑了一个"下、上、下、上、下"的中枢平台，通过这个中枢平台吐出了一部分股票，但从成交量来看，主力手中的股票没有完成出货任务。

在这一波70%的上涨的图中，我们可以发现，在底部有A、C两个涨停板（见图10-10），A柱之后遭到B柱（假阴真阳）的抛压，C柱之后遭到D柱（高量单枪）的遭抛压，但稍作休整之后，继续上行，并最终抵达隐形左峰附近，实现了一波70%的涨幅。这一波能够有这么大的涨幅，在A柱和C柱这两个涨停板的分时结构里就表现出来了。如图10-10所示，A、C两柱的分时，在封住涨停板之前，是不慌不忙，稳扎稳打而最后封住涨停板的。在封住涨停板之前，有足够的时间进行股票换手。从股票换手的时间维度和空间维度看，主力的态度是"诚恳"的。这种底部涨停板，如果换手的时间和空间足够，那么对于后续的上涨就有了扎实的基础。

第二，我们从图10-11可以看到，在2019年1月23、24、25日这三个涨停板，其分时结构，都是属于瞬间拉板，没有充分的换手时间留给市场，典型的投机取巧。如图10-11所示，E、F、G三个涨停板，一个比一个急。这种在底部就"猴急猴急"的涨停板，多数情况下，其上涨的延续性和可靠性较差。正常情况下，底部第一板最好是有充分的换手时间，如果第一板没有充分的换手时间，那么第二板必须在时间上进行补足，否则，难以长远。如果底部第一板和第二板有了充分的交换，则第三板、第四板以及后续的板可以秒板，可以瞬间封涨停。先缓后急者，大概率有志在高远的胸怀；先急且躁者，大概率有投机取巧的勾当。

002011盾安环境的主力，在H柱和I柱上又玩了一把花招，如图10-12所示。2019年1月28日、29日、30日因为业绩地雷，三个一字板跌停。但是跌而无量，说明主力在跌停的位置上并无出货行为。从分时图上看H柱，又是投机取巧的涨停板。见图10-12，主力在H柱瞬间拉板，只是一个诱饵，是引诱大量的散户在I柱上当的鱼饵而已。I柱真实换手率23.55%，这才是主力出货的筹码。接下来，主力还会折腾，会想方设法把手中的筹码交给不明就里的交易者。

从整个结构形态来看，盾安环境的这个主力，实力不强，但善于"用巧"。其狐狸尾巴，在涨停板的分时结构图上，可以看得一清二楚。问题是，我们很多人看不懂；或者看懂了，也不相信而已。

从盾安环境这个案例可以得到一个启示，即"初缓实，初急虚"。意思是底部的涨停板，如果拉板的过程有明显的台阶，有充分的换手时间，属于比较踏实的筑底；而如果拉板急促用巧，则有投机取巧偷鸡摸狗的嫌疑。至于上涨的空间，要视左侧的压力、当时大盘的形势以及主力的强弱而定。

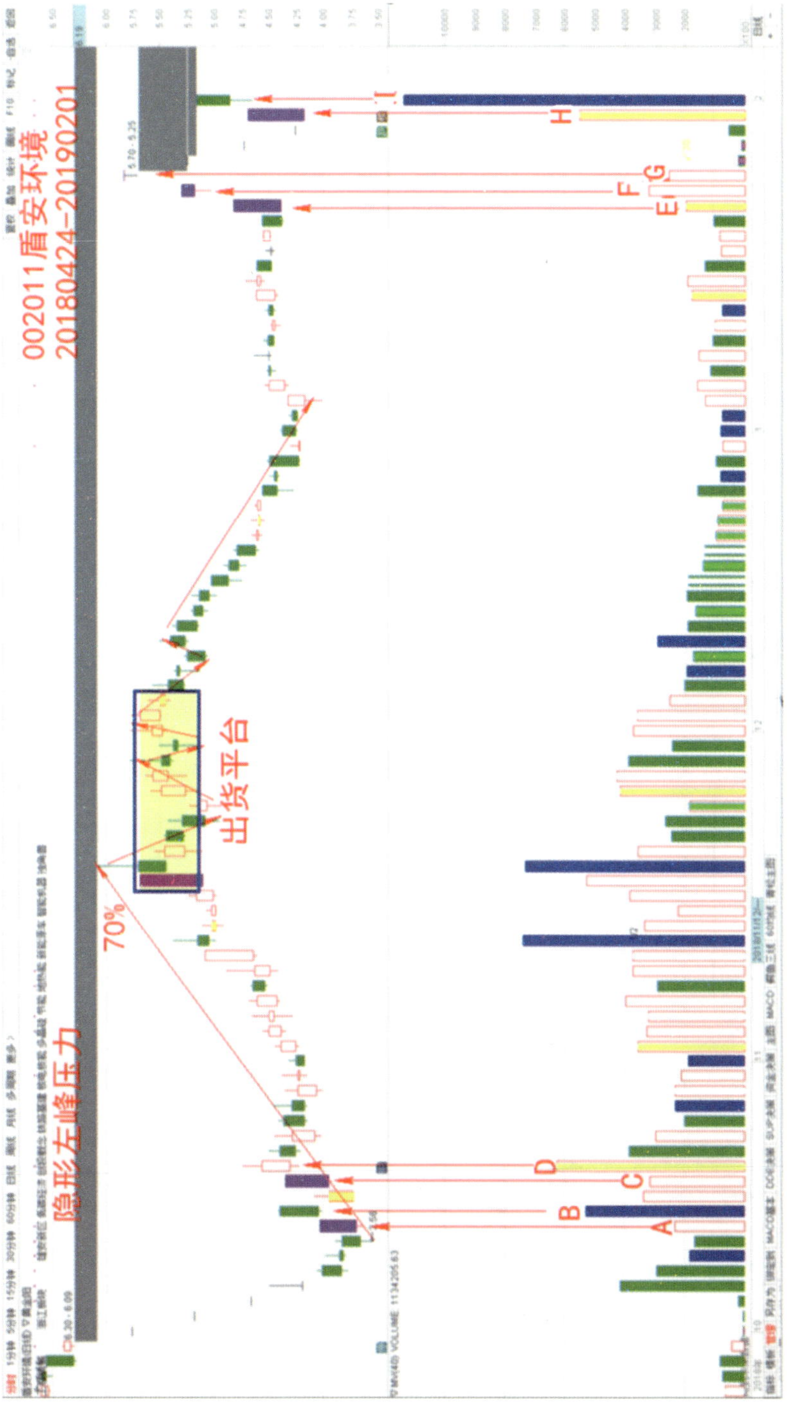

第十章 闪崩的前兆与预判

图10-9 盾安环境左侧压力与分时结构示意图

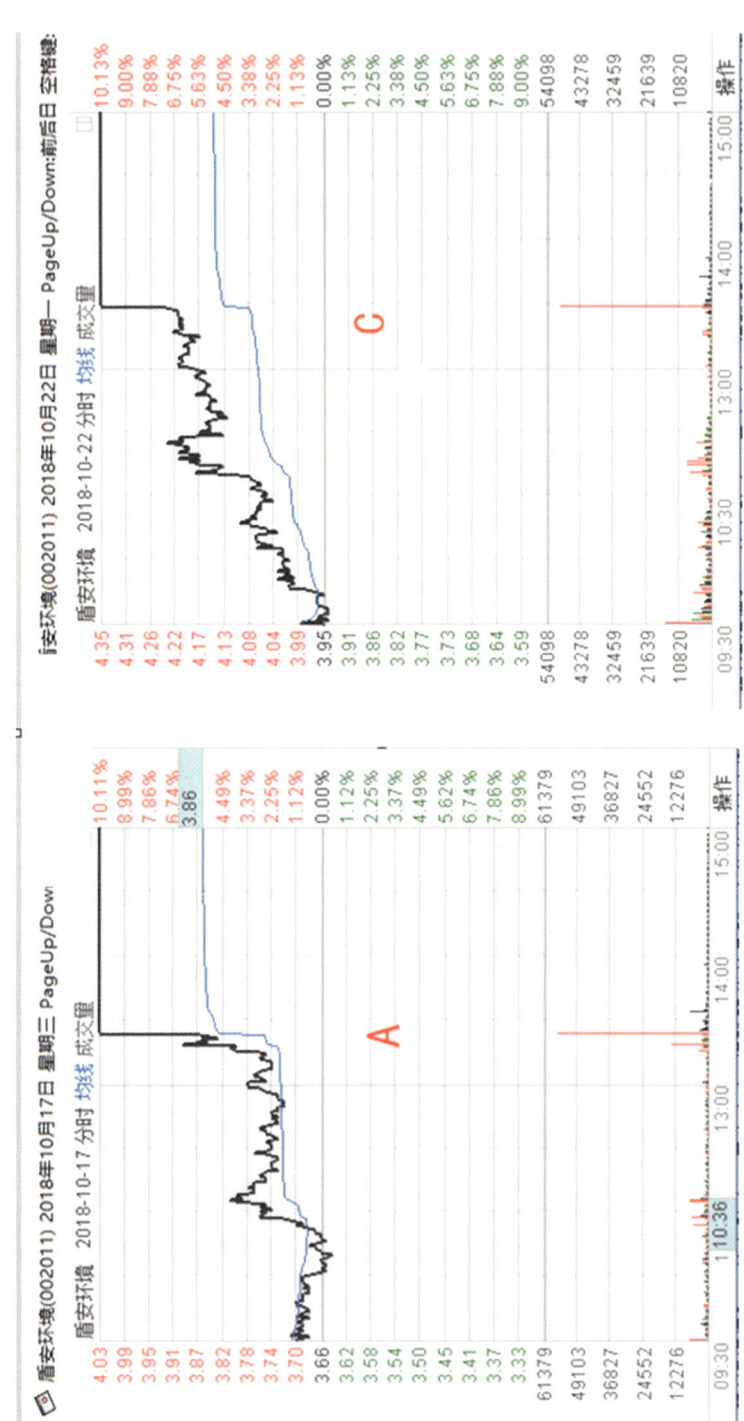

图10-10 盾安环境AC分时结构示意图

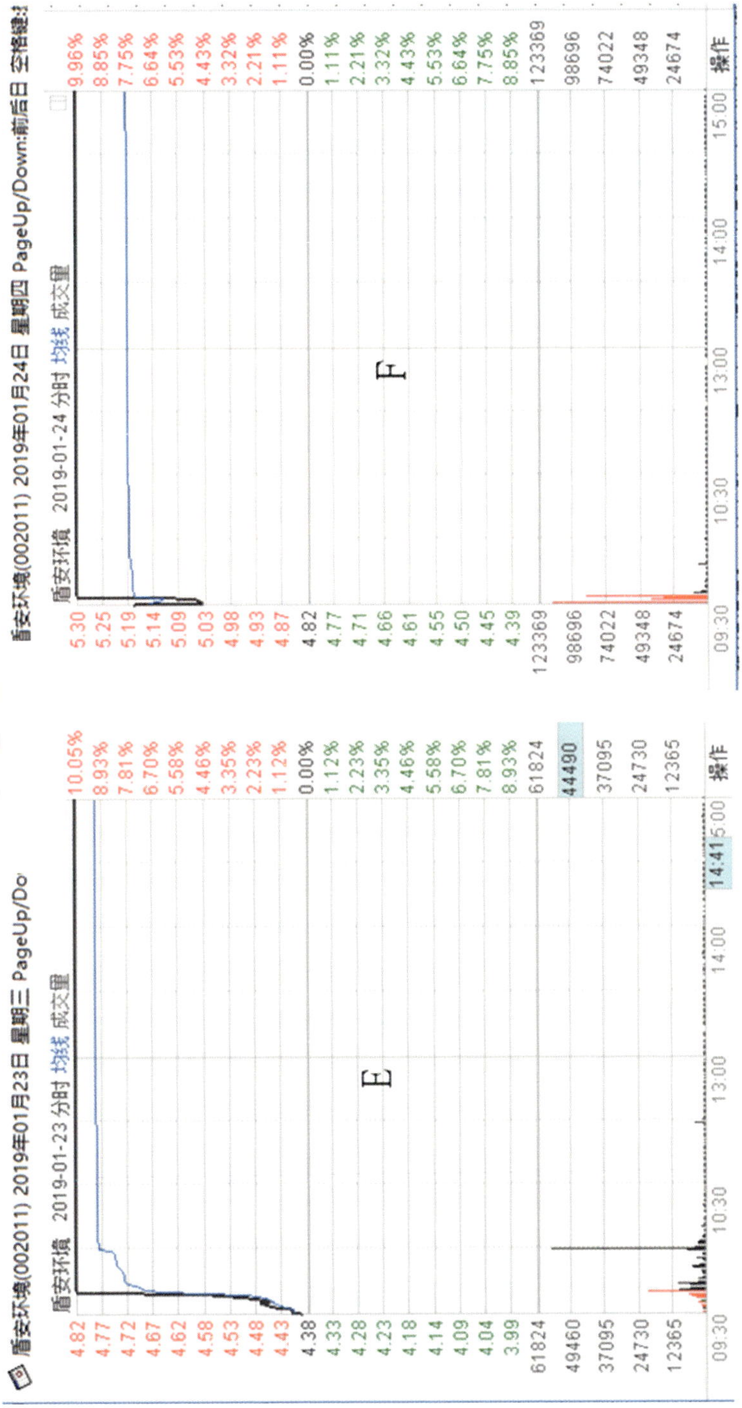

第十章 闪崩的前兆与预判

图10-11 盾安环境 EF 分时结构示意图

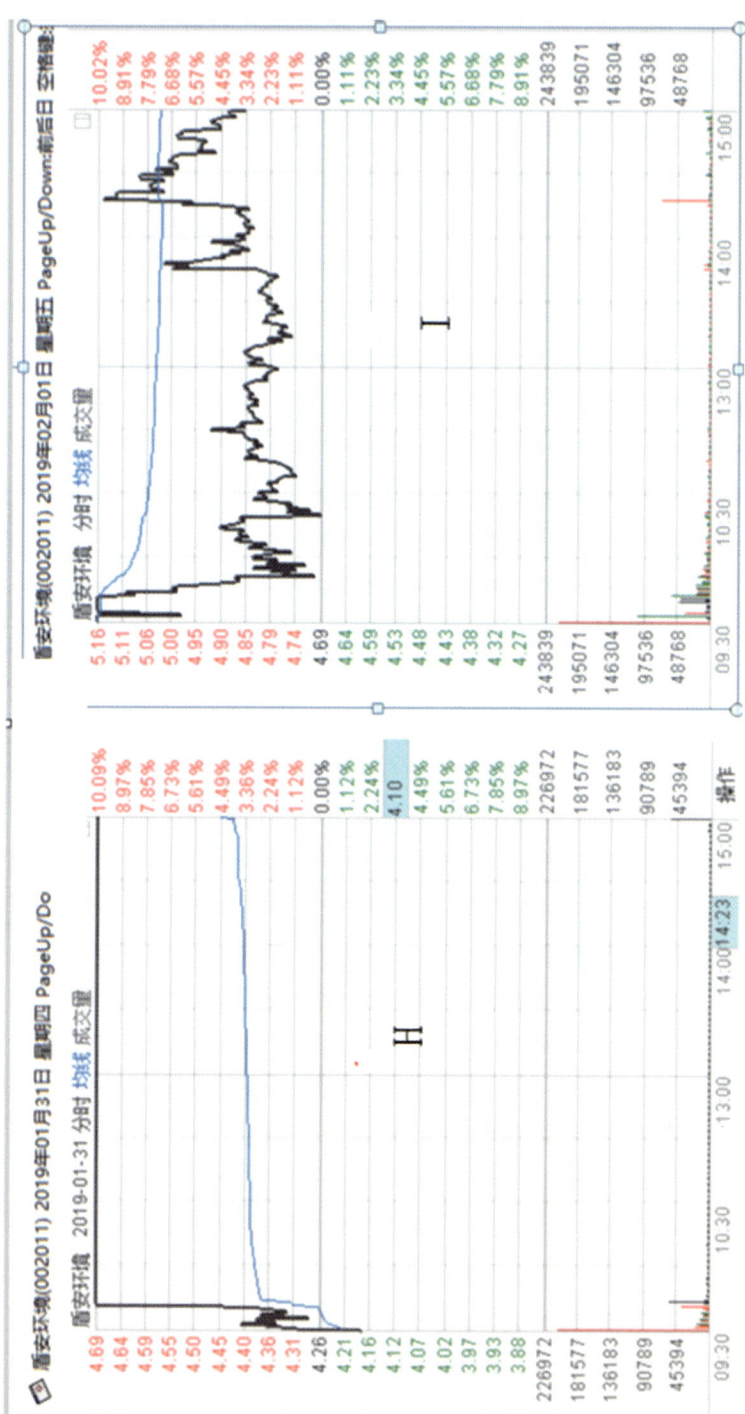

图10-12 盾安环境分时HI结构示意图

第十一章 阴阳的性质及其转换

第十一章
阴阳的性质及其转换

第一节　量价"阴阳"的性质

从字面意义来理解，阴为消极，阳为积极。买入并持有一只股票，第一件事，就是要明善恶，辨阴阳，识冷暖、知进退。阴阳二字，看起来简单，其实很复杂。万事万物都有阴阳的属性：黑夜为阴，白昼为阳；冬季为阴，夏季为阳；男为阳，女为阴；马桶盖竖起来为阳，躺下去为阴，一个家庭马桶盖竖起来躺下去，谓之阴阳有道。如果一个家庭的马桶盖三年没有竖起来，说明阴盛阳衰，家里没有男性。阳中有阴，阴中有阳，这是世间的大道。

但在股票操作的过程中，必须避阴趋阳，即尽量避免买入阴气较重的股票。所谓阴气较重，就是指成交量显示阴柱的数量多，面积大。量柱为阴柱，说明当天的收盘价低于开盘价，其背后的逻辑是供过于求，卖盘汹涌，抛售者慌不择路，不惜一切代价出逃。

阴气较重的股票，很长时间都难以恢复。以603958哈森股份为例，如图11-1所示，该股在2017年6月中下旬有一波下跌，这波下跌留下了一堆厚且高的阴堆量，A、B、C柱为梯量阴，D、E、F柱为长阴长柱。这个阴堆量，可谓极阴。极阴过后，需要很长的时间和很大的空间才能化解。尽管D、H之后有两组有序缩量，但G柱和H柱均被有效跌破，守不住底线，见不到阳光。所以此股从2017年6月20日的44.77元调整到2018年6月22日的9.01，还看不到止跌的迹象。

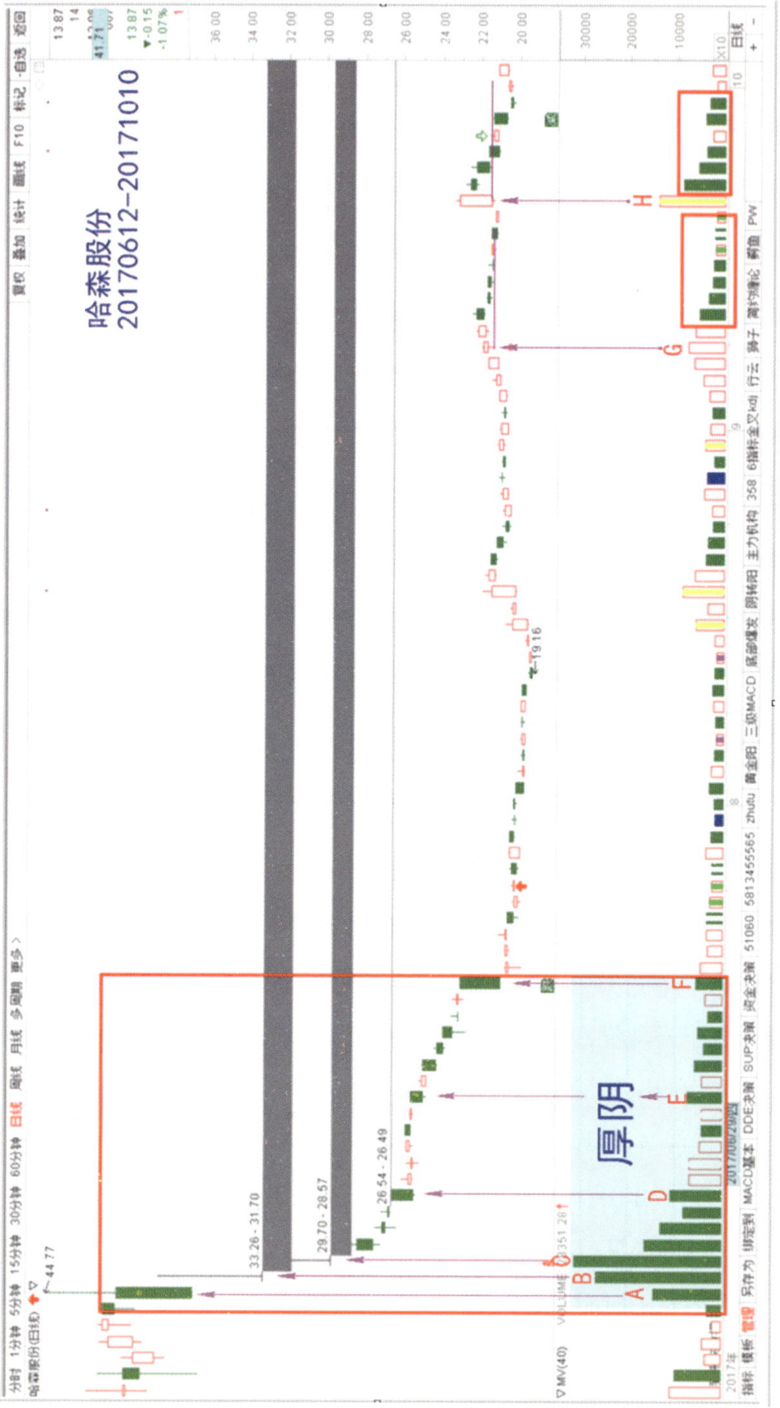

图 11-1 哈森股份阴阳厚薄图

第十一章 阴阳的性质及其转换

第二节 量价阴阳的辩证

阴阳往往是一对孪生姐妹，阳中有阴，阴中有阳。阴阳夹杂，交替出现，这就给我们的研判带来了挑战。关于"阴气"，并不是一无是处。需要从两个层面来考察。

第一，"长阴短柱"。即价柱长阴，而量柱短阴，往往潜伏着积极的能量，这就是阴中有阳。所谓"野火烧不尽，春风吹又生"，指的就是这种情况。地面上的草被烧了，看起来不行了，但地下的根没有坏，所以春风吹又生。

以603183建研院为例，该股在20180521-20180801的一段行情，可以明显看出，阳气重，阴气轻。如图11-2所示，A柱之前的16个交易日，均为价涨量跟，缩量调整。说得通俗一点，就是量柱阳高阴低，阳气聚集，阳高阴低，积极性大于消极性。A柱为短期头部，B柱为首跌缩量，CD两柱为长阴短柱，F柱为首跌缩量，G柱为长阴短柱，H柱为阶段性的底部，I柱为单阳不破，其后7个交易日都没有跌破其底部。J、K、L、M、O五柱组合为典型的"有板有眼战法"或者"板后双休战法"结构形态。M柱为长阴短柱，O柱为低调乾坤阳，也是低调第一板。L柱为单枪，一举挑破C、D柱组成的隐形左峰线，为O、P、Q三连板扫除了左侧的压力。

第二，"长阴长柱"。即价柱长阴，量柱也同步长阴，往往包含的是消极的能量，不仅地面的草被烧了，地下的根也烂透了，没有救了，春风也吹不起来了。

以000793华闻传媒为例，该股在2017年12月05日至2018年8月10日期间的走势，可以明显看出，阴气重，阳气轻。如图11-3所示，A、B、C、D、E、F柱全部属于长阴长柱，即价柱长阴，量柱也同步长阴。B、C柱之间，虽然有三根倍量阳柱，但付出的努力与得到的效果相比，严重不成比例，即下面用倍量的成交量，而上面的价柱却没有同比例的上涨，就是付出了努力，但没有取得与付出的努力相匹配的效果。

漂亮股票结构形态学　理论篇

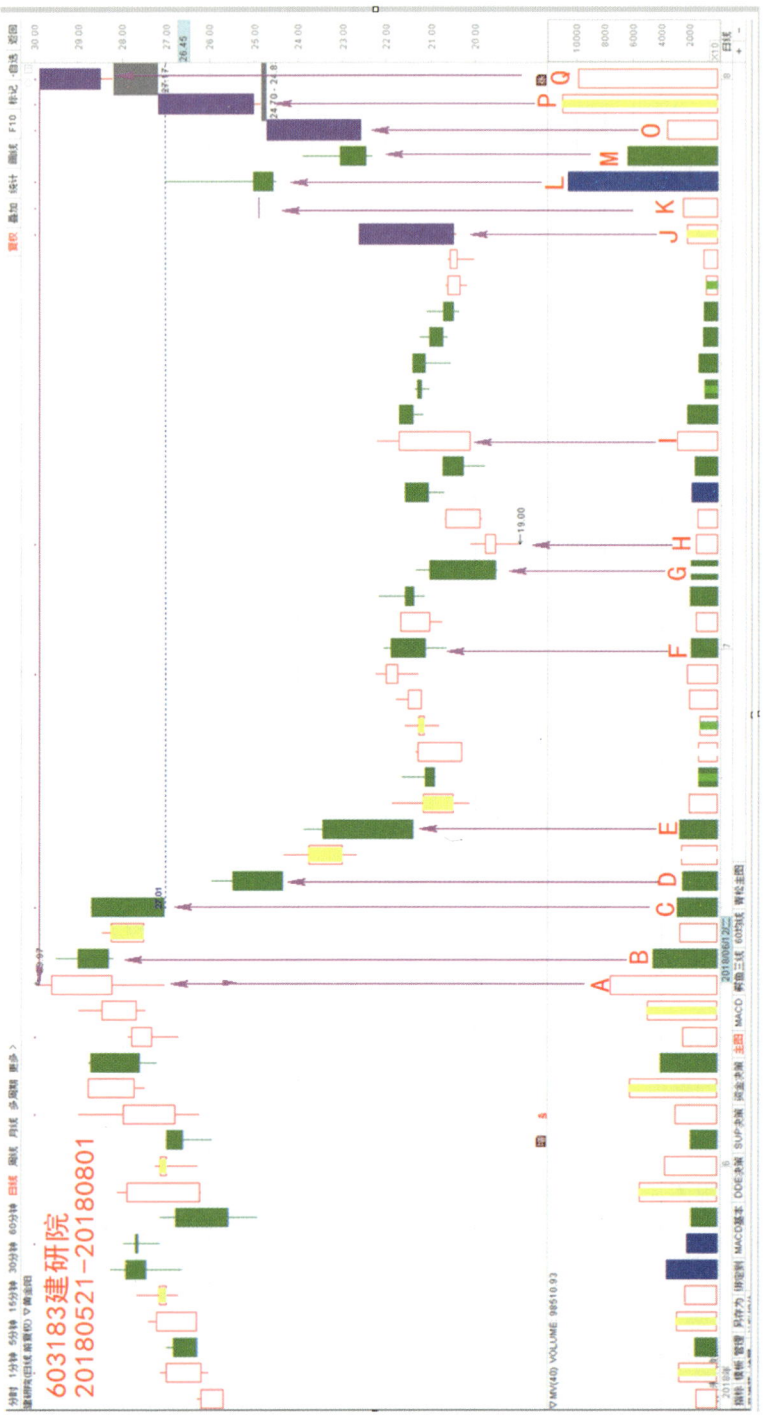

图11-2　建研院长阴短柱示意图

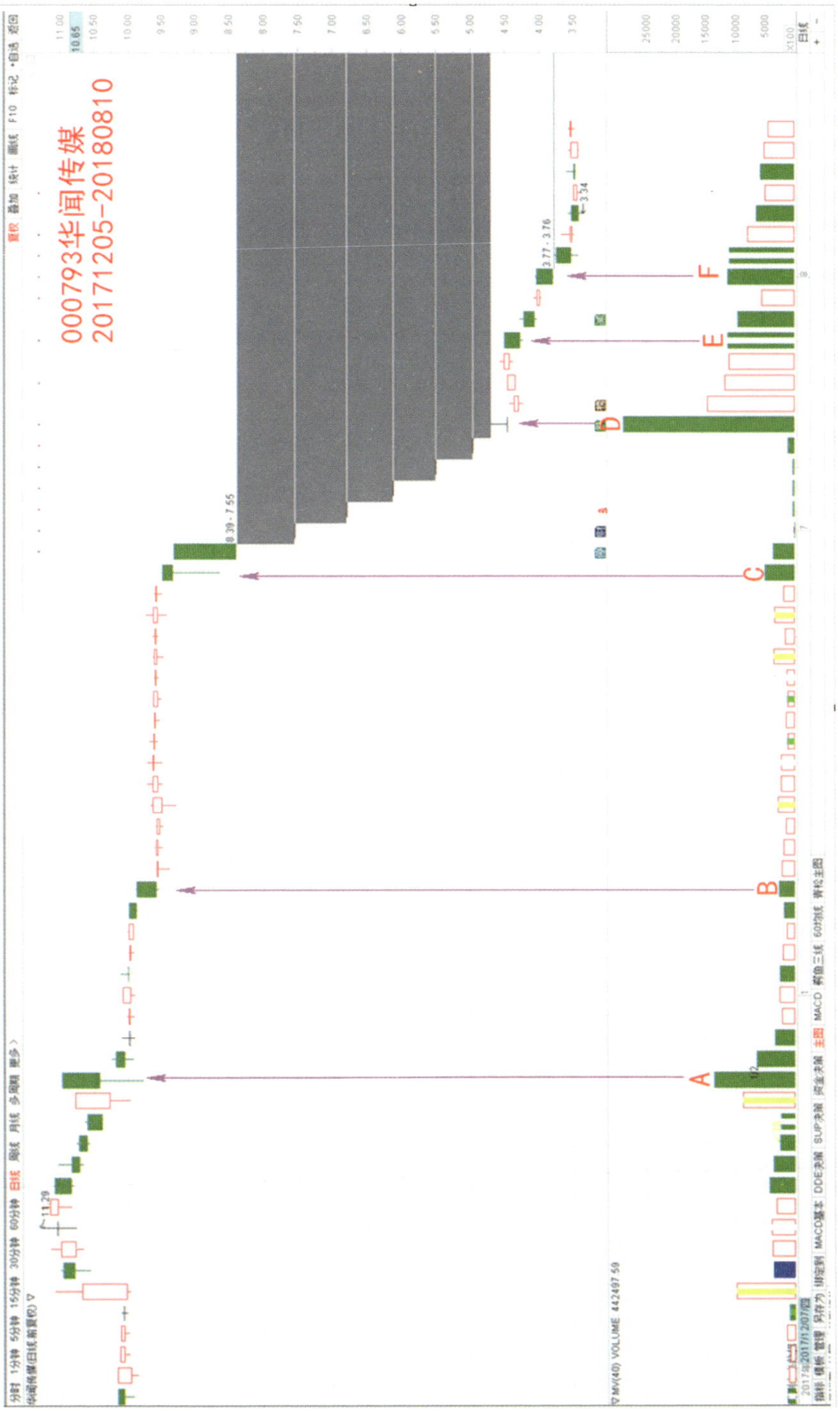

第十一章 阴阳的性质及其转换

图11-3 华闻传媒长阴长柱示意图

第三节　量价阴阳的转换

有两种特殊的情况，即"假阴真阳"和"假阳真阴"，需要做一个区分，否则会造成混乱。

"假阴真阳"是指当天实际上是涨的（以当天的成交均线为衡量标准，不论当天收盘价落在何处，只要低于开盘价且成交均线在0轴之上），而图形体现出来的是绿色阴柱的量价形态。

"假阳真阴"是指当天实际上是跌的（以当天的成交均线为衡量标准，不论当天收盘价落在何处，只要高于开盘价且成交均线在0轴之下），而图形体现出来的却为红色阳柱的量价形态。

"假阴真阳"和"假阳真阴"，究竟是阳还是阴？

要回答这个问题，还真有点麻烦。真真假假，"自己不能证明自己"，所以要引入"一条线"的概念。这条线就是"假阴真阳"和"假阳真阴"价柱的实顶平衡线。后续的价格走势，站上这条线，则脚下的这个"假阴真阳"和"假阳真阴"就是阳；如果后续的价格一直运行在这条线之下，则头上的这个"假阴真阳"和"假阳真阴"就是阴。简单一点，就是：线上为阳，线下为阴。阴阳转换，在一线之间。

以300677英科医疗在2018年5月18日至2018年7月31日期间的日线形态的走势为例，如图11-4所示，A、E、J、O、P这五根柱子，从本身来看，为假阳真阴；C、G、I、L这四根柱子从其本身的角度来看，是假阴真阳。但它们之中部分柱子的阴阳性质，随着行情的演化而发生了改变。我们来看看它们是如何转换的。

（1）以A柱的实顶画水平线a，其后B柱没有站上a线，所以，站在B柱的角度看，A柱由假阳确认为真阴。

第十一章 阴阳的性质及其转换

（2）以C柱实顶划水平线c，其后D柱把C柱踩在脚下，C柱变成D柱的俘虏，站在D柱的角度来看，则C柱转换为阳。

（3）以E柱实顶画水平线e，其后F柱没有站上e线，站在F柱的角度来看E柱，E柱从假阳转换为真阴。

（4）以G柱实顶画水平线g，H柱站上g线，站在H柱的角度来看G柱，G柱由假阴真阳演变为真阳。

（5）以I柱实顶画水平线i，其后的J柱没有站上i线，从J柱的角度来看I柱，I柱为阴。

（6）以J柱的实顶画水平线j，K柱跳空上行，把J柱和I柱都踩在脚下，J柱和I柱都被K柱俘虏，演变为真阳。

（7）以L主实顶划水平线l，M柱跳空下行，没有站上l线，所以，站在M柱的角度来看L柱，L柱为真阴。

（8）以O柱实顶画水平线o，其后P柱跳空下行，没有站在o线之上，所以站在P柱的角度看O柱，O柱为真阴。

阴阳的转换，就如同季节的更迭，悄无声息，但却力量惊人。高青松战法系列里的"无敌宝莲灯战法""假阴真阳战法""爸爸送钱钱妈妈送温暖战法""早春新芽战法"等，就是利用阴阳转换的力量而提炼出来的具有极高战斗力和战斗效率的操盘经典量化模型。

以600035楚天高速为例，该股在2014年8月25日至2015年4月14日期间，多次使用假阴真阳柱来掩盖其真实的操盘意图。如图11-5所示，A、B、C三柱均为假阴真阳柱，且A、B、C三柱之后的第二天即缩量二分之一，这种组合为极品高量柱。这种极品高高量柱，在一轮牛市行情当中成为猛牛的必要条件之一。大家可以观察到，A柱之后洗盘31个交易日，然后站上A柱实顶平衡线；B柱之后洗盘11个交易日，然后站上B柱实顶平衡线，期间有一个回踩确认的动作，但没有跌破B柱实顶平衡线；C柱之后洗盘4个交易日，即开启快速拉升的阶段，连续拉升9个涨停板。

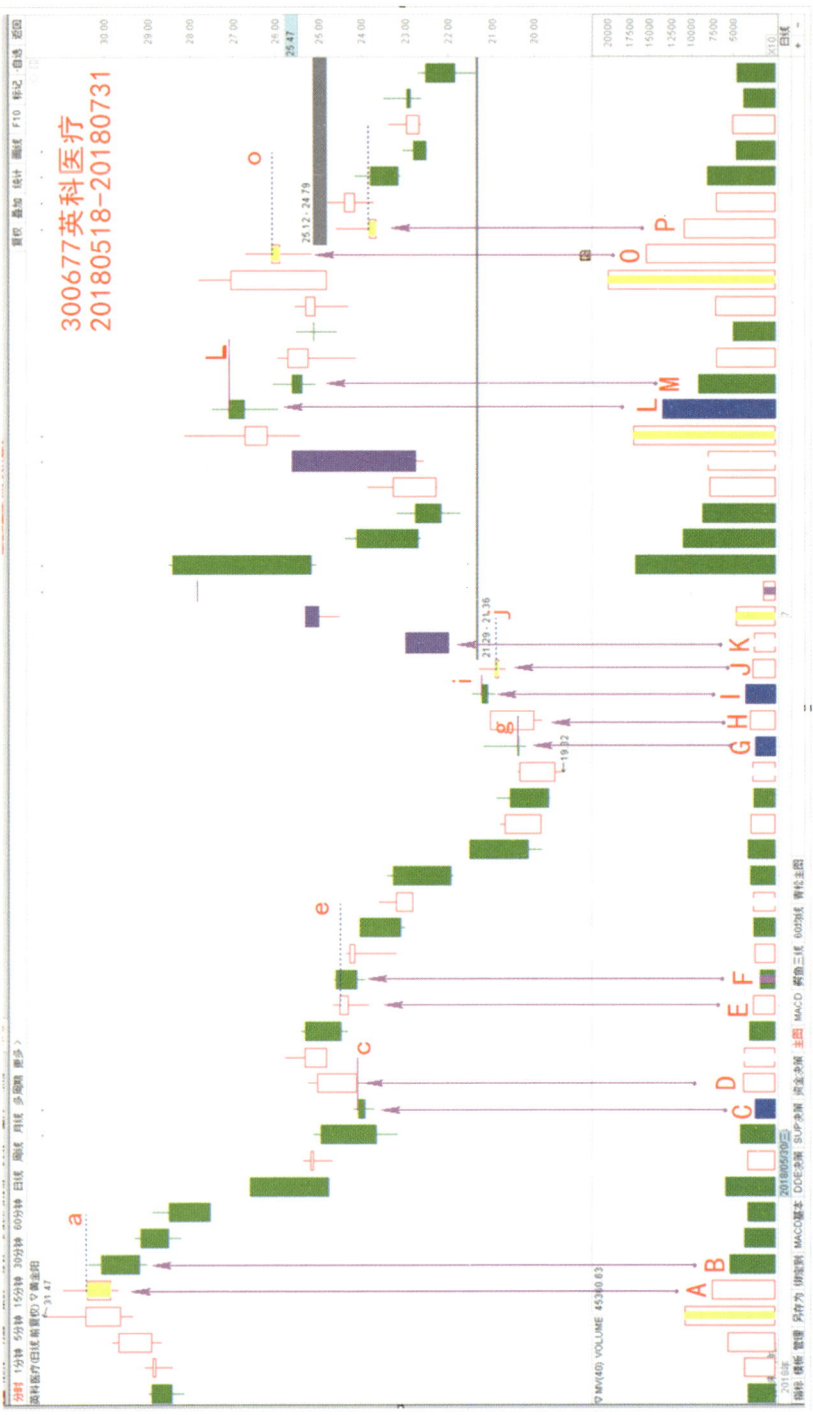

图11-4　英科医疗假阴真阳与假阳真阴示意图

第十一章 阴阳的性质及其转换

图11-5 楚天高速假阴真阳示意图

137

楚天高速A、B柱这种假阴真阳，就是"战略性假阴真阳"。是机构主力为打击对手、迷惑对手，隐藏自己真实意图而常用的套路。战略性假阴真阳，是与"战术性假阴真阳"相对而言的。一般以调整时间为界限，把假阴真阳之后调整时间为8个交易日以内的称为"战术性假阴真阳"，而把调整时间超过8天的称为"战略性假阴真阳"。战略性假阴真阳具有非常大的震慑力，原因在于其第二天显著低开，第三天继续清洗，调整幅度在10%~25%之间，调整时间短则超过8个交易日，长则几个月，一般的公众投资者会被第二天显著的低开吓得屁滚尿流，而且会因长期的折磨而倍感煎熬，很容易被这种大阴棒和连续的深度调整撵下车。

实战中，对付这种战略性假阴真阳的办法，就是在假阴真阳当天减仓或者空仓，并在当天收市之后在假阴真阳实顶画一条水平线。其后密切关注其动向，当再次站上假阴真阳实顶平衡线时再介入。战略性假阴真阳之后，调整的时间越长，其后只要站上假阴真阳实顶，且大盘配合，则主力会借力拉升，其翻番的可能性就越大。假阴真阳实顶平衡线，是一条生命线。线下的世界很无奈，线上的世界很精彩。线下折磨，就像躺在蚊子多得要命的青草中，仰望无边的星空。很多人难耐寂寞，很多人不胜蚊虫的侵扰，在股价越出平衡线的前夜而捏灭了希望的火种。

需要补充的是，战略性假阴真阳之后的翻番牛股，一般发生在上升趋势的牛市。请大家不要在下降趋势的熊市去做翻番的美梦。牛熊的分界，请以60均线的朝向为参考。

总结一下，"假阴真阳"与"假阳真阴"，如何辨识其积极与消极的性质呢？

专业一点是：线下为消极，线上为积极。

直白一点是：线下流鲜血，线上献鲜花。

恐怖一点是：阴阳两界，一线之差。

浪漫一点是：线下的世界很无奈，线上的世界很精彩。

第十二章　主力出货的标志性信号与行为习惯

第十二章
主力出货的标志性信号与行为习惯

第一节　短期涨幅较大的庄股出货信号

俗话说，会买的是徒弟，会卖的才是师傅。但在股票实战中，我们很多人往往会犯一些常识性错误，该卖的时候，不仅没有卖，反而在这时候买进了。这种行为，这就是我们常说的"踏错了节奏"。

其实，任何一个主力，都有思维结构的自相似性。反映在行为上，就是某一个量价结构形态会反复出现。以2018年的"妖股"300624万兴科技为例，该股在上涨近3倍之后，主力开始出货。如图12-1所示，从A柱开始，到J柱基本结束，集中出货时间长达30个交易日，到KL柱组合时，已经全部出货完毕。在这集中出货的30个交易日里，主力出货的方式，都是通过"涨停板+高量阴"的组合模式，在相对高点悄悄出货。其中，AB柱、CD柱、EF柱、IJ柱、KL柱这五组量价结构形态，就充分表达了主力行为的自相似性，都是用"涨停板上悄悄出货"加"涨停板后第二天高开悄悄出货"的套路。在形态上，B、D、F、J、L柱都是放量阴柱，其中B、D柱为假阴真阳，F、J、L柱为真阴。

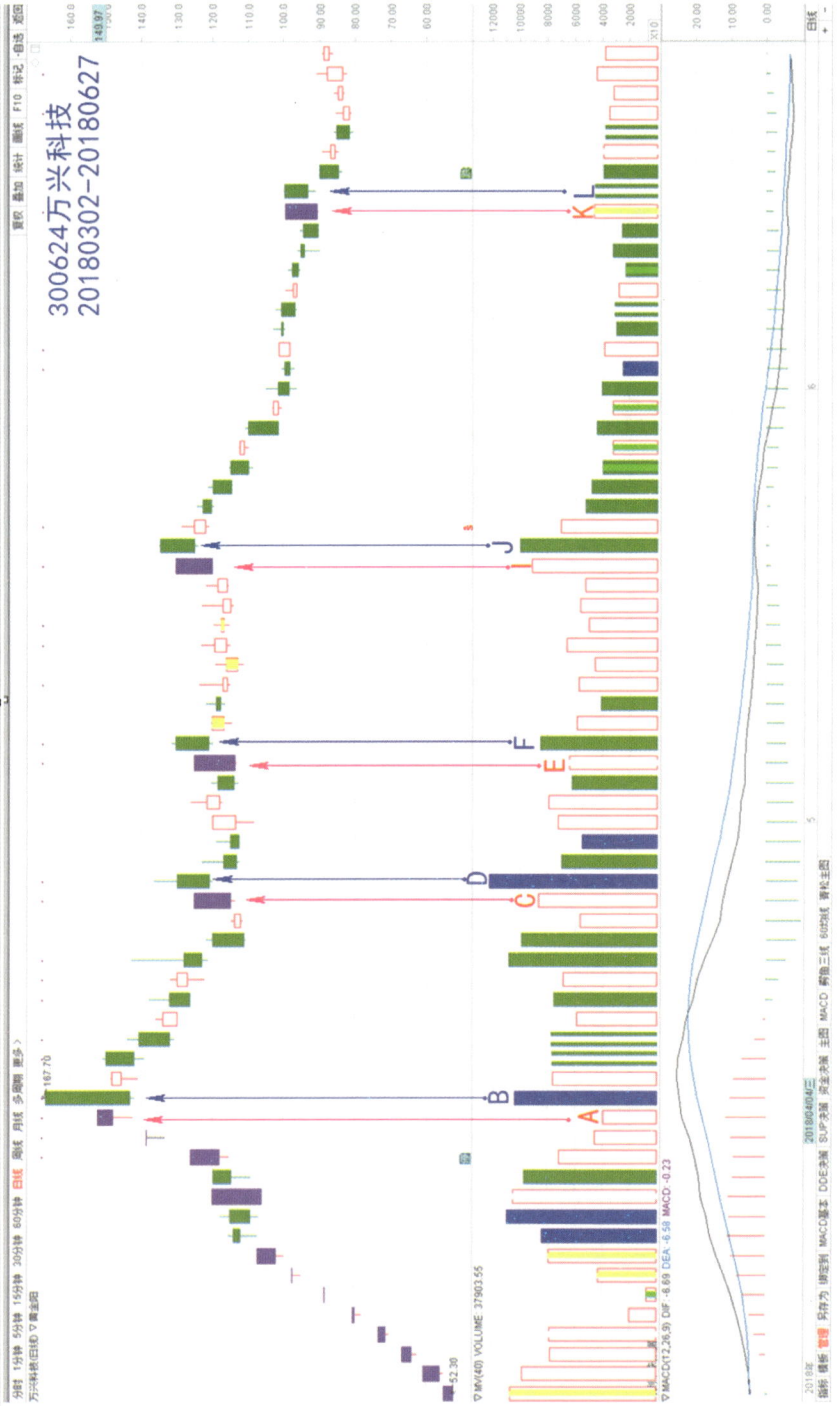

图12-1 万兴科技主力出货标志性信号图

第十二章 主力出货的标志性信号与行为习惯

为什么说，主力在涨停板上就已经在出货呢？我们打开A柱的分时结构，如图12-2所示，可以明显看到，封板的量柱，明显低于开板的量柱。这背后的逻辑，就是主力用很少的资金封住了涨停板，然后利用部分人追涨的习惯，在涨停板上悄悄出货。

再看B柱的分时结构（见图12-3），B柱先是封住涨停板，然后在涨停板上悄悄出货。砸开涨停板后，快速下跌，在下跌的过程中，无论谁接货，接多少给多少，来者不拒。这背后的逻辑，是利用一部分人的"超跌抢反弹"的思维习惯，主力通过扩大振幅的方式制造错觉，让人觉得反弹在即，仓促买入。

而D、F、J、K这四根柱子，都是在涨停板后高开，制造"牛股不死，还有第二强波"的假象，让不明就里的人接盘。主力就是重复这个动作，在不知不觉中顺利完成出货。

再看一个例子，如图12-4所示，300647超频三在2018年6月至9月的走势，与万兴科技有很多惊人的相似之处。该股短期快速上涨差不多2倍之后，AB组合开始出货。后来的CD柱、EF柱、GH柱、IJ柱、KL柱组合，都具有自相似性。与万兴科技不同的是，CD柱、EF柱组合用的是"涨停板+放量长上影线"方式。与"假阴真阳"不同，"假阴真阳"是高开低走；而"长上影线"则是低开高走然后回落。但两者的目的都是出货，从量柱的上涨就可以看出来，主力在拼命有节奏地出货。

一般来说，放量的长上影线价柱分时内部结构，通常情况下，都会出现"上面有想法，下面没办法"的量价结构，即在分时图上，高价不能对应高量。换句话说，就是量价不匹配，价格创新高，但对应的量柱却缩短了。如果把价格比作向前推进的官兵，把成交量比作供应官兵的弹药和粮草，部队不断向前推进，而弹药和粮草的供应却越来越少，则这种进攻不可持续，一定会回撤的。

以300647超频三（见图12-5）D柱的内部分时量价结构为例，m和n是两个局部高点，其中n对应的价格明显高于m，但是遗憾的是，n对应的量柱比m要短。这就是典型的"高价没有高量"，即"上面有想法，下面没办法"，也就是攻击队朝前攻击，但后续的弹药粮草却在缩减，攻击不可持续。

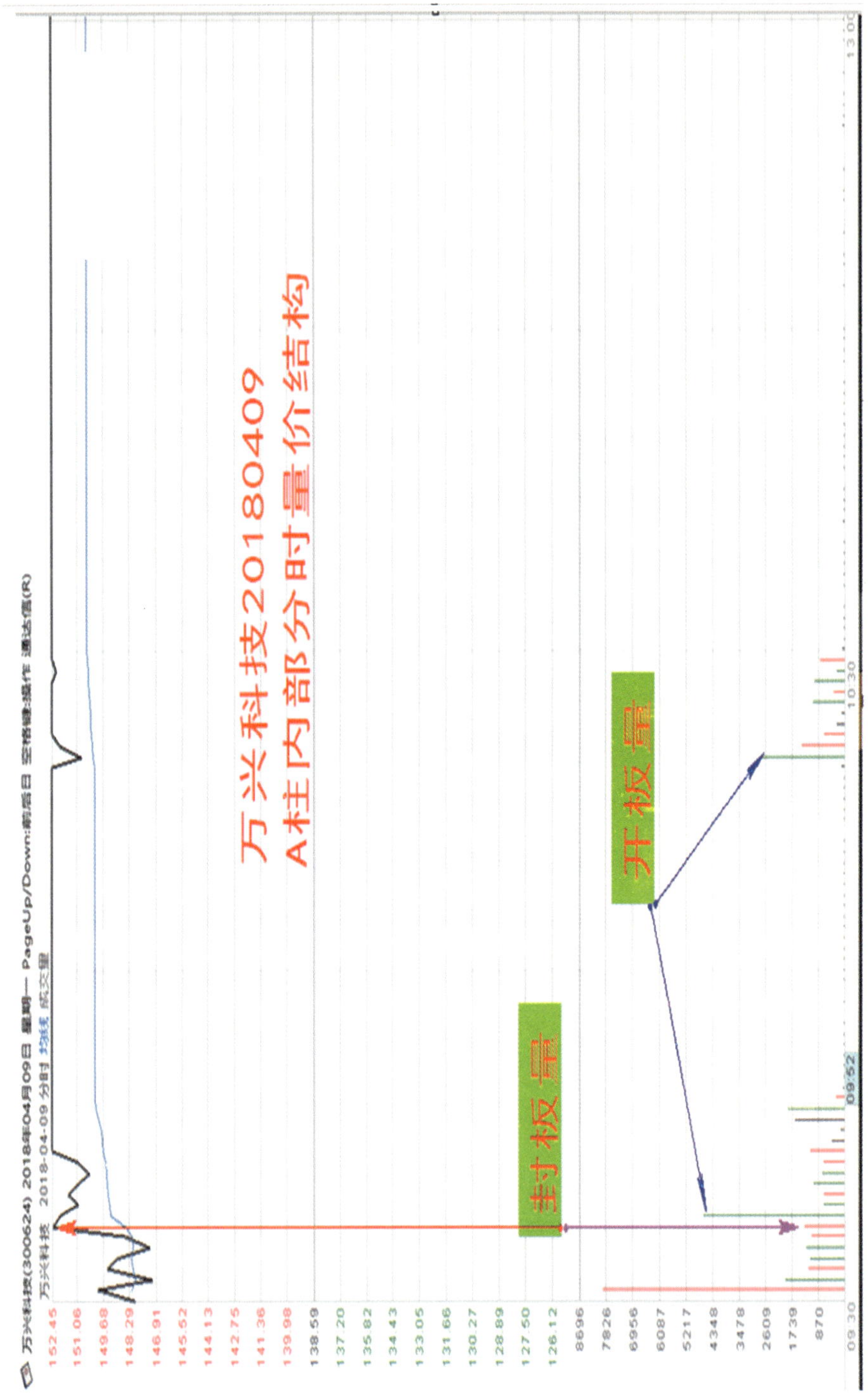

图12-2 万兴科技A柱内部分时量价结构图

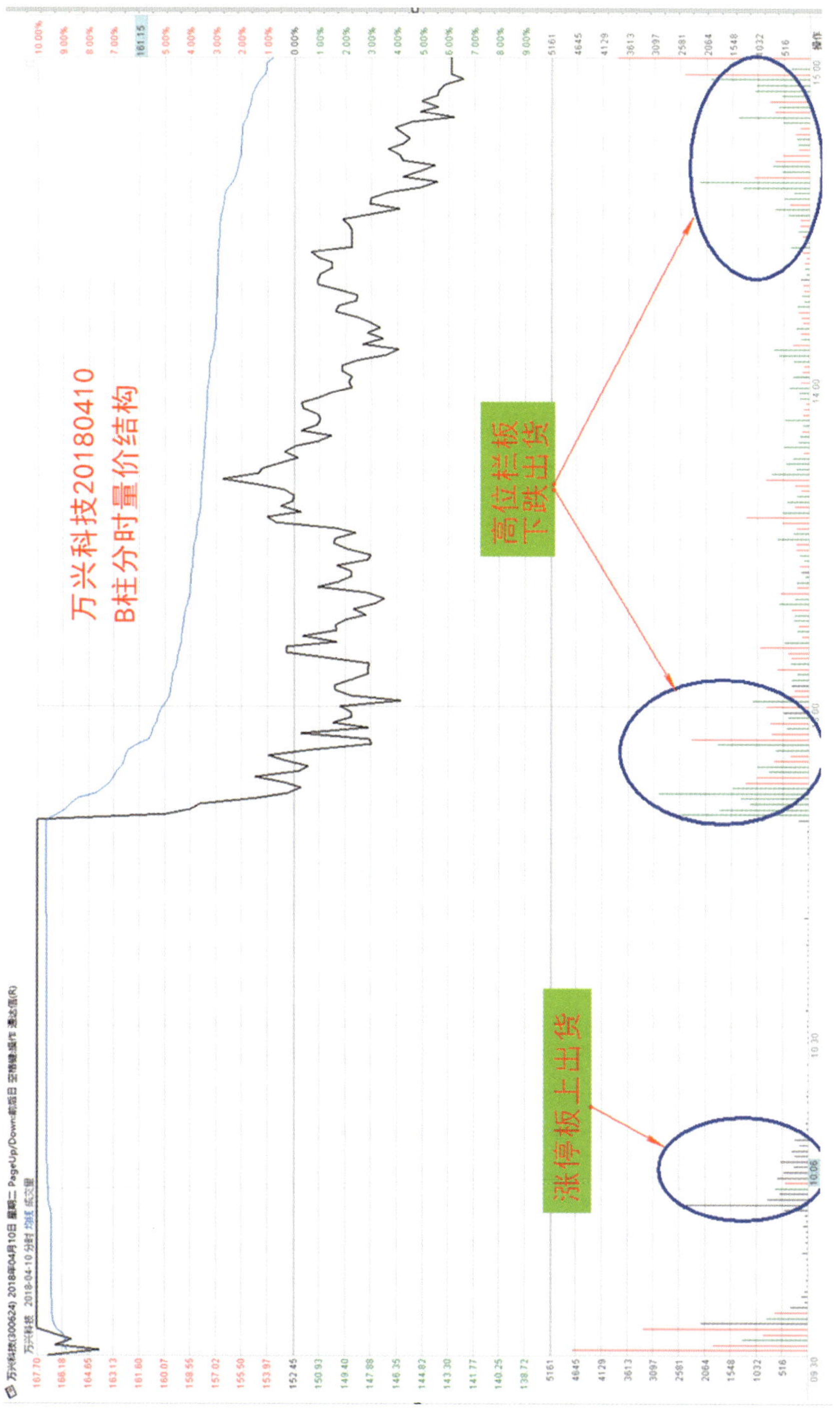

图 12-3 万兴科技 B 柱内部分时量价结构图

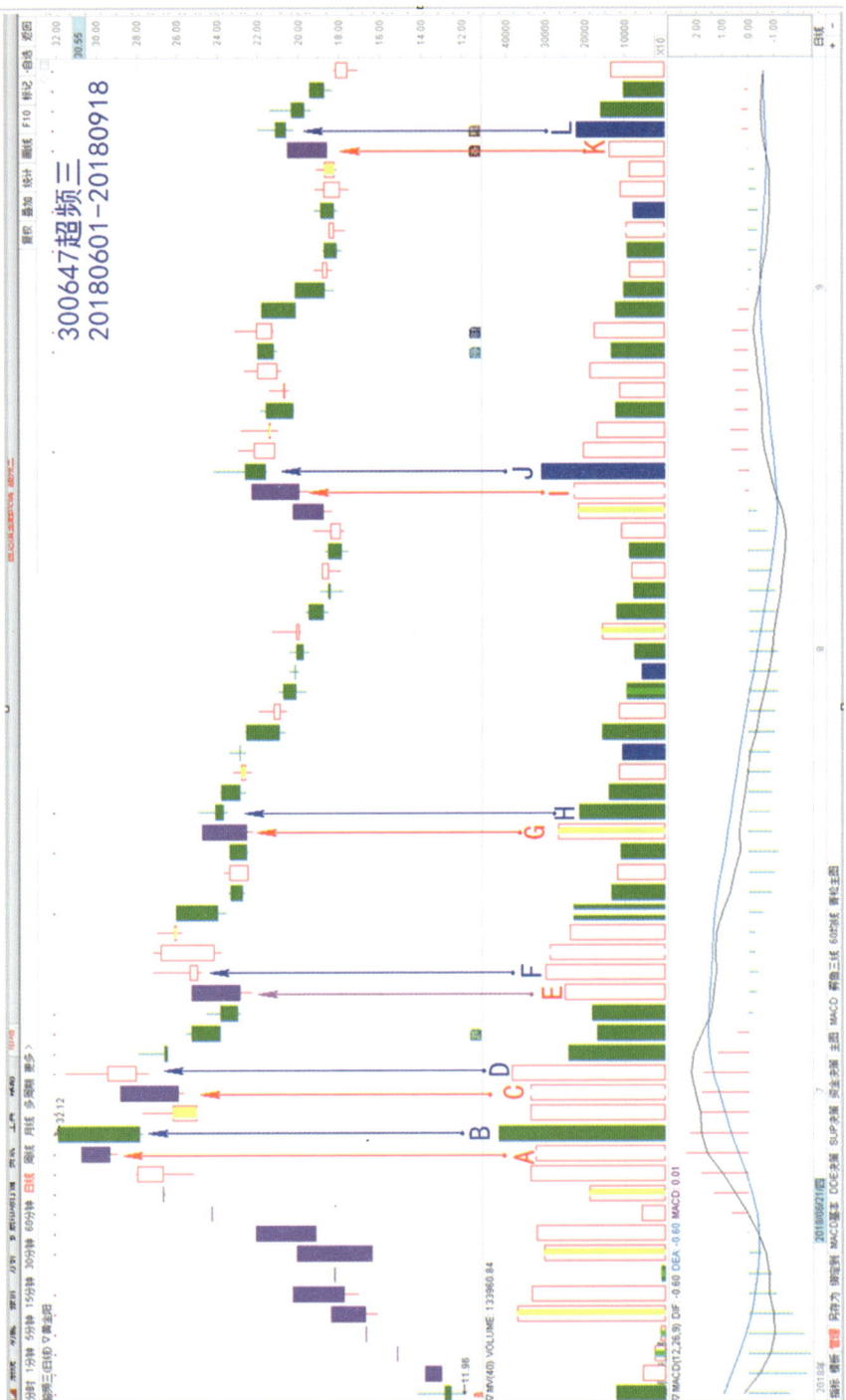

图12-4 超频三主力出货示意图

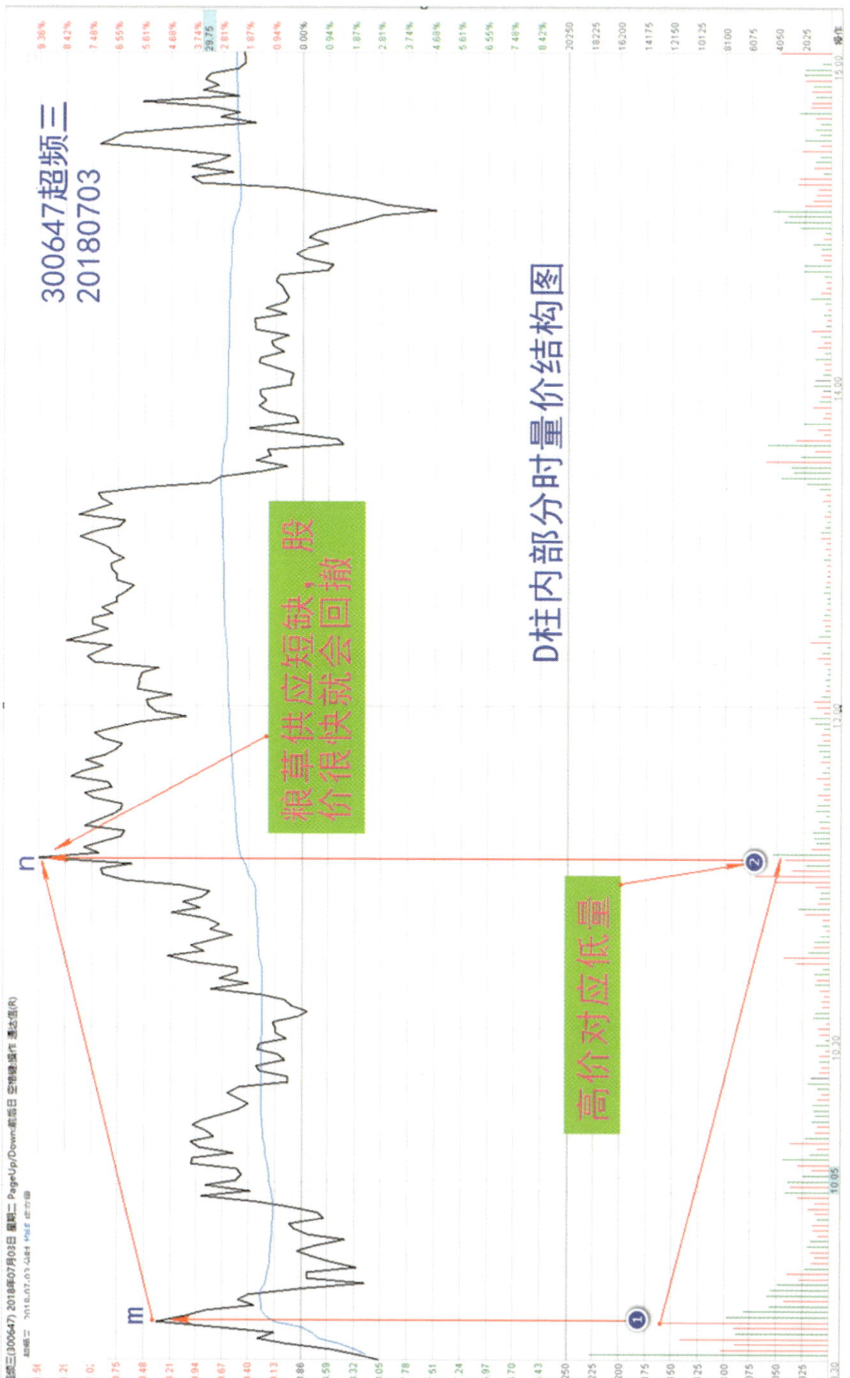

第十二章　主力出货的标志性信号与行为习惯

图12-5　超频三B柱内部分时量价结构图

这两个案例给我们散户的启发有以下四点：

（1）凡是短期内已经翻番或者已经有几倍的涨幅，一旦量柱放大且对应的价柱为长长的阴柱时，要在当天收盘前出货。

（2）凡是短期内已经翻番或者已经有几倍的涨幅，一旦量柱放大且对应的价柱具有长长上影线，且明显出现分时量价"上面有想法，下面没办法"时，要在当天量价不匹配时减仓，在当天收盘前视情形清仓。

（3）凡是短期内已经翻番或者已经有几倍的涨幅，在高位形成中枢平台时，即便有涨停板出现，不要去追涨。相反，手里有货的，要在涨停板上或者涨停板之后的高开低走时，快速出货。

（4）即便涨幅没有达到翻番的目标，只要短期涨幅超过15%以上，且左侧有较大压力时，出现以上三种情况，也要记得减仓或者清仓。

第二节　问题股出货信号

还有一种情况，就是问题股。所谓"问题股"，就是因为大股东减持、业绩变脸、重组失败、遭到立案调查、重大商誉损失、重大诉讼、高位无人接盘等问题而引发连续下跌的。主力在问题爆发前没有完成出货，主力自己深套其中，但又无力发动一轮凌厉的涨势时，通常的做法，就是通过重复一个动作，低买高卖，逐渐脱身。

以300260新莱应材为例，该股在2018年5月有大股东减持，但股价一路上行，从2018年2月以来，股价翻番。不过在高位主力出货困难，市场承接力较差。到8月初，尽管公司释放业绩增长、大股东增持等利好，但股价却莫名其妙出现连续的一字板下跌。跌幅达到56%之后，主力开始采取低吸高抛的策略，降低自己的成本。AB柱、CD柱、EF柱三个组合均为低吸高抛的套路。全部是采取"涨停板拉升"+"高开低走放量阴出货"。如图12-6所示，B、D、F柱都是放量阴。其中B、D柱为假阴真阳，F柱为真阴。

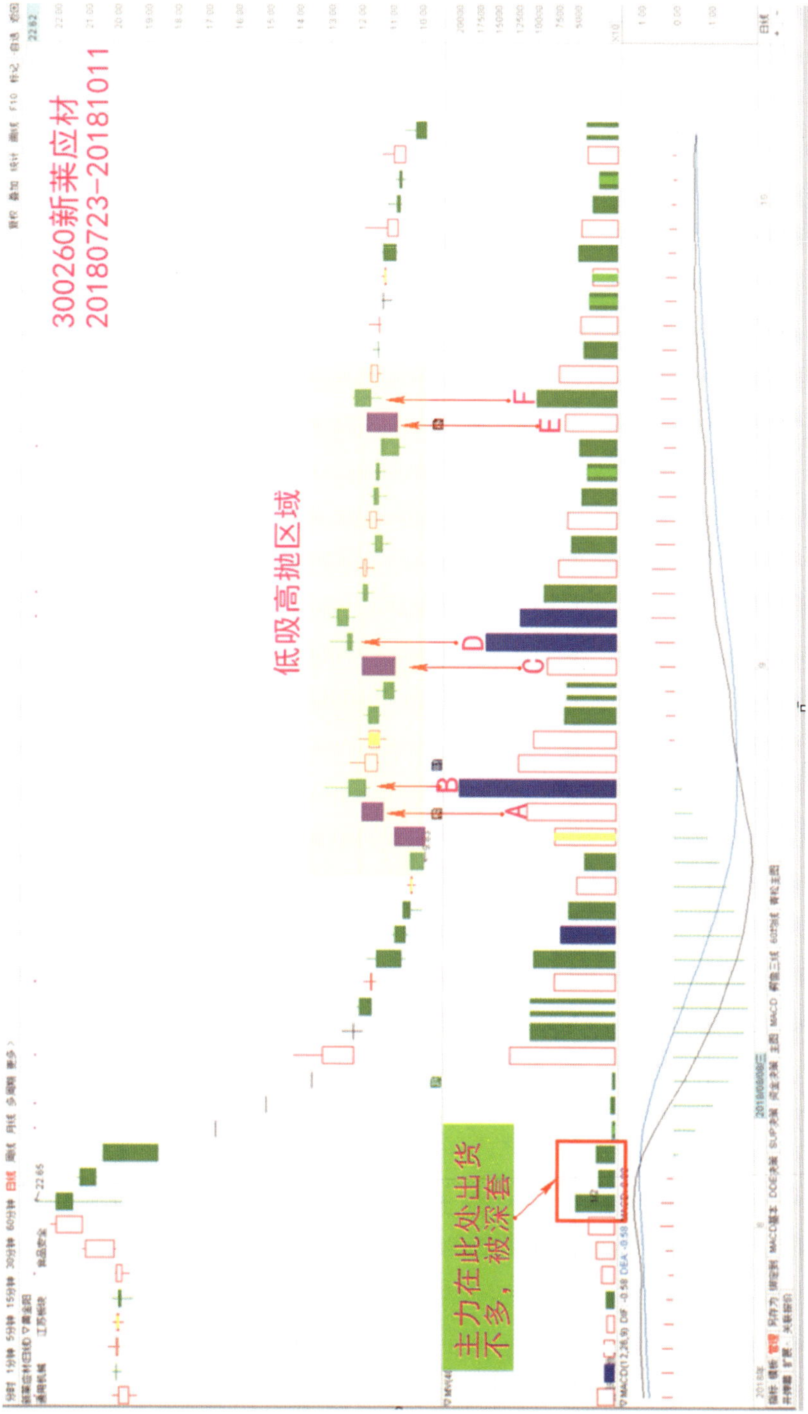

第十二章 主力出货的标志性信号与行为习惯

图12-6 新莱应材主力低吸高抛示意图

我们再来看看分时内部结构，以D柱（见图12-7）为例，分时内部结构明显出现量价不匹配的情况，"上面有想法，下面没办法"，高价没有对应高量。在分时结构里的量价关系，原则上，必须要求价涨量涨，才是真正的进攻。D柱内部分时结构出现量价背离，这背后的逻辑就是主力并不想拿出真金白银往上拉抬，而是采取高抛低吸的策略，高位无人承接，股价自然回落。

第三节　突发利好连续暴涨之后的出货信号

突发利好引发连续的一字板暴涨，一旦涨停板打开，如果出现明显的高量阴，则暗示主力在出货。

以600340华夏幸福为例，该股2017年4月初因为"雄安新区"概念的发布而出现连续5个一字板上涨，4月11日在涨停板上有大规模的筹码涌出，如图12-8所示的A柱，14:52，这一分钟在涨停板上的成交量达到30.9亿元。虽然当天未曾开板，但当天成交49.7亿元，为该股上市以来最高的成交量。4月12日早盘继续涨停，但很快被巨额卖单砸破，当天成交224.6亿元，创历史成交天量，如图12-8所示的B柱。4月12日这种形态属于"高位栏板""高量假阴真阳"，其背后的逻辑是：主力倾巢出货，不管价格高低，只要有人承接，统统派发。

至于突发利好引发连续的一字板暴涨，一旦涨停板打开，如果出现高量阳柱，则情况比较复杂。有一种情况值得一搏，但必须符合以下几个条件：

条件一：打开涨停板的当天的日K线为高量阳；

条件二：打开涨停板后的调整，有明显的缩量行为，且在日K线级别对应的macd慢线要不受调整的影响一直坚定朝上；

条件三：30分钟级别的K线高量柱除开板当日的第一根可以为假阴真阳之外，其他任一高量柱量柱，都要求是阳柱；且30分钟级别的K线对应的macd慢线不下零轴。

满足以上三个条件，则暗示有主力在高位承接，后续可能还有30%~50%的涨

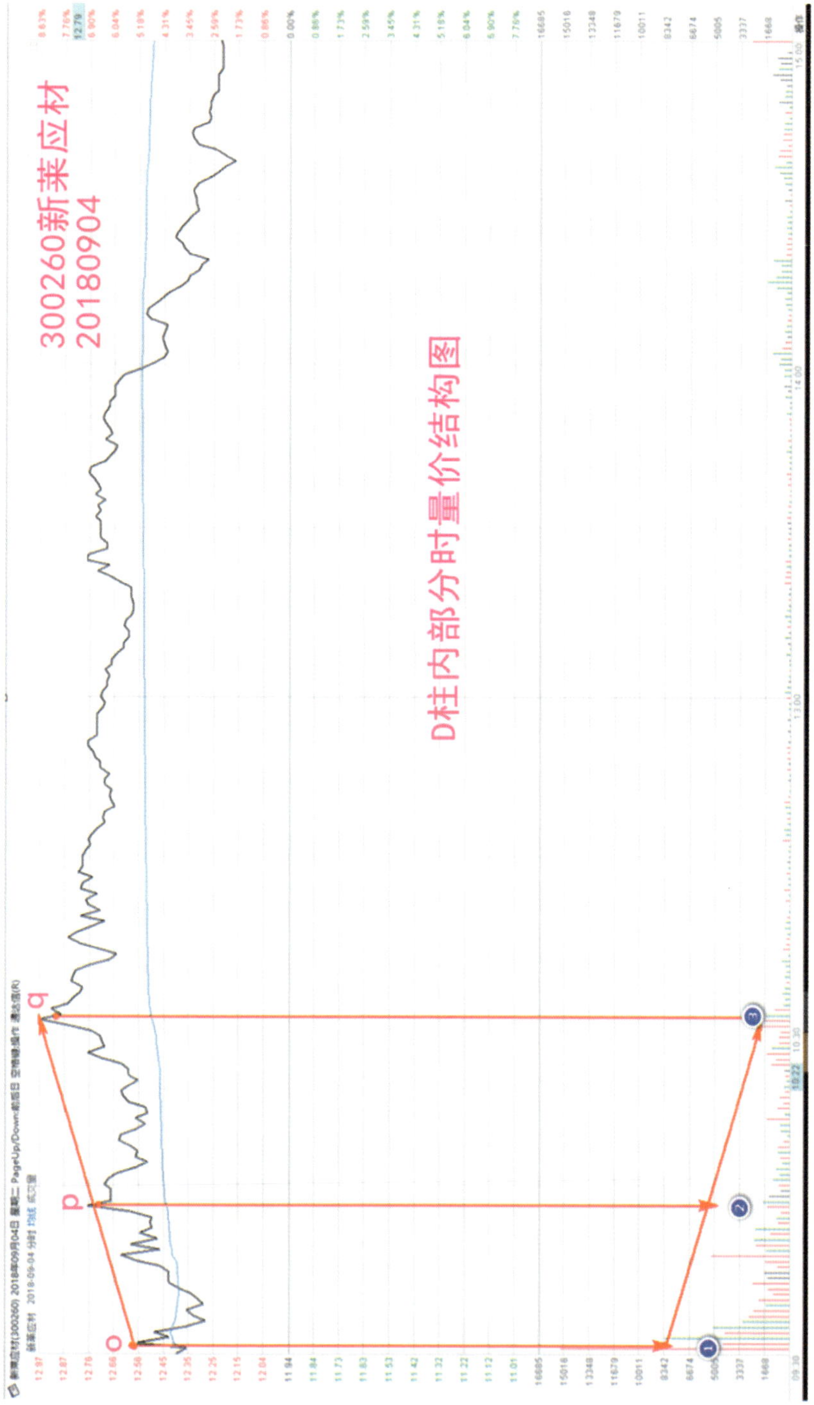

第十二章 主力出货的标志性信号与行为习惯

图12-7 新莱应材 D 柱内部分时量价结构图

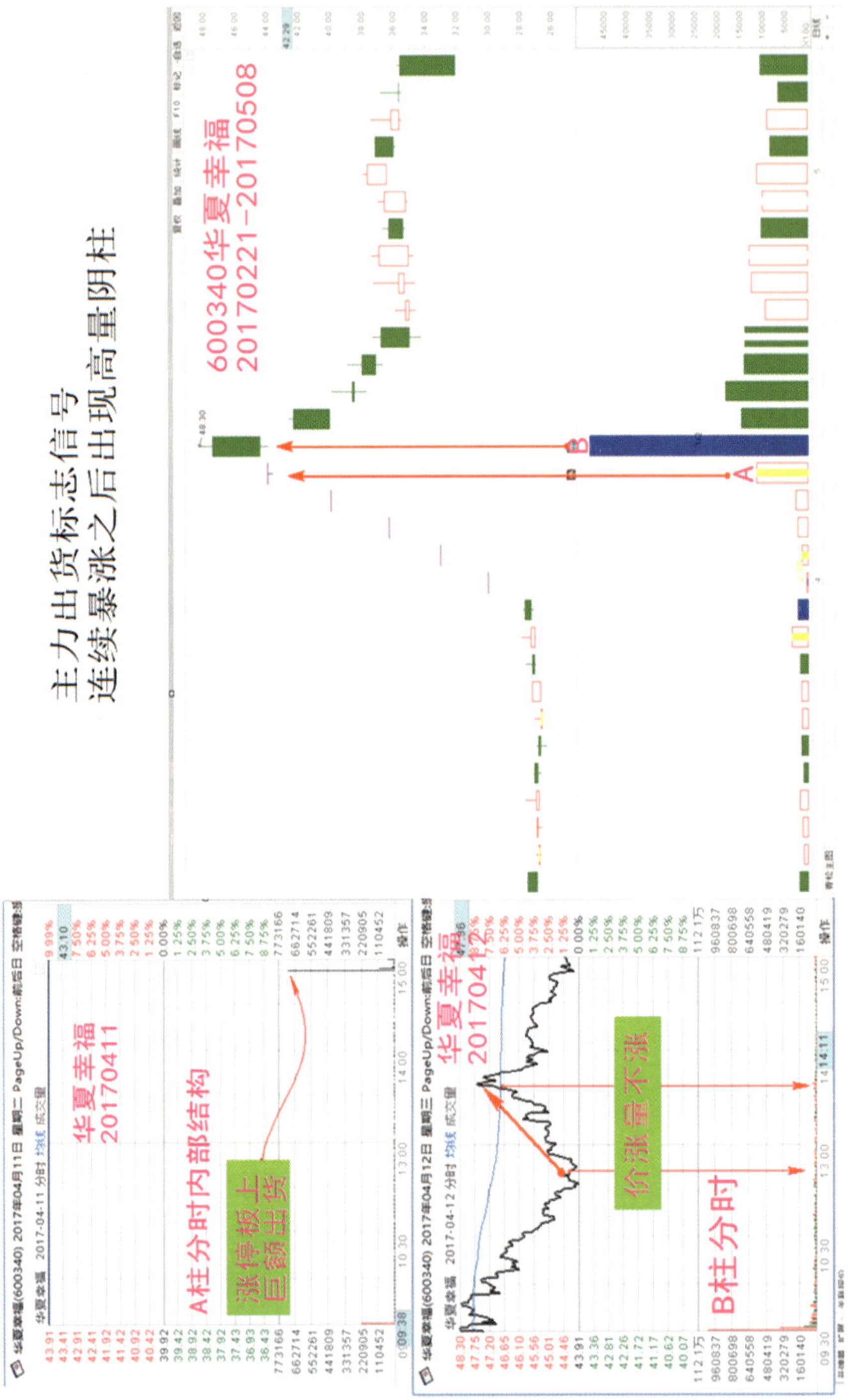

图12-8 华夏幸福主力出货示意图

幅。至于涨幅的多少，也需要当时大盘的配合，如果当时大盘情况良好，则涨幅目标可期；如果大盘情况恶劣，则涨幅目标会打折扣。

同样以"雄安新区"概念板块的000856冀东装备为例，该股在2017年4月17日打开涨停板，但当天继续封住涨停板，如图12-9所示的A柱。4月18日继续封板，B柱。4月19日正式开板，C柱。4月20日缩量继续上涨，D柱。这四天累计成交量为65亿元，量柱形态上均呈现为阳。阳为积极，阴为消极，这四天的量柱和价柱形态均为阳，则表示积极的性质，表示有资金主动在高位承接买入建仓。符合第一个条件。

4月21日缩量调整，如图12-9所示的E柱。且对应的macd慢线不受调整的影响一直坚定朝上，符合第二个条件。

4月24日该股再次封住涨停，F柱。且到4月24日止，30分钟级别的K线高量柱全部是阳柱（见图12-10）；且30分钟基本的K线对应的macd慢线没有下零轴。符合第三个条件。

因此，4月25日G柱跳空高开，且开盘3-5分钟为正三围结构，此时为确认的买入信号。该股后来的走势超过预期，开板后的涨幅达到100%，这是特例。一般情况下，一字板连续涨停之后开板符合上述三大条件，其涨幅只有30%~50%左右。比如2015年4月初的600623华谊集团，2018年6月初的002607亚夏汽车。

漂亮股票结构形态学　理论篇

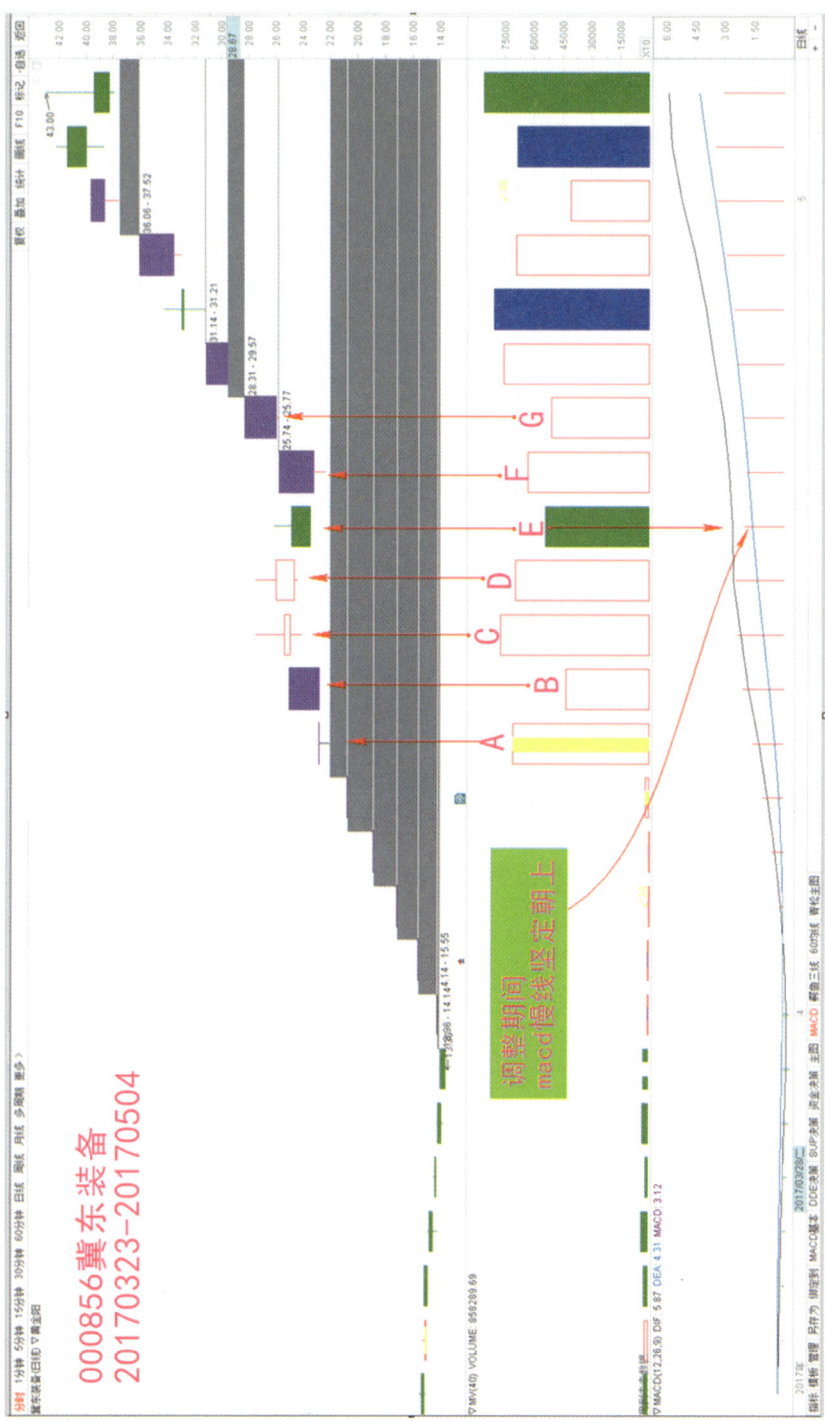

图12-9　冀东装备主力建仓洗盘示意图

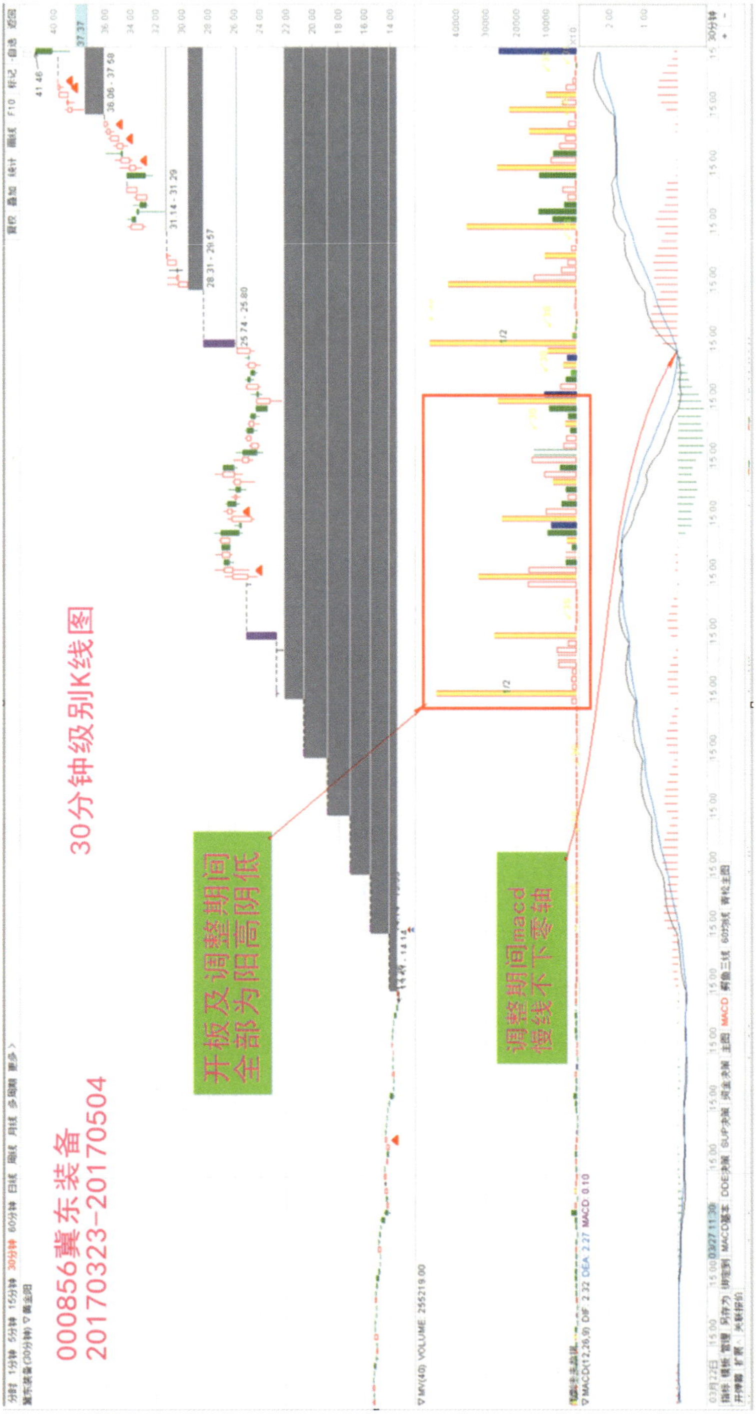

第十二章 主力出货的标志性信号与行为习惯

图12-10 冀东装备30分钟级别K线图

第十三章
价升量缩的奥秘

第一节 日线形态的价升量缩

"价升量缩"这种特殊的现象是股价运行过程中经常遇到的结构形态，但很多人对这个结构存在困惑。特别是对日K线形态的"价升量缩"与分时形态的"价升量缩"两者的区别搞不清楚。

一般来说，在日K线形态中，主力建仓阶段需要价涨量升；而在拉升阶段，则需要价升量缩。以300028金亚科技为例（见图13-1）。主力在建仓阶段，必须价涨量增，方是真金白银进场。进场之后，需要洗盘，洗盘的标志是价跌量缩，且不破建仓阶段的某一基柱。洗成百日低量以后，才有拉升的可能。有的主力可能要进行多次的价升量增建仓和价跌量缩的洗盘，然后才进行拉升。

主力建仓和洗盘震荡阶段，对于散户来说是非常痛苦的。震荡洗盘是漫长的煎熬，真正进入拉升阶段的时候，却是价升量缩，迅猛而且快速的。长期的震荡，换来一时的爆发，就像夏天的知了，四年黑暗中的苦工，一个月阳光下的享乐。

在拉升阶段，如果出现"价升量缩"的形态，则是一种积极的信号，多数情况下表示主力拉升轻松，没有较大的抛压，因此还有更高的价格出现。

但如果连续拉升，此轮涨幅已经超过100%甚至更多，出现缩倍量甚至缩到地量的涨停板，则表示市场承接力度减弱，股价很快就会回落。如图13-2所示，300028金亚科技的CD两柱，都是缩倍量的涨停板，这种涨停板出现，是股价很快就要到顶的信号。

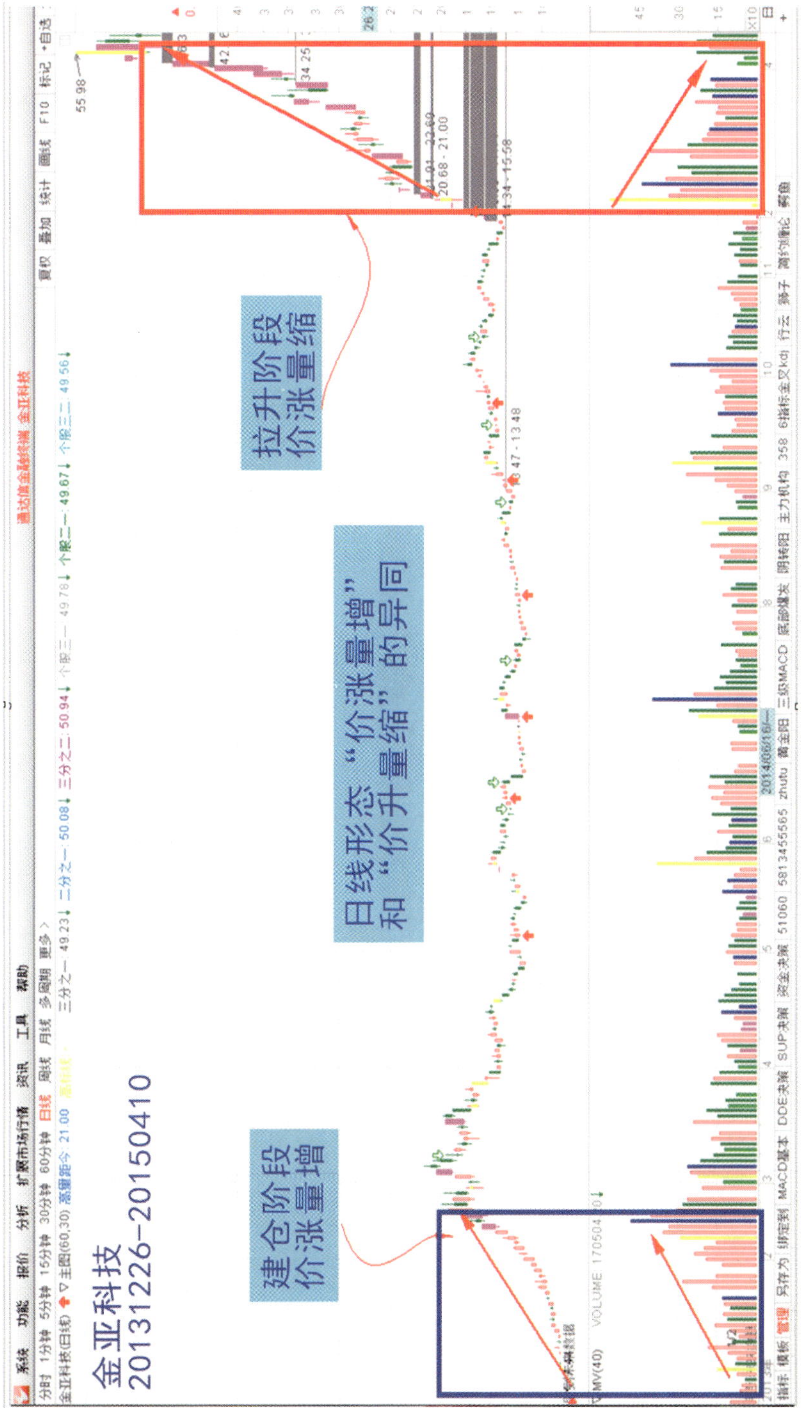

第十三章 价升量缩的奥秘

图13-1 金亚科技2013年至2015年建仓与拉升阶段的价量关系图

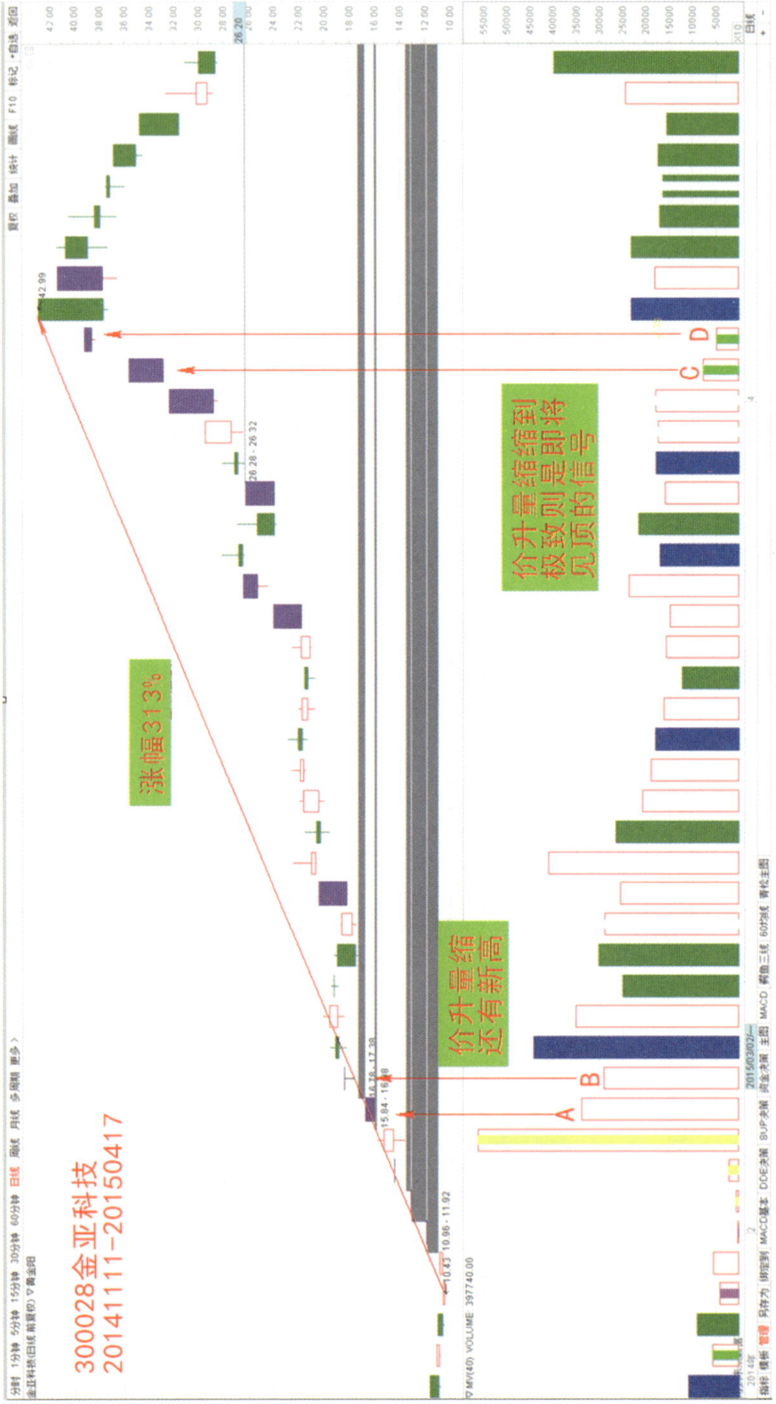

图13-2 金亚科技2014年至2015年建仓与拉升阶段的价量关系图

第二节 分时量波的价升量缩

市场上一直有一个错误的说法，认为"分时量波来自于日K线，分时量波生根于日K线"，这是一种严重的本末倒置的说法，误导了许多人。事实上，任何高级别的K线都生根在低级别的K线，分时量波是多空双方的最前沿，前沿阵地的力量变化，才是多空力量转折变化的起点。因此，K线的发展和生长是根植于分时量波的，根据分时量波的结构变化，结合左侧的压力大小，才能卖在大阳转阴之前，买在大阴转阳之时。即"以阳度阴""以阴度阳"。所谓踩准节奏，就是这样来的。

根据多年的实战研究，"价升量缩"在日线形态和分时形态的含义完全不一样。在分时结构中的量价关系，有如下规律：

（1）在分时结构里的上升阶段出现价涨量缩，则回调在即。如果在分时结构里出现价涨量不跟的情况，只要持续的时间超过30分钟，则短期回调开始。原则上高价不能对应高量的时候，当天就会回调。我把它总结为上面（指价格）有想法（想往上涨），下面（指的是相应的量柱）没办法（指的是价往上涨的同时，量却显著萎缩了），那么回调在即。即以当天的阳柱内部结构，预判第二天可能出现阴柱，这就是"以阳度阴"的原理所在。

如图13-3所示，002807江阴银行在2017年8月2日的B柱，其分时结构也是出现分时犯错，其后也是开启一轮下跌。

如图13-4所示，002783凯龙股份2018年1月19日的A柱，其分时量波的E点和F点是两个局部的高点，F点的价格明显高于E点，但F点对应的量柱群却低于E点对应的量柱群，这就是典型的"上面有想法，下面没办法"的犯错分时结构。EF之间的时间间隔超过30分钟，且F柱左侧水平方向有来自谷底线的压力，遇到这种情况，应该赶紧减仓甚至清仓，否则将面临调整。

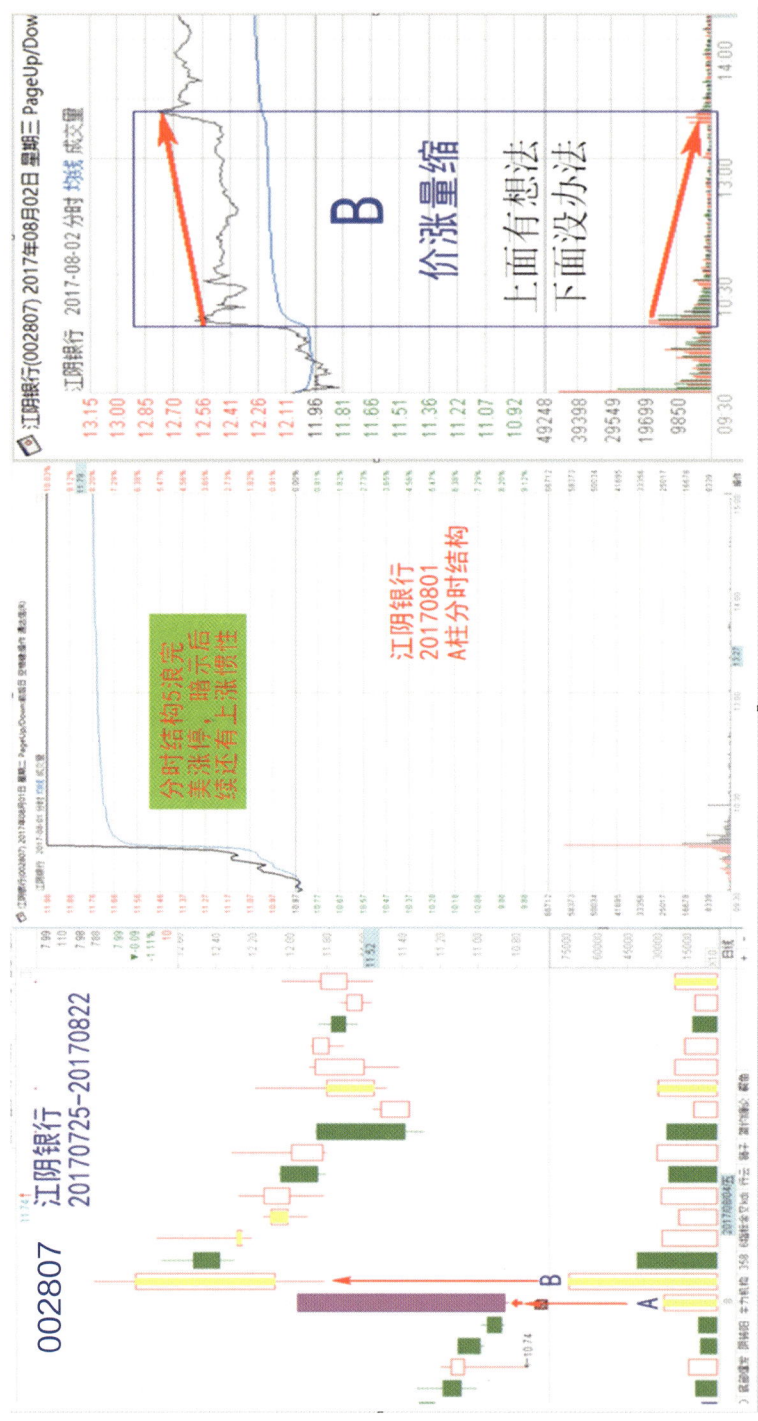

图13-3 江阴银行分时结构示意图

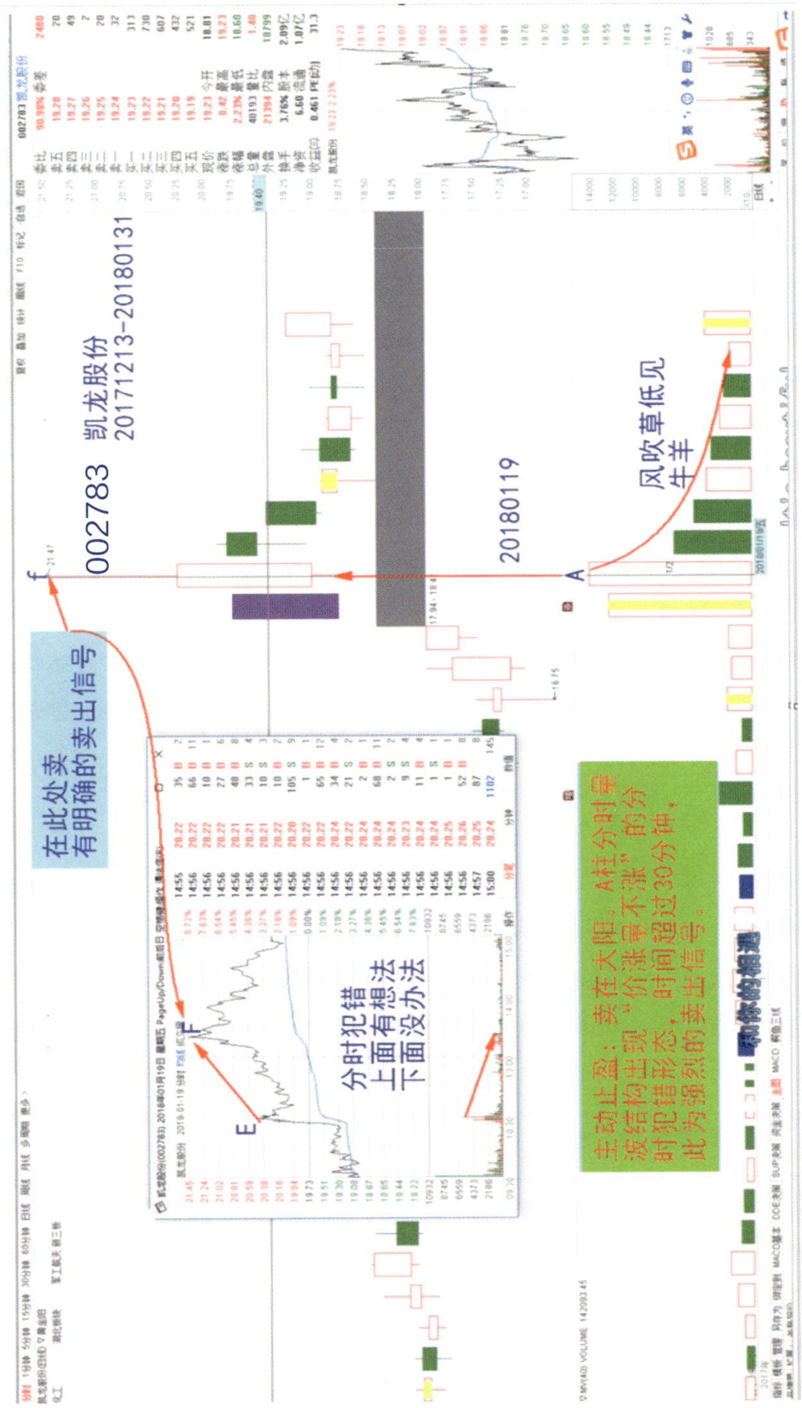

第十三章 价升量缩的奥秘

图13-4 凯龙股份分时结构示意图

在分时结构图上出现价升量缩，股价必有回撤，今天不撤，明天撤。这个规律，不仅适合分析个股，更适合用来分析大盘指数。比如2019年1月9日上午A股走势比较怪异，盘中股价不断上冲，但成交量却没有与之匹配，形成了分时结构的"价升量缩"姿态。由于这种"上面有想法，下面没办法"形成的量价背离的关系，使得股价继续上涨不可持续，所以，午后即开始回落。"漂亮股票16841教室"在上午不断提醒各位学员：这种"价升量缩"的分时结构，很可能形成"乐极生悲"的结果，大家不要追高。如图13-5、图13-6所示，上午10:45在群里发的分时量波截图。图中明确指出：价升量缩，不要追高。除非能够逮住涨停板，否则第二天乐极生悲。实际运行的结果是：上午10:56即开始回落，到收盘时与最高点相比跌了30个点，第二天继续调整。看起来盘中大盘指数调整只有1%多一点，但对个股的伤害却非常大。

（2）在分时结构里的上升阶段价涨量涨，则具有一定的攻击性，后续还有上涨惯性。如江阴银行2017年8月1日的A柱。如图13-3所示，A柱分时结构属于典型的"价涨量涨"，即"上面有想法，下面有办法"形态。这种形态暗示第二天还有新高。A柱还有一个特征，就是分时结构五浪完美涨停，这种5浪完美涨停的形态也暗示后续有新高。

价涨量增的过程，一定要互相匹配才行。价格不断上行，量柱必须随着上升，这样才有上升的延续性。以002452长高集团为例，该股在2015年5月18日的量柱就是典型的价涨量跟结构形态，见图13-7中的E柱。我们可以通过其内部结构清晰地看到：价格①与A对应；价格②与B对应；价格③与C对应；价格④与D对应。全部是上下一心，水涨船高。这种形态往往暗示第二天还会有新高。

（3）分时量波结构出现"价涨量缩"的形态，其"回调在即"也有可能出现迟滞的现象。统计研究表明，分时结构出现"价涨量缩"之后，当天就开始调整或者第二天就开始调整的，概率在83%左右。还有17%的情况是，价涨量缩之后接着涨，甚至当天收涨停，这就是"带病提拔"的问题了。不过，这种情况，后续很快就会有回调的动作，早则一天，迟则三天。当然，这里要强调的是，犯错误不足30分钟，则可以自行修复，修复之后出现积极因素，也可以将功抵过。

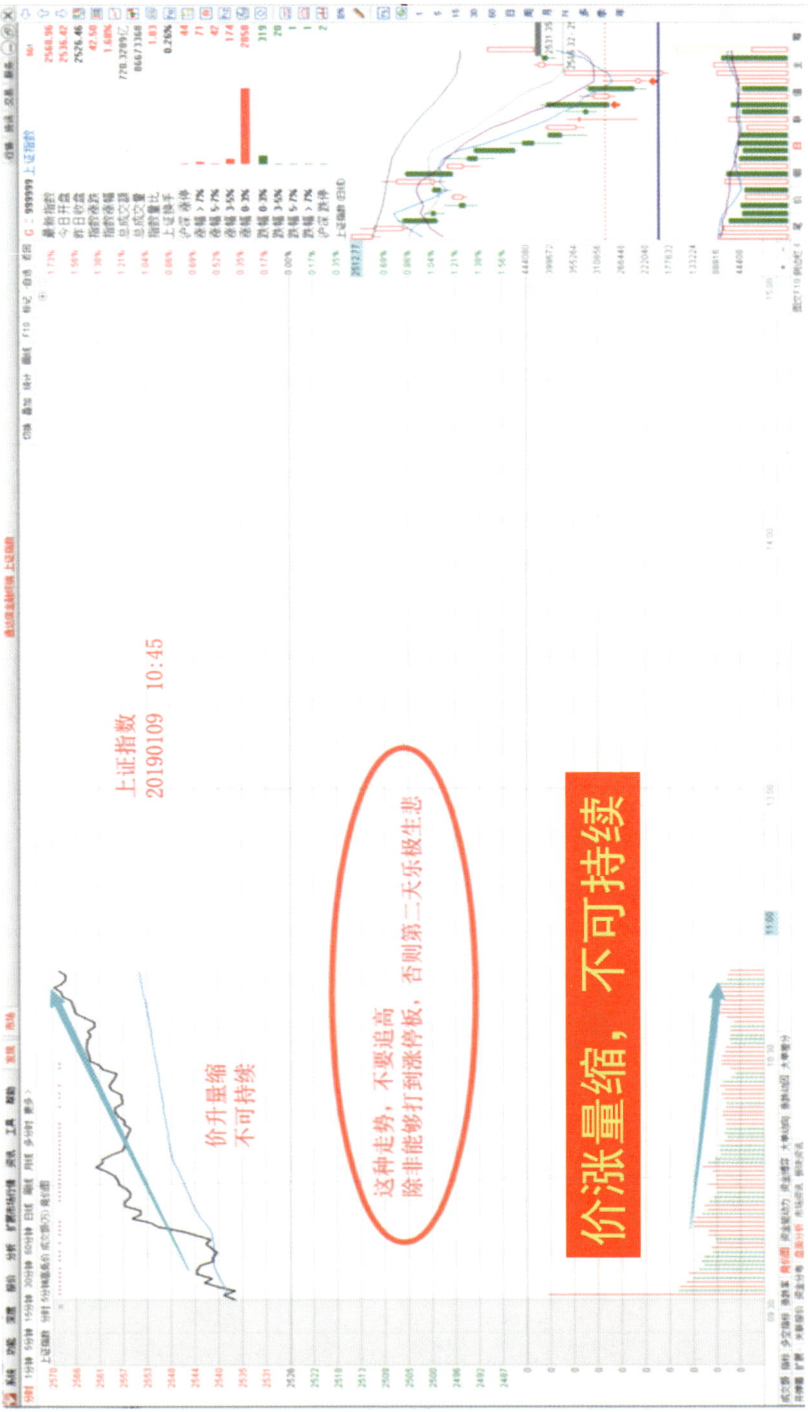

第十三章 价升量缩的奥秘

图13-5 上证指数20190109分时结构图（上午）

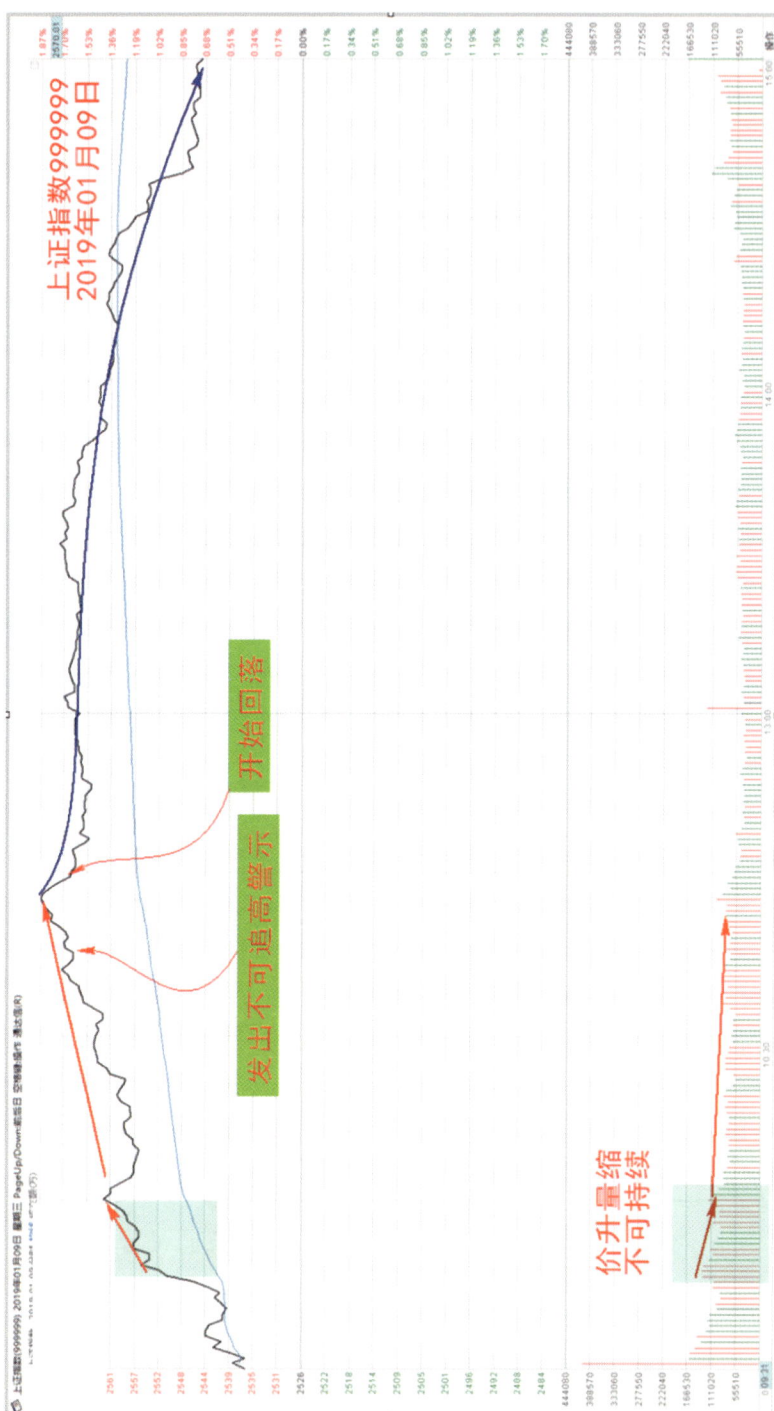

图13-6 上证指数20190109 分时结构图（全天）

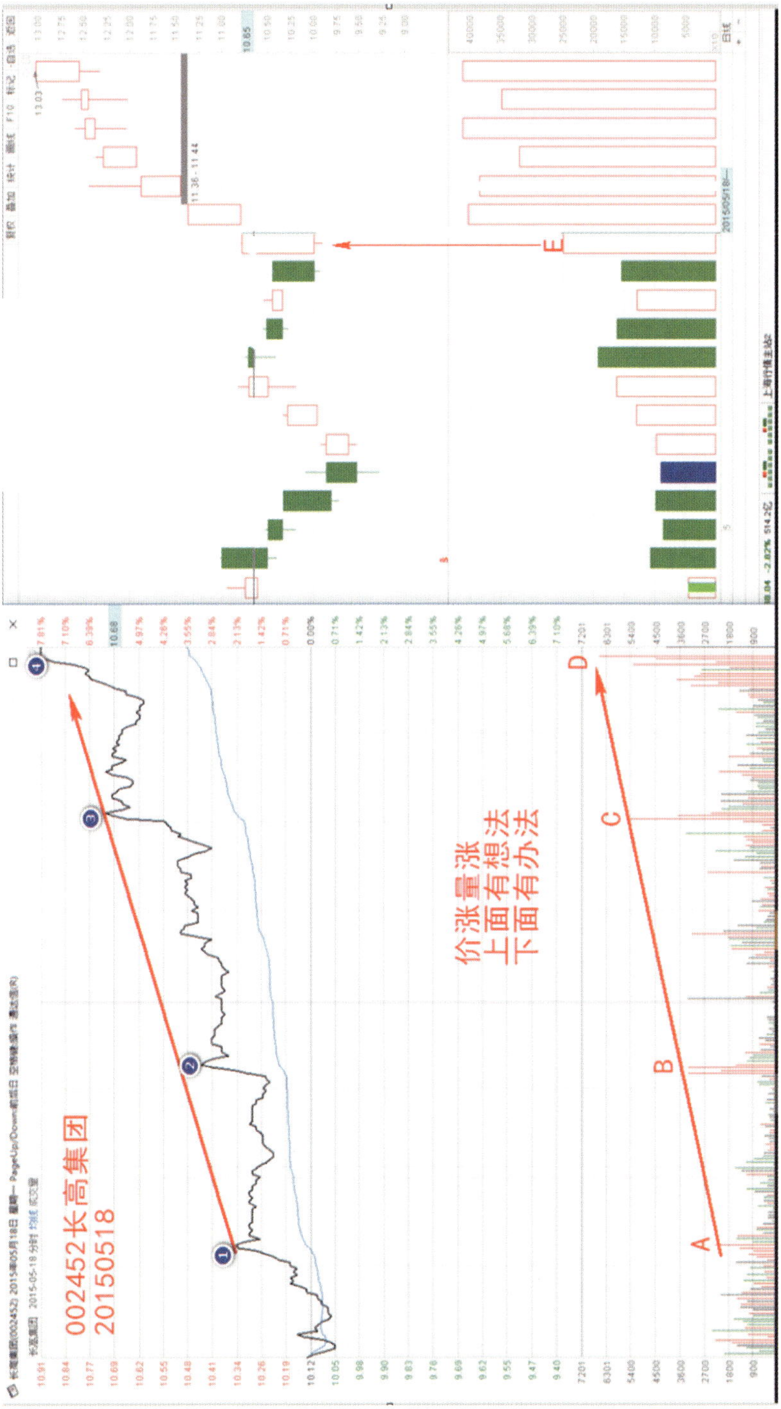

第十三章 价升量缩的奥秘

图13-7 长高集团2015年5月18日分时结构图

163

价涨量缩之后接着涨，这种现象有点像某个单位的某位干部犯了错误，不仅当时没有接受处罚，反而带病提拔升了更大的官，收入不仅没有减少，反而增加了。但天网恢恢疏而不漏，只要"干部犯错误"，迟早都会受到处罚的，只是时间推迟一点而已。

如图13-8所示，002783凯龙股份在2017年7月26日的这一天，即A柱，在早盘出现明显的"价涨量缩"形态，且时间的延续满足30分钟，属于典型的"干部犯错"。但这个"干部"第二天还得到了"提拔"，价格创了新高，即B柱。但好景不长，C柱立马跳空下行，也算是带病提拔之后迟来的处分。

（4）分时5浪不涨停的特殊形态。"分时5浪不涨停"指的是在某一天的分时图上，有明显的5浪上升结构，而当天却没有涨停的形态。这种结构形态，即便当天价涨量涨配合很好（价涨量涨），第二天也会有调整。比如601326秦港股份在2017年10月20日（如图13-9、图13-10所示的A柱），其分时量波结构就是典型的"分时5浪不涨停"形态。从其分时内部结构看，价涨量涨，上面有想法，下面有办法。但由于这种5浪结构当天没有封住涨停板，则第二天调整是大概率。

"分时5浪不涨停"结构也可以用来分析大盘指数或者板块指数。当然大盘指数或者板块指数很少有涨停的。但如果在分时上出现明显的5浪结构不涨停，则当天甚至第二天马上就调整的现象是客观存在的。比如创业板指数在2018年2月28日上午，我们观察到其分时结构明显出现5浪形态，当时立即截图通知各位学员，提醒大家下午会有调整。结果到下午果然调整，第二天也是低开。有图有真相（见图13-11、图13-12）。

（5）在分时结构里出现价跌量增，则还会下跌。就像海绵里的水，越挤越多，则还需要再挤，直到挤压不出多少水了，就成了百日低量。换句话说，就是越往下打压，成交量越来越多，价格下跌供应增加，则说明市场还有新低的预期。

以000792盐湖钾肥2017年10月10日的走势为例，开盘就低开。如图13-13所示，到10:06明显可以观察到一段超过30分钟的"价跌量升"结构形态。此时如果手中持有该股，应该及时果断抛出，否则，接下来会有凌厉的下跌。即使当天不跌，第二天也会接着跌的。这就是"大阴内部结构"的核心所在。

（6）在分时结构里出现价跌量缩，而且持续的时间超过30分钟，则下跌动能衰竭，底分形马上开始，第二天很可能出现中到大阳。这就是以阴度阳的来由。

以300638广和通为例，该股在2017年9月期间，如图13-14所示A、B、C、D四柱构建了一个"板后双休"模型，其中C柱的分时结构明显出现两组"价跌量缩"的形态，价往下跌，但量能萎缩，说明价格即便下跌但市场筹码供应减少。这种下跌不可持续，很快就会有转折信号。D柱第二天跳空高开，就是对C柱分时结构"价跌量缩，很快转折"的回应与确认。

"价跌量缩，很快转折"这个规律用在双底结构的右侧、用在上升途中的"双阴洗盘"、用在上升途中的"单阴缩量"、用在"有板有眼"、用在"弹簧效应"等战法模型中，具有奇效。

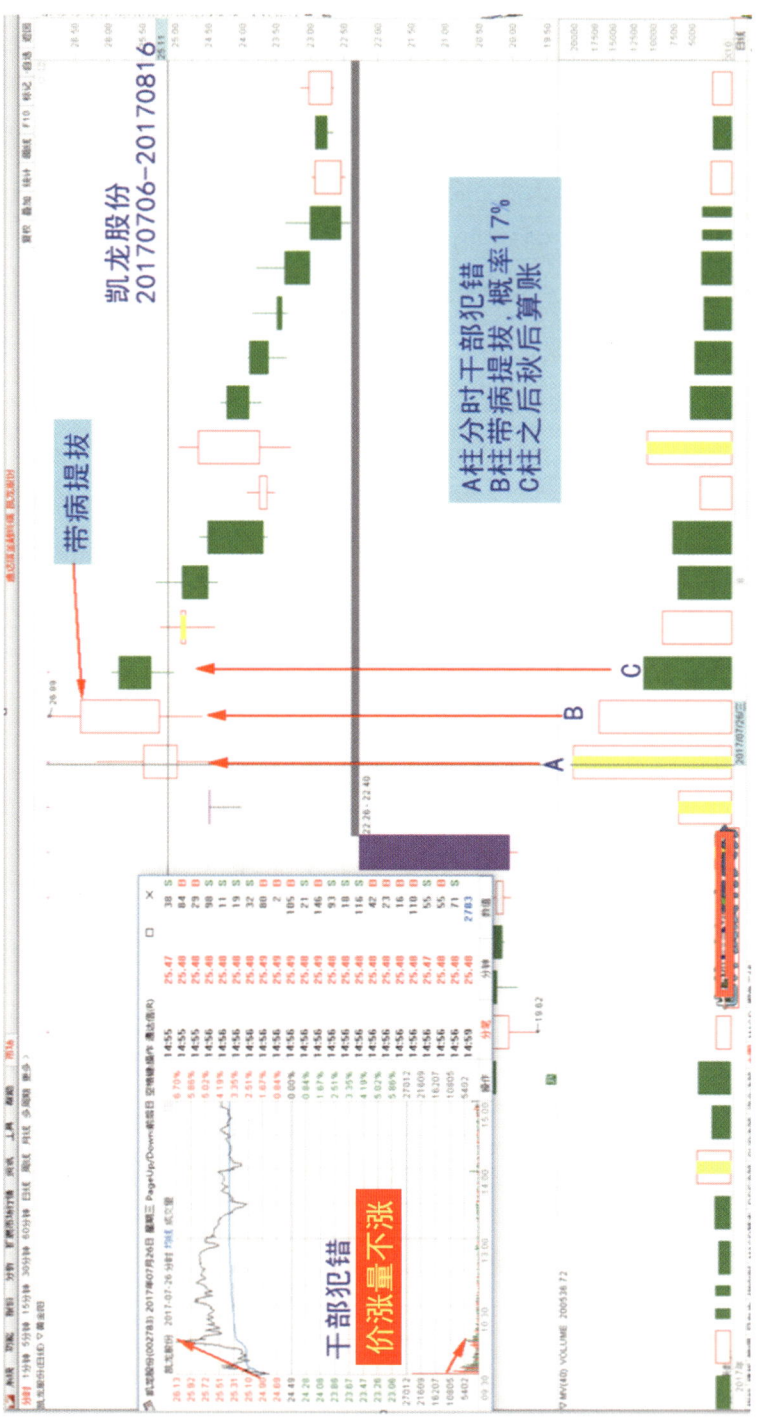

图13-8 凯龙股份干部带病提拔示意图

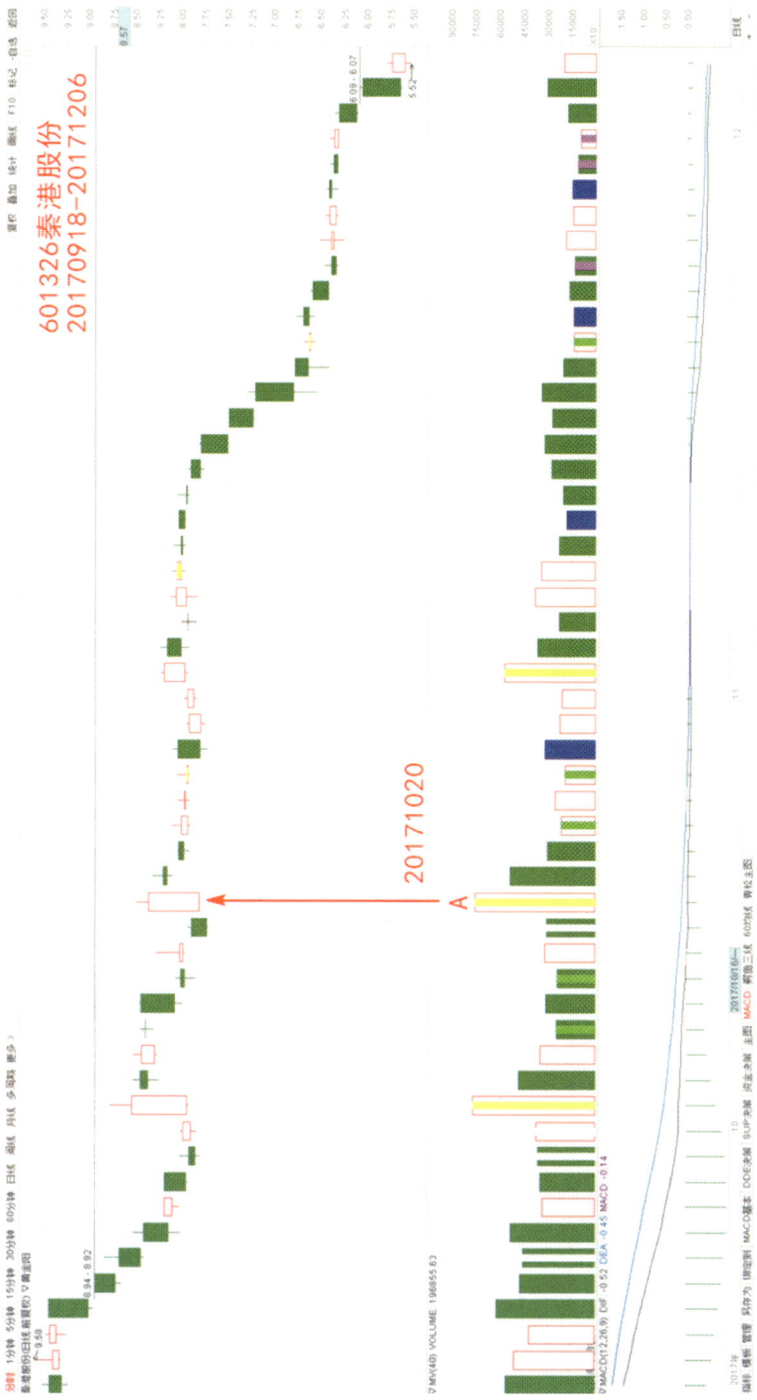

第十三章 价升量缩的奥秘

图13-9 秦港股份2017年10月20日倍量柱图

167

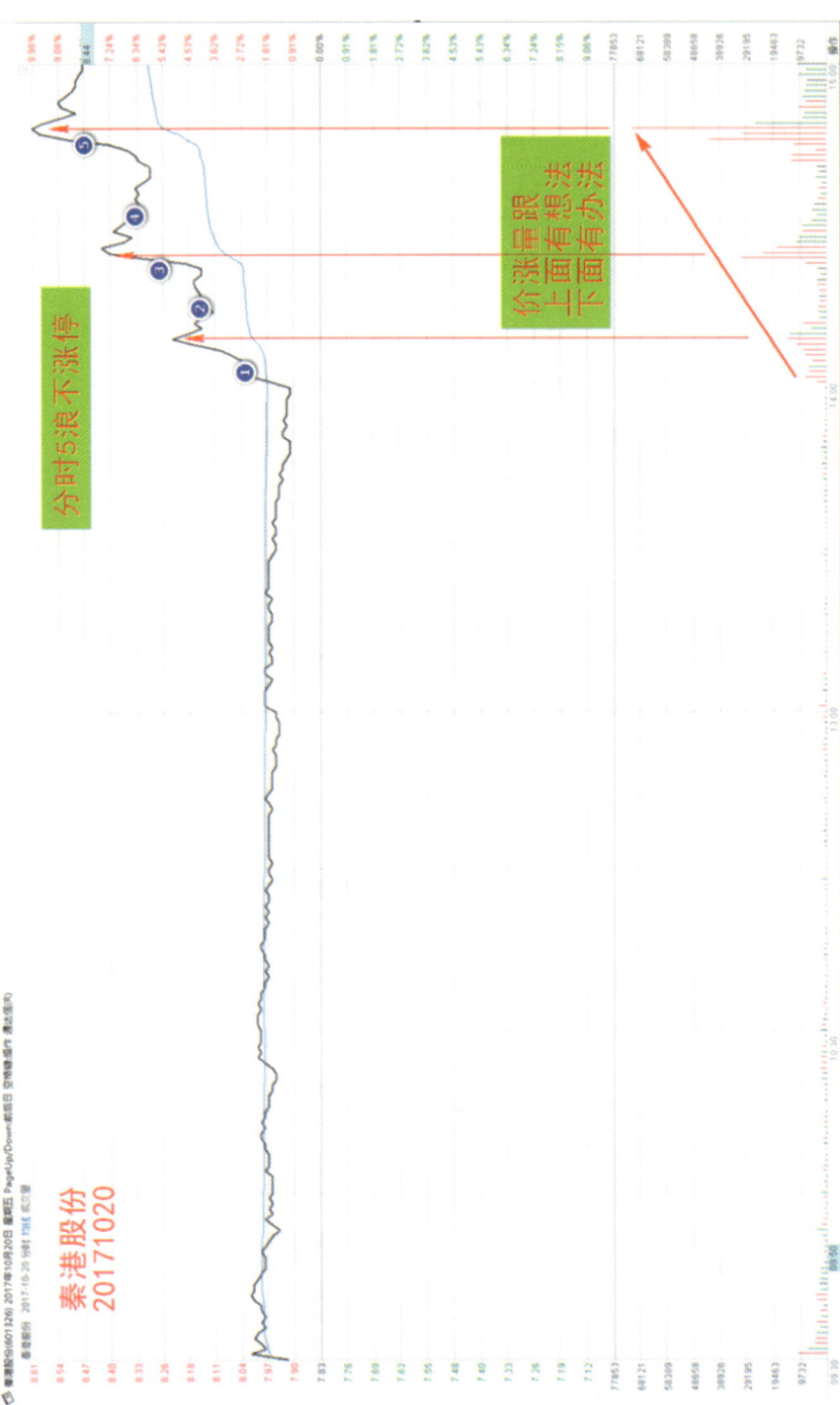

图13-10　秦港股份2017年10月20日分时结5浪不涨停示意图

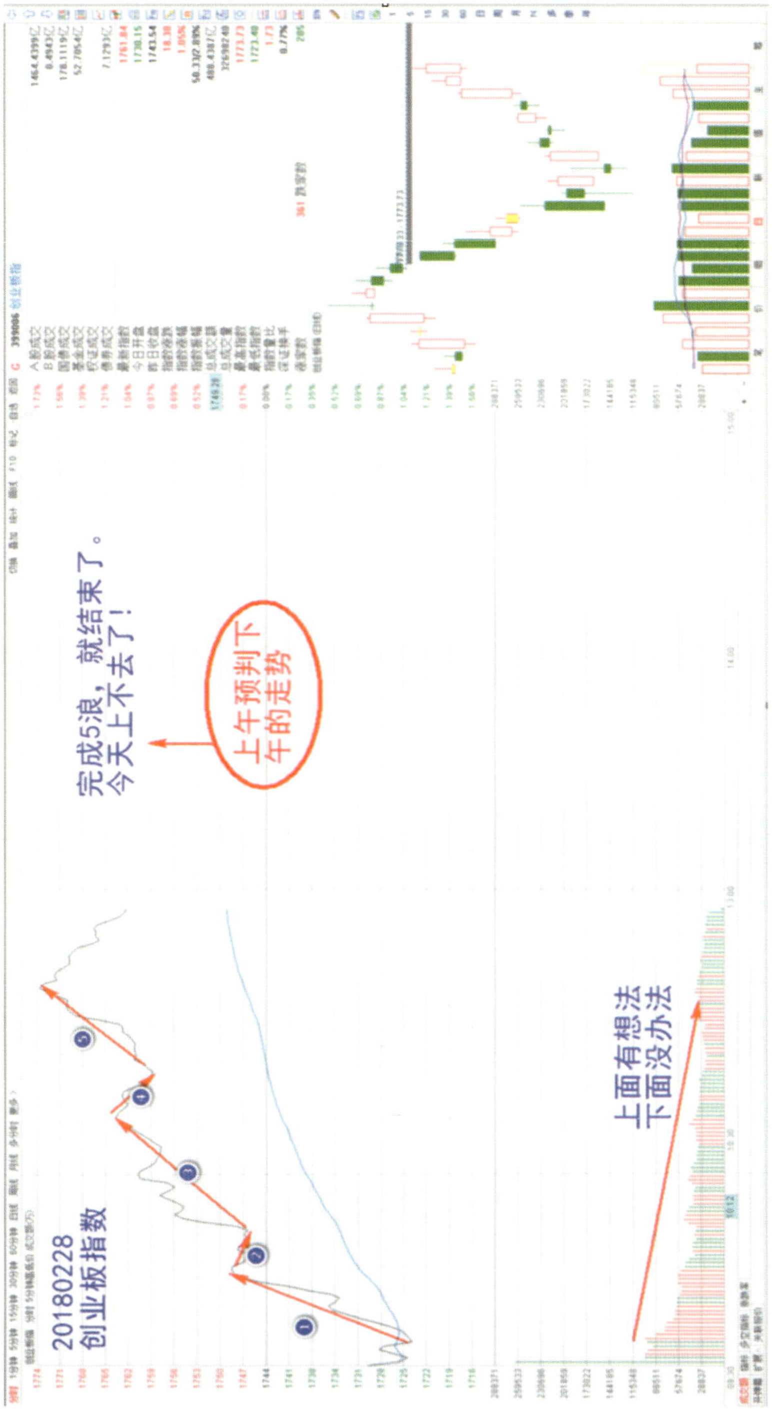

第十三章 价升量缩的奥秘

图13-11 创业板指数2018年2月28日分时上升5浪结构图（上午）

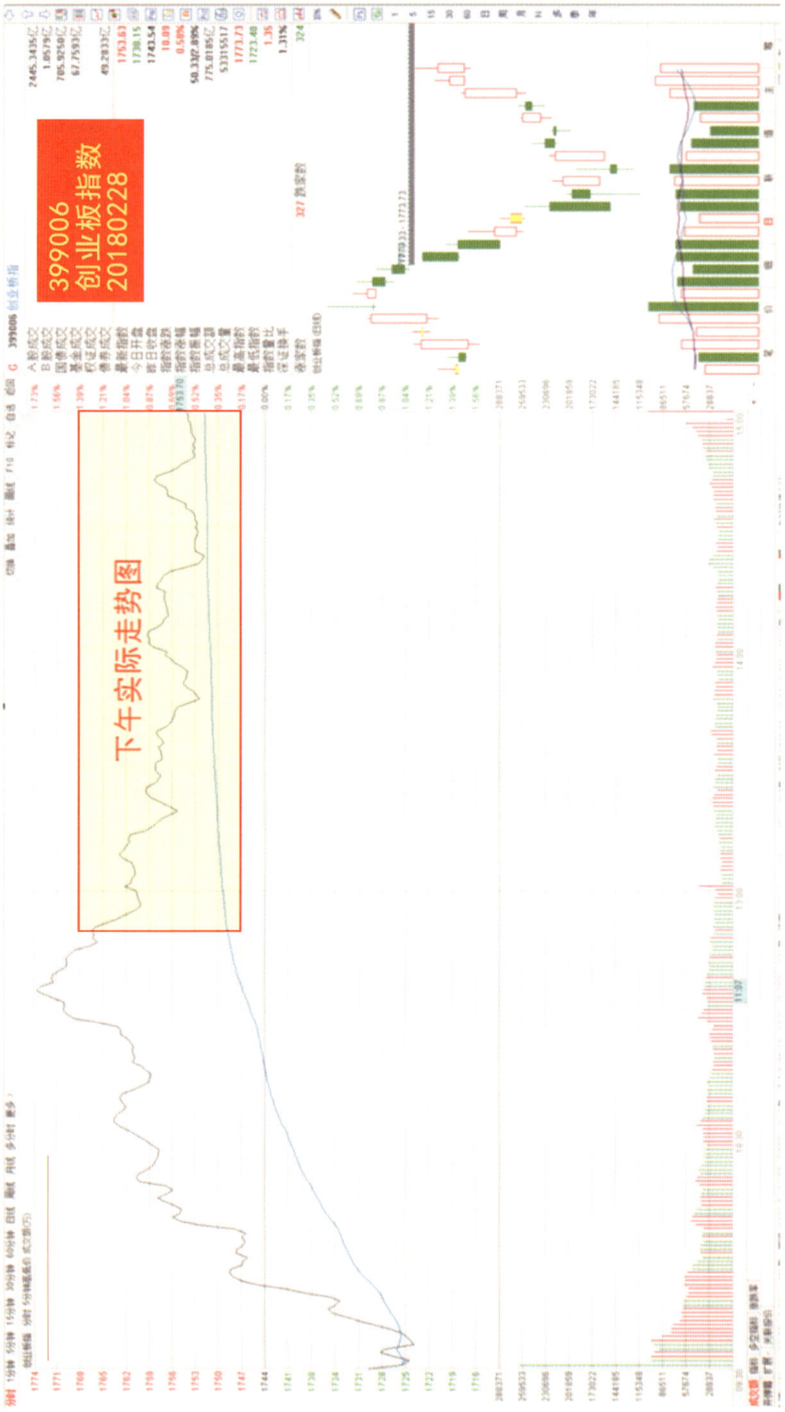

图13-12 创业板指数2018年2月28日分时上升5浪结构图（全天）

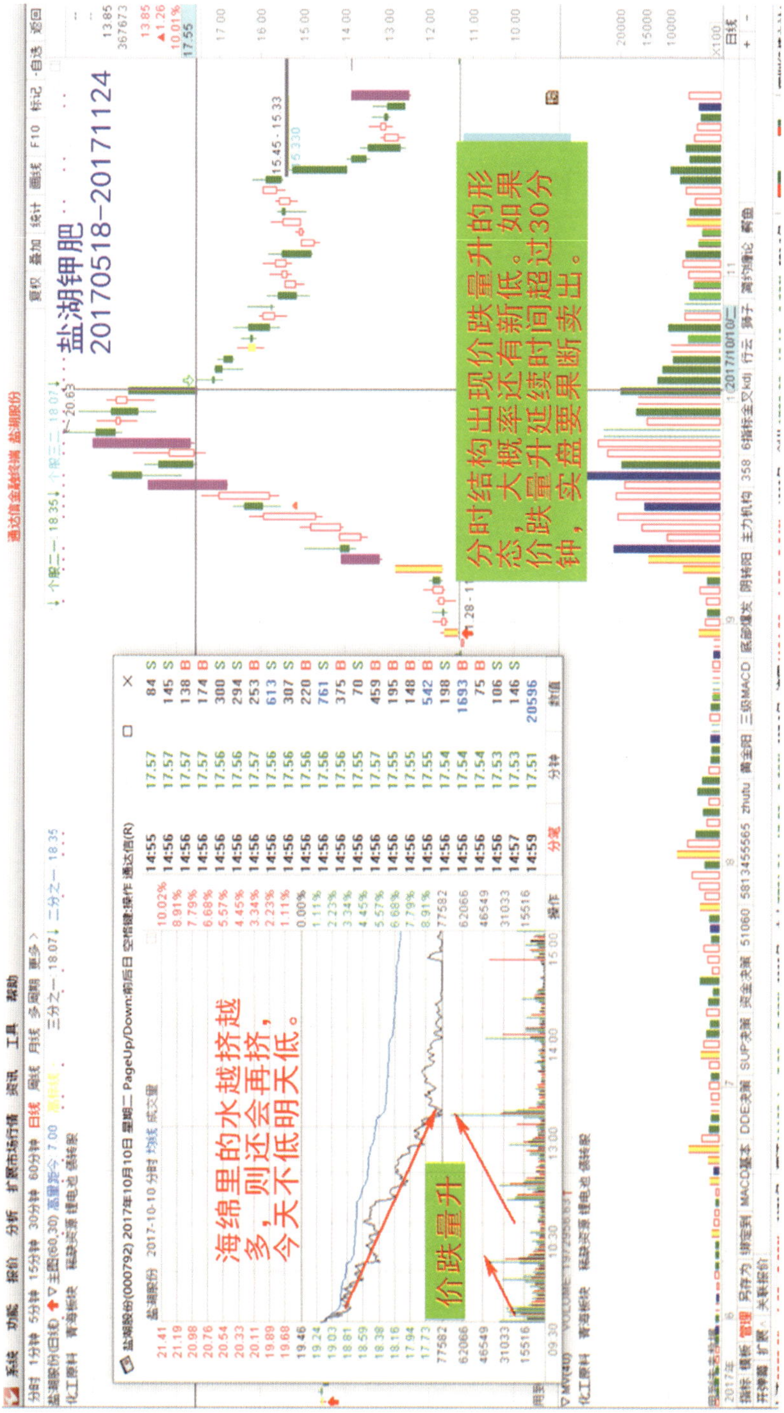

第十三章 价升量缩的奥秘

图 13-13 盐湖钾肥大阴内部分时结构图

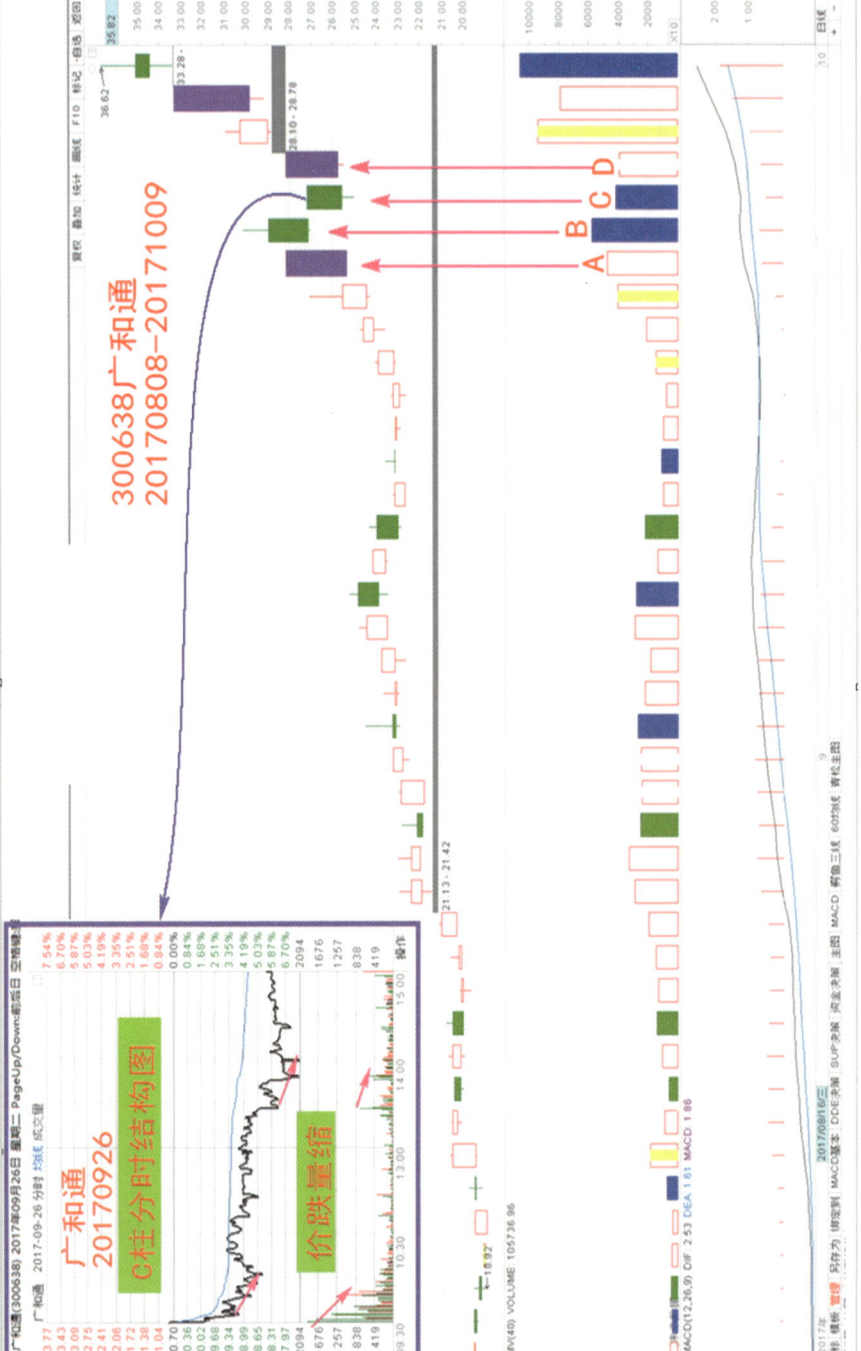

图13-14 广和通大阴内部结构示意图

第十四章 敌峰、我峰与隐形左峰

第一节 敌峰与我峰

"左峰"是指左侧形成的像山峰一样的结构形态。在没有特别申明的情况下,左峰特指股价运行的当下左侧水平方向最近的峰。但在缩图看势时可以延伸到左侧远处的、或者高处的左峰。由于股票的走势类型,可以分为下降趋势、上升趋势和盘整三种类型,那么根据左峰所在位置,可以分为下降趋势过程中形成的左峰、上升趋势过程中形成的左峰、盘整过程中形成的左峰三种类型。

在一轮上升趋势中,不可避免要遇到左峰。多数情况下遇到左侧峰时,股价就会遇到或大或小的阻力。或碰而不过,或一冲而过。但即便突破,之后也会伴随回踩的动作。在实际运行中,有时候能够一冲而过,有时候四渡赤水尚难以逾越,原因何在?

为了把这个问题搞明白,需要引入一个新的概念,就是"敌峰"与"我峰"。如同打仗过程中的"撤退",敌强我弱的时候,为保存有生力量,被迫从某个山头撤退,那是真"撤退",有点落荒而逃的意思,壮士断臂跑得越快越好;而我强敌弱的时候,为了诱敌深入,我方主动从某个山峰撤退,那是假"撤退",有点请君入瓮的意思,撤退之后,很快包抄上去,将敌人一网打尽,然后向更高的山头进发。

如图14-1所示，所谓"敌峰"，就是在一轮下跌趋势行情中形成的左峰。即空方力量占上风，多方原来盘踞的山峰，被空方占领，原本属于多方阵营的官兵纷纷反水投敌，空方的力量越来越强大，攻城略地势如破竹。多方曾经构筑的山头被空方占领，这样形成的左峰，其后会对多方的反攻形成巨大的阻力。

所谓"我峰"，就是在上升趋势行情形成的左峰，是多方自己构筑的前沿阵地，为了消灭在前进中积累的空方力量，主动撤退，形成"我峰"，其目的是把自己内部的异己分子引诱出来，然后很快包抄上去，把空方的弹药收入囊中，转变为多方的战略储备。在这个过程中形成的左峰，属于多方自己的战术阵地，一时的弃守，是为了清除多方阵营中的不坚定分子。因此，在洗盘之后反包"我峰"，基本上不存在阻力。其道理与"缩回来的拳头，打出去会更有力量"一样。换句话说，在上升通道中形成的左峰，是多方主动示弱回撤，然后迅速反包的一种策略，其主动权全部在多方自己手里。

以601996丰林集团为例，如图14-2所示，2012年7月6日形成的A、2012年7月30日形成的B峰、2012年9月7日形成的C峰，由于处于下降通道里，也就是处于股价从3.52跌到1.89整个下跌趋势里的三个左峰，均属于"敌峰"。但A、B、C这三个山头的能量大小是不一样的。A峰属于单峰，尖峰，在此处堆积的筹码量很少，因此其后多方进攻的时候阻力相对较小。B峰是由一个箱体平台构成的，堆积的筹码较厚，因此其后多方进攻的时候，阻力相对来说会比较大。C峰也是一个箱体平台，有一定的厚度，因此，阻力也不弱。实战中，凡首次挑战"敌峰"，原则上要减仓甚至清仓，这个叫"一挑不过，赶紧出货"。若是上升趋势没有被破坏，则调整到位后再在低位接回。至于是减仓还是清仓，要看资金量的大小。比如只有几万或者几十万的小资金，就一次清了；如果有上千万、上亿的大资金，那就只能适当减仓。

丰林集团2012年9月26日产生一个最低点1.83，其后没有新低。从1.83涨到3.74，属于上升通道，D、E、F、G、H这五根量柱属于上升通道里，因此对应的价柱的最高点均为"我峰"。当然，如果要分得更细一点，那么D和E就属于"盘

第十四章 敌峰、我峰与隐形左峰

整峰"。"盘整峰"一般出现在箱体平台内,也就是缠论所说的中枢内。既然在一个箱体平台内,其峰可高可低,只要没有离开中枢平台,不管高低,都是"盘整峰"。盘整期间,是多空双方进行拉锯战的地方,一旦股价离开中枢,则表示其中的一方赢了。

F柱之前是越过D峰和E峰的两个涨停板,第一个涨停板很轻松,是因为越过的是"我峰"D和E。第二个涨停板投入的兵力较多,可以看到这一天显著放量,是因为遇到了左侧的C区平台,这个平台较厚,阻力较大。因为C区有强大的阻力,所以到F柱,终于被迫回撤。回撤时又形成一个左峰,即F峰。从F峰撤下来,两个交易日后,再度发起攻击。G柱轻松越过F峰,因为F是"我峰"。但G柱之后,上不去了。原因何在?因为G柱实顶左侧水平线上有B峰(敌峰)的阻力。B峰是一个箱体平台构建,筹码堆积较厚,因此阻力较大。G柱之后主动回撤休整六个交易日,到底部箱体平台中线才稳住阵脚。从量柱形态看,G柱之后的回撤,是有序缩量,多方并不是落荒而逃,而是遇阻以后有计划地回撤休整。休整之后,从H柱开始发力继续上攻,上攻过程中遇到左峰G,G属于"我峰"的范畴,因此一跃而过,连续拉涨停,一口气攻下A峰。A峰属于"敌峰",按照常理,I柱是第一次挑战左峰,会遇阻回撤。但为什么I柱能够一冲而过呢?原因在于A峰为尖峰,堆积的筹码量很少,且A峰形成时对应的量柱为红色,红色量柱相对绿色量柱而言,具有积极的含义。但即使冲过,I柱之后也需要回踩休整,因为从H柱到I柱,连续上涨超过50%,消耗实在太多,客观上也需要休整,因此I柱之后开始有序回撤

从对丰林集团这个案例的分析可以看出,第一次挑战"敌峰"时,会存在阻力,但阻力的大小是不同的。阻力的大小,与"敌峰"形成时价柱的阴与阳、厚与薄相关;与量柱的阴与阳、高与矮有关;还有一个时间和空间要素,就是当下与"敌峰"的远近距离有关。一般来说,距离近,阻力大;距离远,阻力小。阴与阳,阴为消极,阳为积极;厚与薄,厚为消极,薄为积极;远与近,近为消极,远为积极。

漂亮股票结构形态学　理论篇

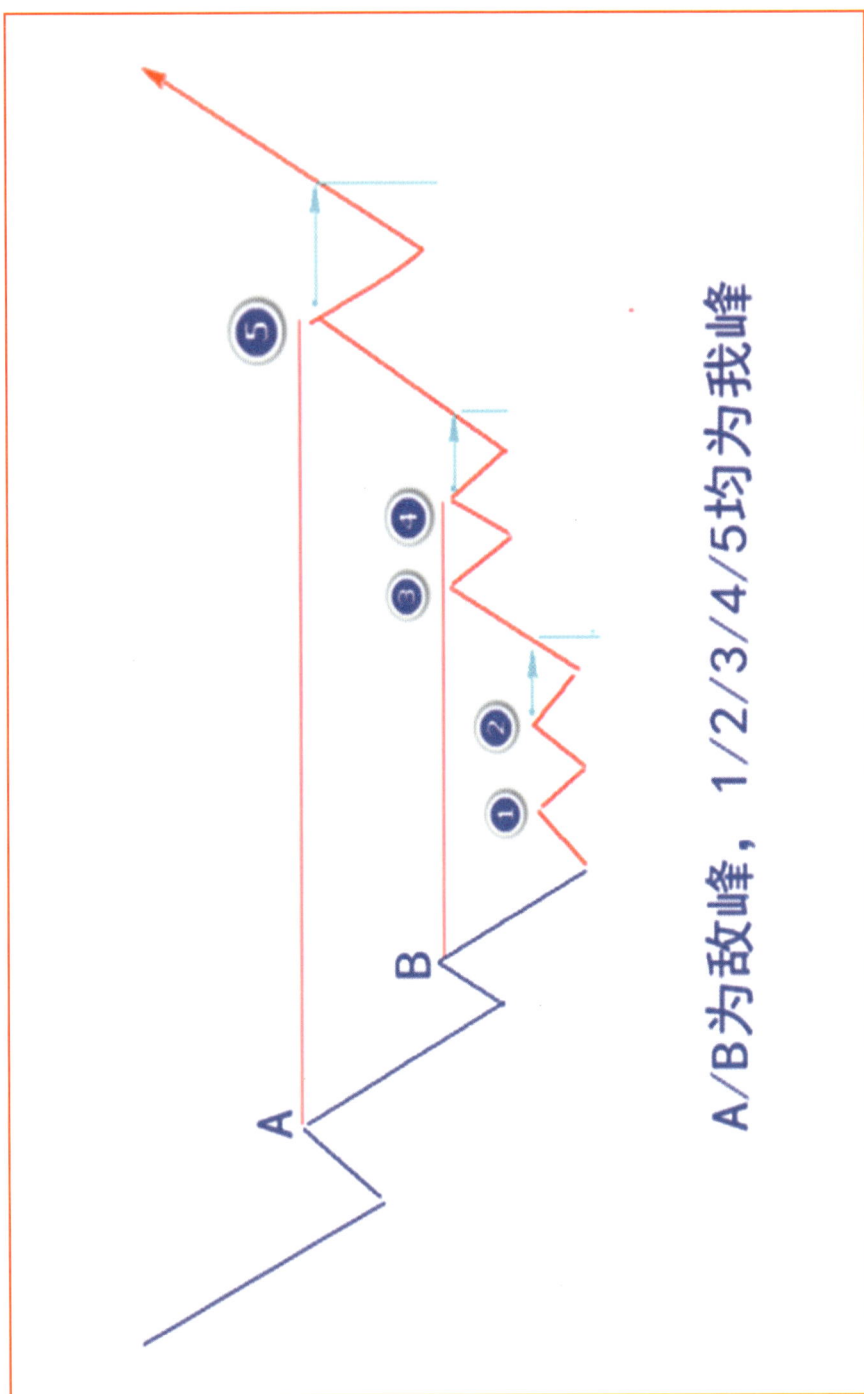

图 14-1　敌峰与我峰结构示意图

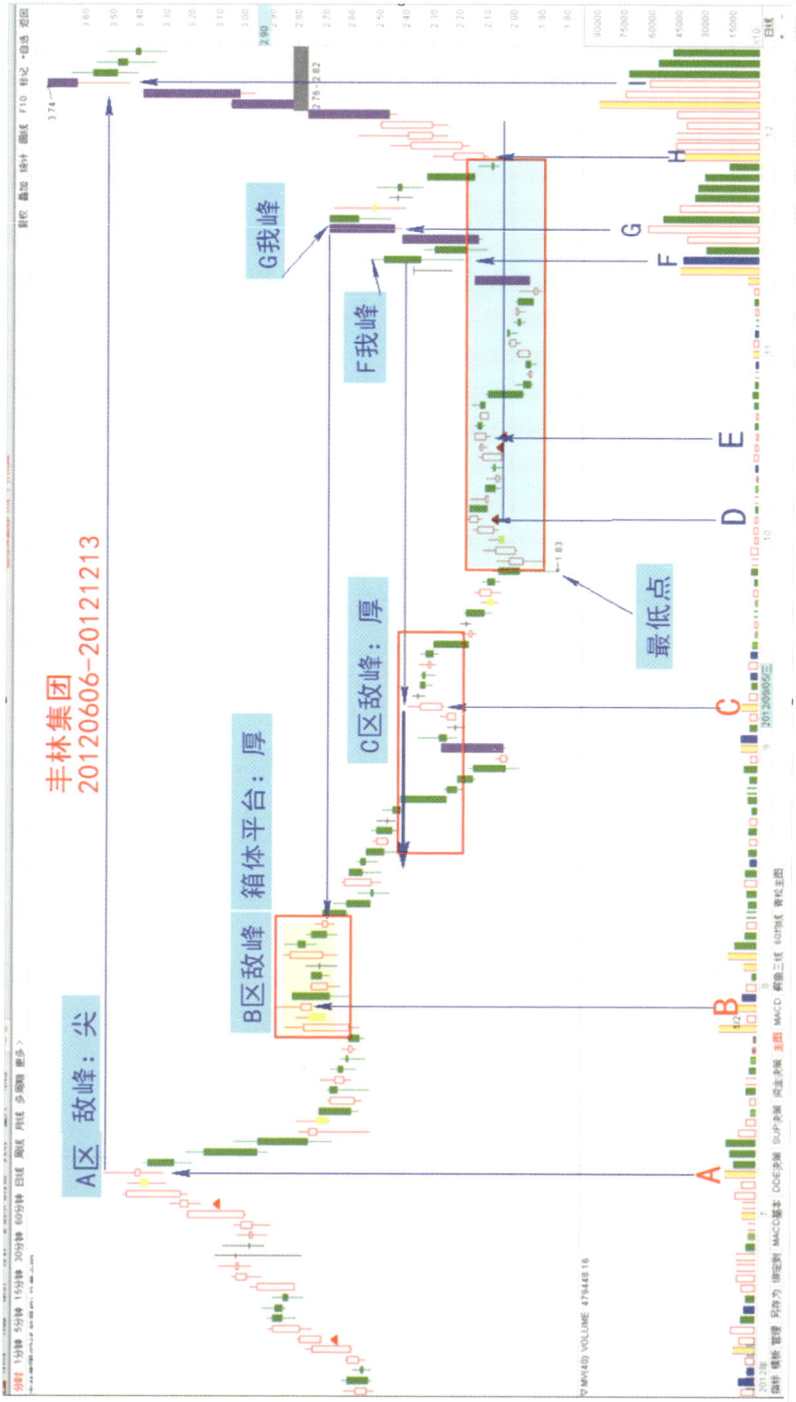

第十四章 敌峰、我峰与隐形左峰

图14-2 丰林集团敌峰与我峰结构示意图

第二节　隐形左峰

股价在一轮下跌过程中，如果出现筹码交换断层，即在下跌过程中出现跳空阴式的"实缺"，那么，这个"实缺"，对日后股价的上涨，会形成天然的阻力。这种阻力的强度与左侧"敌峰"的阻力强度几乎一样，习惯上把这种形态叫做"隐形左峰"。

左峰，特别是"敌峰"，对股价的上涨具有强大的阻力，其背后的逻辑，是在敌峰这个地方，曾经有大量的套牢盘，其表现形式之一就是在"敌峰"这个区域存在大量成交的"梯量柱"或者"高量柱"。股价经过一轮下跌，重新达到过去的"套牢区"时，沉淀在此的筹码得到"解放"。经过长期套牢的筹码，其中的一部分，一见能够解套，立马抛出，于是就形成了供过于求的抛压。这种供过于求的抛压，就是股价上行时遇到的阻力。

如图14-3所示，300170汉得信息在2018年7月至9月期间，AB两柱之间存在筹码交易断层，DE、EF柱之间也存在筹码交易断层，分别构建了"隐形左峰线1""隐形左峰线2"和"隐形左峰线3"。当C柱向上突破"隐形左峰1"之时，虽然用单枪挑破，但量能明显不足，遇到阻力回撤。当G柱和H柱向上企图突破"隐形左峰3"的时候，两次兵临城下，均无功而返，这就是隐形左峰的力量。

隐形左峰，虽然是股价向上运行的天然屏障，但并不是说这个屏障无法突破。股市上流行一句话，即"缺口是用来被突破的"，就是说明不管阻力有多大，最终还是会被突破的。只是突破时的结构形态，千差万别罢了。

按照同类项合并的原则，股价突破隐形左峰时的形态和特征，大体上可以分为四大类型。

如图14-4所示，隐形左峰向上补缺时，大致有四种模型。包括以涨停板突破的"武松过岗"型；以不是涨停板的单枪或者实体突破的"温柔一刀"型；以临阵脱逃、碰而不过的"兵临城下"型；以小阳小阴逐渐推进的"碎阳慢升型"。

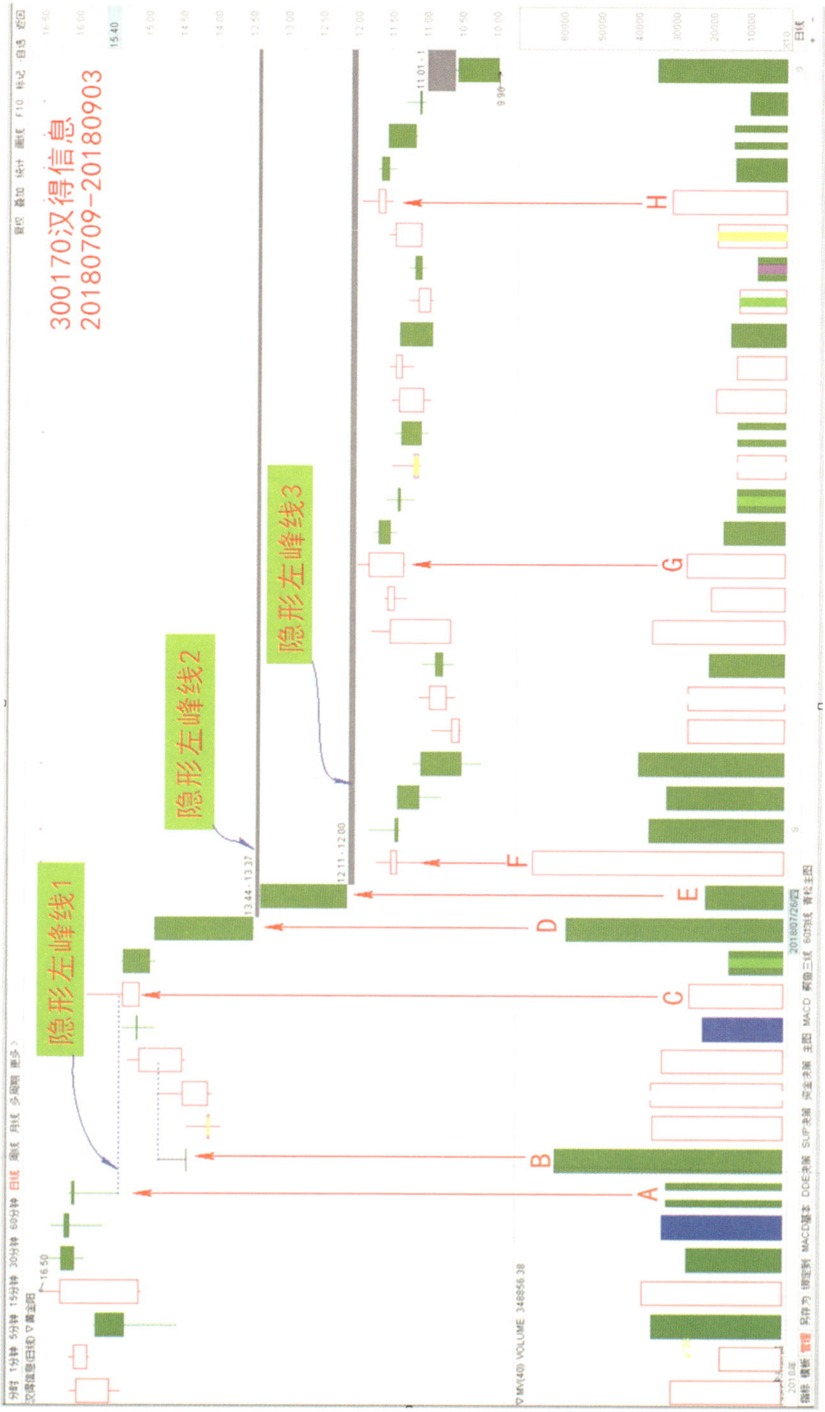

第十四章 敌峰、我峰与隐形左峰

图14-3 汉得信息隐形左峰示意图

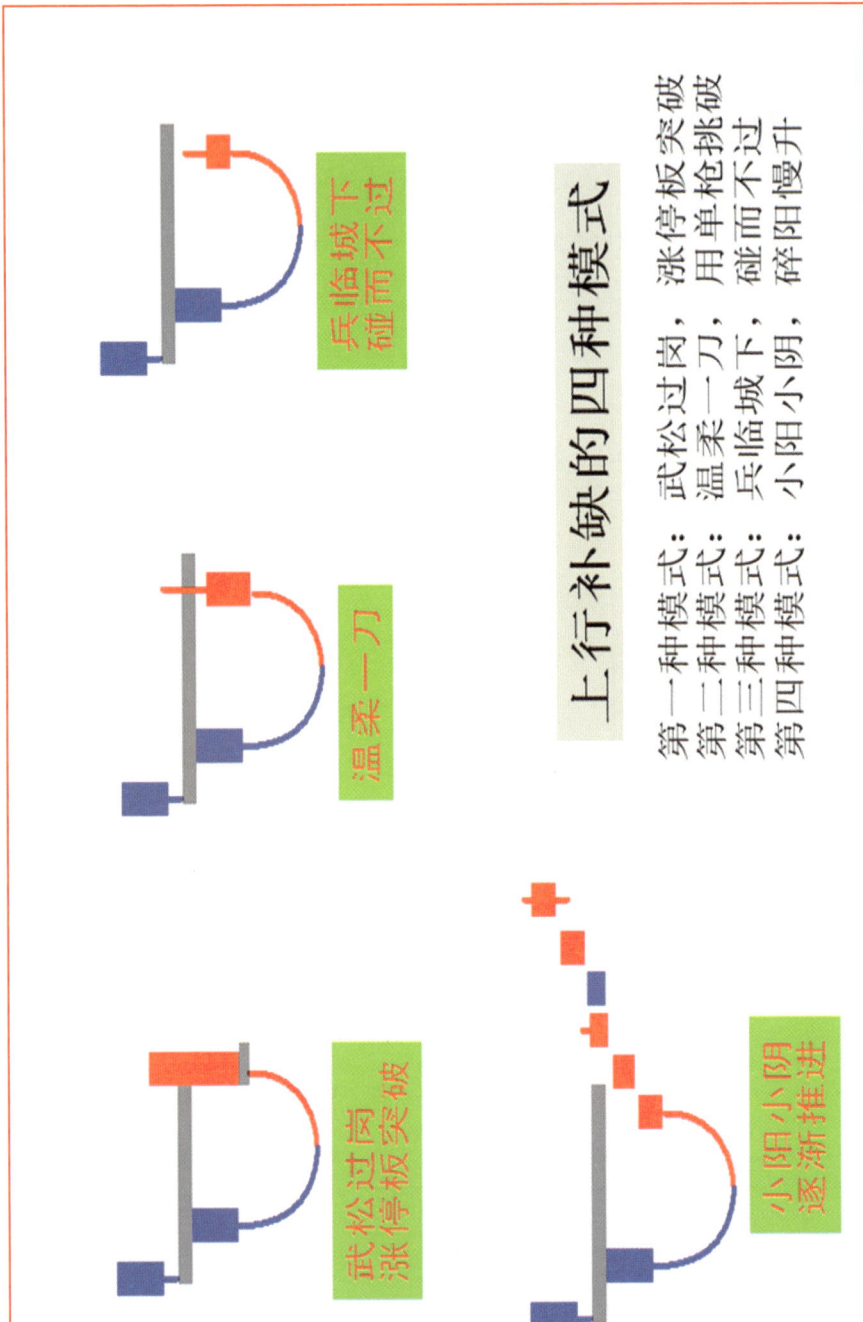

图14-4 上行补缺的四种模式图

第十四章 敌峰、我峰与隐形左峰

1. 模型一：以涨停板突破的"武松过岗"型

"武松过岗"是指用猛力突破，不仅价格到达极致，而且量能也要威猛。涨停板是价格的极致，以涨停板的方式向上补缺，如同武松过岗，勇往直前。理论上可以轻松越过第一关，并向第二关进发。第二关可以突破也可以碰而不过，突破后也会回撤。

以002878元隆雅图2017年6月至8月的截图（见图14-5）为例，G柱以涨停板的方式突破了E、F两柱构建的"隐形左峰1"，I柱以涨停板的方式突破了A、B两柱构建的"隐形左峰2"，这就是"武松过岗"型。

"武松过岗"型有如下规律：涨停板脚下如果有向上的实缺，则表示该主力非常强势；涨停板脚下无实缺，则表示该主力表现一般；涨停板内部分时结构无瑕疵，则大概率继续上涨；涨停板内部分时结构有瑕疵，则可能会有回撤。补缺可以执行"抵扣原则"，即上行实缺可以抵扣下行实缺。比如元隆雅图的G柱底下有一个实缺，这个实缺可以抵扣"隐形左峰1"这个实缺。

从分时结构来看，如图14-5所示，G柱分时结构漂亮，封板后虽有开板，但午后封板坚决，所以其后H柱继续上涨；I柱分时内部结构也很漂亮，封板后无开板，其后还有J柱涨停。

以0023346柘中股份（见图14-6）为例，D柱分时结构漂亮，而F柱的分时结构，上午本来已经封板，但开板以后一直未能再次封住，直到收盘前近20分钟才封住，这种迟迟不封板的烂板现象，暗示即将调整。从日像来看，D柱是第一次突破隐形左峰，而F柱却是突破第二个隐形左峰，理论上第一关可以轻松越过，并向第二关进发。第二个关卡可以突破也可以碰而不过，突破后也会回撤。这个可以很好地解释为什么F柱之后为什么会有两天的调整。

凡是午后烂板、开板量大于封板量、涨停板上出现巨单卖出的现象，都属于"有瑕疵"。"有瑕疵"则暗示其后有调整，这个调整，有深有浅，浅的时候，第二天既可完成调整。

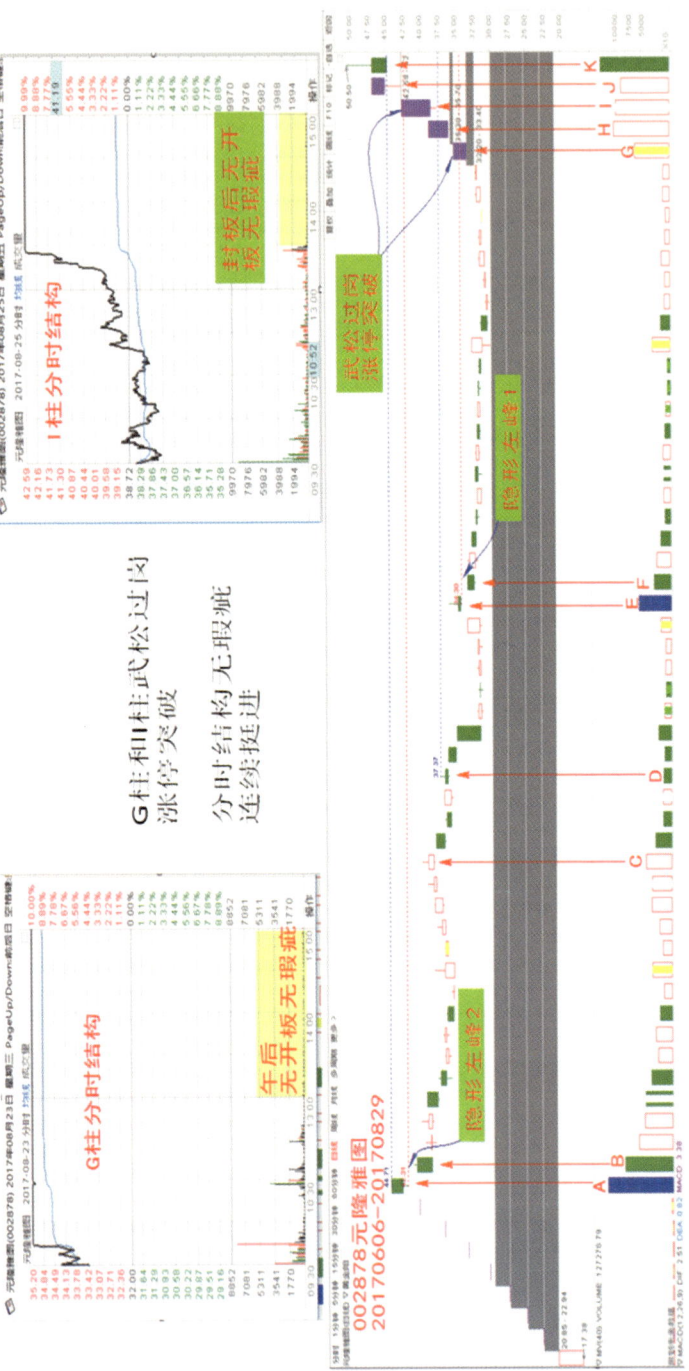

图14-5 元隆雅图隐形左峰示意图

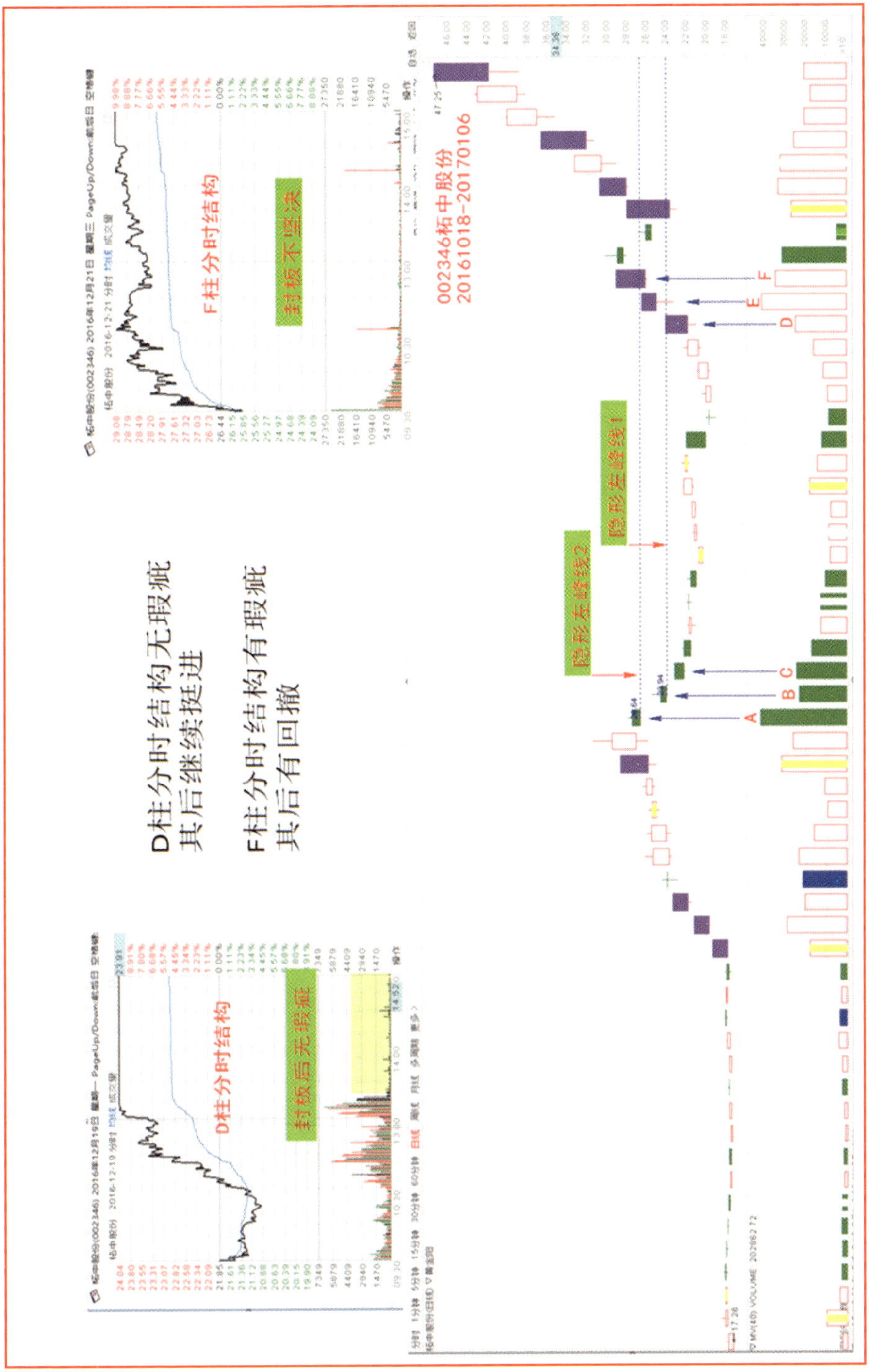

第十四章　敌峰、我峰与隐形左峰

图14-6　柘中股份隐形左峰示意图

183

以002864盘龙药业（见图14-7）为例，D柱突破了隐形左峰，但分时结构出现瑕疵，这个瑕疵就是午后有栏板的现象。这种午后出现栏板的现象，暗示着其后会有回踩。

2. 第二种模式：温柔一刀，单枪挑破型

温柔一刀，单枪挑破，指的是用单枪（也可以是实体）挑破隐形左峰线，补完缺口以后，然后回落。不是涨停板补缺的，叫"温柔一刀"。这种形态，其后多数情况下还会有回撤的现象。回撤深度不一，难以度量。

实战中，遇到这种情况，记住两句口诀："首挑不过，赶紧出货"；"见好就收，落袋为安"。即必须进行减仓或者清仓，等调整到位后再在低位接回。这种"温柔一刀"的形态其后回踩且磨叽的时间较长，最终方向可能朝上，也可能朝下。

以002806华锋股份为例，如图14-8所示，D柱用单枪挑破"隐形左峰1"之后，稍有回撤即选择向上。在E柱重新站上隐形左峰线的时候，可以跟进做多。这种重新站上隐形左峰线跟进的情况需要有一个时间和空间的限制。即回调深度不超过10%，或者重新站上隐形左峰线的时间不超过五个交易日。F柱用单枪挑破"隐形左峰2"之后，上面还有一道左峰线的压力，在双重压力下，股价选择朝下的方向是大概率。此时，应该迅速减仓或者清仓，以规避短线回调风险。

3. 第三种模式：兵临城下，碰而不过

兵临城下，指的是股价从下至上运行至下行缺口附近就打住，畏缩不前，然后回撤。

遇到这种情况，及时减仓甚至清仓，等回调到位再买回。

以300500启迪设计为例，该股在2017年9月至2018年1月之间的截图（见图14-9），A、B两柱形成下行筹码交易断层，当C柱企图向上突破时，兵临城下，无功而返。C柱这一天，必须减仓甚至空仓，以规避短期风险。

4. 第四种模式：小阳小阴，碎阳慢升

小阳小阴推进，碎阳慢升。这种形态，是主力用小阳小阴推进，阳增量，阴缩量，小心翼翼，亦步亦趋，缓缓上行。这种碎阳慢升的形态，价柱表现为低调

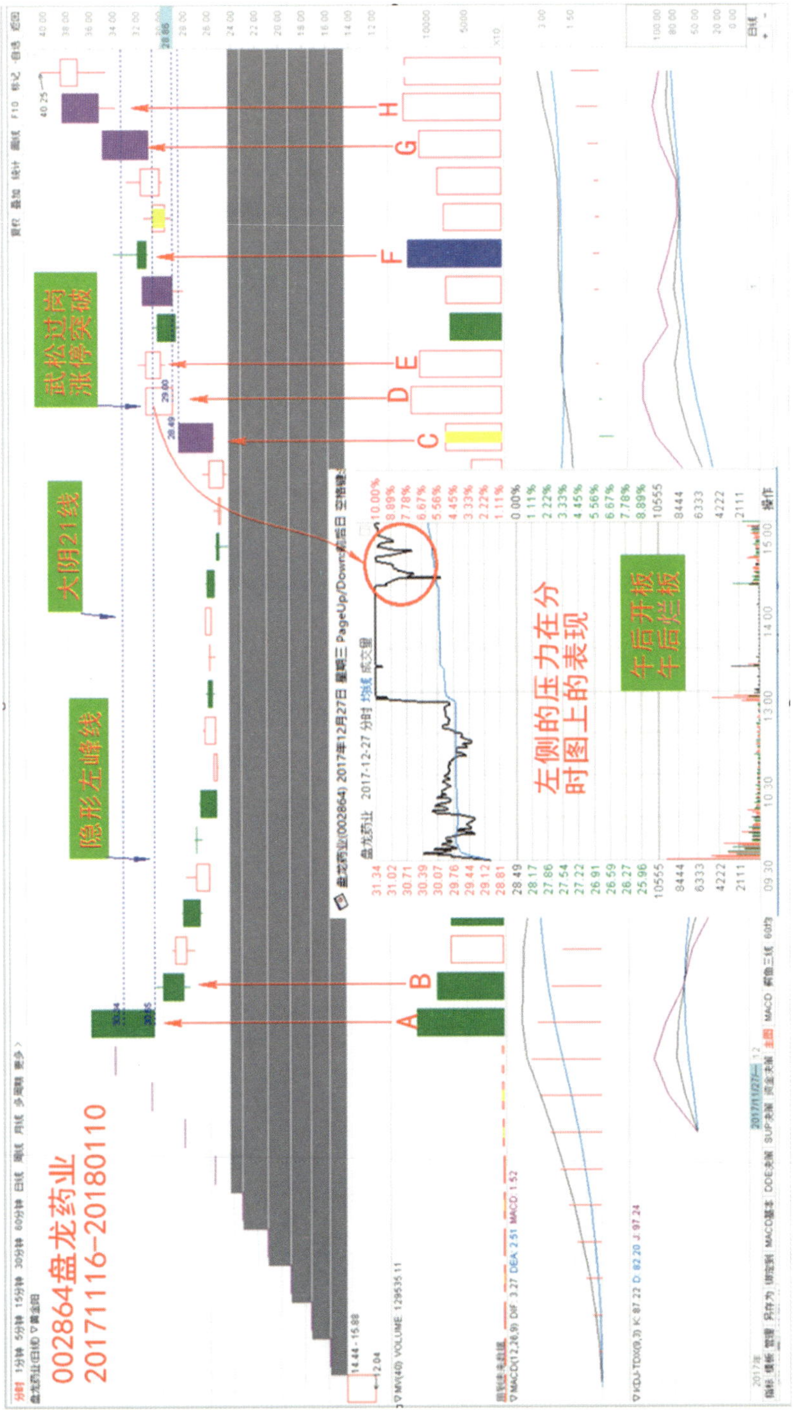

第十四章 敌峰、我峰与隐形左峰

图14-7 盘龙药业隐形左峰示意图

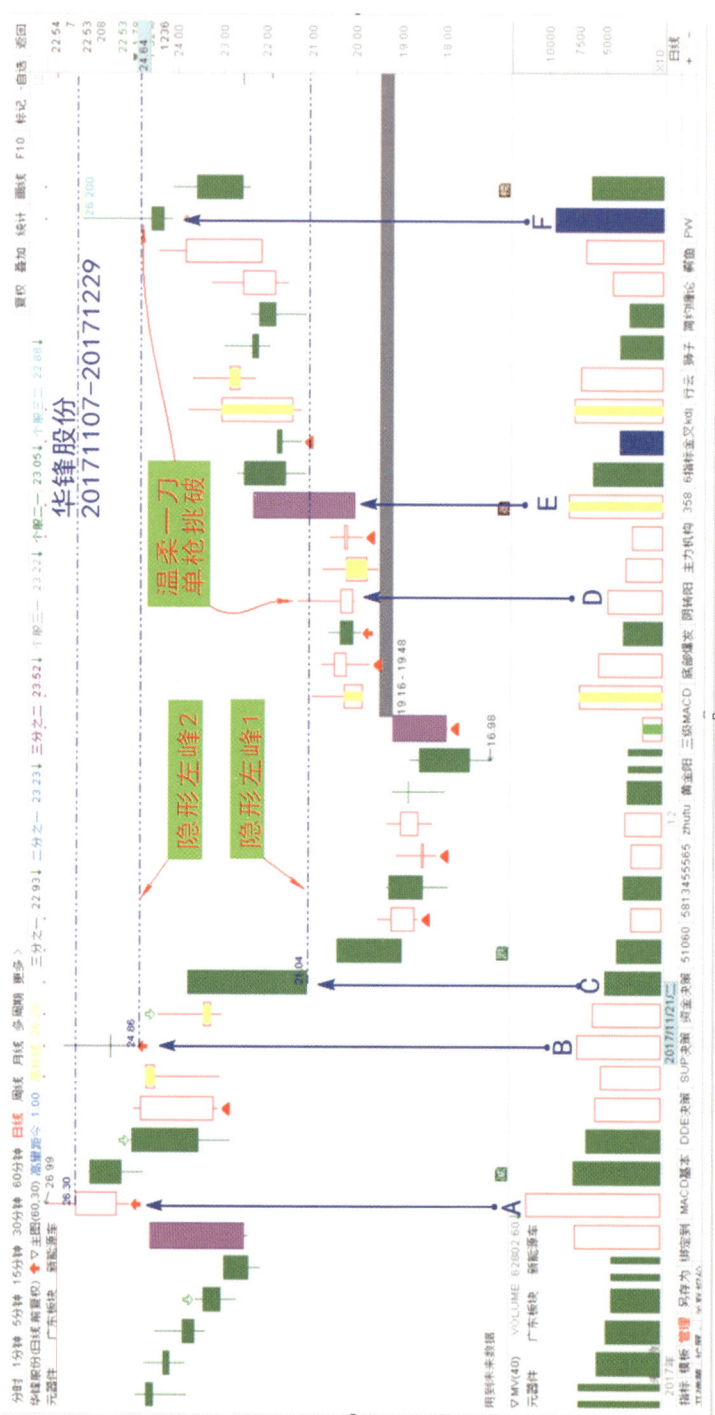

图14-8 华锋股份隐形左峰示意图

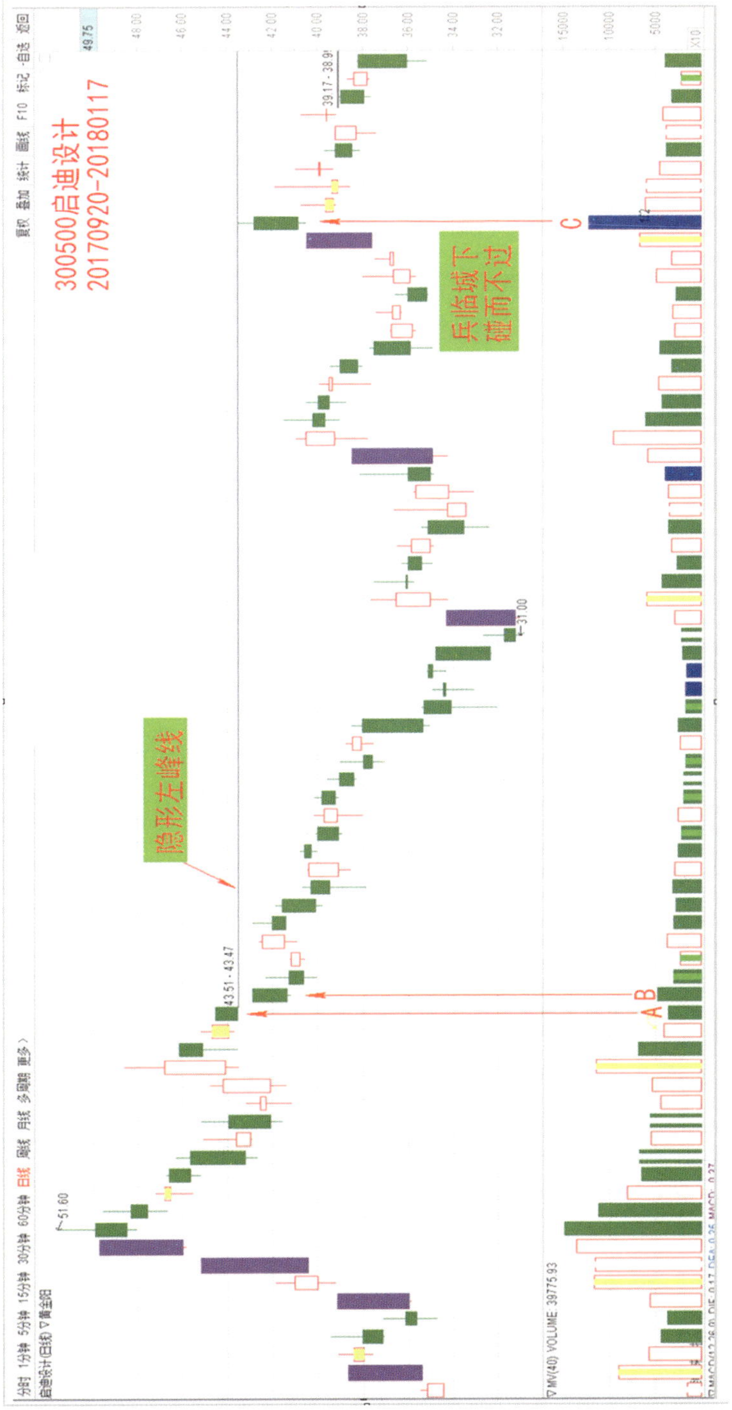

图14-9 启迪设计隐形左峰意图

缓步上行，量柱则表现为红肥绿瘦、阳多阴少、阳高阴低的形态。遇到这种情况时，可以及时跟进。

以300645正元智慧（见图14-10）为例，该股在2017年7月至8月间，GA之间和AB之间形成两个筹码交易断层，其后上涨期间，都是用小阳小阴推进，如同推土机上山，C柱刺破第一个实缺，D柱缩量回撤，然后继续小步朝上。E柱用小阳实体穿越第二个实缺，F柱稍有回撤就继续朝上推进。这种以时间换空间，小步推进的形态，是否值得跟进，关键是看量柱是否红肥绿瘦。

对上行补缺进行完全分类，对于实战的交易决策具有重大指导价值。买进与卖出，都是命悬一线。

上行缺口是用来吃掉的，因此上面有缺口是不用怕的。靠近缺口附近，什么情况下该立马跟进，什么情况下该见好就收，知道了这四个模型，临盘就不会迷失方向。四类模型，看图说话，一目了然。上行补缺的价值还在于：在离缺口还有一定的距离时，也可以提前预判发展空间，以便提前做好应对准备。看菜吃饭，看形态决定进退。

总结一下，当股价向上运行，碰到"隐形左峰"（下行"实缺"）时，一般会有四种结构形态：第一种，武松打虎涨停过岗型；第二种，温柔一刀单枪刺破型；第三种，兵临城下碰而不过型；第四种，实体小阳穿越型。不同的结构形态，采取不同的进出策略。

（1）武松打虎过岗，策略是及时跟进或者继续持有。

（2）温柔一刀必有回撤，策略是适当减仓，等回踩到位之后，并再度站上隐形左峰线时即接回已经抛售的股票。重新站上隐形左峰线有一个时间和空间的限制，即回调深度不超过10%，重新站上隐形左峰线的时间不超过五个交易日。回调深度超过10%或者回调时间超过五个交易日则情况变得复杂了，需要用其他的办法对付。

（3）兵临城下碰而不过，则会有较深的下跌，策略是"一挑不过，赶紧出货"。

（4）实体小阳穿越，属于"推土机上山"的"慢热型"，策略是适时跟进。

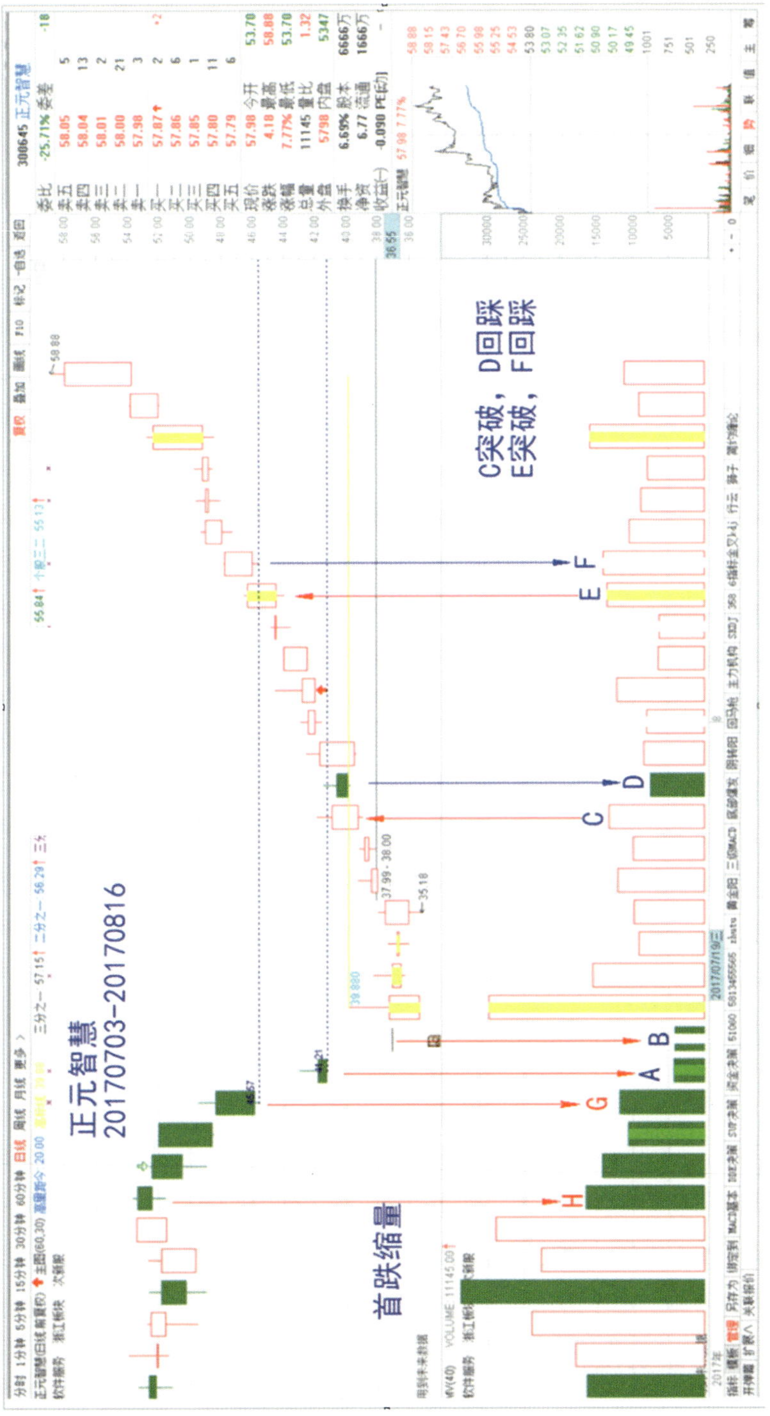

第十四章 敌峰、我峰与隐形左峰

图 14-10 正元智慧隐形左峰示意图

第十五章
早盘买入"停顿法"与"正三围结构"

第一节 停顿法的内在逻辑

早盘买入停顿法，是指在早盘9:30开盘以后，观察3-5分钟的时间，根据价格线、成交均线、0轴线三线的走势来决定当天早盘的交易行为。

A股市场是上午9:25集合竞价决定开盘价，开盘价高于上一个交易日的收盘价为跳空高开，低于上一个交易日的收盘价为跳空低开，等于上一个交易日的收盘价为平开。在市场外部消息相对平稳的时期，即在没有明显的利好或者利空消息刺激的交易日，是跳空高开、平开还是跳空低开，往往代表了主力当天的意图。一般来说，跳空高开表示在主力引导下的市场合力当天做多的意图大于做空的意图，而跳空低开则表示当天有做空的意向。

但实战中，经常遇到主力采取骗线的方法，高开之后迅速低走或者低开之后迅速高走，普通交易者容易上当。看见高开，立即跟进；看见低开，就"跳空阴，快出清"。但几分钟后，走势恰恰相反。

为了摸清主力的真实意图，避免受骗上当，建议使用早盘买入"停顿法"，即从9:30开始正式显示成交价格与成交量的分时结构图之后，不要急着买进，而是观察3-15分钟，根据价格线、成交均线和0轴线这个"三线结构图"以及成交量与价格是否匹配来决定当天是否进行交易。

第二节 分时结构的"正三围"

如果在3~15分钟内,"三线结构图"为"正三围",从微观形态而言,当天具有介入价值的概率较大,但也不是绝对的。相反,如果"三线结构图"为"倒三围",则当天可能不是买进而是卖出的信号。

这里必须说清楚的是,早盘3~15分钟内的正三围倒三围预判方向,只是一个概率,不是100%。

那什么样的形态叫做"正三围"?什么样的形态叫做"倒三围"?

如图15-1所示,翔港科技在2018年2月27日这一天的分时结构图就是典型的"正三围"结构。蓝晓科技(见图15-2)在2018年1月16日这一天的分时结构图也是典型的"正三围"结构。但二者略有区别,前者为低开高走的"正三围"结构,后者为高开高走的"正三围"结构。

平开高走的"正三围"结构,指的是当天开盘价就是前一天的收盘价,也就是说,当天的价格线从0轴上起步。永吉股份(见图15-3)2018年元月17日这一天就是典型的平开高走的"正三围"分时结构。

第三节 正确使用"停顿法"的利弊

使用"停顿法"的好处是可以避免高开之后迅速走弱,造成不必要的损失。特别是在阶段性的高点或者左侧遇到左峰线、谷底线、隐形左峰线、周期中线、箱体平台等巨大的阻力时,会产生接二连三的调整,如果当天没有卖出反而买入,则损失巨大。惠威科技(见图15-4)2018年5月17日分时结构,就是典型的高开低走5分钟倒三围结构;中储股份(见图15-5)在2018年1月30日分时结构,则是典型的低开低走的5分钟倒三围结构图。当天任何一次反弹接近均线时都是卖点。

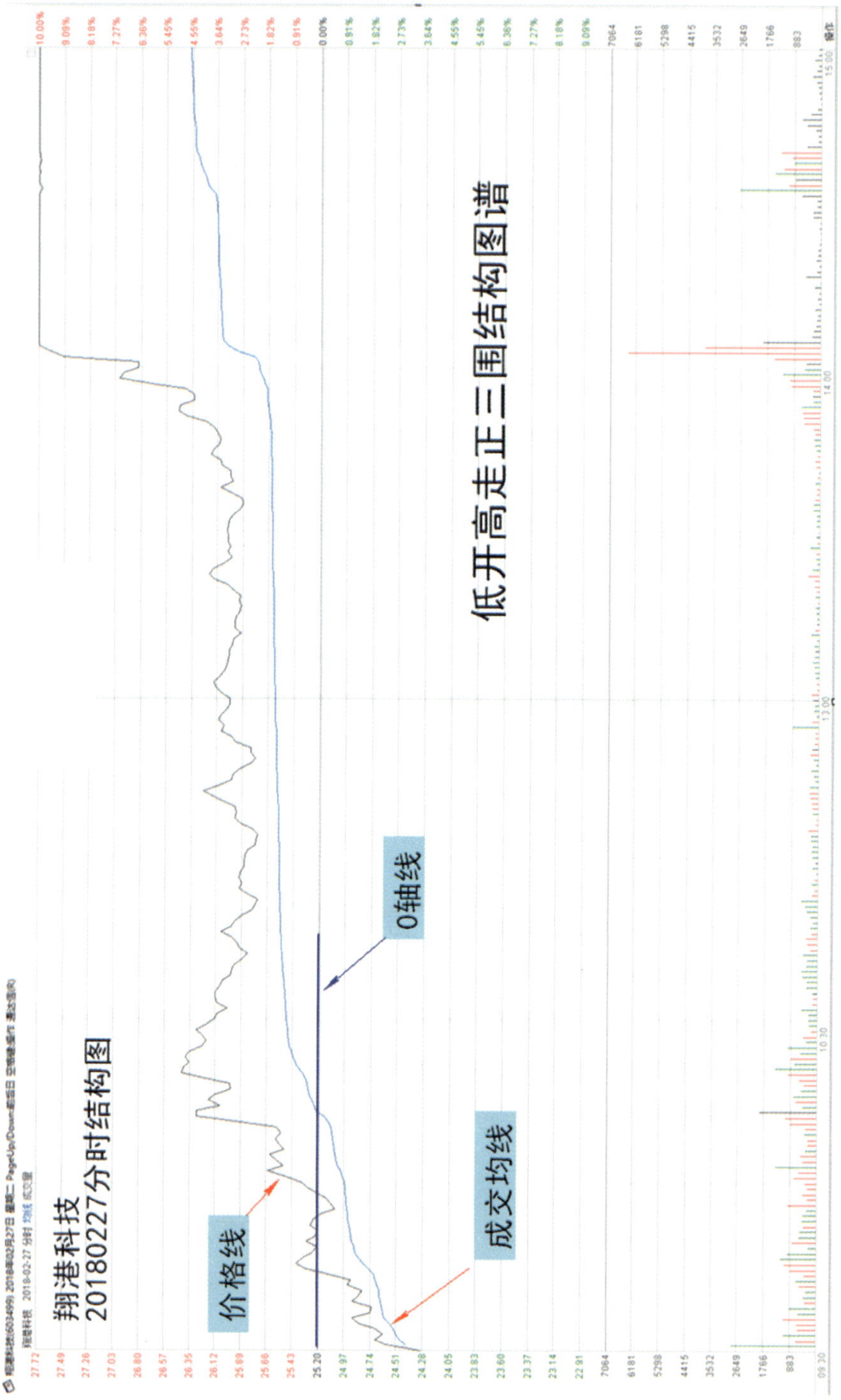

图15-1 翔港科技2018年2月27日分时结构图

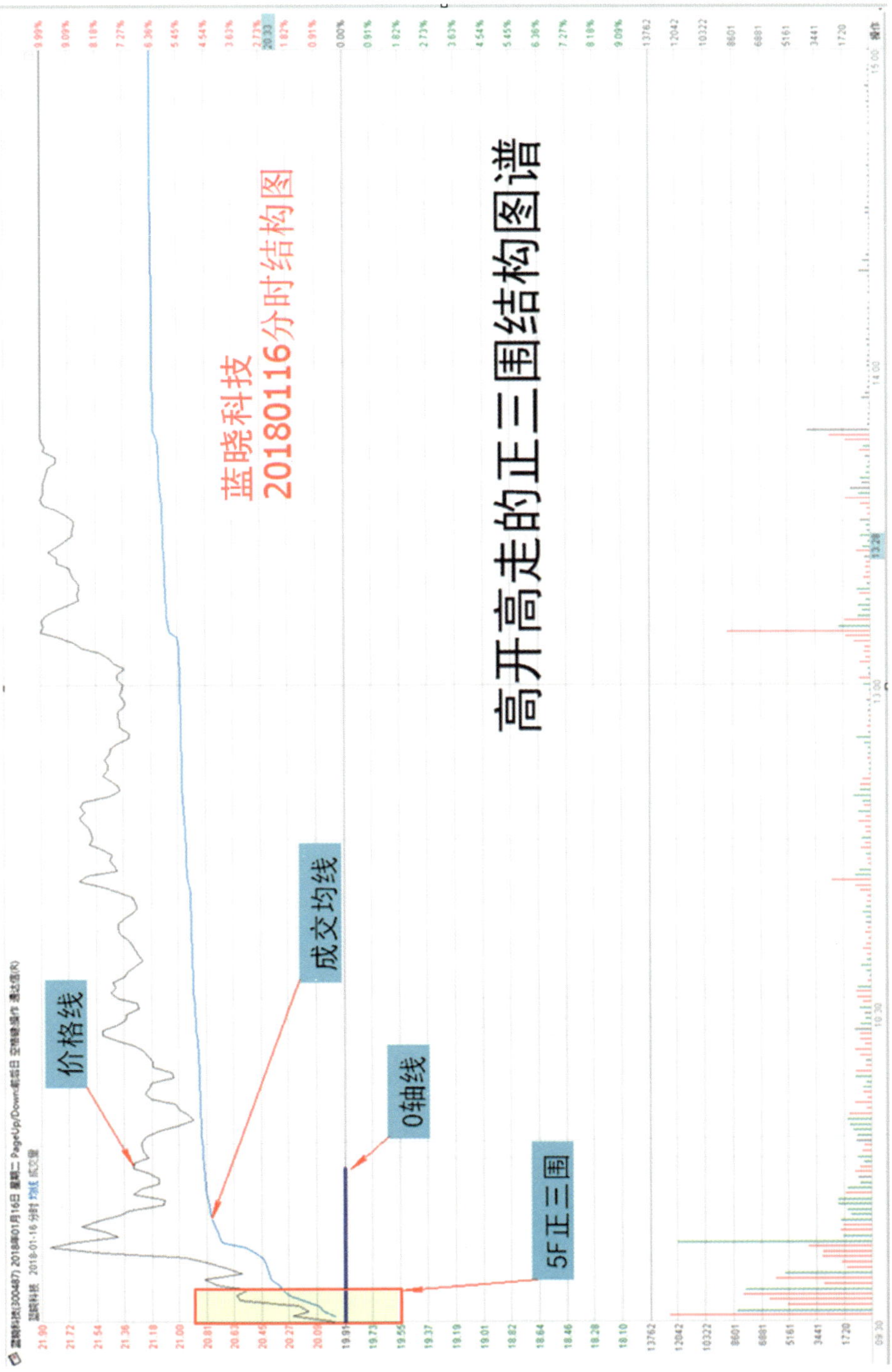

第十五章 早盘买入"停顿法"与"正三围结构"

图15-2 蓝晓科技2018年1月16日分时结构图

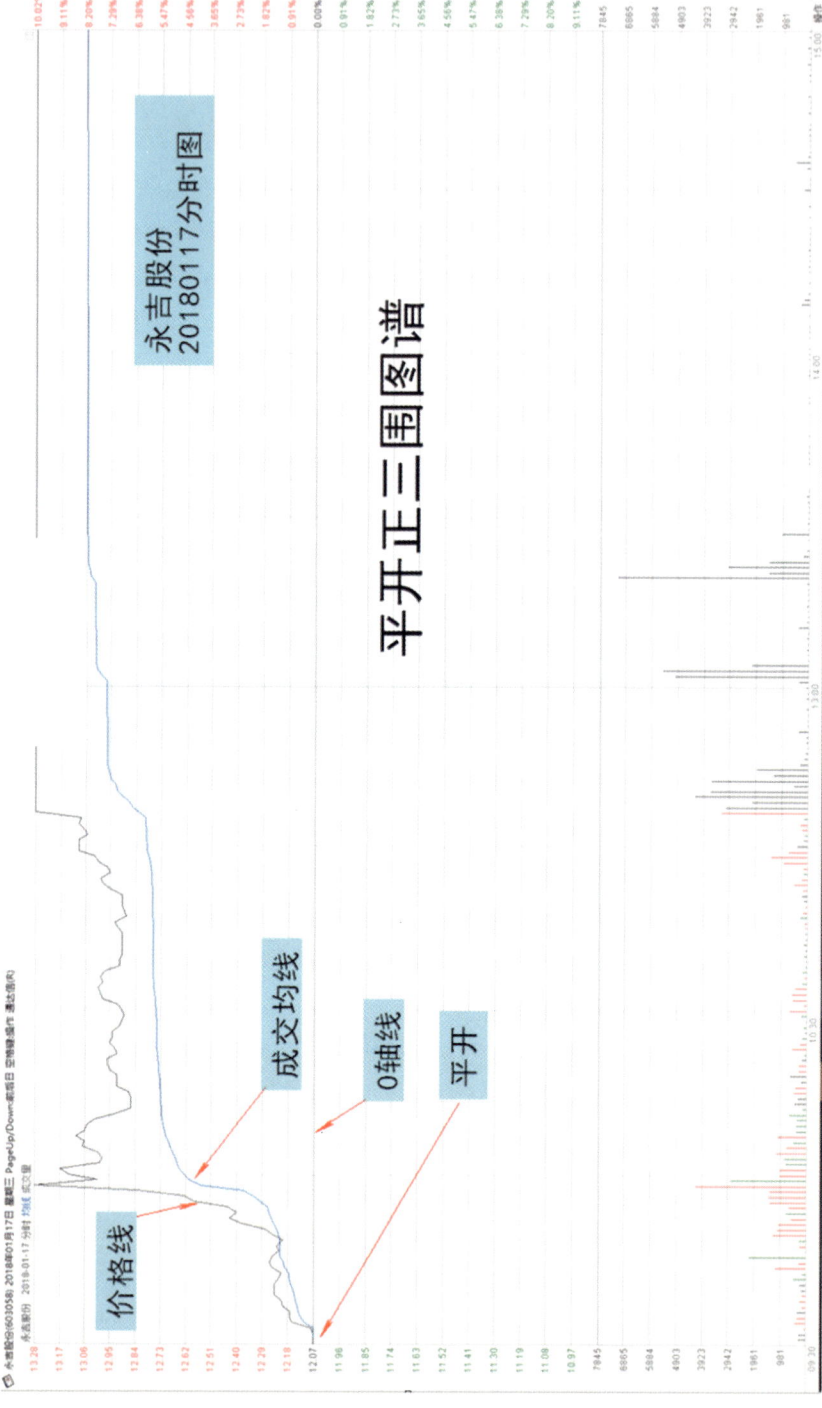

图15-3 永吉股份2018年1月17日分时结构图

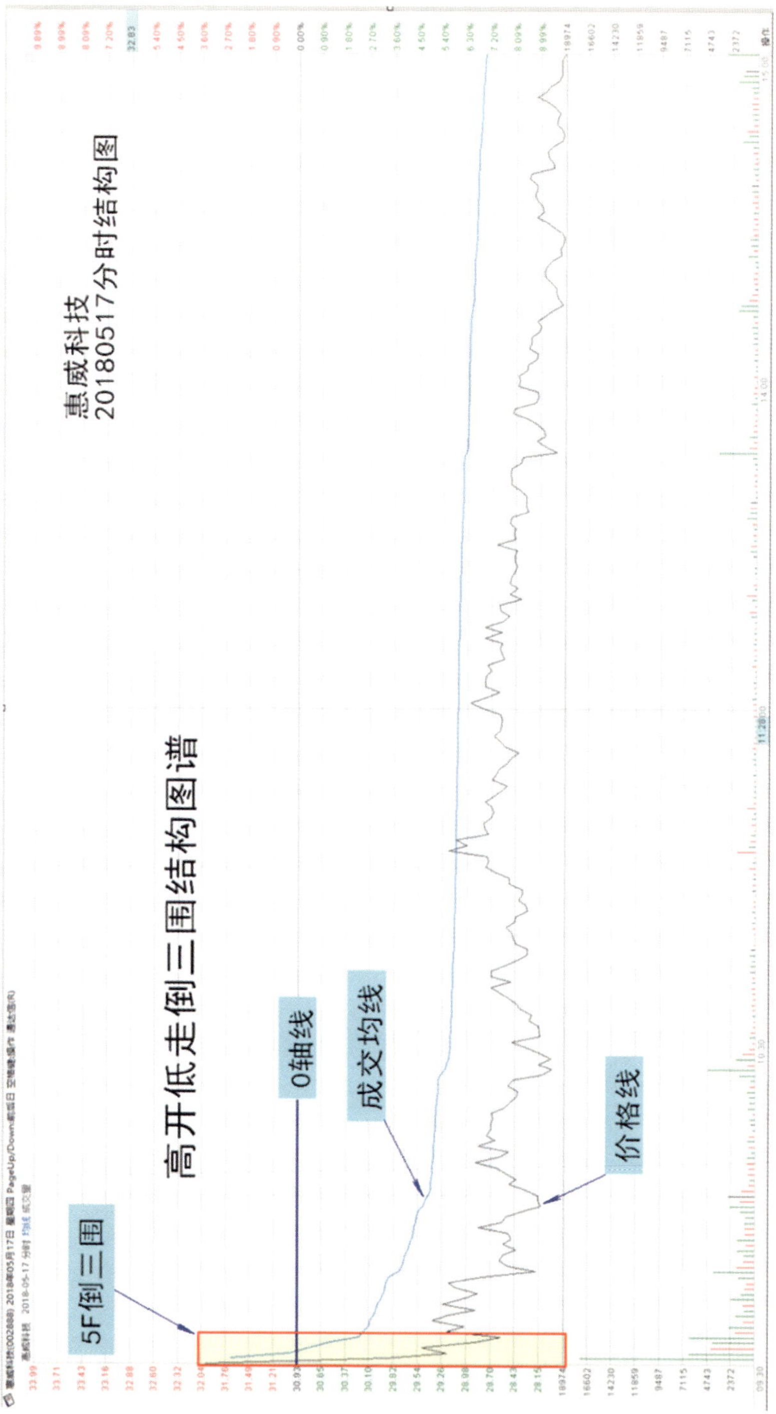

第十五章 早盘买入"停顿法"与"正三围结构"

图 15-4 惠威科技 2018 年 5 月 17 日分时结构图

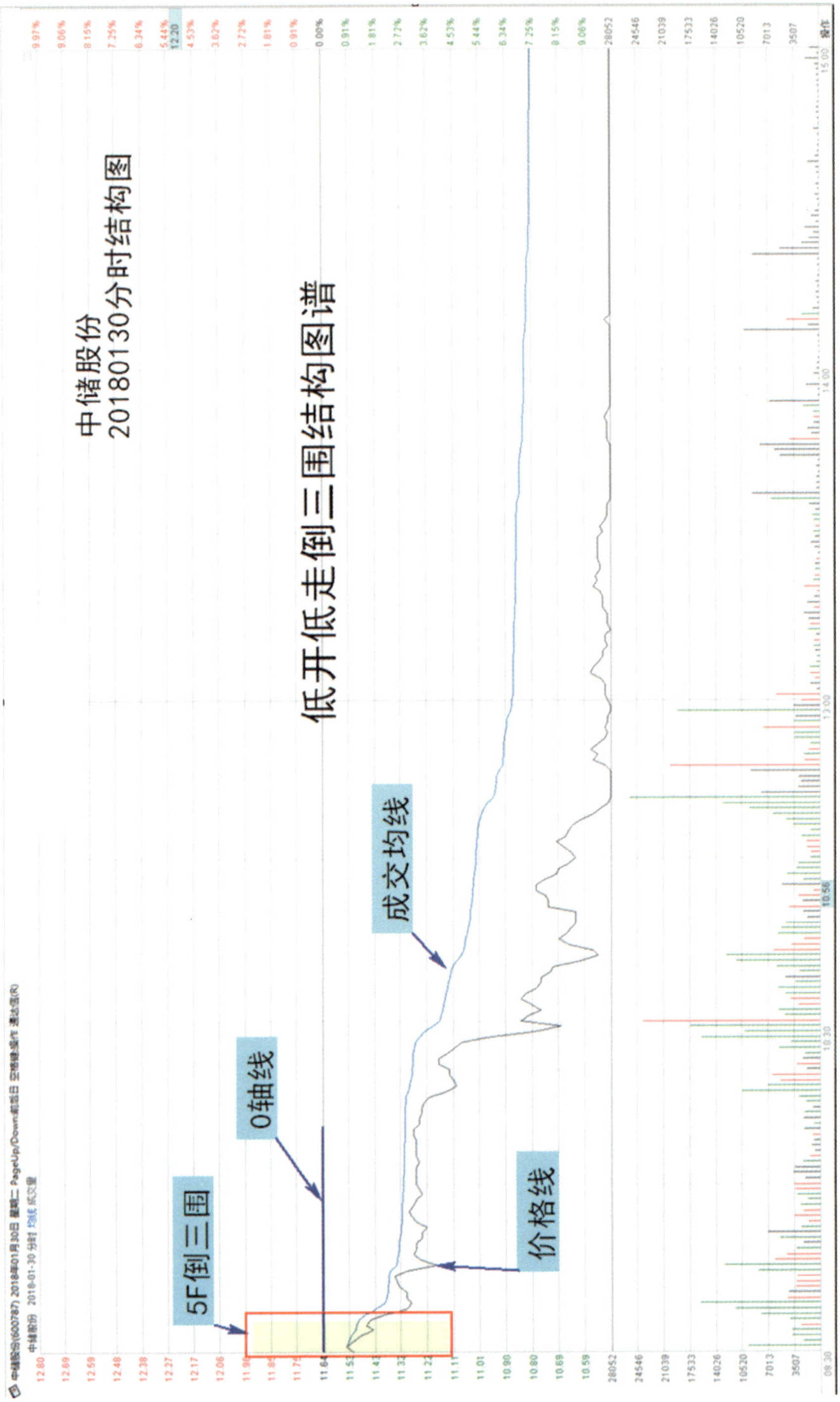

图 15-5 中储股份 2018 年 1 月 30 日分时结构图

第十五章 早盘买入"停顿法"与"正三围结构"

使用"停顿法"也有缺陷，这个缺陷在于，有些股票开盘3分钟或者5分钟就封住涨停，而且在市场状况比较好的时候，3~5分钟涨停的概率还比较高。如果你使用"停顿法"等待3~5分钟就会错失当天介入的机会。以星网宇达在2018年6月12日这一天的分时走势为例，如图15-6所示，该股上午9:35就封住涨停，如果使用"停顿法"则没有机会买入了。

为弥补"停顿法"带来的遗憾，唯一的办法是要能够弄懂集合竞价结构形态，看懂集合竞价的量价结构图，在集合竞价阶段介入。看不懂集合竞价图的，不建议在集合竞价阶段介入，还是老老实实使用"停顿法"，宁可放弃一些机会，以换来资金的安全与操作的稳妥。

这里需要补充的是，有些交易者，不管趋势、不看位置、不看周线和日线的结构形态，只根据微观的"正三围"或者"倒三围"进行交易，那就是错了。实际操作中，3~5分钟正三围结构，甚至15~30分钟内还是正三围结构，但其后走势飞流直下的情况也是不少的。特别是在水平线的左侧遇到强大的阻力时，最容易发生变故，早盘正三围走得好好的，但在遇到阻力之后快速回撤，飞流直下。而早盘3~5分钟倒三围结构，但在当天后续的走势中扭转乾坤，凌厉朝上的例子也是屡见不鲜。所以"正三围"或者"倒三围"只提供一个微观状态的买入或者卖出信号，是否买入或者卖出，一定得根据趋势、位置、周线或者日线的结构形态，以及左侧是否存在压力、当天的大盘走势预判等情况进行综合决策。

"正三围"结构要结合具体的战法模型来操作才比较靠谱。比如2018年6月25日，"双阴洗盘战法"模型出现批量涨停，这种战法模型的分时结构，在这一天大多数呈现"正三围"结构。

以300522世名科技（见图15-7）为例，其A、B、C、D四柱组合就是典型的"双阴洗盘战法"模型，A柱为阳柱，B、C两根柱子为有序的缩量调整阴柱，D柱为确认柱，高开高走，3~5分钟为正三围结构，买点信号明确。

以300706阿石创（见图15-8）为例，其A、B、C、D四柱组合就是典型的"双阴洗盘战法"模型，A柱为阳柱，B、C两根柱子为有序的缩量调整阴柱，D柱为确认柱，低开高走，3~15分钟均为正三围结构，买点信号确切。

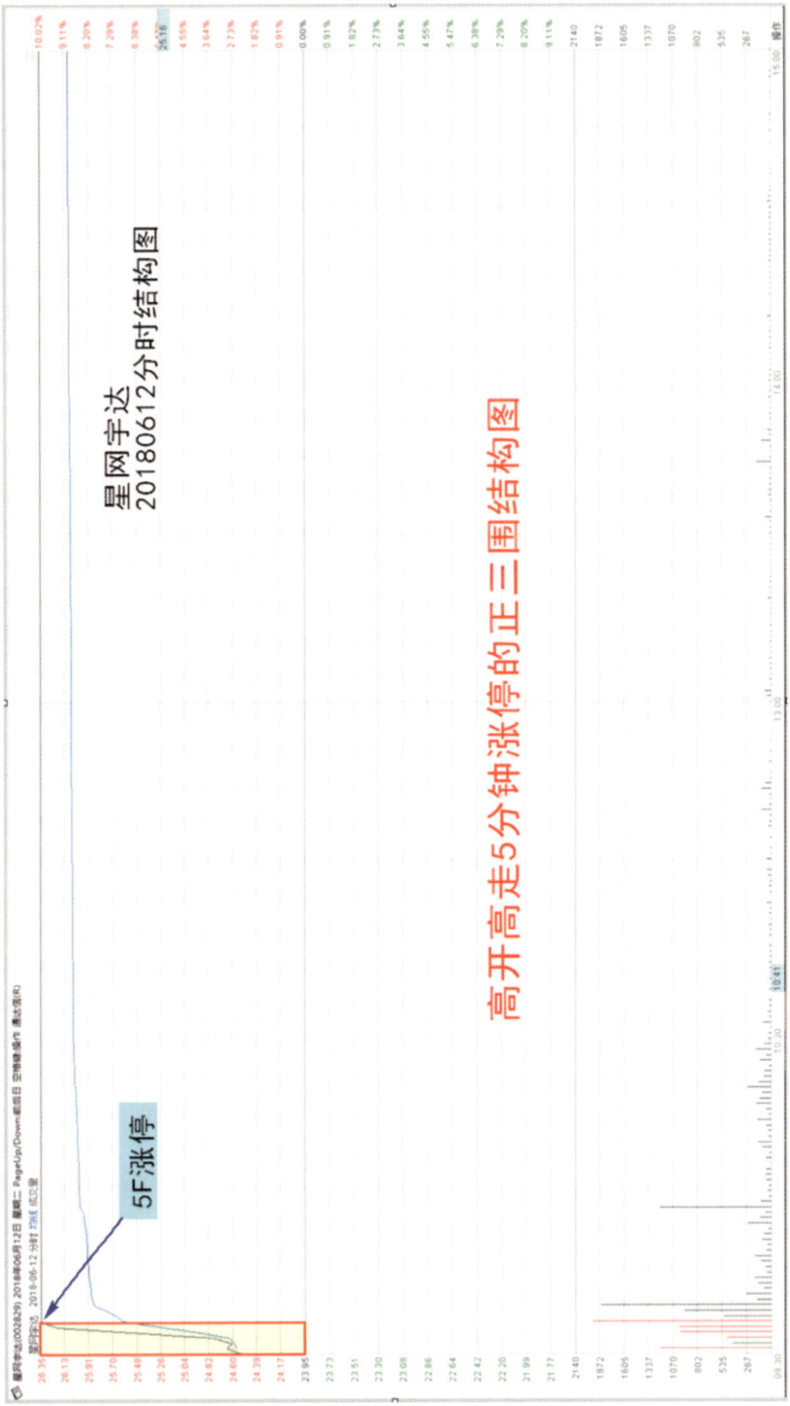

图15-6 星网宇达2018年6月12日分时结构图

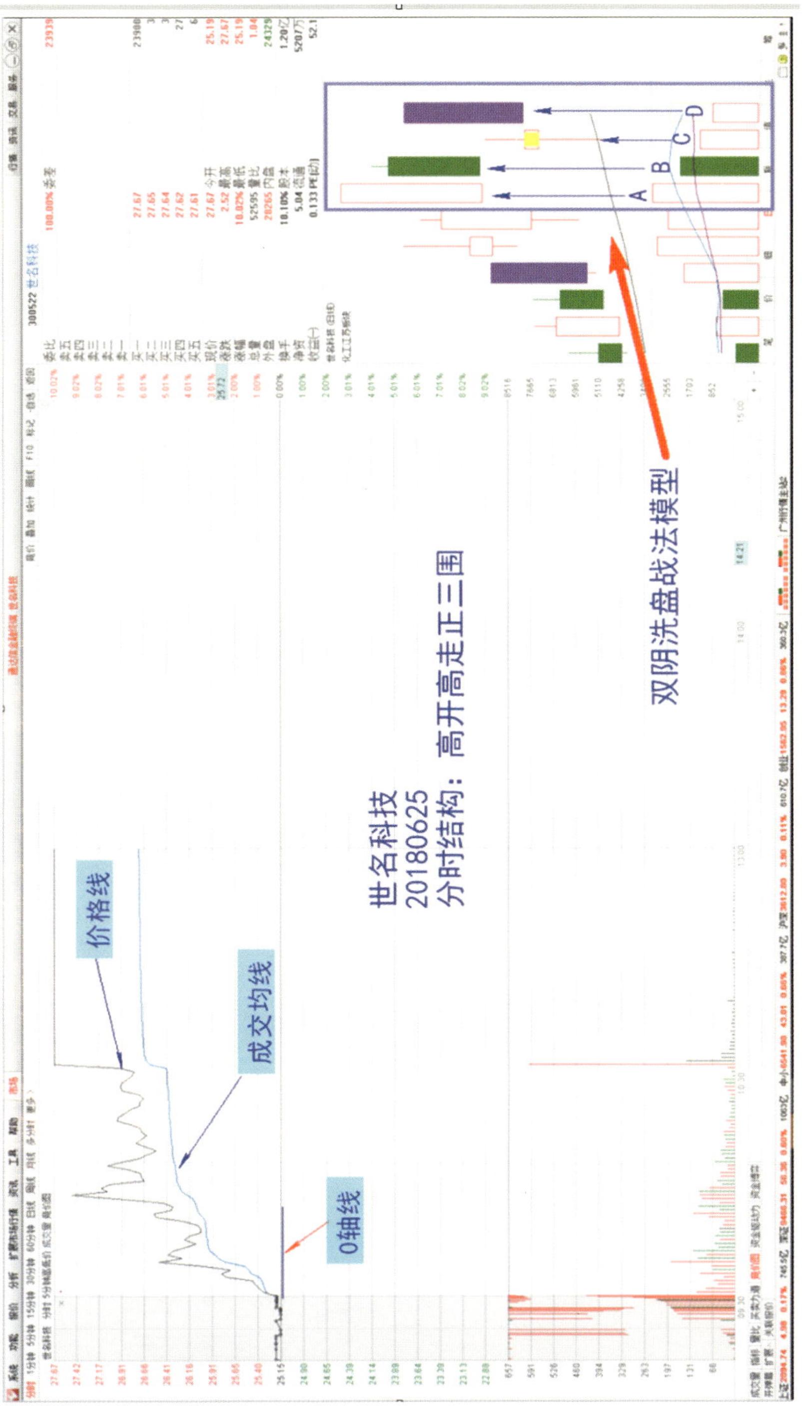

第十五章 早盘买入"停顿法"与"正三围结构"

图15-7 世名科技2018年6月25日分时结构图

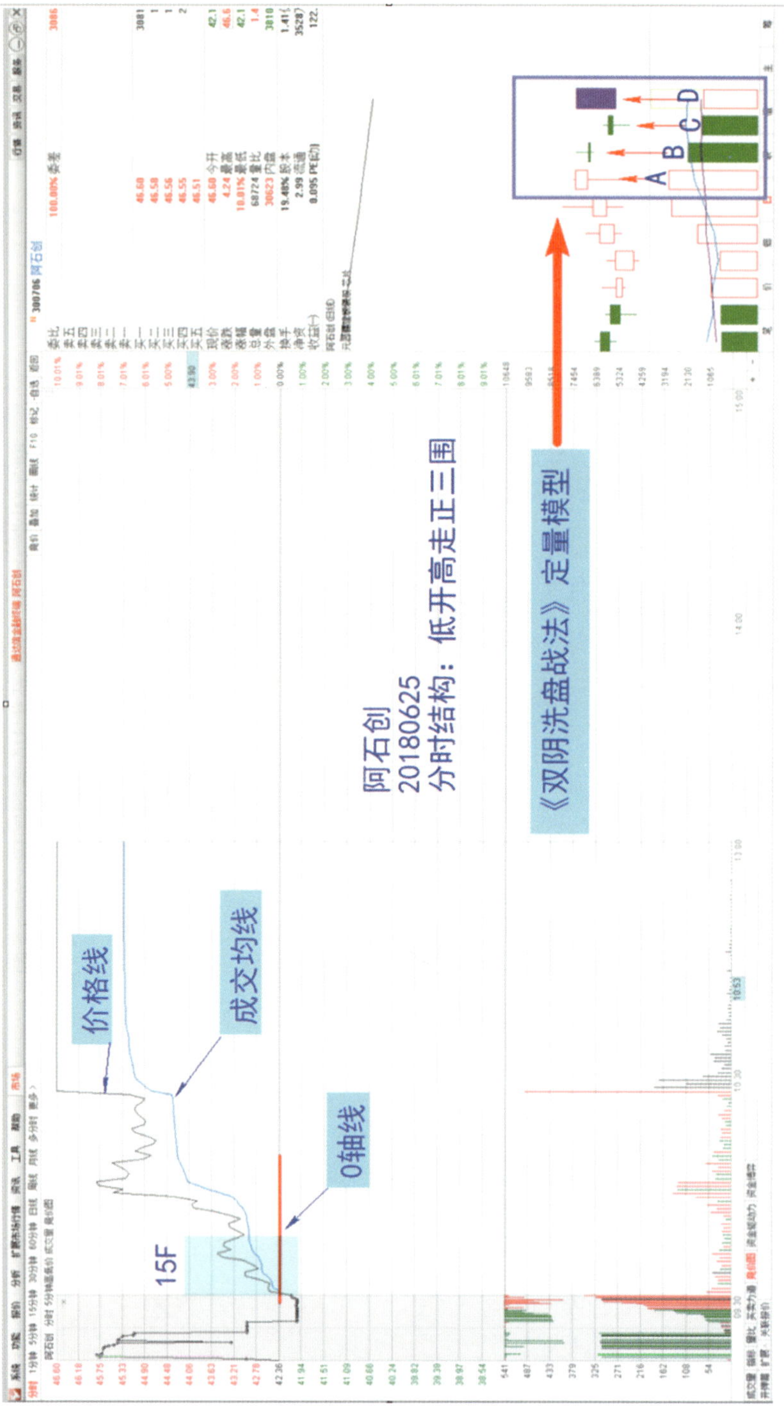

图15-8 阿石创2018年6月25日分时结构图

第十五章 早盘买入"停顿法"与"正三围结构"

第四节 实盘检验与学员操作总结

以下是"高青松战法"微信公众号在2018年2月1日发布的一篇文章,文章中对学员的操作情况进行了评述。

《加速之后等减速,缩量才有底分形》发表时间:2018年2月1日

今天000016即上证50在各大指数中唯一飘红,平均股价指数880003放量加速跳空大阴。一个字:惨!今天平均股价指数为16.72,离股灾以来的最低点16.55已近在咫尺。从今天的量价结构看,属于放量加速下跌的形态。明天周五,能否止跌,就看能不能缩量了。只有缩量才有背驰,只有背驰才有底分形,只有底分形才有极阴次阳。因此,大家不要急,耐心等待风险释放之后的买入信号。

几天大跌,没有空仓的同学开始反思。比如郑州的郑亚同学,画图300270中威电子(见图15-9),详细分析了自己为什么操作失误。我认为这样的反思很好,有利于自己的成长。虽然该同学进16841教室才一个星期,仅仅学习了"鳄鱼三线腾空阳战法",其他战法和基础课程都还没有学习过。但他的这种自我解剖精神值得我们大家学习。

郑同学用康量过康桥战法和T4变异过峰集合竞价买入,但忽略了几个重要的要点:第一,"连涨三天不买票,连涨五天需减仓",正是在第五天该减仓的时候,他买入了;第二,买入后当天出现假阴真阳,按照"假阴真阳战法"的要求,假阴真阳之后,80%的概率是要跳空阴调整的,因此第二天应该减仓或者斩立决,但由于他没有学习过假阴真阳战法,丧失了最佳出局的机遇。直到今天才根据"靠山柱"的原则割肉出局。教训深刻。希望今后不要再犯同样的错误。

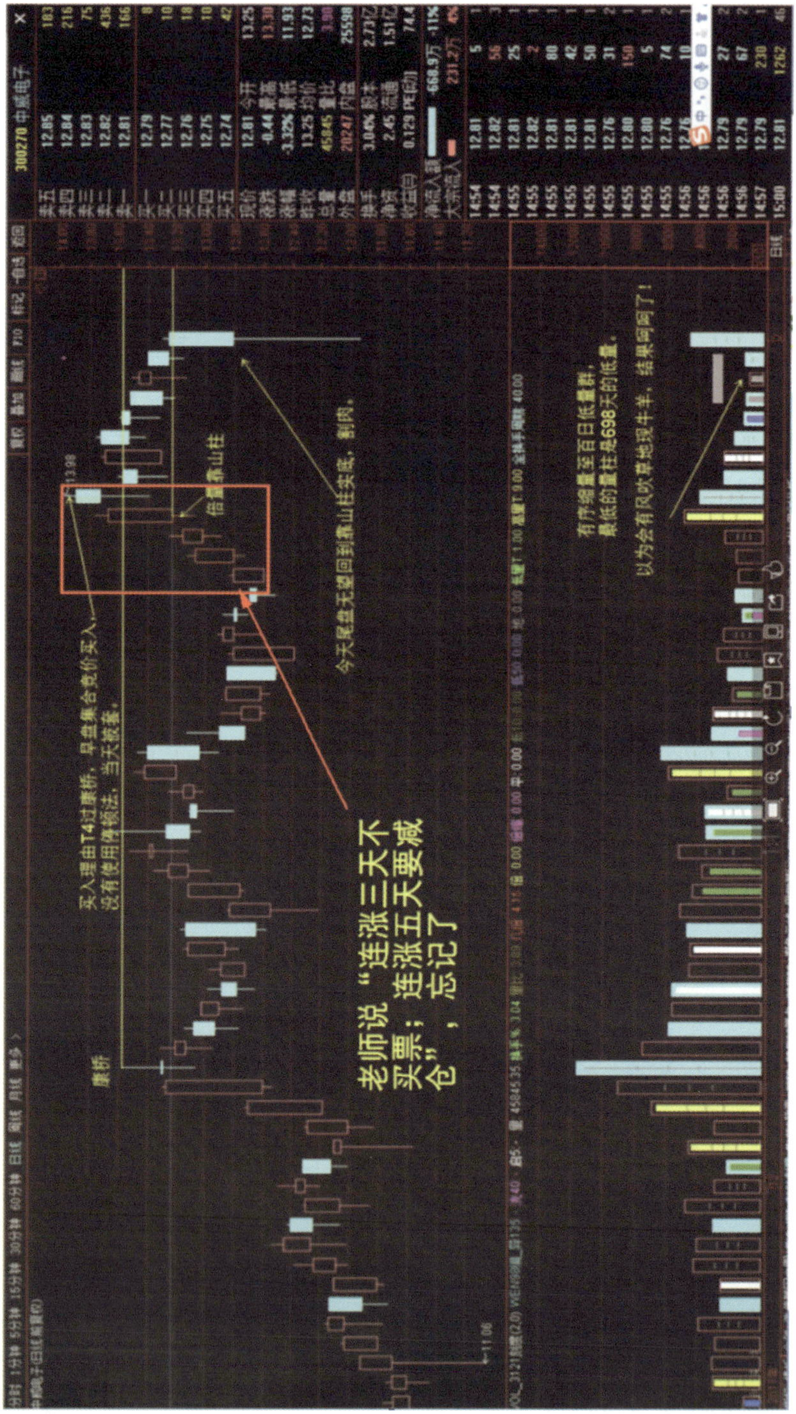

图15-9 中威电子结构分析图

第十五章　早盘买入"停顿法"与"正三围结构"

　　今天整个A股市场凄风苦雨，但漂亮股票16841教室依然红包飘飘，原因是有5位同学结合"大眼瞪小眼战法""大阳大阴组合战法""大阴内部结构""零号黄金仓战法"的信号，干上了002893华通热力，擒获涨停板一个；还有3个同学按照"大阴内部结构""大阳大阴组合战法""正三围结构""早盘5~15分钟停顿法"干上了300092科新电机；长沙马同学早几天利用"黄金线上平衡十字星战法"和"零号黄金仓战法"潜伏的300677英科医疗，获得两连板。实践证明，凡是严格按照高青松战法信号买入的，多少都有钱赚，一不小心还能逮住涨停板。

　　凡是不等信号确认就冲进去的，基本上要"关灯吃面"。比如今天早盘有人买入002783凯龙股份（见图15-10），以为能够风吹草低见牛羊，结果冲进去就被宰了，打到了地板上。为什么会这样？为什么会失败？问题出在细节上，这个细节就是，他不会使用"早盘5~15分钟停顿法"，没有正确理解正三围结构。错误地把"蛇缠龙结构"当作"正三围结构"。

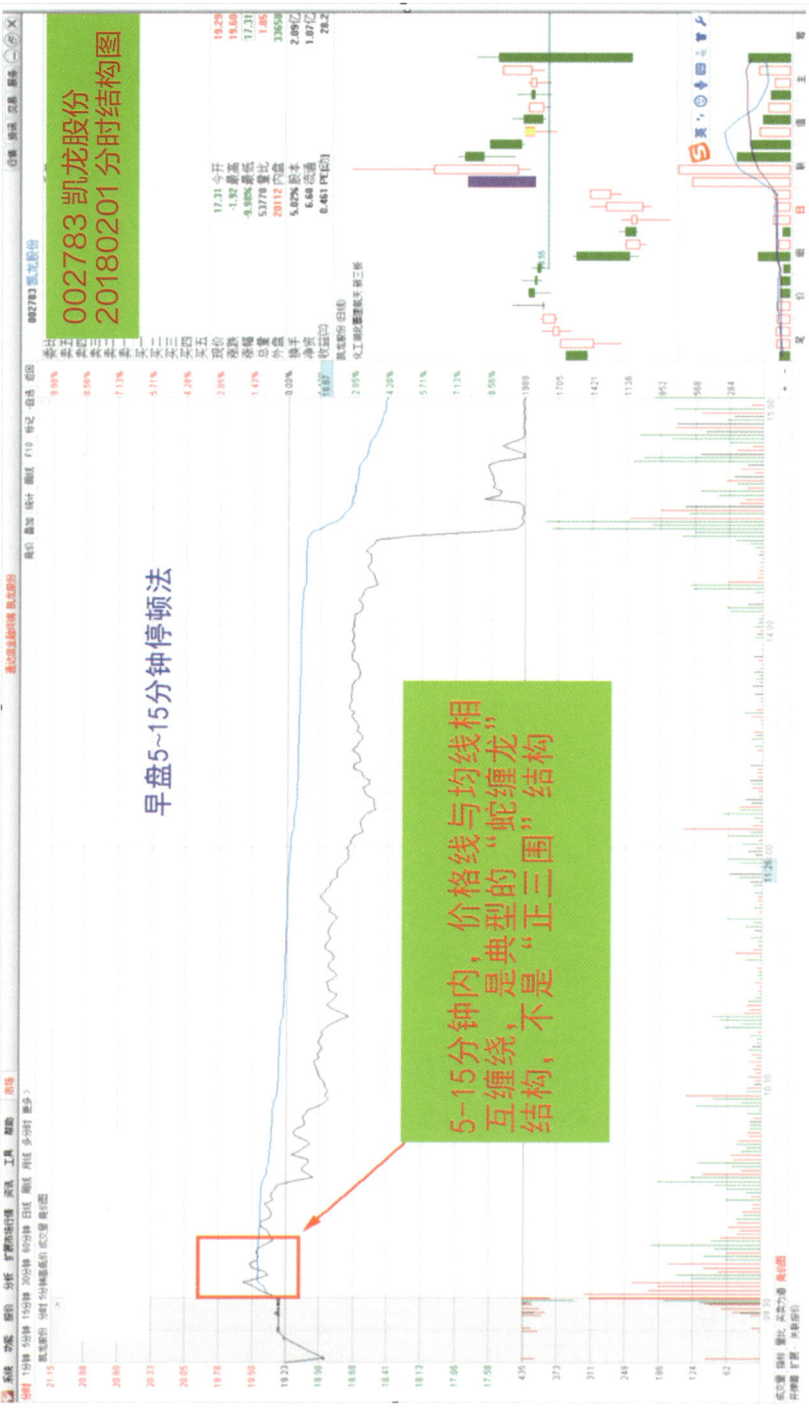

图15-10 凯龙股份早盘5~15分钟停顿法

第十六章 尊重主力的习惯

第十六章
尊重主力的习惯

主力有什么习惯？这是我们介入任何一支股票之前必须花功夫进行重点研究的内容。不了解历史怎么预测未来？就像谈恋爱，在决定是否结婚之前，一定要了解对方的历史，包括对方的思维习惯、生活习惯、性格行为习惯等，而不能被暂时的表面现象所迷惑。这是最基本的常识。

研究主力的习惯，是为了在看似混沌无序的波动中找到一定的规律，在不确定性中找到一定的确定性。股票交易，做的是概率。熟悉主力的操盘习惯，是搭便车能否成功的关键要点。

第一节　以均线系统为参照物

以300284苏交科为例，如图16-1所示，该股在进行箱体震荡整理的过程中是以20日均线为依托的，每次洗盘调整，都是在20均线上方点到为止，这就是习惯。发现了主力的这种习惯，就可以利用其这个习惯，在主力还没有快速拉升实现其目标价之前，每一次回落20均线的时候，都是加仓跟进的好机会。但如果经过一个快速拉升的过程，股价已经翻番或者涨了好几倍，再次回打20 均线的时候，就要小心了。因为股价目标实现之后，很可能就要开启回调之路。

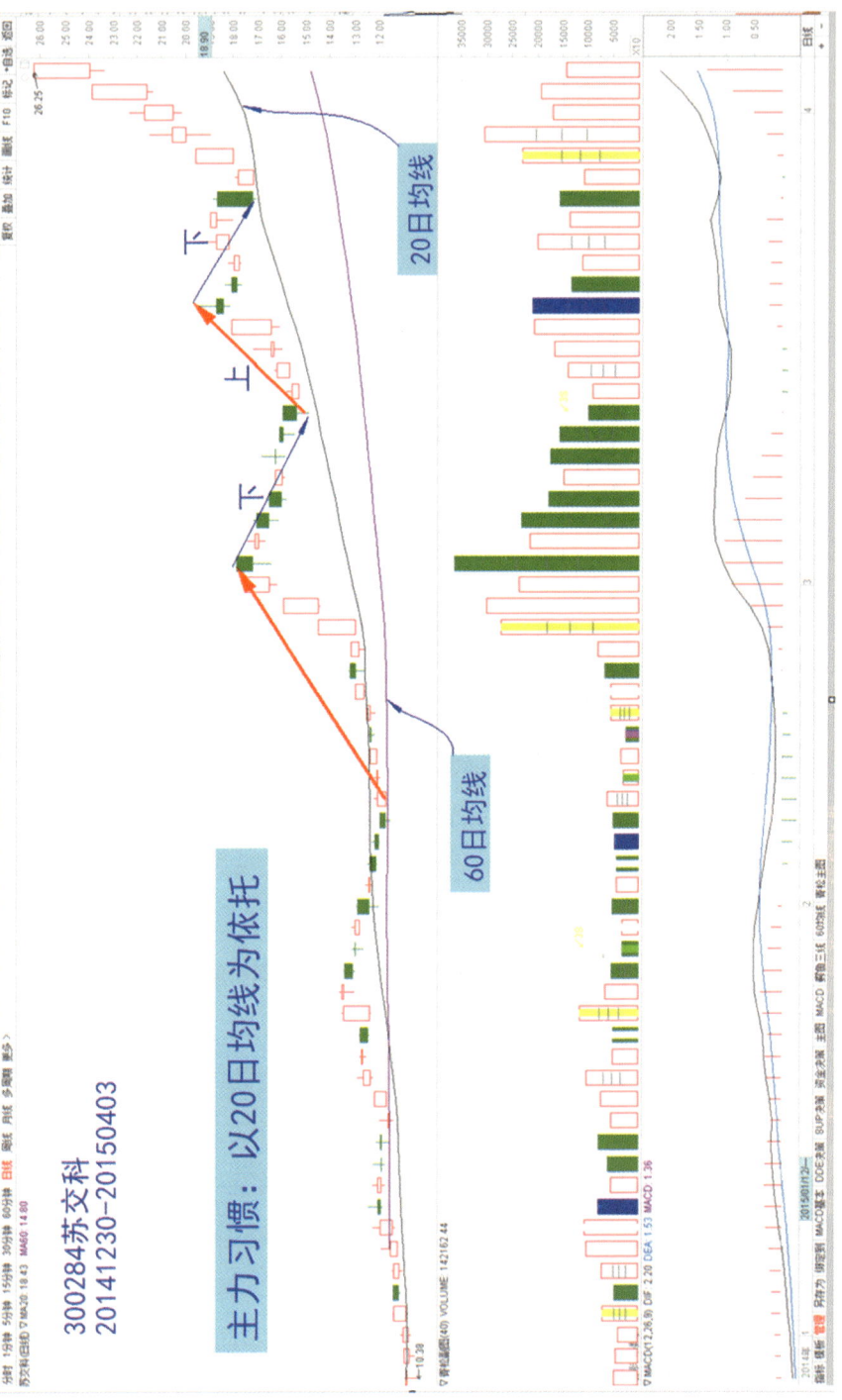

图16-1 苏交科均线结构图

第十六章 尊重主力的习惯

不同的主力，会有不同的习惯。这是由人类思维的多样性决定的。以300056三维丝为例，如图16-2所示，该股在进行箱体震荡整理期间，就是以60日均线为依托的，每次调整，都是在60日均线上方点到为止。这就是习惯。

再看300584海辰药业，见图16-3，该股在2017年11月-2018年6月间，出现5次回踩30日均线。每一次回踩，均是加仓进场的信号。经过这5次回踩，股价从20元上涨到56元（前复权），几乎翻了3倍。

理论上，股价第一次上穿某根重要的长期均线之后，第一次回踩介入，是最佳的时间节点。但如果第一次回踩之后上涨幅度不超过30%，则第二次回踩仍然是绝佳介入点，第二次回打之后的涨幅又不足30%，则第三次回打还可以介入。某次回踩之后上涨涨幅超过50%，再次回打的时候，则存在较大的风险，一般而言，就不要介入了。海辰药业的第四次和第五次回踩还有一定的涨幅，这是特例。

为什么习惯会反复重现？因为主力的行为受思维结构的自相似性影响。也可以理解为行为习惯或者做事原则，或者叫"计划"，调整时打到哪里，会有一个底线。因此遇到以20均线为攻防线的，就不要霸蛮去用30日均线的模子去套。不同的主力有不同的习惯，有唇吻20均线的，有唇吻30均线的，有唇吻60均线的。

还有故意跌破60均线然后3天之内拉起的，在理论上叫做"弹簧效应"。这种故意跌穿重要支撑线然后快速拉起的，往往是比较狡猾，也比较凶猛的主力，是在拉升之前做的一次测试动作。测试什么？一方面是测试主力对该股的控盘权是否牢靠，另一方面是测试市场在恐慌突然来临时的供应量。如果量价关系配合良好，则说市场测试成功，主力心领神会，很快起动拉升程序。

以天山股份在2016年年底到2017年年初的表现为例，如图16-4所示，A柱和C柱快速跌破60日均线，然后用B柱和D柱快速拉起，这就是主力在起跳前的两次测试。

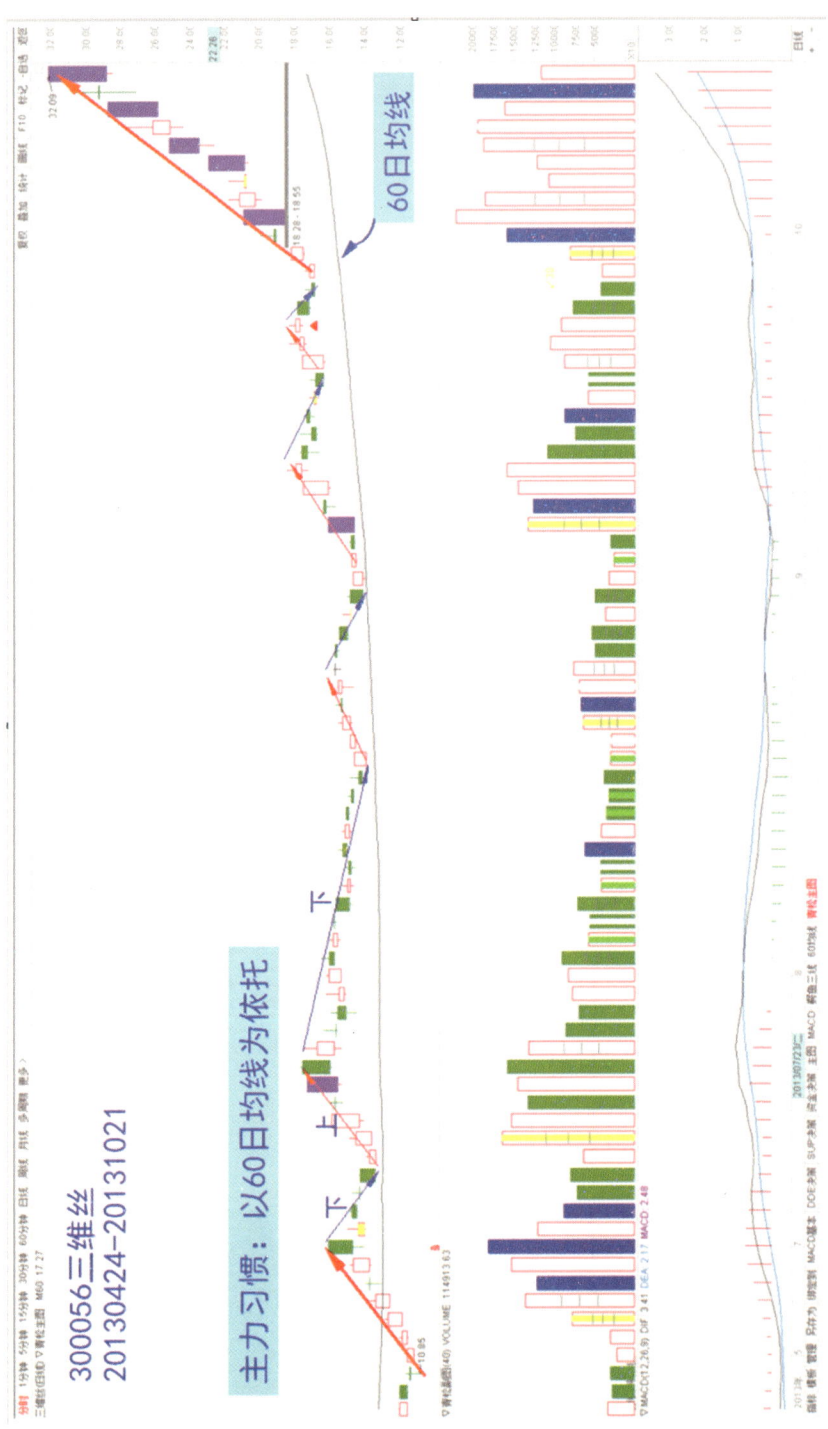

图16-2 三维丝均线结构图

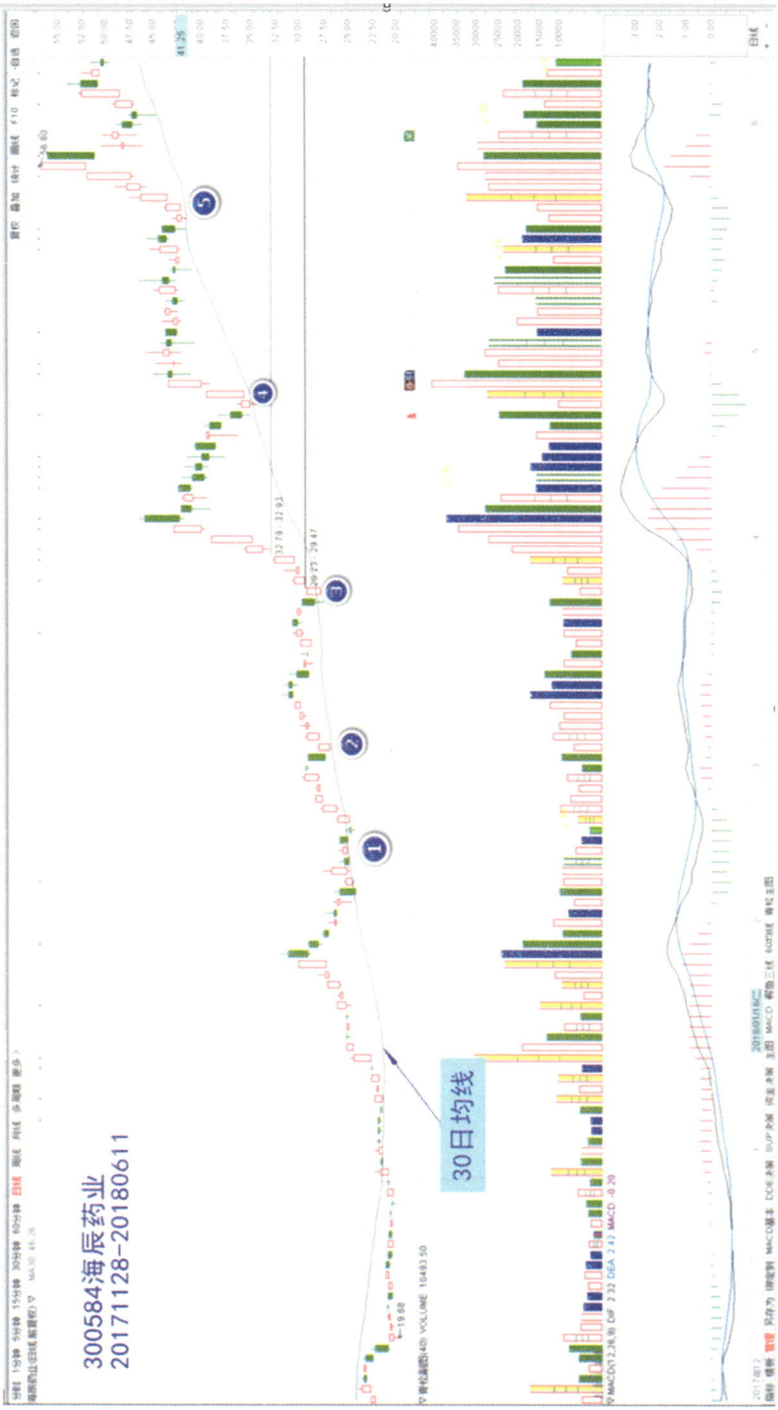

第十六章 尊重主力的习惯

图16-3 海辰药业均线结构图

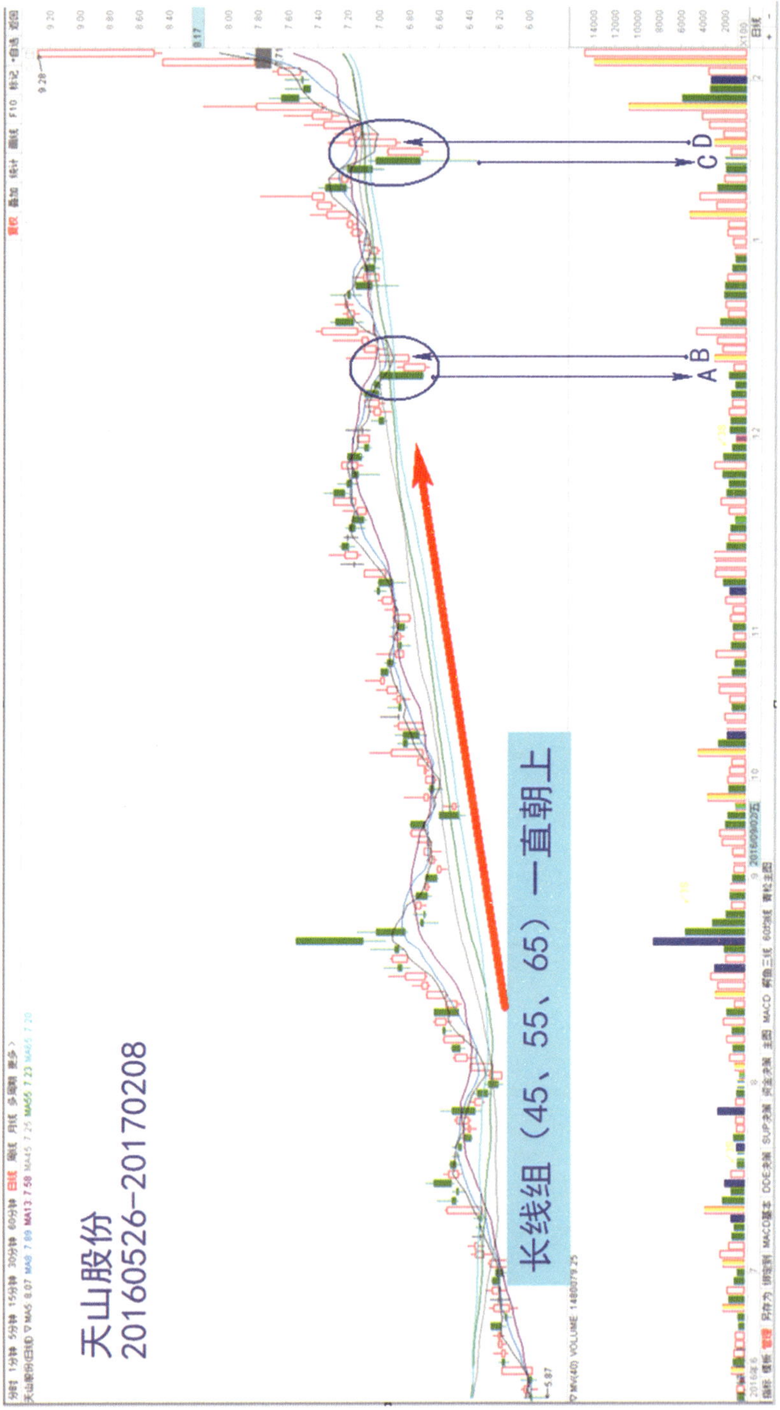

图16-4 天山股份弹簧效应结构图

第十六章 尊重主力的习惯

主力的这种故意跌破重要支撑线的做法,叫"弹簧效应",压下去,又迅速弹起。下压的力度,弹起的能量,决定后续的涨幅。漂亮股票16841结构形态学把这种形态的模型叫作"弹簧效应战法"。这种战法是超级私募主力常用的一招,在A股市场屡试不爽。这种结构形态一旦测试成功,则短期涨幅惊人。

第二节 以结构形态为参照物

世界是多元的,鸟在天上飞,马在地上跑,鱼在水里游,这是多样性。同时,各村有各村的地道,各家有各家的绝招。我们必须研究主力的习惯,理解主力的习惯,尊重主力的习惯,才能达到步调一致合力盈利的目标。

股价运行,相对底部会有筑底的形态,相对顶部会有筑顶的形态。每一个主力,因为思维习惯的不同,筑底与筑顶都可能一模一样。但同样一个主力,在操作同一只股票或者不同的股票的时候,其思维结构会反复不断重现。以603963大理药业为例,该股在2017年10月至2018年4月期间,做了三次顶。如图16-5所示,每一次顶部都是M型,且M型呈现左高右低的结构形态。

如果掌握了主力的这种行为习惯,则可以及时出货,避免深套。虽然股价运行千变万化,但总有一部分主力在操作一部分股票的时候,呈现出一定的规律性。这种规律性就是主力的思维习惯在行为上的反映。

有时候,主力的行为习惯也体现在量价关系上。比如600773西藏城投,每次放量单枪之后,均有不同程度的下跌。如图16-6所示,A、B、C、D、E、F、G这7根柱子都属于高量单枪的形态,每次出现这种形态之后,都无一例外地有所调整,或深或浅,都有回调。这就是主力的习惯。有一位朋友,根据双底构建macd背驰信号,在H柱跳空高开时买入。买入之后第二天,出现一个放量的单枪I柱。按照道理,在I柱当天收盘10分钟之前,如果预判I柱为放量单枪,则在收盘前5分钟,对所持仓位要进行减仓甚至清仓。但该位朋友却没有采取行动,直到J柱这一天跌停,才恍然大悟。

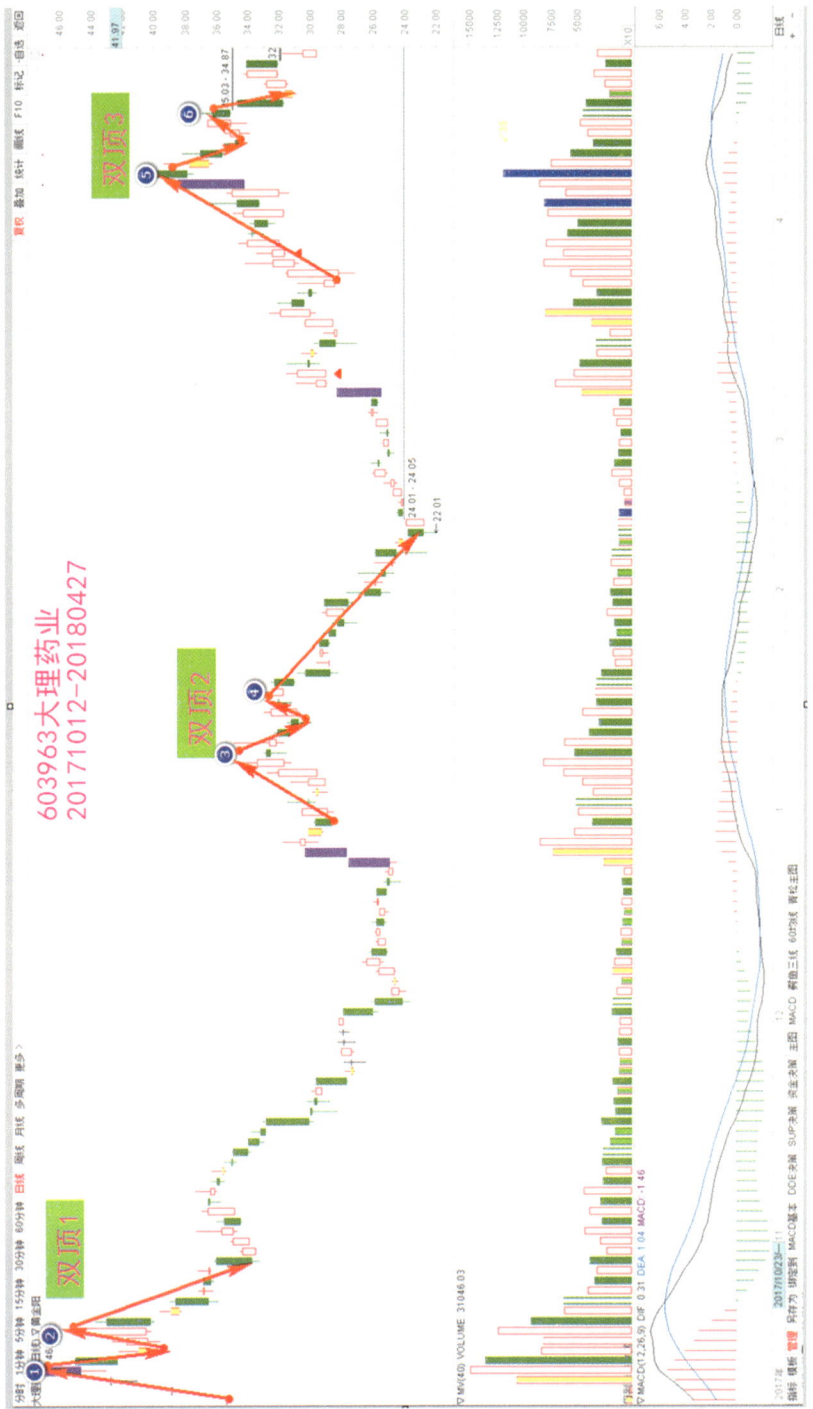

图16-5 大理药业双顶结构示意图

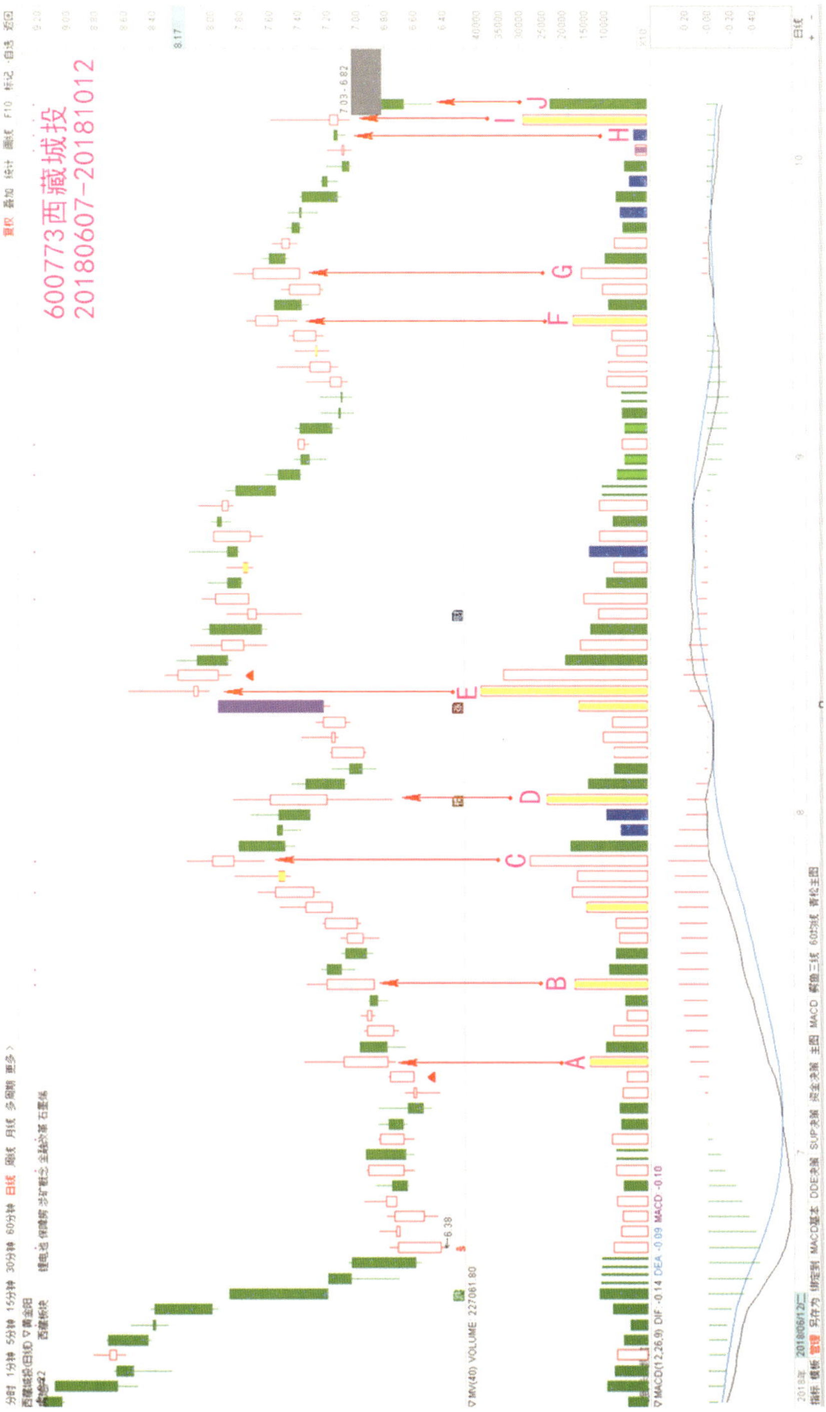

第十六章 尊重主力的习惯

图16-6 西藏城投放量单枪后走势图

其实，根据A、B、C、D、E、F、G这7根柱子的走势，完全有充分足够的理由来预测I柱之后的命运了。只是，我们很少有人去研究主力的习惯罢了。当然，如果这位朋友学习过"分时结构5浪不涨停多有调整"的知识点，在I柱这天的次高点出货，至少可以稳赚4个点左右的利润。

第三节 以分时量价结构为参照物

分时内部量价结构是一个非常重要的微观形态，它往往包含着主力极为敏感的方向选择，是判断主力做多或者做空意图的重要信号。而且，主力在选择方向的问题上，其结构形态往往具有自相似性。即连续多次出现相同的形态。当这种相同的结构形态出现以后，其后面的走势有着惊人的相似性。

以300240飞力达2016年10月至2017年7月的一段走势为例，见图16-7，其A、B、C、D、E这五根柱子，都是高量单枪。其分时内部结构几乎都有同样一个特征，即都有一个"瞬间急拉"继而徐徐落下的形态。如图16-8和图16-9所示，A柱分时和B柱分时结构几乎一模一样。其实，C、D、E柱的分时结构跟A、B柱也是一样的，为节省篇幅，C、D、E三柱的分时结构就不一一画出了，读者可以自己复盘观察。

尽管拉升的时间稍有差别，一个是早盘急拉，一个是午盘急拉，但其后走势都几乎一样，这就是主力的习惯。这个瞬间急拉而快速落下形成日线形态的高量单枪，其背后的逻辑，是上面抛压较重，主力发现上面抛压较重，则会放弃上攻。因此，一旦发现主力有这个习惯，在实盘中就要抓住时机快速出货，以免挨套。

在实战中，这种分时结构瞬间急拉而没有封住涨停，其后都伴随较大的日线形态的调整，因此，临盘如果手中持有该票，应该在当天抓住时机减仓或者清仓。如果没有时间看盘，不能抓住最高点或者次高点出货，那么也要在收盘前10分钟左右进行减仓或者清仓。

主力的行为习惯表现在方方面面，只要大家细心观察，总可以发现一些规律。

第十六章 尊重主力的习惯

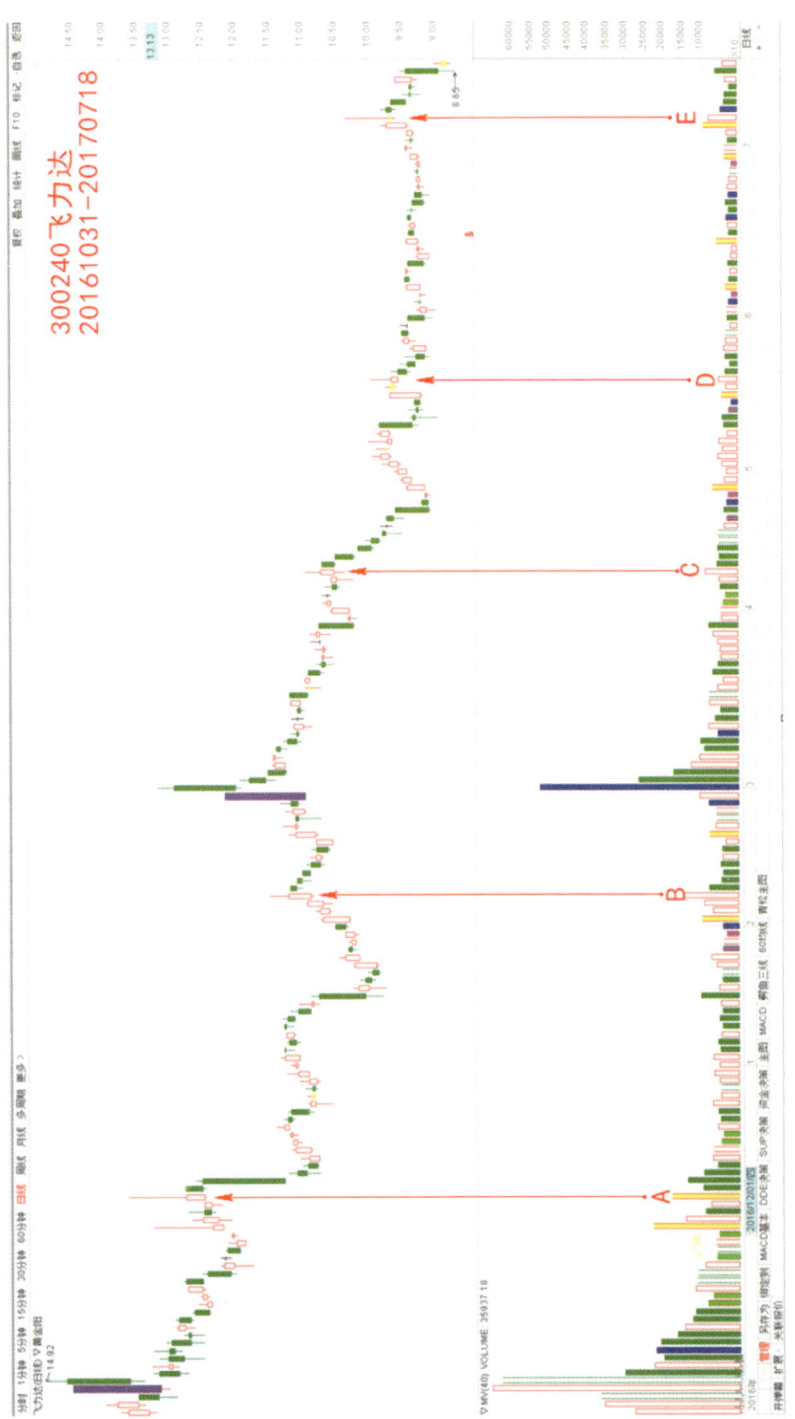

图16-7 飞利达高量单枪后市走势图

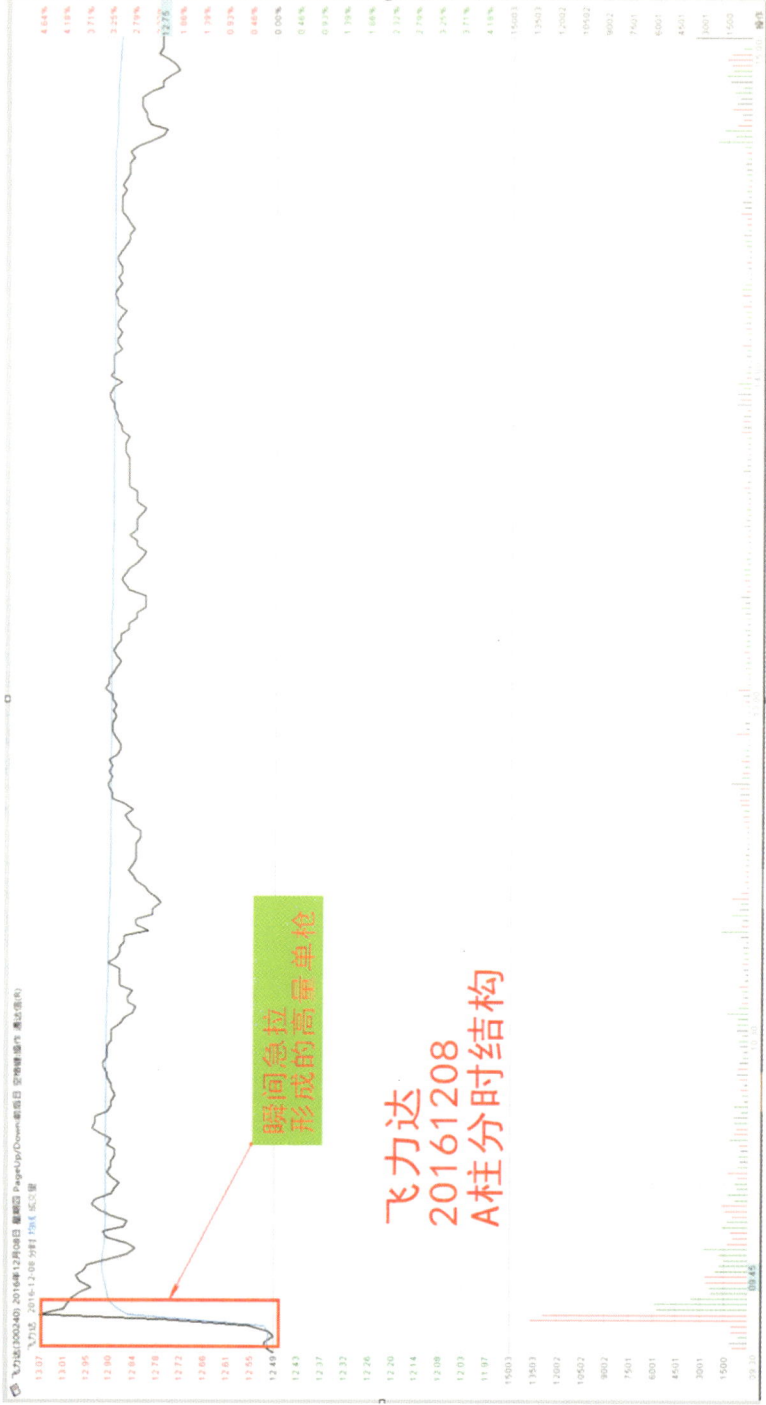

图16-8 飞力达20161208A柱分时结构图

第十六章 尊重主力的习惯

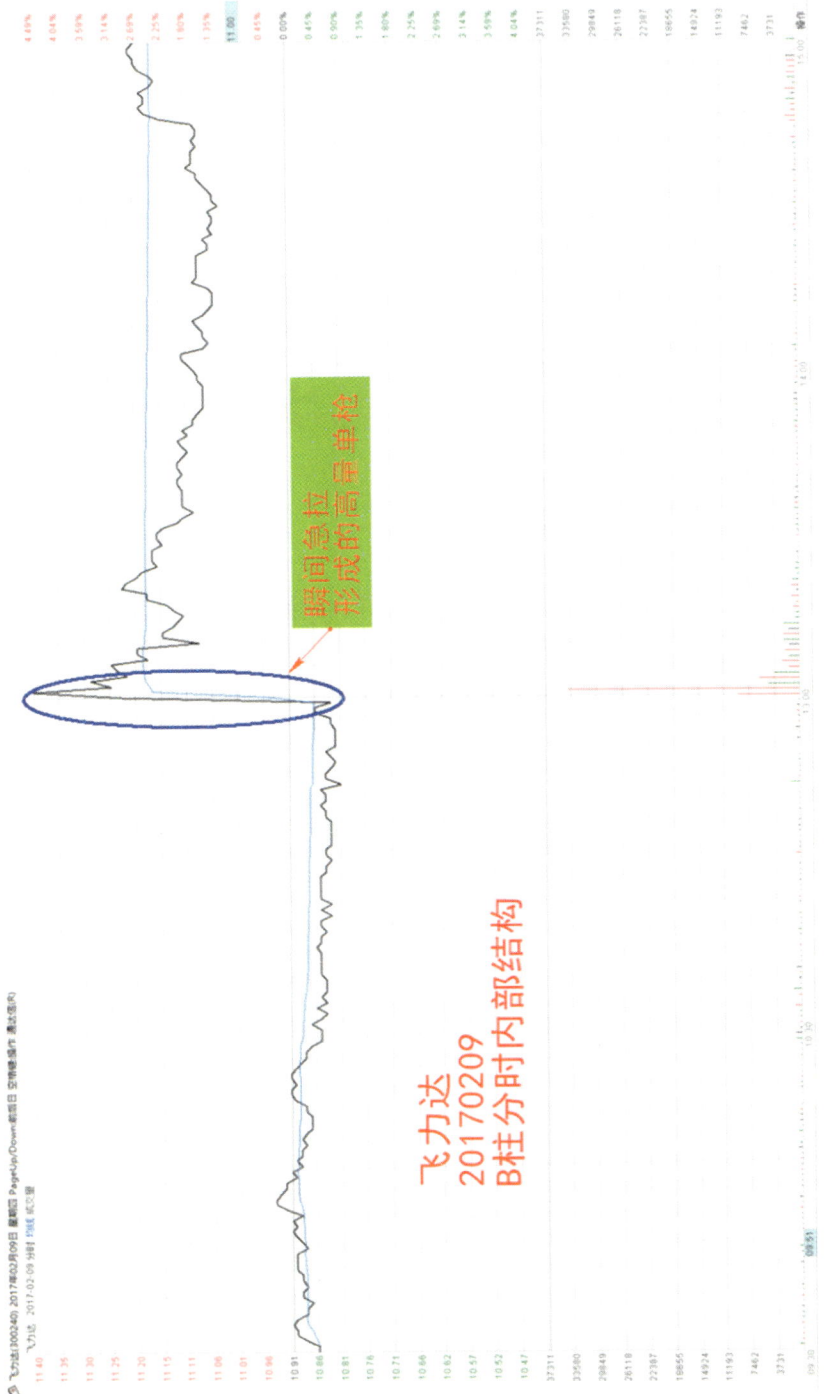

图 16-9 飞力达 20170209B 柱分时结构图

第十七章
无量跌停与爆量建仓

第一节 "穷光荣"的前世今生

A股市场无奇不有。比如说一种奇怪的现象，就是有一些问题股票，包括重组失败、业绩下降、遭到立案调查、大股东减持、ST警示等，在多个一字板跌停之后，又迅速被拉起，在大盘指数趋势朝下的过程中，这些股票反倒成为一道亮丽的风景，俨然是结构性的牛市，拉出连续的涨停板，有的股价甚至一口气实现翻番。这种现象，有人称之为A股市场特有的"穷光荣"现象。说的好听一点，是"置之死地而后生"，说得通俗一点就是"越穷越光荣"，简称"穷光荣"。

在国际关系的问题上，有一句经典名言，即"没有永远的朋友，也没有永远的敌人，有的是永远的利益"，股票市场上，这句话同样适用。股票交易主要目的是为了赚取差价，只要有差价可以赚钱，就不论股票本身的好坏。股票闪崩之时是"坏股票"，但闪崩之后，又可能转化为"好股票"。

2018年中秋节前有两只股票，即002113天润数娱（见图17-1）、002359北讯集团（见图17-2），就是因为重组失败而引发一连串一字板缩量跌停，止跌之后，有爆量资金连续涌入，而引发的涨停板。

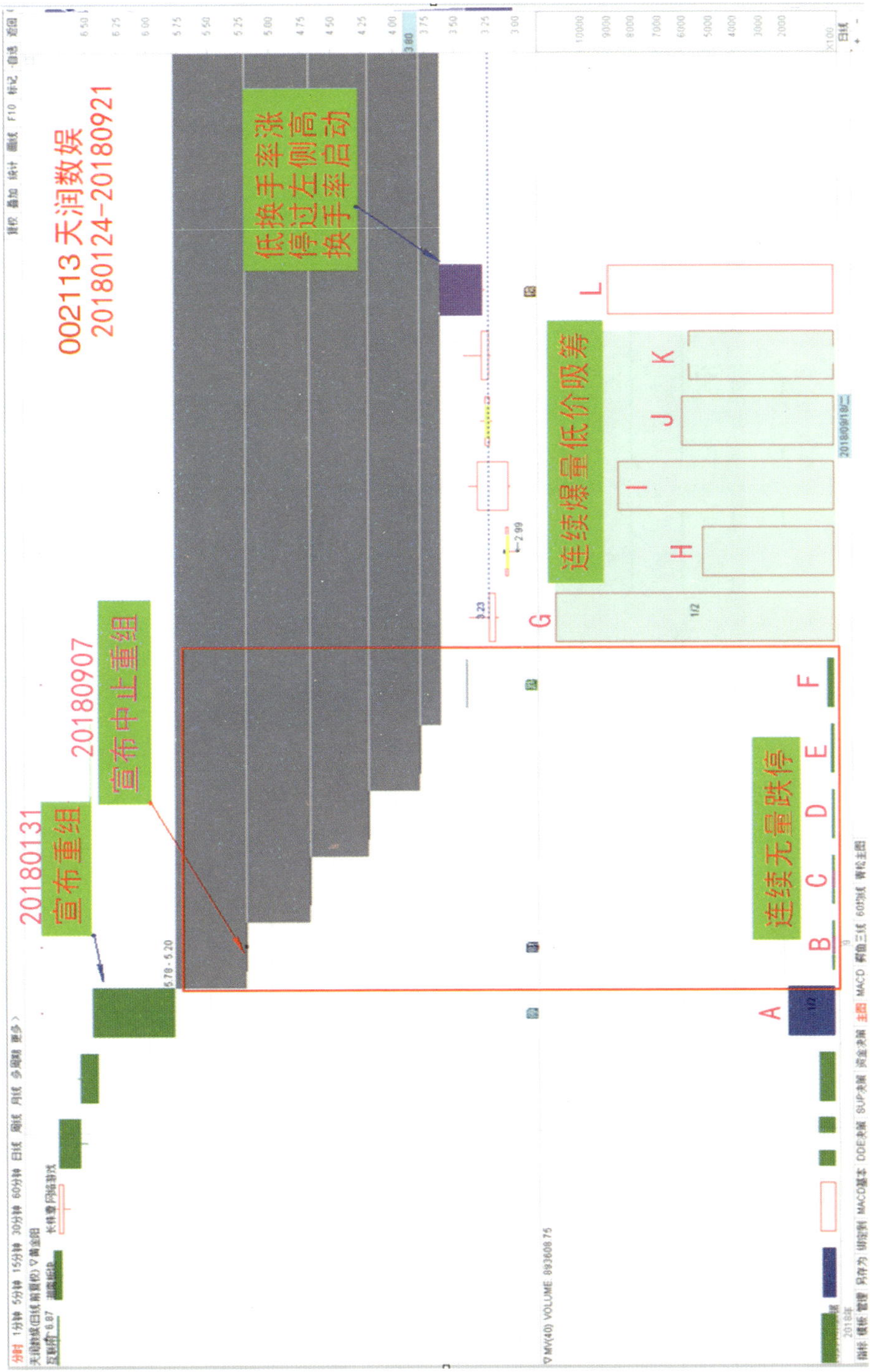

图17-1 天润数娱"穷光荣"结构图

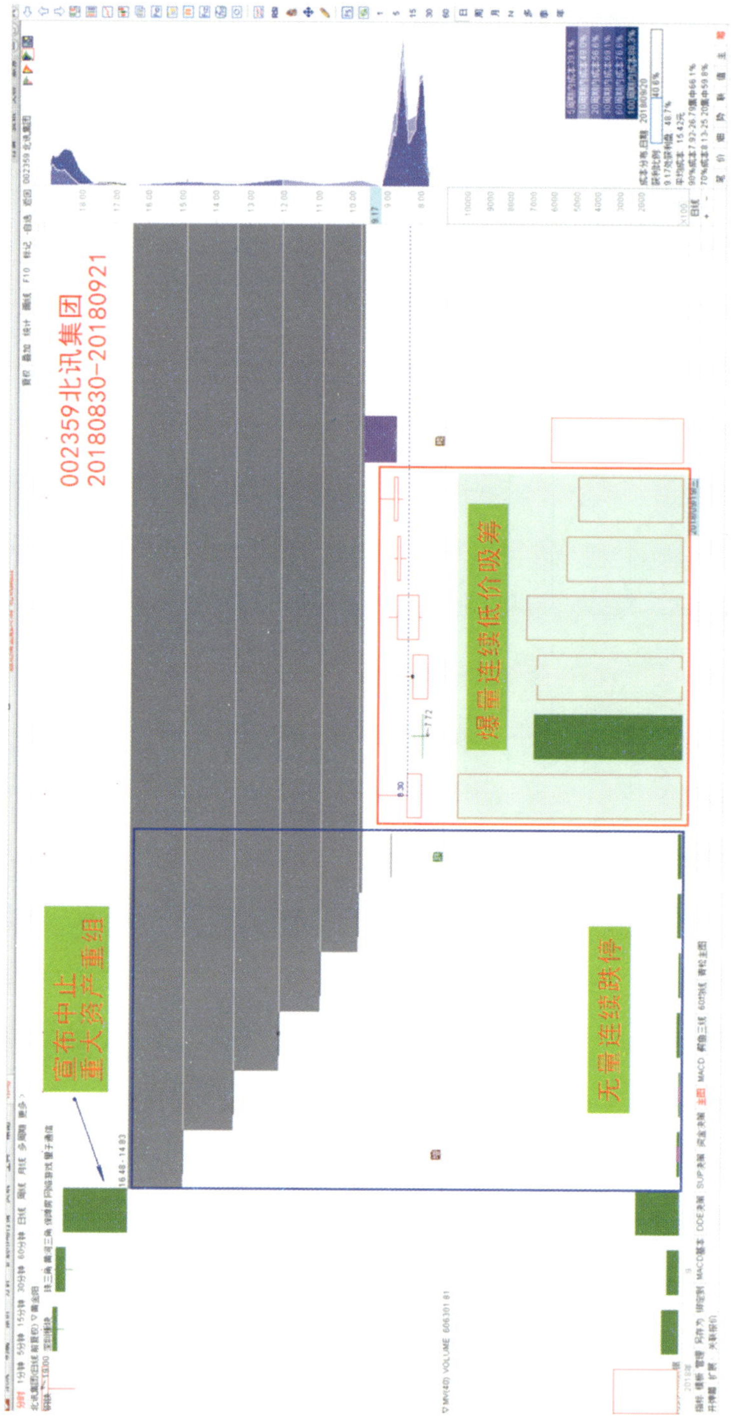

图17-2 北讯集团"劣光荣"结构图

第十七章　无量跌停与爆量建仓

大家要留意，这两只股票的形态，有一定的共性。其背后的逻辑和关键词包括：

（1）重组失败。重组失败，只是一个编写故事的由头，找到理由让股价快速下跌。这些故事，真真假假，是主力与股份公司合谋而为之，还是真实的重组，作为局外人不得而知。

（2）无量一字跌停。连续无量一字跌停，这时主力自己没有夺路而逃，而是为了快速打压股价。打压股价的目的是为了在低位捡到便宜的筹码。

（3）爆量止跌。连续跌停5-7个交易日，突然地板上开板，恐慌盘蜂拥而出，超级资金低位接盘，有多少吃多少。

（4）连续爆量吸筹。只有一天两天爆量，然后突然连续缩量，爆量并没有持续性，则说明换手不充分，主力拿到的筹码不够，那就还得下跌，甚至还得下几个台阶。连续几个交易日放量换手，让主力可以从容吃饱，那么后续走势就会相对简单，因为只有主力吃饱了，才有可能拉升。如果主力迟迟吃不饱，则后续走势会较为复杂，调整的时间也会比较长。

这四个步骤全部符合条件之后，观察主力的动向。当主力以较低换手率让股价站上左侧最高换手率时，是最佳的搭顺风车的时机。

在闪崩的过程中，一定要跌透。所谓跌透，股价至少能够腰斩。腰斩之后，主力就有可能自救。实力比较强的主力，说不定会在跌到极致以后，低位收集廉价股票，然后制造一些事先就已经计划安排好了的利好，短期之内来一个股价翻番。所谓坏到极致，往往就会否极泰来。

所以，对待问题股，在闪崩之前要规避，闪崩之中跌透之后，闪崩之后要收集观察，符合条件的，还要及时搭车。对参与股票交易的股民来说，同样没有永远的好股票，也没有永远的坏股票，有的是永远的差价和盈利。

第二节 经典案例分析

以002113天润数娱为例,如图17-1所示,该股2018年1月31日即A柱收盘之后宣布重大资产重组停牌,公告前可能部分消息灵通人士提前得知消息,所以在公告发出之前的1月31日蜂拥而出,导致当天跌停。8个月之后,该股在宣布中止筹划重大资产重组事宜之后的9月7日复牌,当天一字板跌停。累计连续5个一字板跌停。

但请大家注意:B、C、D、E、F这5个连续的跌停板,成交量都是非常少。跌停板上成交量非常少,说明愿意接盘的人少,也就是没有新的主力出来接盘。没有新的主力接盘,说明该股的主力资金比较单一。主力资金比较单一,对日后拉升而言,就会是一言堂,不会因多个主力意见分歧而出现互相开刀的现象。

G柱打开跌停当天,有资金巨量接盘,当天成交量3.54亿元,真实换手率17.43%(注:在通达讯看盘软件收费版可以看到真实换手率,标记为"Z换手率")。H柱继续下跌,但此时成交量缩量二分之一,说明供应减少,这个缩量动作非常重要,是几乎所有牛股在起涨之前测试市场的必须动作。I柱实体站上G柱的实顶,且J、K两柱都没有跌破G柱实顶。而L柱以14.13的真实换手率拉升涨停,这个涨停有非同寻常的意义,即L柱以低于G柱的换手率站上G柱的最高价,这是主力给予市场的一个重要信号:快速拉升马上展开,要搭车的,赶紧上车。看得懂的,就会心领神会,砸锅卖铁也要搭上这趟顺风车;看不懂的,那就看看热闹而已。该股在L柱之后,连续拉升三个涨停板。

看似杂乱无序的股票市场,其实是有一定的规律可循的。但规律需要发现,规律更需要总结。当然,能否利用规律为自己盈利,那还需要一定的经验积累。聪明的人,一定可以从这个案例中得到一些启发;不聪明的人,一定又会说我这是马后炮。

第十八章 涨停板选股

如何选股，相信是很多股民最头痛的问题。有些股友反映，学了很多理论，学的时候很兴奋，到选股的时候，就很茫然了。因为A股市场，超过3000只股票，犹如古代的皇帝，面对后宫的三千佳丽，怎么翻牌子，是一件很困难的事情。困难在于：在众多的备选对象中，无论如何选择，都是要支付机会成本的。股票操作，与皇帝翻牌子有相同的地方，也有不同的地方。相同的地方，都是想选出对自己来说是"付出与时间成本最少，而当前和未来的收益最高"的对象。

不一样的地方，就是皇帝翻牌子之前，这些能够进宫的美女都已经是万里挑一，几乎不存在数据造假、坑蒙拐骗、黑天鹅事件，而且，每天晚上还有秘书代为初选，皇帝只要在有限的数量里捡一块即可，风险可控，不存在被套牢或者割肉的风险。

股民选股票可不一样，第一，没有秘书帮助初选。自己得进行海选，海选的工作量实在太大。第二，自己得对选择的结果承担风险。选得好，很快盈利；选得不好，就把自己套上了。最怕的就是遇到地雷呀、黑天鹅之类的问题股，弄不好，连吃18个跌停，还看不到尽头。

俗话说，没有交易就没有伤害，一旦参与交易，风险就如影随形，想跑也跑不了。

究竟如何选股，坊间有很多版本。比如说，基本面选股、热点题材选股、消息选股、公告选股、高配送选股、填权选股，等等，八仙过海各显神通，各有各的优缺点。但具体执行起来，何去何从，莫衷一是。因为外部环境是动态的，一段时间流行价值投资，一段时间流行热点题材，一段时间流行龙头妖股。变化太快，让人难有定力。

我这里介绍一种选股方法，可以大大减少海选的工作量，而且还能选到强势股，如果运气好，还能搭上妖股的便车。这种选股方法就是从涨停板里选股。简称"涨停板选股"。

在讲述"涨停板选股"之前，先讲两个常识。

1. A股市场的交易制度

大家知道，A股市场与世界上其他市场不一样的地方，有三点比较突出。一是有涨停板的制度，每天最多涨10%，最多也只能跌10%。二是必须先持有股票，而且还是当天这个交易日以前买入的，才可以卖出。当天买入的股票，当天不能卖，必须等到下一个交易日才能卖出，这叫做"T+1"。三是如果手里没有股票，那就不能卖出。虽然现在一小部分股票可以"融券"，就是向证券公司借来一定数量的股票，当天卖出，今后再买回同等数量的股票才算完成一个交易。但能够进行"融券"的标的很少，再说，你想"融券"的时候，证券公司也不一定能够满足你。这是常识，但必须先讲清楚，否则如果有外国的股友读了这一节会感到茫然。

2. A股市场有四大主流资金

第一类是机构，包括公募、部分私募基金、券商自营、保险、社保基金等。这些机构的优点是信息资源丰富，调研团队齐备，资金比较庞大，同时必须执行政府的行政命令，体现国家意志。其操作的风格一般是稳打稳扎，建仓时间较长，拉升时间也比较长。涨停板有，但不多。出货也较为缓慢，不会暴涨暴跌。多数情况下是慢牛缓升，是典型的农耕文明代表，讲究精耕细作，注重细水长流。

第二类是游资，包括部分私募基金、流动的热钱。这些资金来无影去无踪，聚合很快,撤离也如旋风,是典型的草原游牧文化,哪里水草丰美,就往哪里迁徙,居无定所,动作迅捷,机动性超强。其操作手法犀利、快速建仓、快速洗盘、快速出货。近年来,常用昨天涨停、今天跌停,明天又涨停的手段,翻云覆雨。一般情况下,以连续的涨停板拉升,最容易出现连续暴涨之后快速暴跌。

在非洲草原上,就体型而言,排在前面的是大象、狮子、猎豹、野牛和犀牛。就综合实力而言,狮子无疑是"大当家"的。但有一种相对娇小的鬣狗,却因其独特的捕猎技术而成为非洲草原的"二当家"。鬣狗虽然颜值不高,姿势也有点猥琐,捕猎的手段也比较"流氓",但却以其著名的"掏肛术"而奠定了其江湖地位,如图18-1所示。排名前五的大兽,似乎都遭过鬣狗的毒手。虽然狮子在非洲草原拥有"大哥"的位置,几乎拥有绝对的统治权,但这个"大哥"的地位,常常受到"二当家"的挑战。"二当家"的不仅身体灵巧且作战时锲而不舍,常常用数量优势,搞得"大哥"不胜其烦,最后把到嘴边的猎物拱手相让。

A股市场也是一片丛林。就实力而言,"大当家"的,无疑是那些公募基金、券商机构、保险、社保基金等机构。这些机构,在"武功"实力上,拥有绝对的优势。因其出身高贵,因此颜值和姿势俱佳,是股市生态链中的龙头老大。而那些游资,出生狐鬼神仙,颜值与姿势自然没法与"大当家"的相提并

图18-1 非洲草原鬣狗掏肛示意图

论。但因其具有神龙见首不见尾、来无影去无踪的神功，因此，在股票市场上，江湖地位，绝对是"二当家"。

股票市场上的"二当家"与非洲草原的"二当家"有相同的地方，也有不同的地方。相同的地方，就是颜值不高、姿势猥琐、手段流氓。不同的地方是，凡是"大当家"的染指的股票，一般不碰。凡是那些"大当家"来不及染指的次新股，被"大当家"抛弃的绩差股、问题股，就成为"二当家"的猎物。

股票市场上的"非洲鬣狗"，之所以不碰"大当家"的猎物，是因为大机构入驻的个股，一般都是奉行价值投资，选择的股票一般都是行业龙头，业绩优秀，看起来膘肥体壮。这些显而易见的美食，游资是不敢去跟机构争抢的，费力不讨好不说，弄不好还会给狮子抬轿，甚至被猎杀。

而那些"问题股""绩差股"，相当于非洲草原上那些"落单"的动物，看起来老弱病残，骨头一把，没有什么"肉"，不被狮子看在眼里。因此游资干起来就非常的"安全"。"次新股"因其刚刚上市，大型动物还来不及染指，非常的"干净"，因此也是非常的"安全"。因为没有大型动物前来抢食，因此游资可以"东边日出西边雨，于无声处听惊雷"，把其快速拉起来，然后在高位派发给各位"韭菜"，完成一轮捕食。

"问题股""绩差股"是机构不要的，"次新股"是机构还来不及要的。因此这一块，就天然成为游资的领地，成为狐鬼神仙的摇篮。

之所以把游资比喻为非洲草原上的二当家，因为其操作手段有时候超级流氓，以002288超华科技2018年11月28日的分时结构图为例，如图18-2所示，A柱开盘封住板，画一横；然后秒跌-5%以上。股价从涨停板跌到-5%，振幅达到15%。如果谁手里有这只股票，大多数会被吓得屁滚尿流，赶紧出货。这种凶狠的洗盘动作，一般不是大当家的所为，而是游资这个二当家的手法。当凶狠下砸洗盘洗不出成交量来的时候，主力则会再次秒速封板。封住涨停板之后死死咬住不放，则"掏肛"成功。

而假如位置不对，则再度封板之后，涨停板被再度砸开，则"掏肛"失败，游资并非能够百战百胜。有时候，也会被更凶狠的对手猎杀。

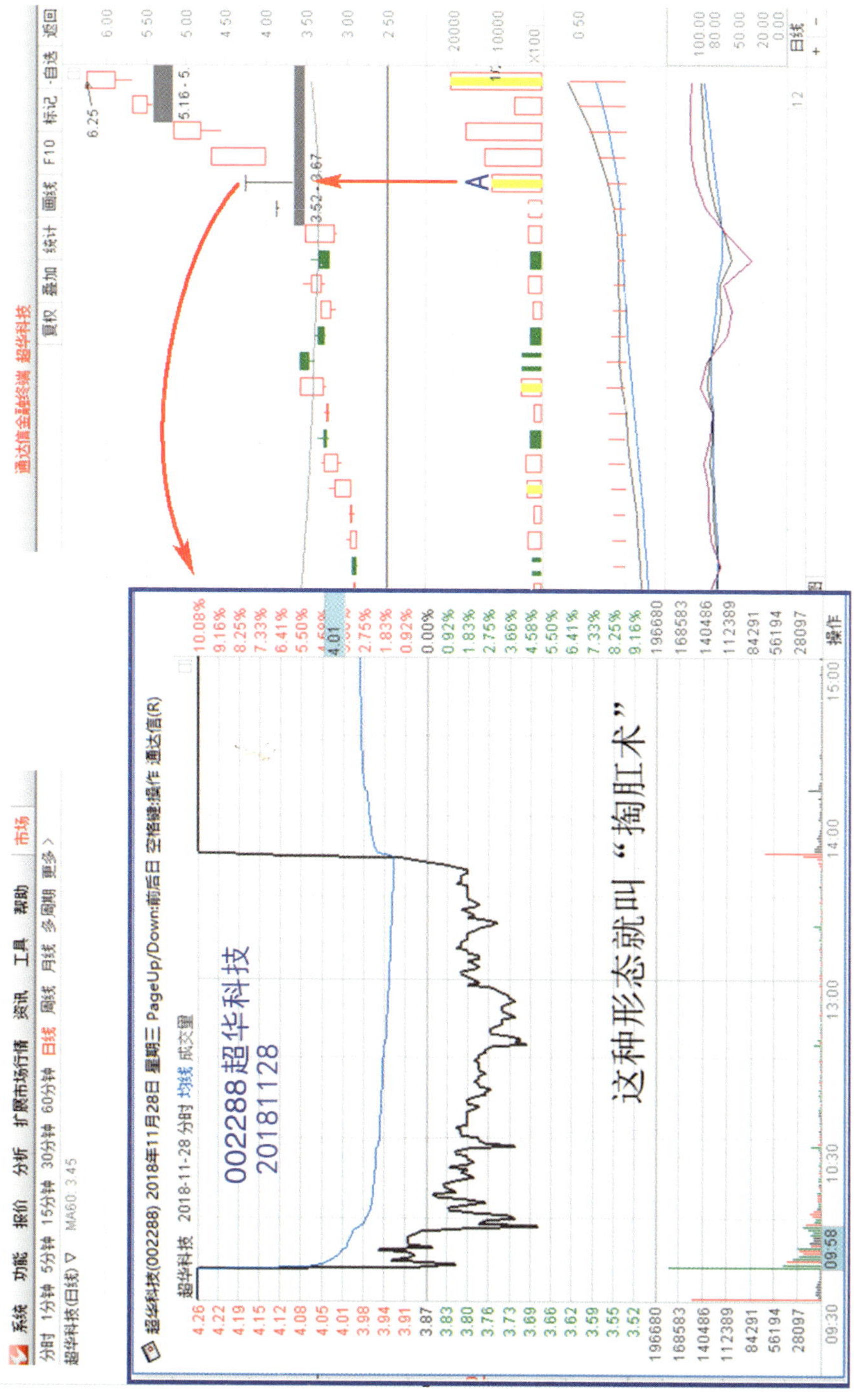

图18-2 超华科技"掏肛"示意图

这就是A股市场的生态环境，从一个侧面解释了A股市场上的一种特殊现象，揭示了为什么"问题股""绩差股""次新股"被屡屡爆炒，涨起来让人仰天长叹，跌起来就启动"核按钮"的真实原因。

第三类是QFII，这类资金规模受管控，增加资金必须经过批准，但进进出出的操作完全自主。其投资风格与第一类资金有相同的地方，就是他们一般注重公司的基本面，喜欢那些盈利状况比较稳定的企业，属于新时代的海盗，身体里流的都是"海盗"血，他们既讲究操作的计划性，又有强烈的趋利性，属于无利不起早的爷们，是海洋文明的代表。

第四类资金就是散户，包括大部分公众投资者。这部分资金，优势是每个个体的资金体量少，进进出出非常方便，缺点是掌握的信息资源有限，且无法形成合力，作为追涨杀跌的主力军，对暴涨暴跌起到强烈的助力作用。因此，这部分资金往往把自己戏称为"韭菜"。

了解这些常识之后就知道怎么选边站队的问题。选边站队，就是指你的交易风格，是附和温和的大机构还是跟随凶猛的游资？是学习海盗的精神，还是甘愿做韭菜？这个问题不搞明白，就没有办法再往下走。很多人就是因为站错了队而两头挨耳光。

第一，选择与大机构站队。那就要仔细研究股票的基本面，选择那些盈利能力稳定的个股，而且股票的流通盘还不能太小，资金流进流出必须适合大资金操作。建议等60均线稳步朝上时再介入。介入之后，只要不跌破60日均线这个大趋势，就不要频繁进出。适合上班族没有时间看盘或者性格比较稳重温和的投资者。但如果60均线朝下，且十天半月还不能掉头朝上的，不管是陡峭朝下还是温和朝下，此股已经是没有娘的孩儿，即没有资金关照的对象，要尽早做个了断。至于在60均线附近反复折腾，进行箱体运动时，你如果有兴趣，也可以在箱体上沿卖出一部分，在箱体下沿把卖出的那一部分再买回来，上上下下踩节奏，进进出出赚差价。

以601800中国交建在2014年6月至11月的一段走势为例，如图18-3所示，当短期均线组（5、8、13）上穿60均线的时候，是最佳第一买点信号。当股价第一次回踩60均线的时候，是最佳的第二买点信号。

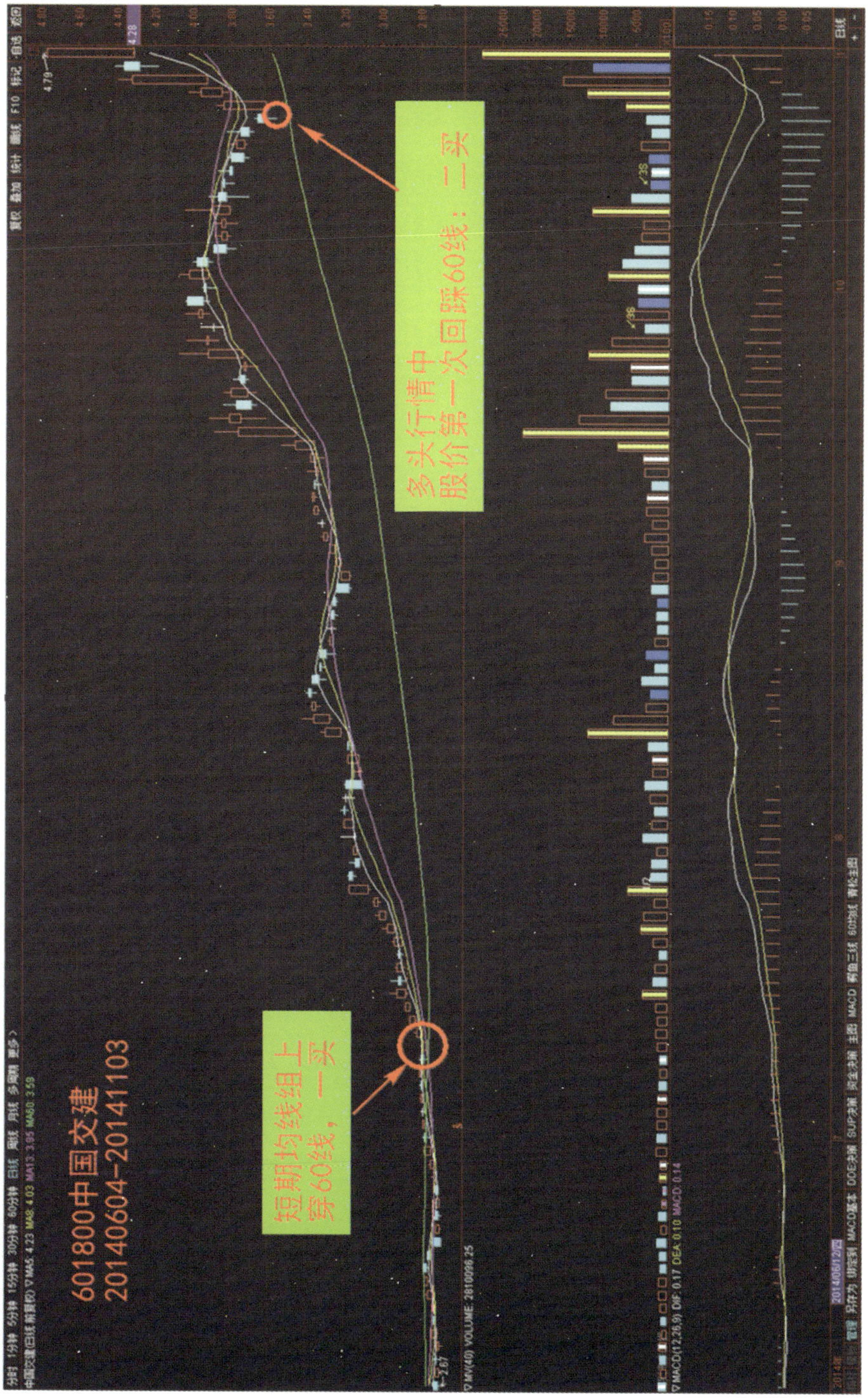

第十八章 涨停板选股

图18-3 中国交建首次回踩重要均线图

第二，选择与游资为伍。游资追求热点、追求题材概念、追求成长性、追求流通盘相对较小的个股。游资最喜欢操作的对象之一就是次新股。次新股一般上市时间较短，因为筹码锁定的因素，没有大规模解禁的压力，没有大股东减持的风险，加上流通市值相对较小，特别适合游资短线操作。这些股票的波动特点就是股性较活跃，只要大盘行情稍微好点，多有涨停板的表现。考察股性强不强，看是否有涨停板就知道。考察这个游资实力的强弱和人气的旺衰，看是否有连板即可。当然，游资这里面也包括一部分私募基金和券商自营资金。因此一些在历史上表现妖异的个股在调整到位之后，往往也会有一定的表现，表现之一就是底部起来就是涨停板。

实战中发现，利用短期均线组（5、8、13）来捕捉游资启动的信号非常有效。一般来说，在相对底部用小阳小阴完成某个级别的中枢结构之后，才会蹦出第一个涨停板。这时候，macd已经完成水下金叉。第一个涨停板一般会穿越短期均线组，接下来就可以用"决战第二板"的模型信号来决定是否介入。

如图18-4所示，603032德新交运在2018年8月完成了底部双底结构（A柱与B柱之间为双底结构），macd也完成了水下金叉，8月20日底部第一个板（见图18-4中的B柱）上穿短期均线组，那么C柱跳空高开，就可以用"决战第二板"的模型信号及时介入。

为什么在底部起来就有涨停板？是因为主力开始活动了，主力与标的个股的控股股东以及公司管理层一般会达成某种程度的默契。主力之所以出手不凡，是因为股份公司会配合出利好消息，胸有成竹，所以气度恢弘。这部分资金入驻的板块股票，一般很会借助外力，即一旦出现政策利好或者题材热点，就会立即干柴烈火，迅猛上涨。即便大盘在下降通道里，这些个股也会有卓越的表现，因此就会出现所谓的"结构性行情"。做完一波，资金撤出，该板块或者个股就会偃旗息鼓，大军过后寸草不生，可能几年都没有人问津，比如江阴银行、贵州燃气等。这边偃旗息鼓之后，那边又开始红杏出墙，小荷才露尖尖角，游资开始启动新的板块新的龙头。资金不能闲着，必须寻找战场，这就是"结构性行情"的轮换。

第十八章 涨停板选股

第三，选择与海盗为伴。这些外资的机构，一般人很难接触到。他们的操作风格、操作原则，也不会轻易与外界交流。因此，海洋文明的东西，与我们大多数人还是有一定的距离。

第四，就是甘愿做韭菜。韭菜有韭菜的思维方式，有韭菜的行为指南。一般来说，这种思维还很难改变。韭菜里面，也有一部分人，不愿学习，基本上是股市文盲。因此，广种薄收，韭菜被割，是天经地义的事情。当然，韭菜里面，也有英雄豪杰，也有智慧超人的高手。很多私募大佬，也是从韭菜成长起来的。遍访天下名师，不耻下问，只要有股票技术培训班，都会慕名前往。他们从不吝啬学费，从不故步自封，千锤百炼之后，突然得道，成为游资里面的新贵。他们趁一轮牛市，利用自有资本再加融资杠杆，很快完成资本原始积累，买房买车，鸟枪换炮。但要成为新贵，必须得到名师指点；如遇庸师，不仅会耽搁时间还会浪费生命，以致怀疑人生；全靠自学成才，一路艰辛，要想突破瓶颈也是很艰难的。

讲完各路英雄豪杰之后，我这个定理就开始登场了。

定理一：凡牛股，必然是从涨停板开始的。

定理二：有涨停板的，不一定是牛股。

尽管有定理二，但不妨碍我们根据这条定理去找牛股。

对这两个定理，有的人可能会反驳说，你这个定理以偏概全，不具备普适性。比如说贵州茅台三年来没有涨停板，价格却翻了4倍，难道不是牛股吗？恒瑞医药，自2016年以来，已经翻了差不多3倍，一个涨停板也没有，难道不是牛股么？对这个问题的回答，请参看选边站队的分类。贵州茅台、恒瑞医药就是前述所说的机构抱团取暖的标的，企业盈利状况稳定，属于蓝筹的范畴。对这类股票，不要花那么多脑筋去思考，就看一个指标：60日均线。只要60日均线没有掉头就持有。即使回调，等回踩60日均线而不破还可以加仓。如图18-5所示，贵州茅台自2016年2月到2018年7月，60日均线总体趋势朝上，虽然期间也有回落，但股价95%的时间运行在60均线之上。恒瑞医药在此期间也是如此。

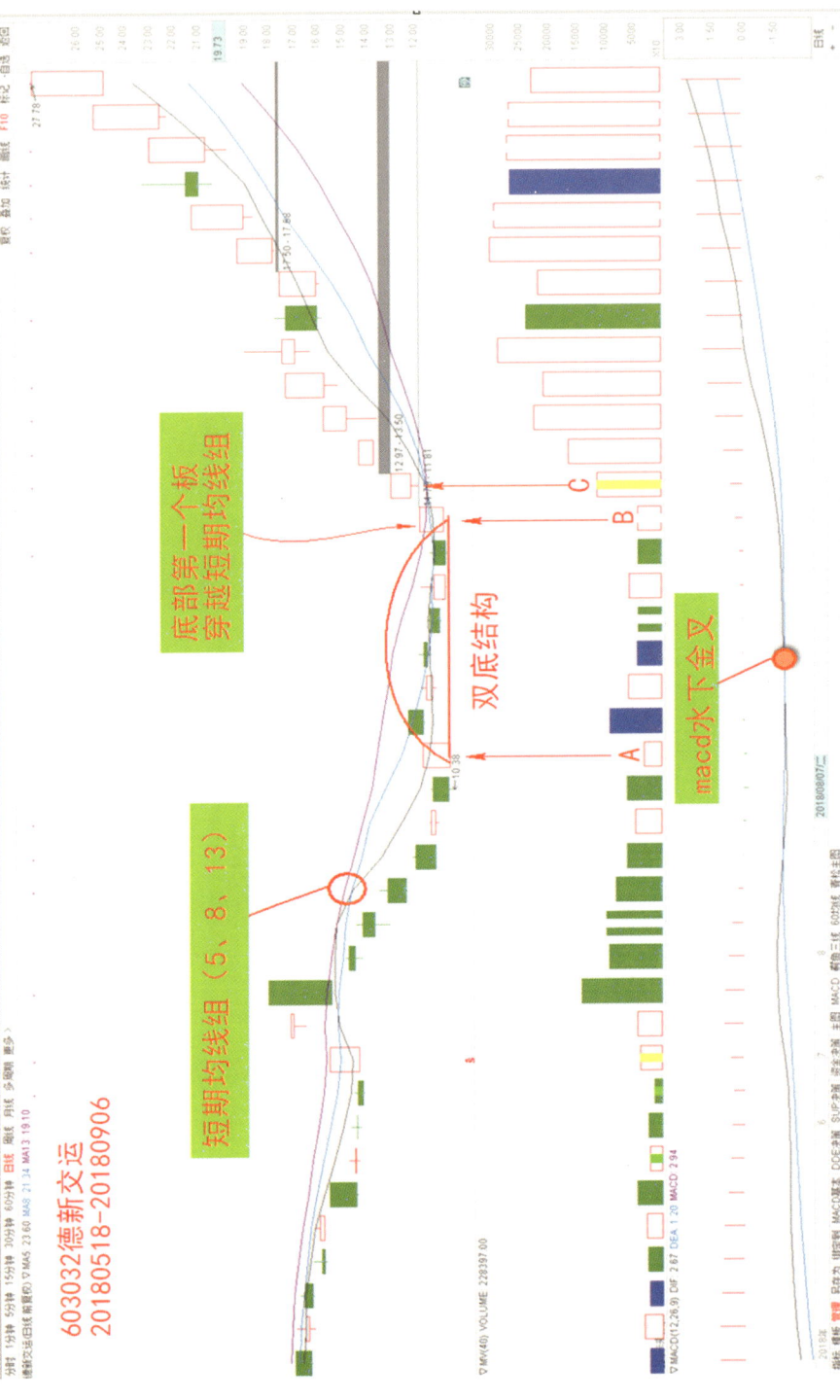

图18-4 德新交运底部双底构建图

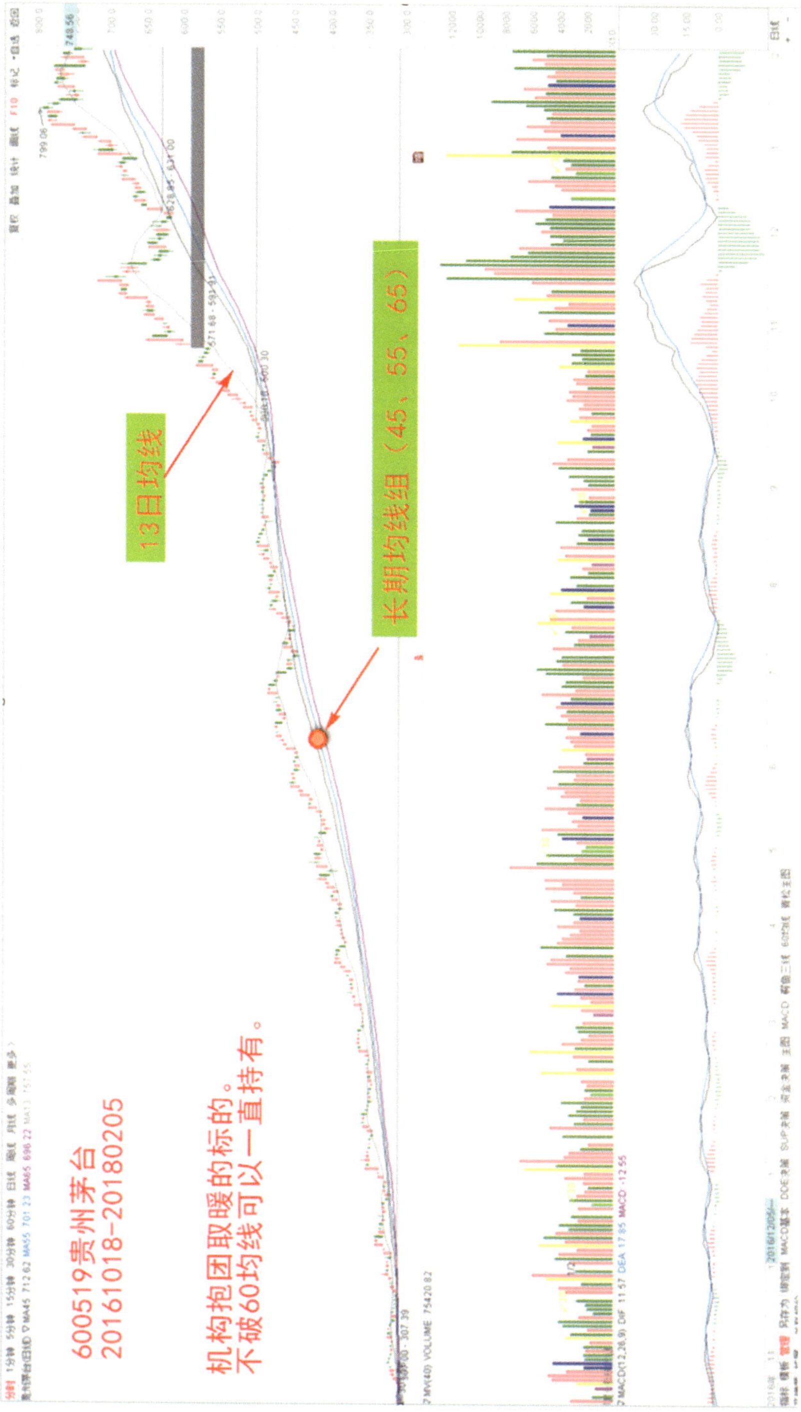

图18-5 贵州茅台均线图

至于那些在一年甚至两年里一个涨停板也没有,价格运行在60均线之下,甚至60均线一直趋势朝下的股票,你不要指望它突然之间牛起来。当然也不排除个别股票基本面还过得去,但因缺乏资金关照,跌得已经面目全非,惨不忍睹之时,便有原来的老主力或者新主力想入驻捡个便宜。一般来说,只要有主力进入,就会有蛛丝马迹可寻,这个蛛丝马迹就是底部的涨停板。底部一个涨停板也没有,也算不得什么实力强大的主力。如果有了涨停板,那就自然进了你的牛栏。因此,你根本不要操心用"涨停板选股"的方法会丢掉一只大牛。

如今兵败如山倒的主力还是不少的。如果你不幸跟错了主,那也是非常痛苦的事。比如2018年初,坊间流传华北第一操盘手操盘的华英农业、金一文化、凤形股份,因资金链的断裂导致闪崩,至今仍然没有恢复元气。主力之间也有博弈,也有食物链。不要相信主力的日子就比韭菜好过。不少的主力死得很惨,因为在强大的市场趋势面前,或者在更加强大的对手面前,他们也有无能为力的时候。

接下来就可以专门讲"涨停板选股"的方法了。这个方法很简单,每天做一件事情,雷打不动,每天坚持。就是收集涨停板,把它放到一个文件夹里,5天一个文件,过了5天再放到一个30天的文件夹里。第一波有两个或者三个连板的放到另外一个特别关注股票池。收集当天的涨停板,并不是要我们第二天去追涨,当然追涨有追涨的方法,比如高青松战法里的"低调第一板战法""泰山日出战法""T字板过峰战法""决战第二板"等,就是属于专打第二个板的课程。还有一节课程"三板捞金",专门讲连续三板之后,大盘高开而个股却低开,只要达到一定的量化标准,还可以低吸捞金。一般水平的,建议还是不要追涨,因为追涨的风险太大。但我们可以把这些票放进自己的牛栏,圈养起来。既然是圈养,那就得每天喂食、打扫卫生、检视牛的生长状况。每天看看、每天瞧瞧,走过路过,都得留意。

留意什么?看看风险是否释放?调整是否缩量?结构是否完成?是否符合哪种战法形态?有没有买入信号?如果趋势、结构、形态、信号齐全,那就干进去啊。即便干错了也要干,大不了跌破靠山柱就斩立决。风险总是有的,想一点风险都没有,那就不现实的。年纪轻的、眼明手快的,可以用"有板有眼战

法""大阴大阳组合战法""板后双休战法"等；性子沉稳的，建议选用"偷偷摸摸过左峰战法""双阴洗盘战法""爸爸送钱钱战法""宝莲灯战法""零号黄金仓战法""顺手牵羊战法"等，这些都是守株待兔式的模型，可以等待信号出来后从容买入。

有人会问了：那底部第一个涨停板如何才能逮住？答曰：底部第一板永远留给主力。既然是一种选择，总得有所放弃，不能每个涨停板都想要。我这种"涨停板"选股的第一个条件就是放弃寻找第一板。初恋总是别人的，这个事情一定要想得通。不要去牵挂底部第一板。只有底部第一板出来了，我们才可以执行选股入池的计划，牵牛入场，仔细观察，寻找里面的千里马。因为"定理一"告诉我们：凡牛股，必然是从涨停板开始的。

只要涨停板里选股，就可以减少每天去三千佳丽中翻牌子海选的工作量。范围一旦减少，效率也就提高了。但是这绝对是一个技术活，需要基本常识，更需要人生智慧。学习了某种战法模型，只是基本常识。临盘敢不敢打，就属于人生智慧方面的范畴了。但是如果战法模型不知道、结构形态不知道、买入信号不知道，那就是缺乏基本常识的问题了。没有基本常识，只有人生智慧是不行的。

因为"定理二"的存在，从涨停板里选股也不是件轻松的工作，不要以为选择范围缩小了就可以坛子里摸乌龟手到擒来。事实上，从涨停板里找千里马，需要综合知识、综合技能，需要长期的训练和摔打。有些人想找捷径，问：老师，你51课里面，哪一个战法最厉害？哪个最厉害我就买哪一个。说实话，对这种想吃快餐的人，想一步登天的人，我是非常鄙视的。为什么鄙视？因为任何一节课的知识，都只是局部的知识点。没有点、线、面、体的综合知识，想拔苗助长，那是痴人说梦。

有人说，我今天选了三只股，自己买入的一只没有涨停，没有买进的两只却涨停了。这说明两个问题：一是您选股水平已经显著提高了，否则不会有67%的概率是涨停板；二是你财运欠佳，有财也承受不起，选来挑去，你只能与涨停板无缘。这好像有点唯心主义的味道了，今天就不在这里讨论了。不过，针对这种情况也可以开出一剂药方：比如你选择三只股票，将当天准备投入的资金分为三份，每只股票均匀用力。第二天，留下符合预期的让它继续涨，而把不符合预期的，开盘3-5分钟就割了。把鸡蛋放在三个篮子里，总有一个篮子不会被打破，这就是分散风险的一种策略。如果三个篮子的鸡蛋都被打破了，那你就真是背时了。

这里还有一件事情，必须跟大家讲清楚，既然你选择"涨停板选股"，那就意味着大多数时间里要与游资和私募站在一个战壕里了。因为公募机构一般来说，很少拉涨停，除非牛市。即便是牛市，公募机构集中的股票，也很少连续拉涨停。而游资与私募就不同了，只要有机会就会拉涨停板，而且是连续的涨停板。要想成为私募与游资的战友，必须摸透他们的性格与脾气，看懂他们的信号，与他们同进退。说这句的意思，就是希望大家不要站在他们的对立面，也就是我们平时讲的要有"主力思维"。

所谓"主力思维"，就是把自己当做众多小主力的"领导"，站在"领导"的这个角度来思考问题。说得更直白一点，就算我们是一个打工仔，在企业里做事情的时候，像老板一样负责，像老板一样用心，员工该怎么做事、事情该怎么处理，都是以主人翁的姿态出现，而不是站在老板的对立面。只有这样，自己才能学到更多的管理技能，才会更快地进步。说不定很快就会得到老板的赏识，比其他员工更快加官晋爵。

游资里面，又有分类。有善良的，也有凶恶的，还有突然暴病而亡的。有给搭车者以机会的，也有吃独食的。一般来说，愿意给散户机会上车的，一般也会给你机会下车，高点之后，还会给一个次高点，让你从容跑路。那些凶猛的主，静若处子动若脱兔，忽上忽下，直线上升，直线下跌，根本不给你上车或者下车的机会，直接高位闷杀、低开通杀，你接多少给你多少。至于暴病而亡的主，是指那些资金链突然断裂或者被更强大的主给猎杀了，股价无法正常维系而断崖式暴跌。所以遇到这样的主，一定得留点神。除非思维敏捷，除非手脚灵便，否则就站远点。惹不起，躲得起。

说来说去，说了这么多，可能你并不认同。但这也没有什么关系。世界是多元的，鸟儿在天上飞，马在地上跑，鱼在水里游，各有各的活法，并不是孰优孰劣。股票市场上，不管用什么方法，能够让你我赚到钱的方法，就是好方法。

第十九章
狐鬼神仙与核按钮

写下这个题目,不是为了话说聊斋,而是为了解释2018年下半年以来A股市场出现的一个新的现象。三个连板或者四个连续涨停板之后,就有一股力量在涨停板上砸板,致使股价当天从涨停板跌到跌停板,也就是从开盘的涨停到收盘的跌停或者接近跌停。这是一种极具摧毁力的动作,因此市场把这种动作,叫做"核按钮"。

这种极具摧毁力的"核按钮",特指游资为达到快速出货的目的,在涨停板上挂跌停板的价格出货。因为系统成交原则是:最低价格优先成交,但不是以最低出价成交。如果有高于跌停板的买盘,就意味着全部可以成交。换句话说,对于卖家来说就是:你要多少,我就给多少。如果买进人的出价不能高于跌停价,则股价就封死在跌停板上。游资启动"核按钮"之后,当天的股价振幅在15%~20%。

以600604市北高新为例,见图19-1,该股2018年11月5日因"创投"概念涨停,其后连续一字板涨停,连续12个涨停板。11月20日涨停板放大量,当天成交量37.6亿元,真实换手率61.2%,熟悉换手率的读者一定知道,此为"死亡换手率"。但11月21日和22日,陆续有一些不怕死的,冲进了所谓的"创投真龙",前赴后继,乐此不疲。20~22日,三个交易日累计成交91.9亿元。从分时结构看,22日的分时量波结构出现多次瑕疵,包括"价跌量升"和"双头无力"等现象。

结果23日一字板跌停，其后几个交易日不断下跌。12月4日，低开高走，盘中最高摸到8.66，收盘涨幅2.3%，一些看不懂分时量波结构的股友呼喊"第二波来了"。可惜12月5日一个"核按钮"，全部躺倒地板上。其后累计跌幅40%左右才稍有反弹。

可以毫不夸张地说，自从11月20日开始到12月5日为止，冲进去的，基本上已经成为"烈士"，要想翻身，可能要等到猴年马月。大家看看2017年上半年的002839张家港行就知道，慢慢熊途的日子有多长。

其实，任何狐鬼神仙，都有其蛛丝马迹。市北高新在起涨前有长达两周的时间属于鳄鱼三线缠绕在一条水平线上，也就是鳄鱼闭嘴沉睡的形态，此处为主力悄悄建仓期间。红多绿少，红高绿底，红成团阴分散，呈现的就是"陕北的好江南"形态，红肥绿瘦，生机勃勃。

11月5日，是典型的"鳄鱼三线腾空阳"起跳。不过这个主力吃独食，连续10个一字板涨停，加上两头两尾的两个板，一共12个板。但是11月20日的那个板，完完全全是控盘主力出货，不明就里的"接盘侠"却大量吃进，如图19-1所示的A柱。21日和22日，分别为B柱和C柱，从分时量波看，也是主力出货。12月4日的E柱，还有人在欢呼"第二波来了"，但一看分时量波结构，就知道根本不可能有第二波。

凡是学习过"漂亮股票结构形态学"量波知识的同学，都一眼就可以看出A、B、C、E四根柱子的分时量波的问题所在。有图有真相，现贴图如下，大家好好琢磨。

如图19-2所示，A柱的分时结构，已经暴露了主力在涨停板上大量出货的狐狸尾巴。一般来说，上午开板并无大碍，但午后特别是临近收盘前开板，表示有资金对第二天的行情并不看好，在涨停板上大量出货，导致涨停板被砸开。尽管最后涨停板再度被封住，但这种午后开板再封板的涨停板一般存在较大的隐患。

如图19-3所示，B柱的分时结构图出现4次"上面有想法，下面没办法"的形态，即"价涨量不跟"，量价不匹配。这在分时结构上叫作"分时犯错"。凡是出现分时犯错的时间连续超过30分钟，则视为大错。如果在相对高位，或者在左侧有较大压力时，出现分时犯错，原则上表示上涨乏力，即将回落。

如图19-4所示，C柱内部结构也出现不详的信号，即价往下跌，量往上涨，换句话说，就是海绵里的水越挤越多，还得再挤压。表现在股价上，就是还有新低，今天不低明天低。

如图19-5所示，E柱出现分时5浪不涨停，典型的"必有回落"的信号。分时结构5浪完成，只要当天不涨停，那么第二天调整就是大概率事件。

这种一字板涨停的股票，过往确实也在开板之后还有30%~50%的涨幅。但那种情况完全不同。能够有30%~50%涨幅的，一般是在底部阶段主力还没有完成建仓，突然利好一字板连拉，还没来得及准备。等到一字板开板之后，趁着利好消息的余温，游资边建仓边拉升，然后在高位平台慢慢完成出货。

从底部形态看，市北高新有点像2017年的华夏幸福，一字板打开之后，一个放量阴，行情就结束了。当年华夏幸福为什么在开板之后行情就结束了呢？因为主力在底部已经完成建仓。连续的一字板之后，随便卖都是赚钱的。

写这篇文章的目的，不是为了放马后炮，而是让那些有缘的朋友，今后不再重蹈覆辙。股市千变万化，但不会逃脱"结构的自相似性"。说不定什么时候，这些狐鬼神仙又会出现。

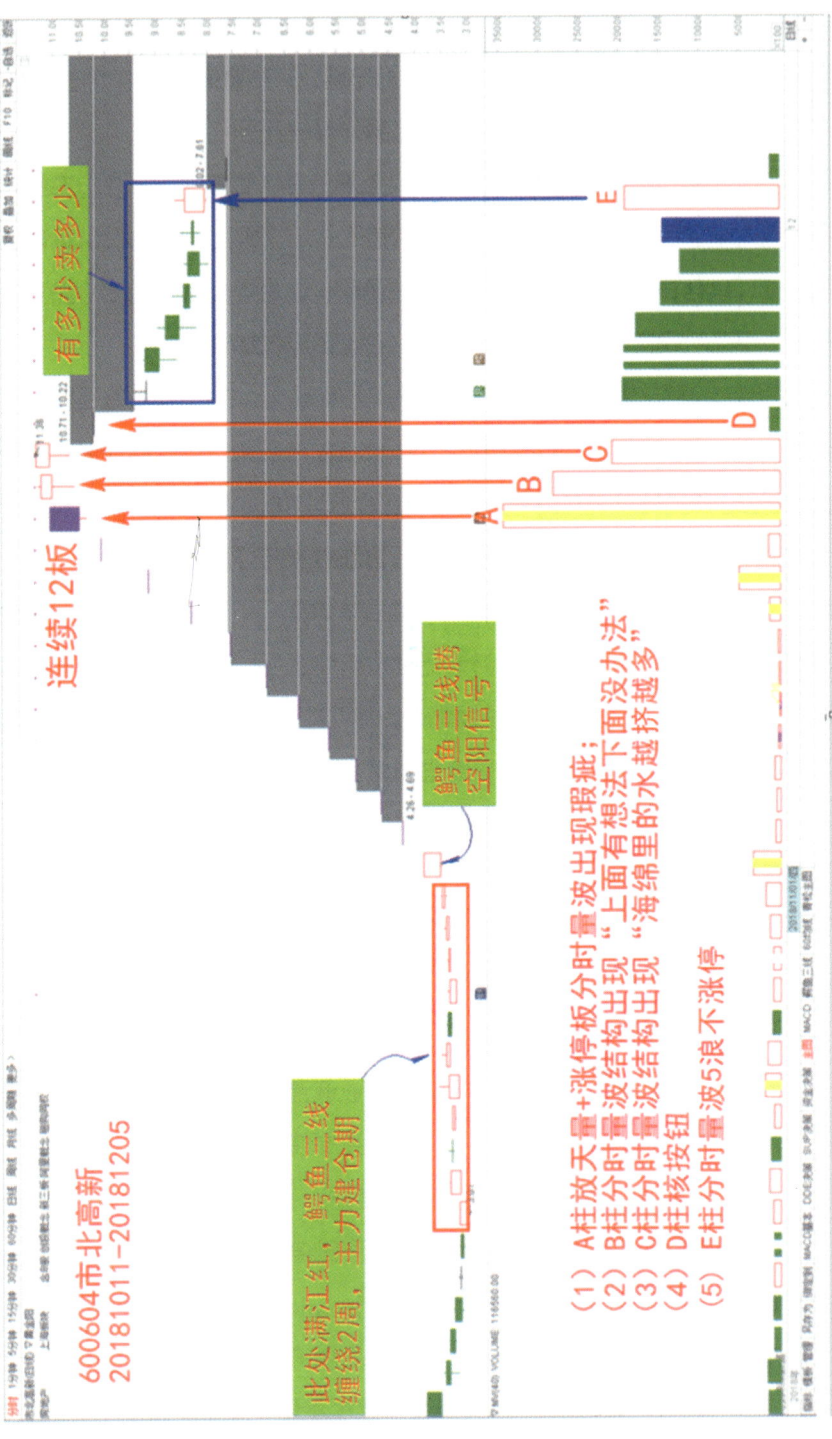

图19-1 市北高新主力建仓与出货图

第十九章 狐鬼神仙与核按钮

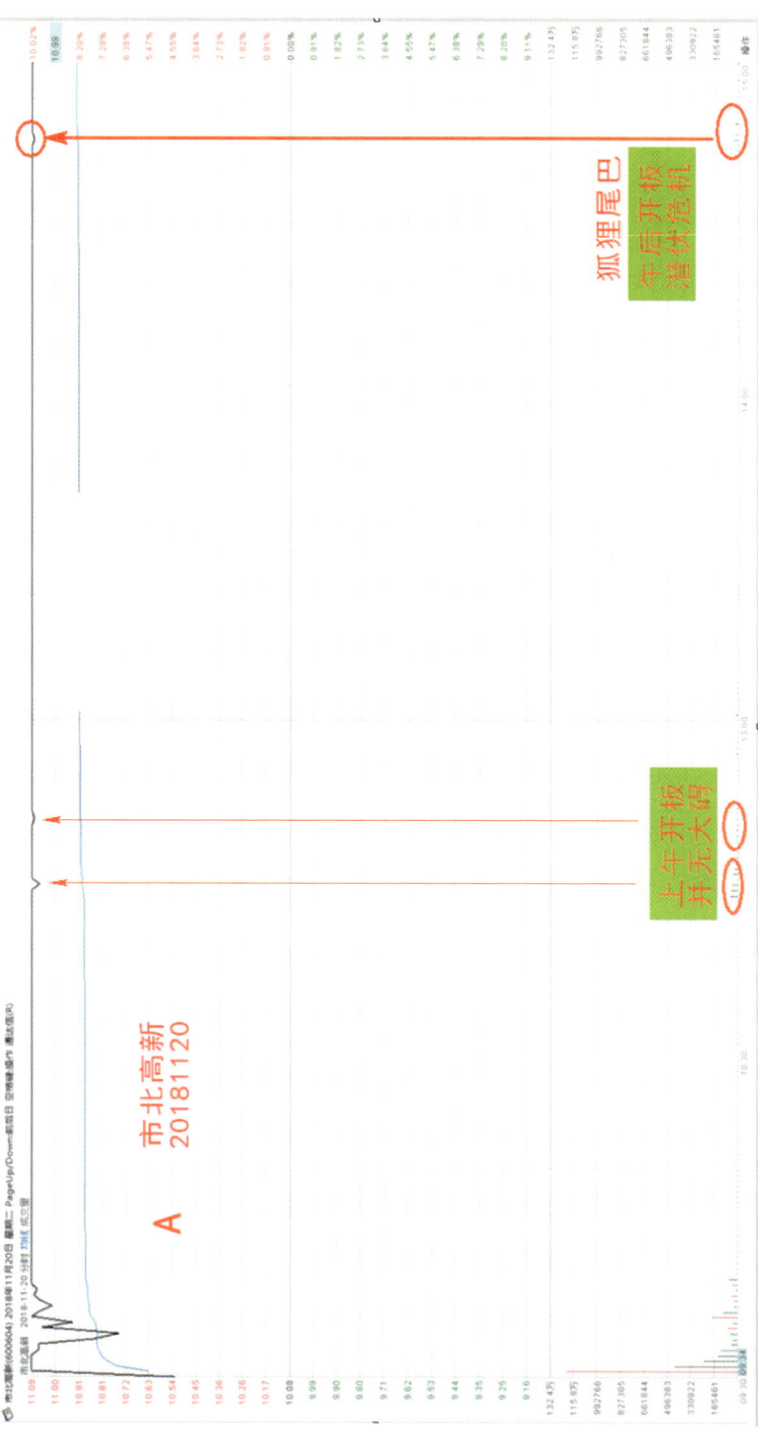

图 19-2 市北高新 20181120 分时结构图

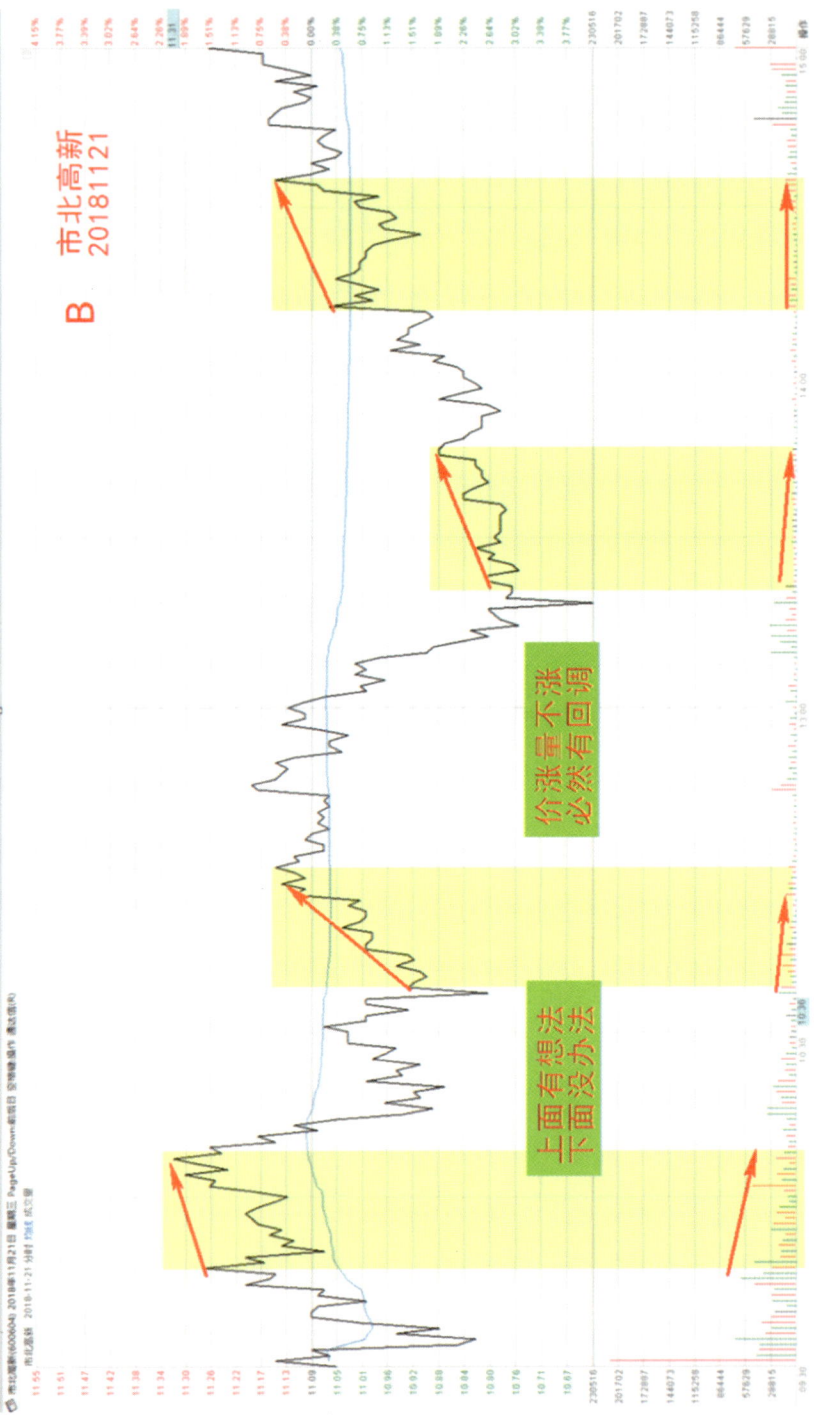

图19-3 市北高新20181121 分时结构图

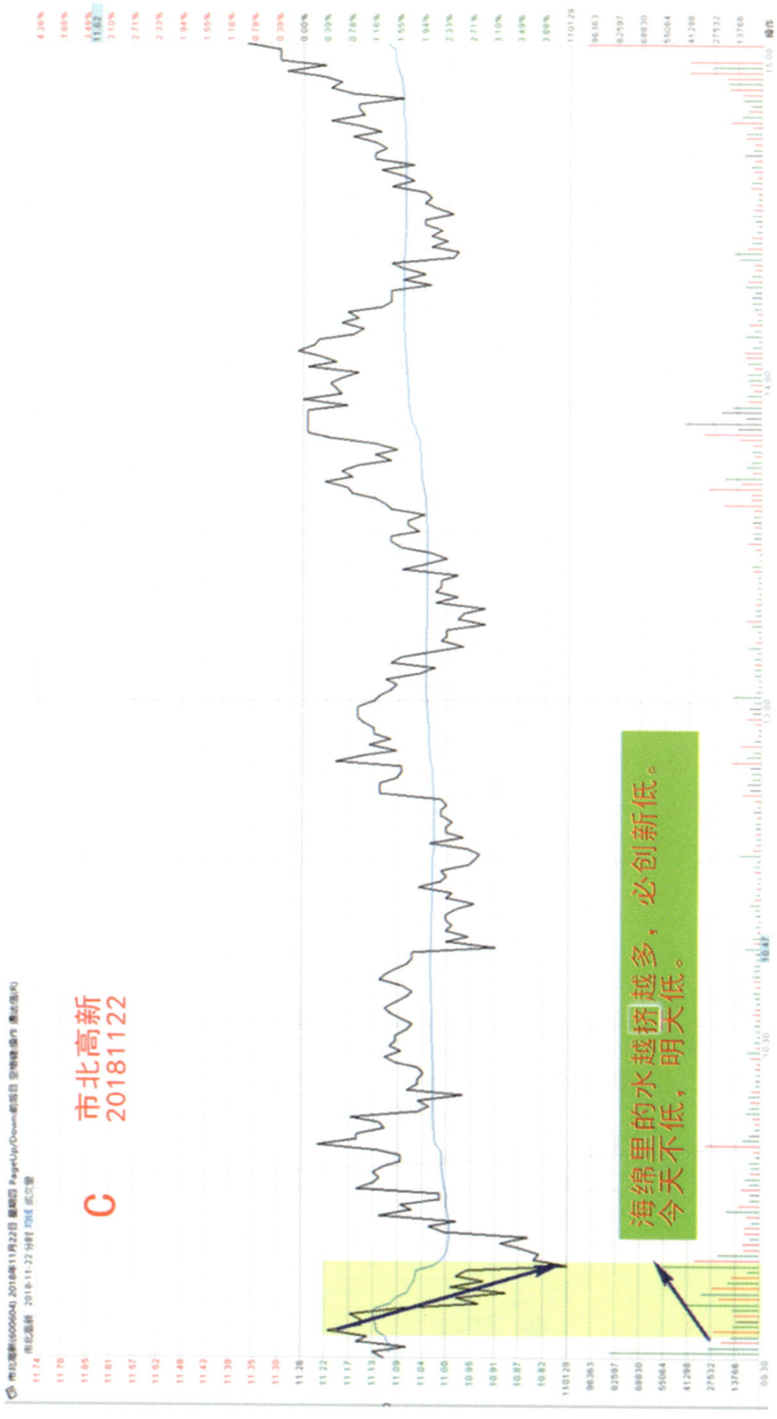

第十九章 狐鬼神仙与核按钮

图 19-4 市北高新 20181122 分时结构图

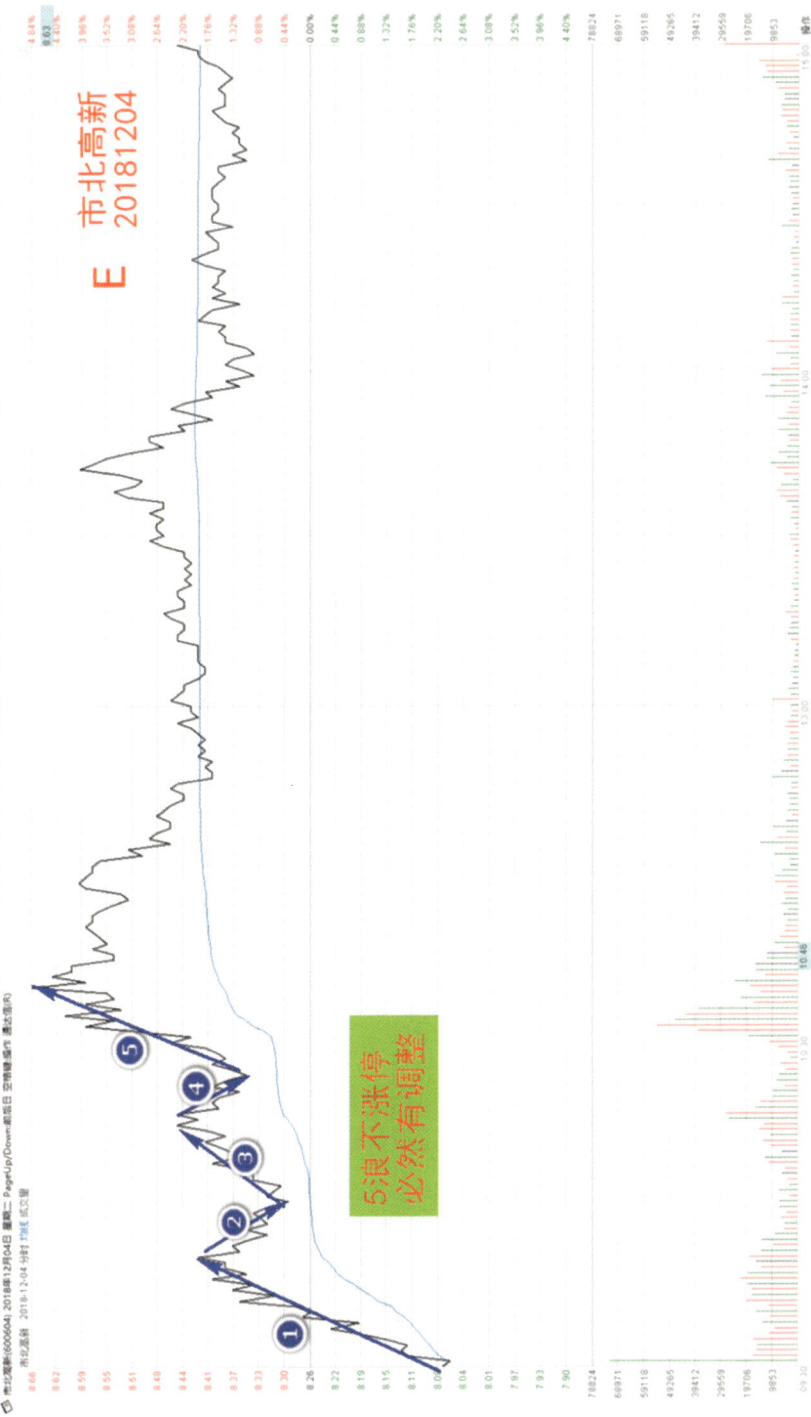

图19-5 市北高新20181204分时结构图

第二十章 七步选股法

选股,是股票交易的第一步,是一项高难度的基本功。对于A股市场而言,不仅仅是价值投资那么简单的事。某只股票的基本面非常棒,市场前景、盈利能力、行业地位都好,但股票就是不涨。这种现象,比比皆是。

比如说贵州茅台、恒瑞医药等,盈利能力和行业地位是没得说的,但也不是随时买进都有钱赚。2017年,什么时候买进,都是赚钱的,前提是必须在2017年年底之前卖掉并空仓。2018年,无论你在什么时候买进,如果没有踏上节奏,一直拿在手里,那么到年底,95%的人都是亏的。

大家知道,2017年各大机构报团取暖持有诸如贵州茅台、恒瑞医药等"漂亮50",在其他股票几近腰斩的这一年里,"漂亮50"的涨幅几乎翻番。而且,恰恰就是在2018年年初之后的一段时间内,各大媒体都喊出了"价值投资"的口号,吸引了众多的散户在高位接盘"漂亮50",结果,在2018年全年,主力机构集体抛售"漂亮50"。在2018年,谁信奉"价值投资",谁接盘"漂亮50",谁就成为被割的"韭菜"。可见,"价值投资"不是股票交易的灵丹妙药,是否值得长期持有，要看股价运行的位置和涨跌节奏。

经过多年的实践，我们总结出一套相对稳妥的选股办法，就是"七步选股法"，希望对大家有所帮助。

第一步，看趋势。底部和顶部用短期均线组看；上升或者下降途中用长期均线组看。线上持有，线下休息，张弛有度，方得始终。相对底部出现短期均线组（5、8、13日均线）粘合5个交易日以上，当股价上涨导致5日均线上穿8日均线，且8日均线上穿13日均线时，为初次买进信号。当短期均线组上穿长期均线组（45、55、65）的时候，是第二次加仓的时间节点。当股价上穿长期均线组以后，首次回踩长期均线组时，是第三次加仓的信号。

相对顶部出现短期均线组粘合5个交易日以上，当股价下跌导致5日均线跌穿8日均线，且8日均线跌穿13日均线时，为减仓甚至空仓信号。当股价经过一轮较大的涨幅，在相对高位短期均线组下穿长期均线组，必须无条件离场。

这是一个简单的趋势法则，实践中，还有其他的判断趋势的方法，比如底部逐步抬高，比如倍量柱的收盘价不断抬高，比如形成上涨通道线等等。

如图20-1所示，2017年5月初，短期均线组上穿长期均线组，此时为第一买点信号。当股价上行第一次回踩长期均线组的时候，为最佳加仓信号。

如图20-2所示，短期均线组与长期均线组的金叉或者死叉信号同样适用于对大盘指数的分析。当短期均线组上穿长期均线组时，是上升趋势的确认信号；而当在相对高位，短期均线组死叉长期均线组，则是强烈下跌趋势确认的信号。

第二步，看结构。结构是否完成？这有两个意思：有些结构完成，是必须要撤退的，比如波浪结构5浪完成必须撤退；有些结构完成，是必须要进去的。

比如600584长电科技，如图20-3所示，当在相对底部完成双底结构+低调乾坤阳时，根据结构的完整性，是必须要进去的。

而如图20-4所示，002260ST奥德在完成一个日线级别的5浪结构以后，行情已经发生转折，此时应该离场。

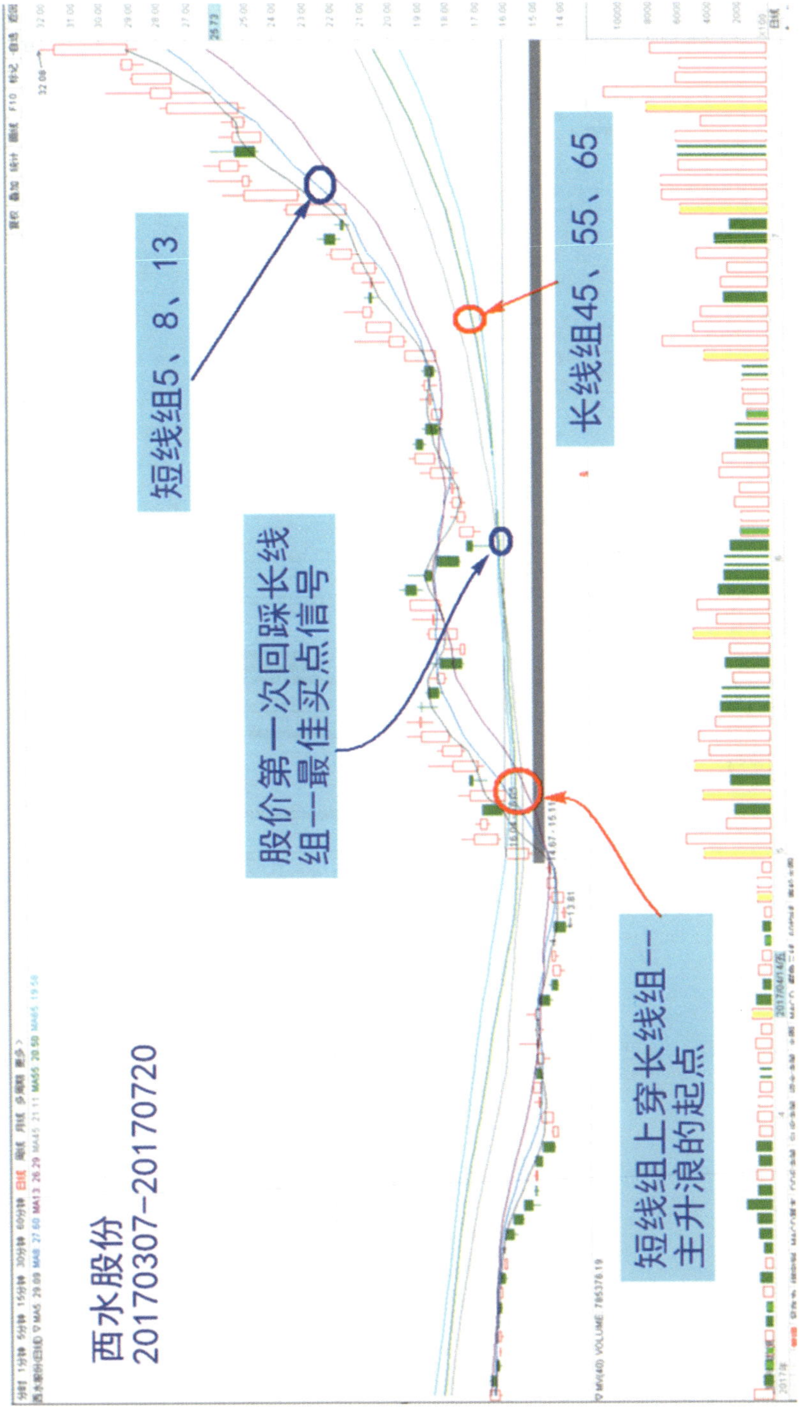

第二十章 七步选股法

图 20-1 西水股份分时结构图

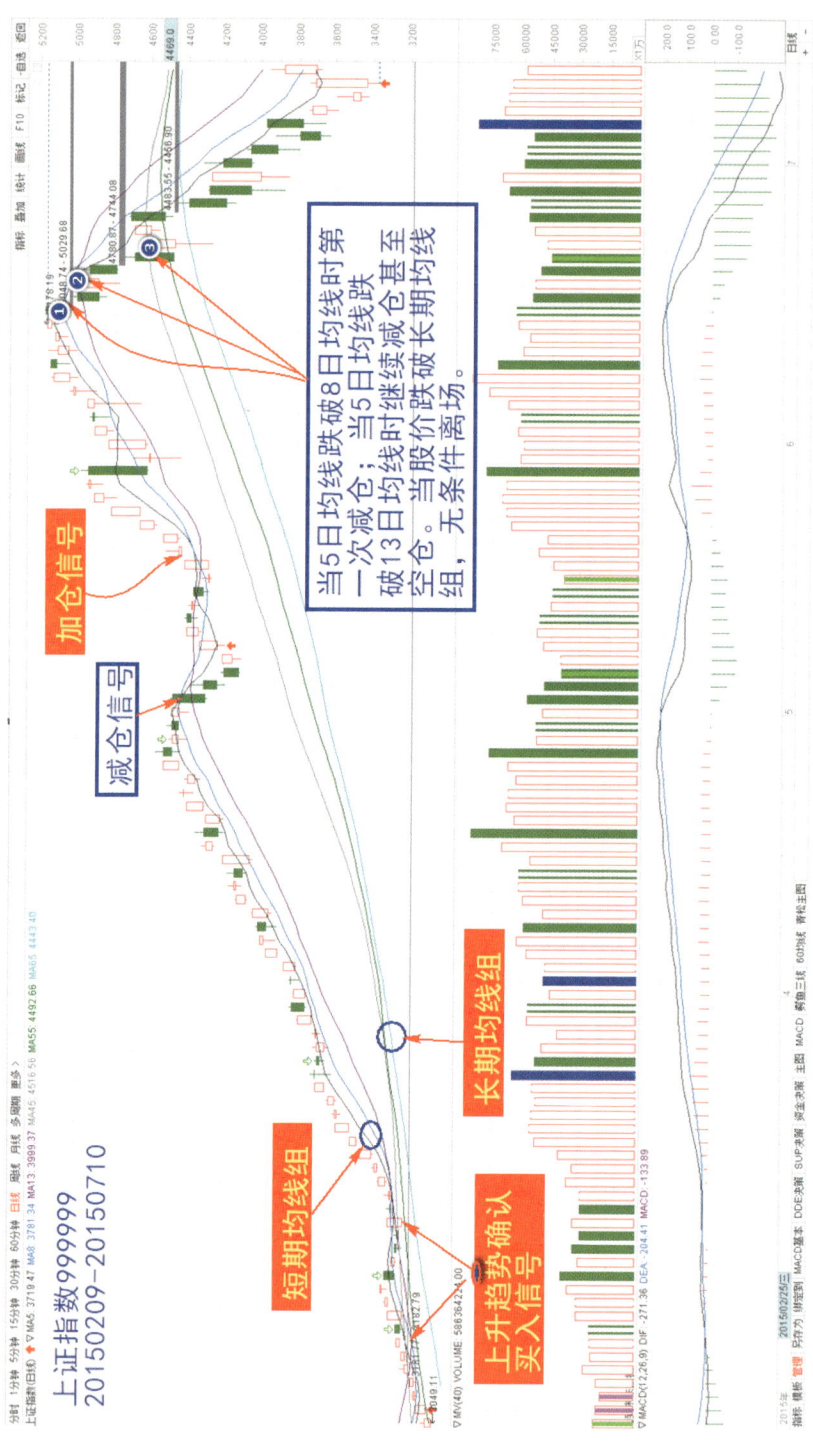

图 20-2 上证指数长期均线组与短期均线组结构图

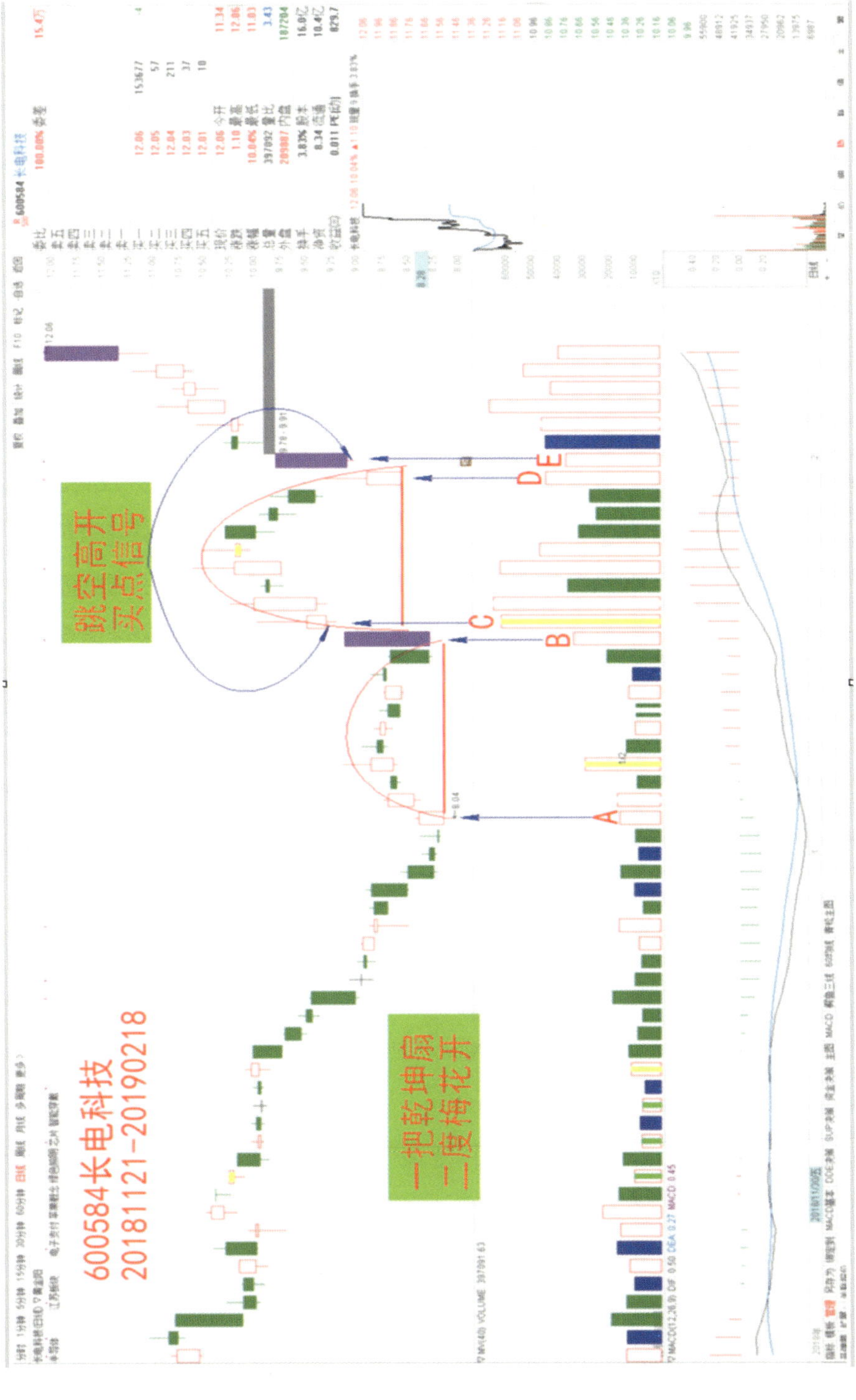

图 20-3 长电科技一把乾坤扇二度梅花开结构图

漂亮股票结构形态学　理论篇

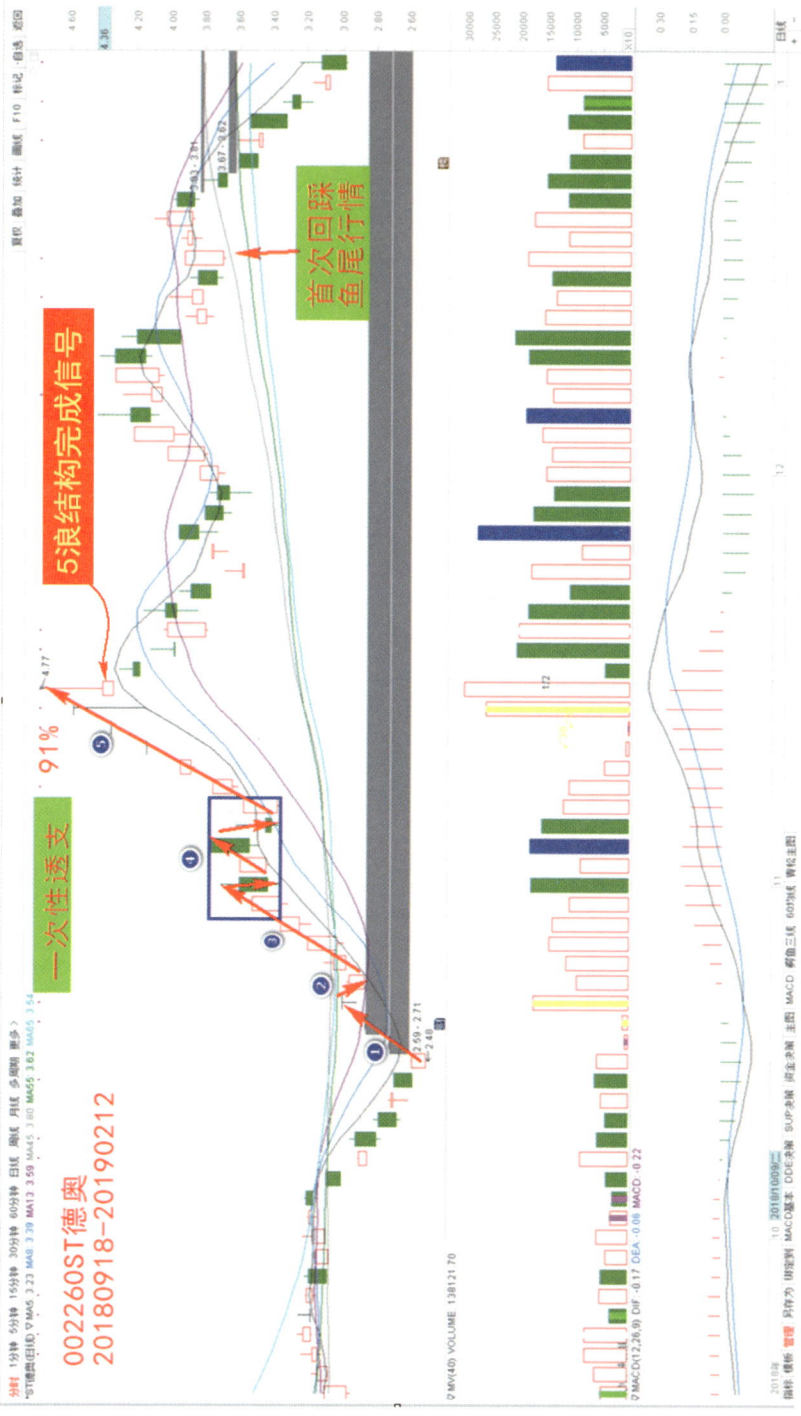

图20-4　ST奥德日像5浪结构图

结构有宏观结构、中观结构和微观结构的区别。月线和周线级别的结构为宏观结构，日线级别的为中观结构，而分时量波则为微观结构。中观和宏观结构的改变，首先是从微观量波结构的改变开始的，量变引起质变。分时量波是多空双方激烈交战的最前线，是股价波动强弱的微观信号发源地。分时量波的"价格、成交量、时间"三者之间的关系，是微观的量波结构的基础，是一切变化的根源。分时量波一般情况下要想继续上攻，必须价涨量涨，高价对应高量，否则，价涨量不涨（高价对应低量）就会很快导致股价下行撤退。而下跌过程中如果出现价跌量涨、低价对应高量，则股价还会继续下行，还有更低点出现。

第三步，看基因。是否是"三好学生"，是否有"漂亮的岳母"，是否红肥绿瘦，是否首跌缩量，是否连阴连阳，是否有序缩量，是否风险释放，等等。

"三好学生"基因指的是半年之内曾经出现过一组连续涨停板（涨停板个数3~4个左右，但不能超过5个），这个连板3个的形态就是"三好学生"。好比一个学生，在小学阶段就成绩优秀，那么将来到中学阶段继续当"三好学生"的概率就较大。相反，在小学阶段从来就没有获得过"三好学生"称号的，那么到中学阶段成绩优秀的概率一般较小。

"漂亮岳母"指的是在底部的止跌点、转折点、起涨点就是涨停板的姿态。岳母漂亮，其生下的女儿才漂亮，岳母的形态就对其女儿今后的形态影响较大。

如图20-5所示，000498山东路桥在2018年7月至9月间的截图，A、B、C三柱就是"三好学生"，D柱就是"漂亮的岳母"。后来有走出三连板，是因为有"三好学生"和"漂亮岳母"这个基因。即所谓"强者恒强"。

第四步，看形态。符合哪种战法模型，以确定根据什么信号确认买入。不同的战法模型，有不同的量化要求，有不同的买入确认信号。

比如"低调乾坤阳战法"，就是由A、B、C、D四个柱子组合而成的，要求A、B柱为连阴，而C柱为缩量阳盖阴，D柱为早盘跳空开盘。D柱跳空开盘，就是买入信号。

如图20-6所示，宣亚国际的A、B、C、D四柱组合，就是低调乾坤阳组合。

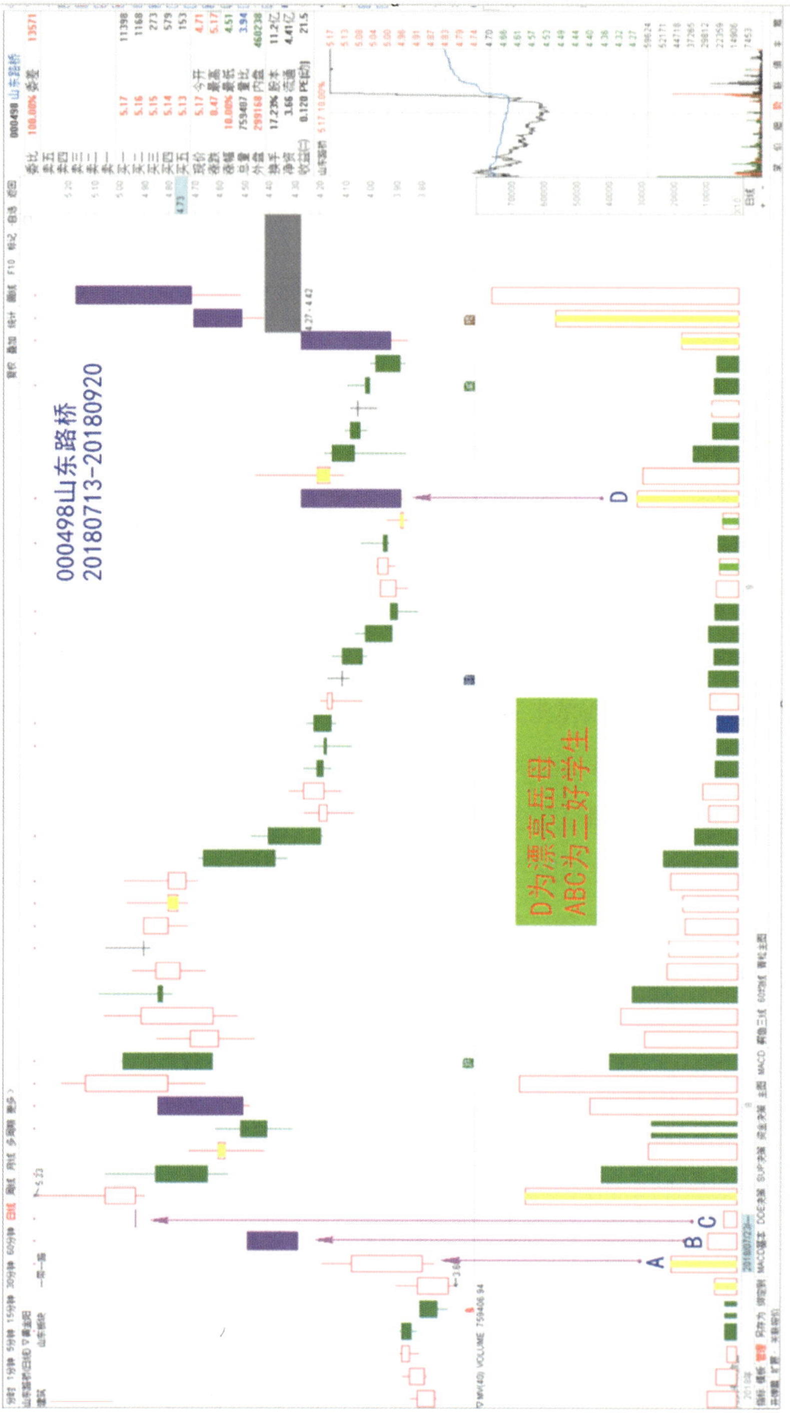

图 20-5 山东路桥"漂亮岳母"与"三好学生"图

其中，A、B为阴柱，C柱缩量反包，D柱跳空高开就是强烈的买入信号确认。

第五步，看支撑。这个也有两层意思：线上的世界很精彩，线下的世界很无奈。上方买入，下方止损。撑得住是靠山，撑不住是猢狲。这个"线"指的是支撑线。支撑线有很多种，包括左峰线、谷底线、缺口线、重要均线等等。

如图20-7所示，以长亮科技为例，该股经过长期下跌以后，股价回升，首次碰到60日均线回撤，这就是60日均线的阻力。当股价突破60日均线之后，有一个回踩夯实的动作，连续三个缩量阴之后，在60日均线上得到支撑。股价继续上涨，当再一次用三个阴柱回踩的时候，又在60日均线得到支撑，并在此开启一次主升浪。

如图20-8所示，000862银星能源在股价上穿60均线之后，在线上、线下反复折腾，待60日均线慢慢走平且上翘之际，突然用A、B、C三柱跌穿60日均线，D柱又一根长阳重新站上60日均线。这种短期跌破但很快重新站上的现象，叫做"弹簧效应"，是主力有意为之或者跟随大盘的调整而测试市场浮筹的一个动作。一旦重新站上60日均线，则有一轮涨幅。如果能够遇到题材热点风口，则涨势凌厉。

如图20-9所示，603722阿科力的支撑和阻力，主要来自谷底线。股价运行到B柱时，遇到左侧谷底线的压力回撤。股价运行到E柱，则得到左侧谷底线的支撑。

第六步，看阻力。把上方的阻力线全部画出来。做好空间测算，看空间有多大。选择上方空间大的，左侧阻力小的。明堂开阔，方能聚气纳财。一挑不过，分时犯错，赶紧出货。

阻力一般来自于左侧的"敌峰"、箱体平台、谷底线等。股价上涨，遇到这些阻力的时候，大多数情况下都会有回撤。特殊情况下，也有直接上攻的，但必须不断放量。所以，压力不是问题，问题是需要用足够多的钱来解决。只要主力有足够的资金堆量，能够用钱解决的问题都不是问题。因此，从成交量可以发现主力的强弱和主力上攻的态度与决心。

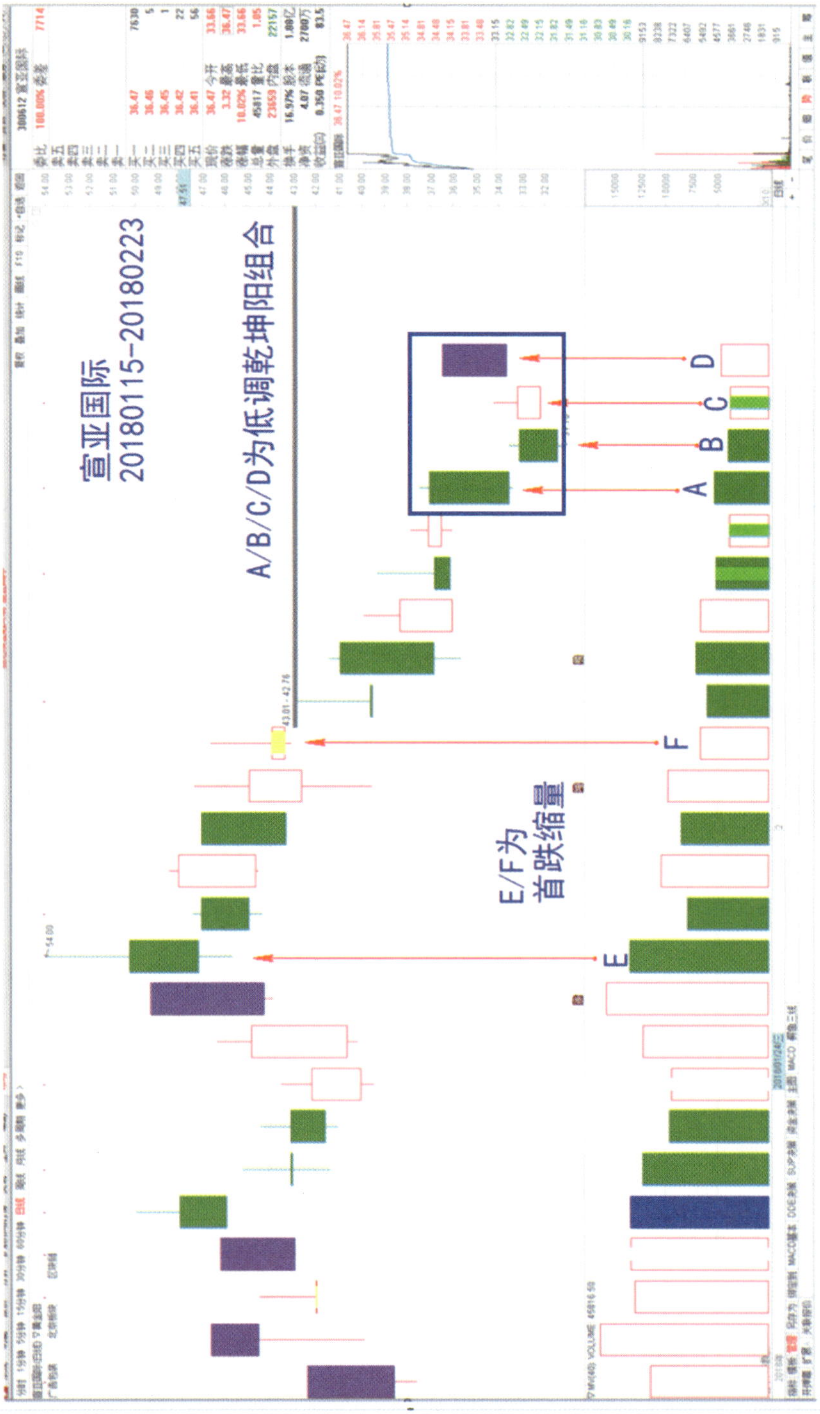

图 20-6 富亚国际低调乾坤阳结构图

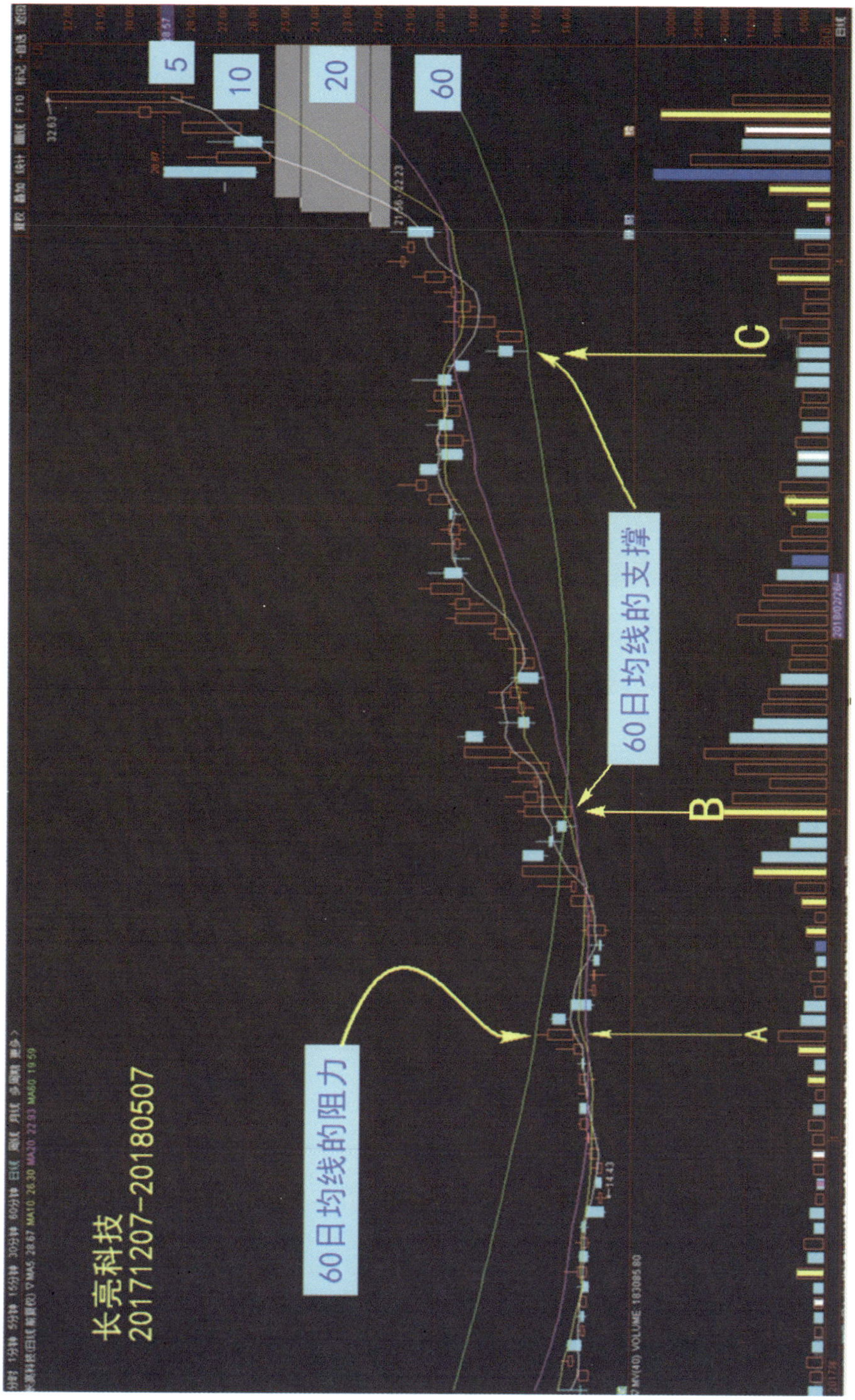

图20-7 长亮科技均线结构图

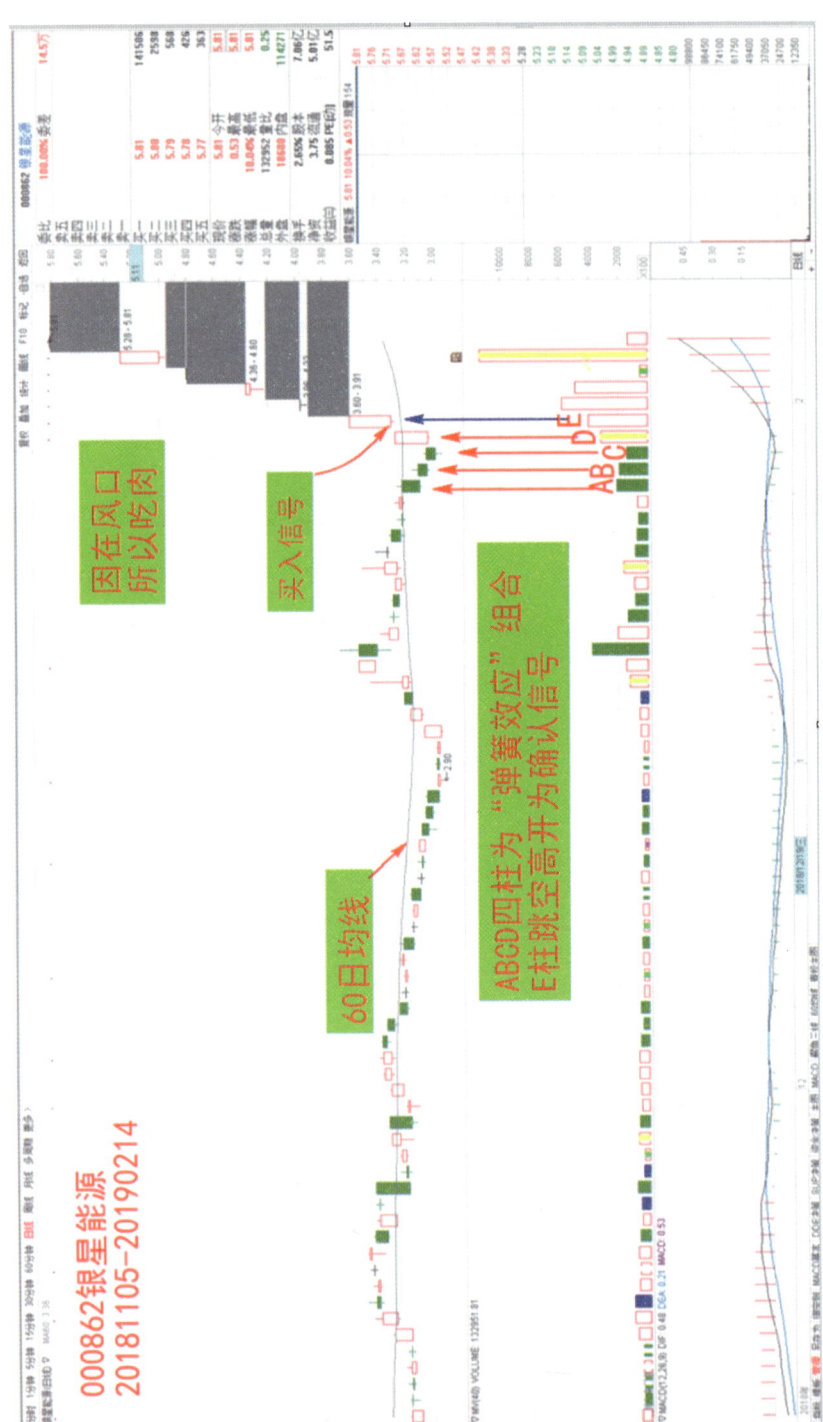

图20-8 银星能源弹簧效应结构示意图

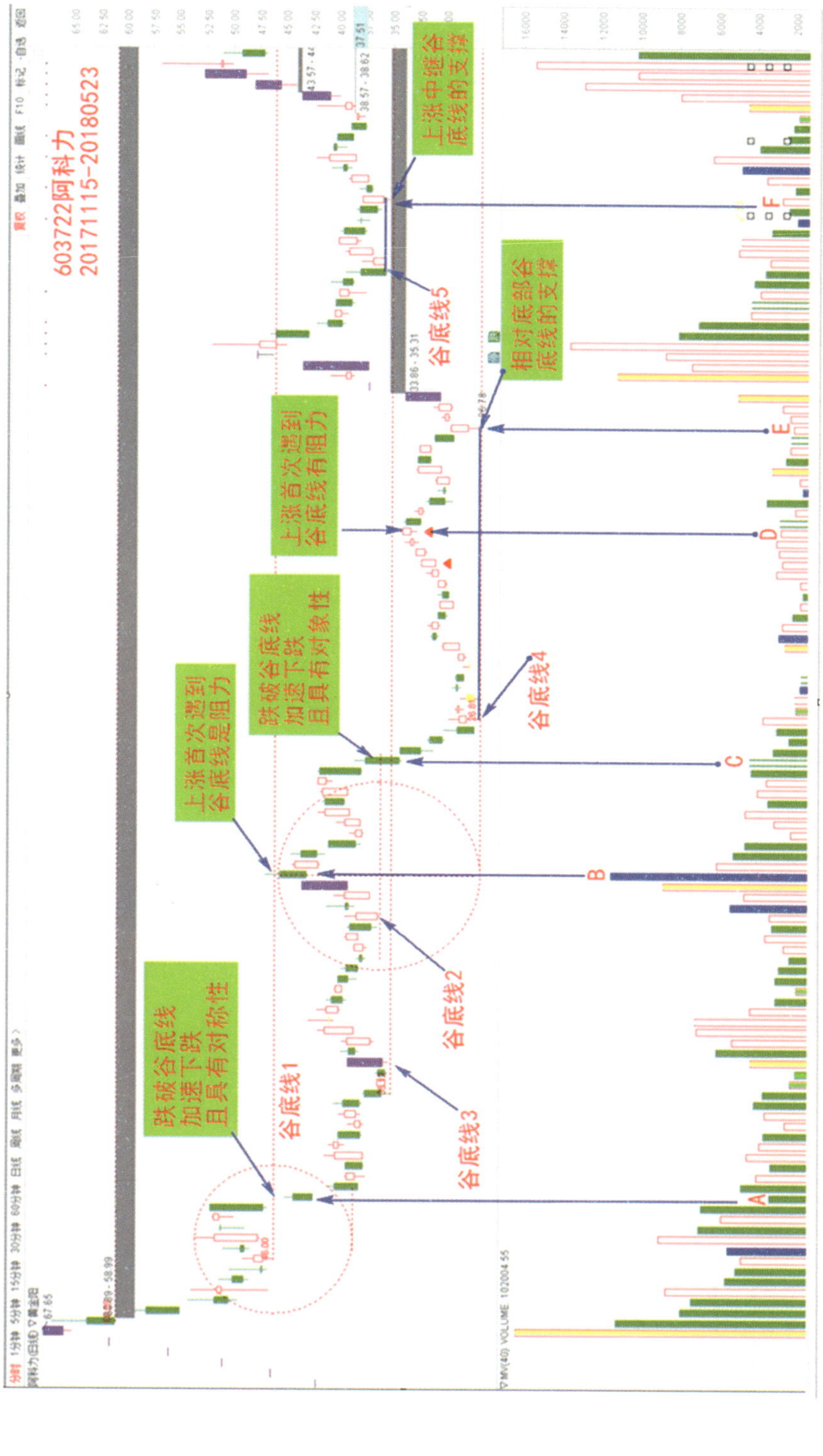

图 20-9 阿科力谷底线的支撑与阻力图

以002547春兴精工为例，如图20-10所示，股价在一轮上升趋势中，先后遇到谷底线的压力、隐形左峰的压力。第一次是在E柱遇到左侧谷底线叠加隐形左峰的压力，在水平方向即A区做了一个横盘震荡之后，继续上行。但在F柱遇到左侧箱体平台的压力，所以在B区做了一个中枢震荡，再次向上突破。当股价运行至G柱时，在C区又遇到隐形左峰的压力。

从春兴精工这个案例可以看到，凡是左侧有较大的压力时，一般会有调整消化的过程。但压力终究会被克服的，只是需要一定的时间和空间来进行搬运，以解决上行时的抛压。

在实战操作时，遇到左侧有较大压力且分时量波结构出现较大的瑕疵时，可以适当减仓或者先出来观望，等待调整结构完整，再把卖出的筹码接回。

比如600190锦州港，如图20-11所示，A柱挑战左侧谷底线后遇到压力，B柱回撤，后来回撤深度达到24%。其实在实战中不要等到B柱再出货，而是在A柱就应该减仓或者清仓。A柱的分时结构已经出现"见好就收"的出货信号，临近收盘前开了一次板，有人大单在涨停板上出货。如果了解压力的原理，就应该在当天的收盘前10分钟完成抛售任务。

第七步，看基本面。包括宏观经济发展情况、国家政策导向、个股的行业地位、个股是否有大股东减持、重组失败等负面消息等。特别强调的是，个股如果出现大规模解禁、大股东减持、重组失败、被立案调查、财务造假、收益锐减、商誉减值等负面消息时，要快速在第一时间"斩立决"，否则，就会遭遇连续的一字板跌停。

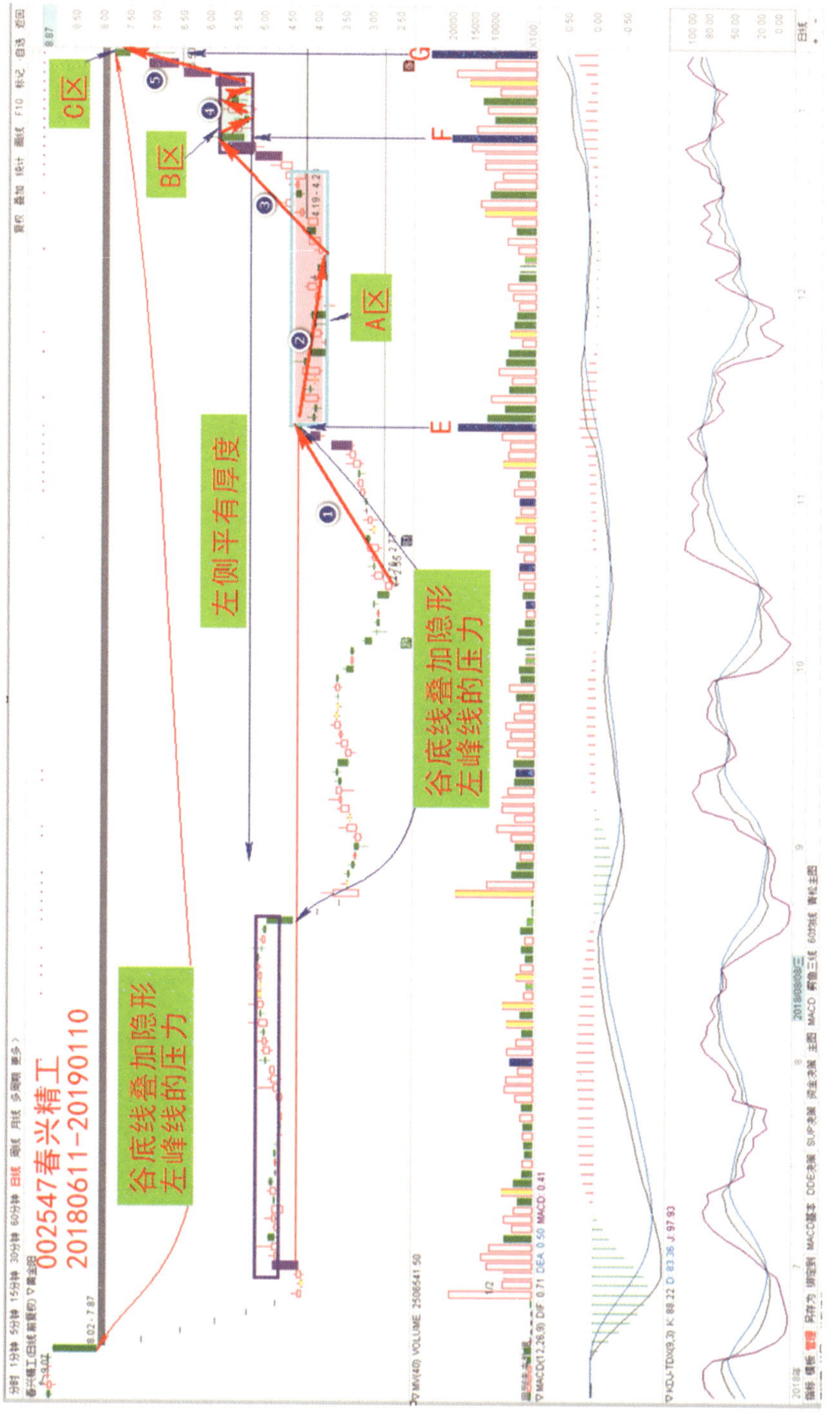

图 20-10 春兴精工谷底线叠加隐形主峰的压力图

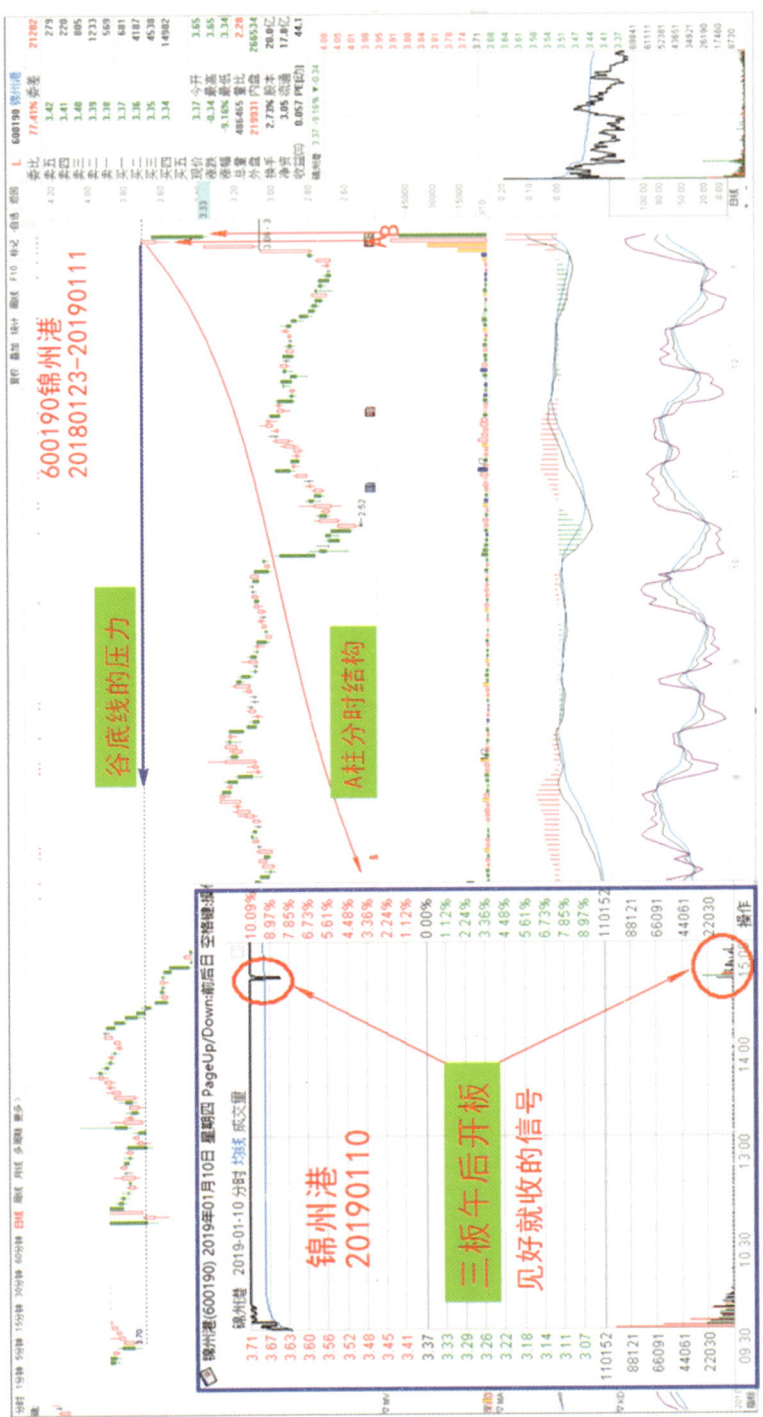

图 20-11 锦州港左侧压力与分时结构图

第二十一章 "见好就收"与"天长地久"

第二十一章
"见好就收"与"天长地久"

分时量波结构是多空双方激烈交战的生动呈现，是股价波动强弱的微观信号发源地，是预判转折点的重要依据。分时量波的结构由"价格、成交量、时间"三要素综合决定。

根据分时量波的结构形态来决定什么时候出货，是利润最大化的有效手段。比如2019年1月10日，我们漂亮股票16842学员群，在涨停板价位上成功出货锦州港，在涨停板打开之后第一时间出货春兴精工，就是典型的例子。

其实，根据分时量波结构信号出货，还有两个要素，就是股价所处的位置以及左侧是否存在压力。

先看002547春兴精工（见图21-1），2019年1月10日，有几位同学根据分时量波结构犯错的原理在9:50左右按照计划全部卖出，落袋为安，四个交易日累计收益超过35%。但该股在14:54的时候，又一度封住涨停板，其中，成都-常逸同学还在懊恼在当天7%左右的位置"被洗下车"了。我当时安慰说：有赚就好，不要贪心。结果，尾盘还是栏板了，第二天开盘就跌6个点。

我们来分析一下春兴精工的结构：

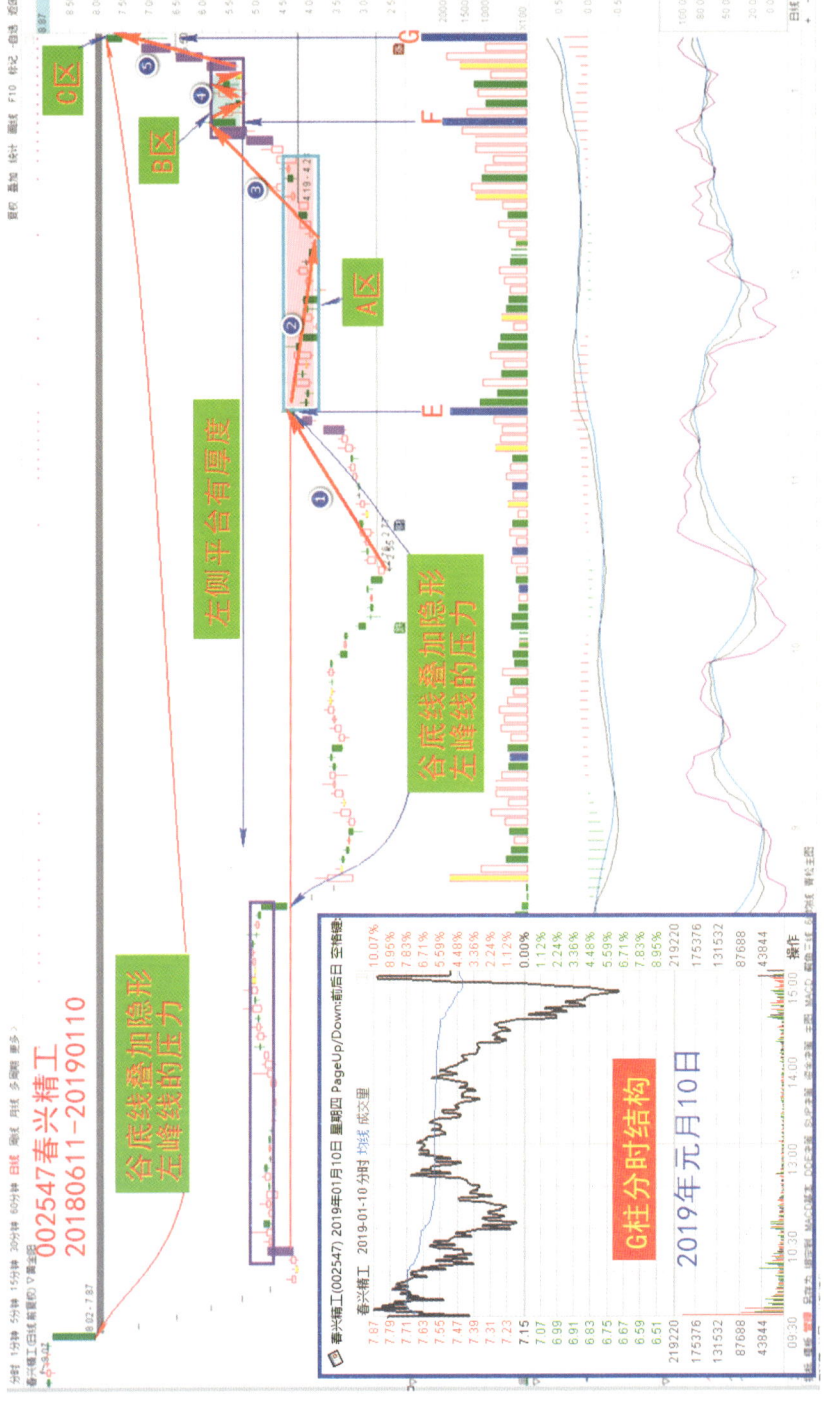

图21-1 春兴精工左侧压力与分时结构图

第二十一章 "见好就收"与"天长地久"

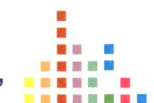

从底部起涨到E柱，有一波80%涨幅。E柱当天为放量的假阴真阳，其后调整了超过20个交易日才走第二波。

E柱为什么成为第一波的终结者呢？从E柱的水平方向往左侧看，明显可以看见既有谷底线，又有隐形左峰线的压力。A区超过20个交易日的调整，就是为了消化左侧隐形左峰和谷底线带来的压力。

F柱之前用两个连续的涨停板一举突破左侧箱体平台的阻力，但在F柱明显感到了压力，F柱形成放量的假阴真阳，就是遇到压力即将回调的信号。B区构建了一个"下、上、下"的中枢平台，这个中枢平台，就是多空双方交战的前沿阵地。

在B区这个标准的"下、上、下"的中枢平台结构完成之后，我们根据波浪理论及时发出了关于"春兴精工已经完成波浪结构的第四浪调整，接下来马上要走第五浪"的预警信号。部分同学在2019年1月7日根据跳空高开的买入信号直接介入了，到1月10日的G柱根据左侧的压力和分时量波结构，全部出货，四个交易日，收获接近40%。

为什么我们会在G柱全部出货呢？因为G柱左侧水平方向的压力非常明显：隐形左峰线与谷底线同时叠加。当天9:36分，分时结构出现典型的M头，如果在集合竞价没有提前出货，那么此时就是出货的强烈信号。

股价运行到C区，5浪结构已经走完，不会再有大的上升了，因此，即便后面有些鱼尾行情，我们也提醒大家，不能再参与了。原则上，5浪结构完成，接下来要走调整A、B、C浪。因此，功成身退，见好就收是最好的选择。

春兴精工这个案例，是一个典型的案例，第一浪、第三浪、第五浪的结束，均是在左侧遇到了实实在在的压力。尽管股票市场千姿百态，但根据这个案例，我们可以举一反三。其经验是：第一，有压力的地方，必有回撤，要提前做好踏准节奏撤退的准备；第二，当某种类型的结构完成，要么是直接参与做多的信号，要么是参与撤退的信号。

再比如，2019年1月10日的锦州港，已经连续收六个阳，其中有连续三个板，这就是我平时所讲的"连阳等阴卖"的位置。连阳之后是否出现阴，还得看左侧压力有无与目标价位是否实现这两个要素。如图21-2所示，我们往左侧看，

锦州港的左侧有个"上、下、上、下、上、下"的箱体平台，箱体平台具有一定的厚度，即使股价一举突破，也会有一定的回撤动作。而当天涨停板的位置恰恰在左侧的谷底线附近的位置，因此再往上攻，打破箱体平台的压力的可能性降低了。左侧谷底线一般具有强大的阻力，这是常识，不用多讲。

但实战中，最佳"卖点"并不是在日线形态出现"阴柱"的时候，而是在"大阳内部结构犯错"即大阳内部分时结构出现"价、量、时"三者之间关系不协调的时候。因为等出现日线形态的"阴柱"时，股价已经回撤5%甚至更多。

如果从微观的形态的分时量波结构入手来找卖点，那么就更为精准。如图21-2所示，锦州港在1月10日午后14：36出现开板，这就是在错误的时间出现负面的量价结构。这种位置、这种时间出现这种分时结构，第二天继续调整是个大概率事件。

在左侧有强大的阻力，且分时量波结构严重犯错的情况，那么，预判第二天继续调整是个大概率事件的时候，最好的操作，就是"见好就收"。其他的事情，比如爱情，比如友情，可以期待"天长地久"，但股票市场是吃人的地方，来不得半点温存和幻想。你不见好就收，它就会把你弄成天长地久。假如你受不了天长地久，那就会挥刀自宫。与其被折磨得死去活来之后挥刀自宫，还不如见好就收。

人有好坏之分，股票没有好坏之分。比如说，贵州茅台，是好是坏？回答是：贵州茅台，有时是好股票，有时是坏股票。好坏与基本面无关，与盈利状况无关，与企业品牌和产品的市场地位无关，而与你进入与离开的时间有关。从走势图上看，2017年的贵州茅台就是好股票，而2018年的贵州茅台就是坏股票。买进后上涨能够带来利润的股票才是好股票，买进后下跌亏钱的股票就是坏股票。

那有人一定会问：那左侧没有压力时，怎么判断？答曰：左侧没有压力时，可以根据量柱的阴阳、高矮，可以根据分时量波结构是否协调来预判。

具体如何判断，我们来看看002941新疆交建（见图21-3），这是一个强势主力一鼓作气把股价推升到极致的案例。

新疆交建是2018年11月28日上市的次新股。该股经过三次洗盘的箱体震荡后进入主升浪。从A柱开始，左侧就没有了压力，进入了海阔天空的状态。但进入海阔天空的状态，并不意味着可以一马平川任意驰骋。凡事有个限度，这个限度

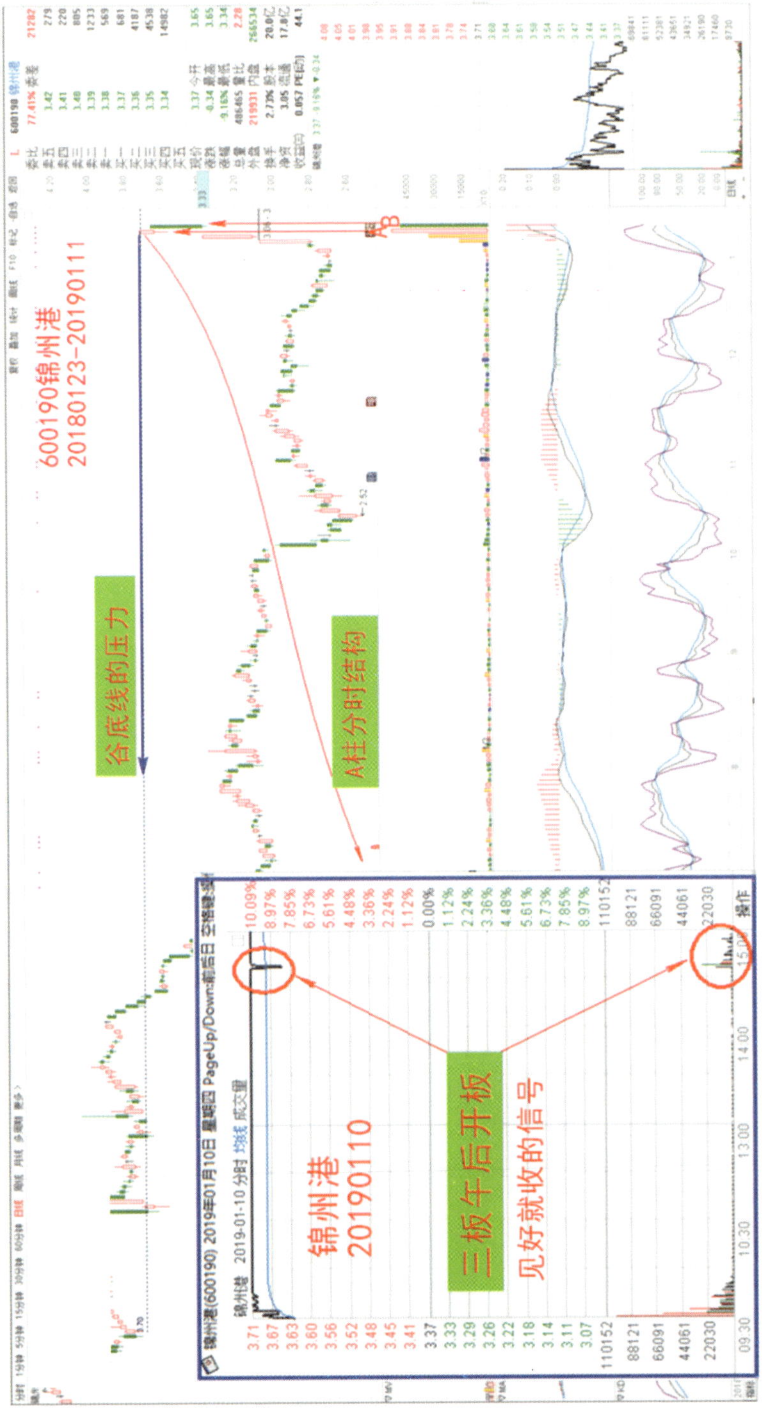

第二十一章 "见好就收"与"天长地久"

图 21-2 锦州港左侧压力与分时结构图

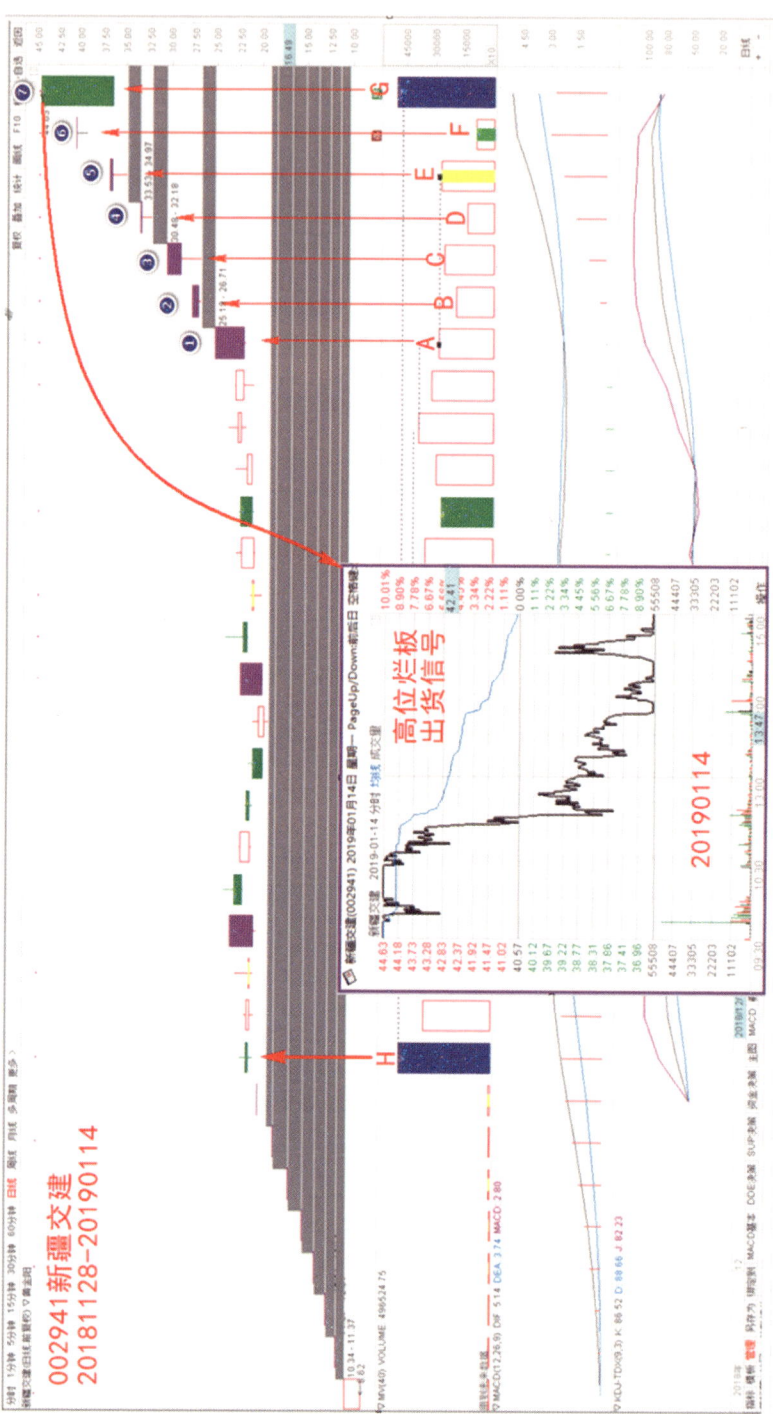

图21-3 新疆交建高位烂板主力出货图

第二十一章 "见好就收"与"天长地久"

就是：一旦连续拉升四个板，就要小心了。连续拉升七个板就是股价已经翻番。如果四个板成功封板，那就看五个板，五个板封住就看七个板。在这个过程中，要时刻关注分时量波结构的变化情况。

C柱是第三个板，C柱分时结构有较大的多空博弈。此时看C柱的成交量。从A柱起涨，到C柱，并无显著的放量现象，因此，只要尾盘能够封板，可以忽略其震荡。D柱封板迅速，缩量二分之一。这种高位突然缩量二分之一的情况要注意。一般情况下，高位突然显著缩量，表明市场参与度较低，筹码换手较少，主力独自表演，难以为继。但E柱突然放出倍量，但这个倍量柱与H柱相比，还不算高量。因此可以继续持有。不过，E柱在封住的涨停板上有大手笔出货的迹象，虽然没有导致开板，但此信号已经表明主力在偷偷出货了。到F柱又缩量二分之一，此时要高度警惕。到G柱，已经连续七个板，到了极致。此时集合竞价即可减仓。一旦盘中开板，即可全部出货。G柱当天收盘前的高量阴柱已经超过H柱，这种高位出现的阴高量柱，是主力出货的明显信号。当天务必全部彻底干净出货。

再看看603706东方环宇，如图21-4所示，其走势就没有新疆交建那么幸运了。A柱之后的B柱，尽管左侧没有阻力，算是海阔天空，但其走势却要艰难曲折得多，两次封板都被砸开；到F柱又是海阔天空，但开盘就从涨停板的位置被砸板。到H柱已经不是海阔天空了，而是被先前制造的左峰挡住了。

从东方环宇日像形态和分时形态的走势来看，这个股票开板后被两个或者两个以上的主力看中。争相抢筹之后，就开始相互残杀，一方拉升，另一方就砸板。经过AB、CD、EF、GH四个回合的刀光剑影较量，多方深感力不从心。到I柱，多方还有点想法，但J柱还是扑灭了I柱的热情。于是大江东去，随波逐流了。

我们从东方环宇的走势图中，可以得到一些启示，即在实战中，凡是发现连续两次拉升都遭到放量假阴真阳或者放量阴柱打压的，代表主力之间意见分歧较大，盘中抛压严重，此股前景黯淡，最好不要参与。如果一旦发现箱体平台内出现向下的跳空缺口，则是种长期下跌的信号。此时，如果手中还有股票，必须放弃一切幻想，斩立决。

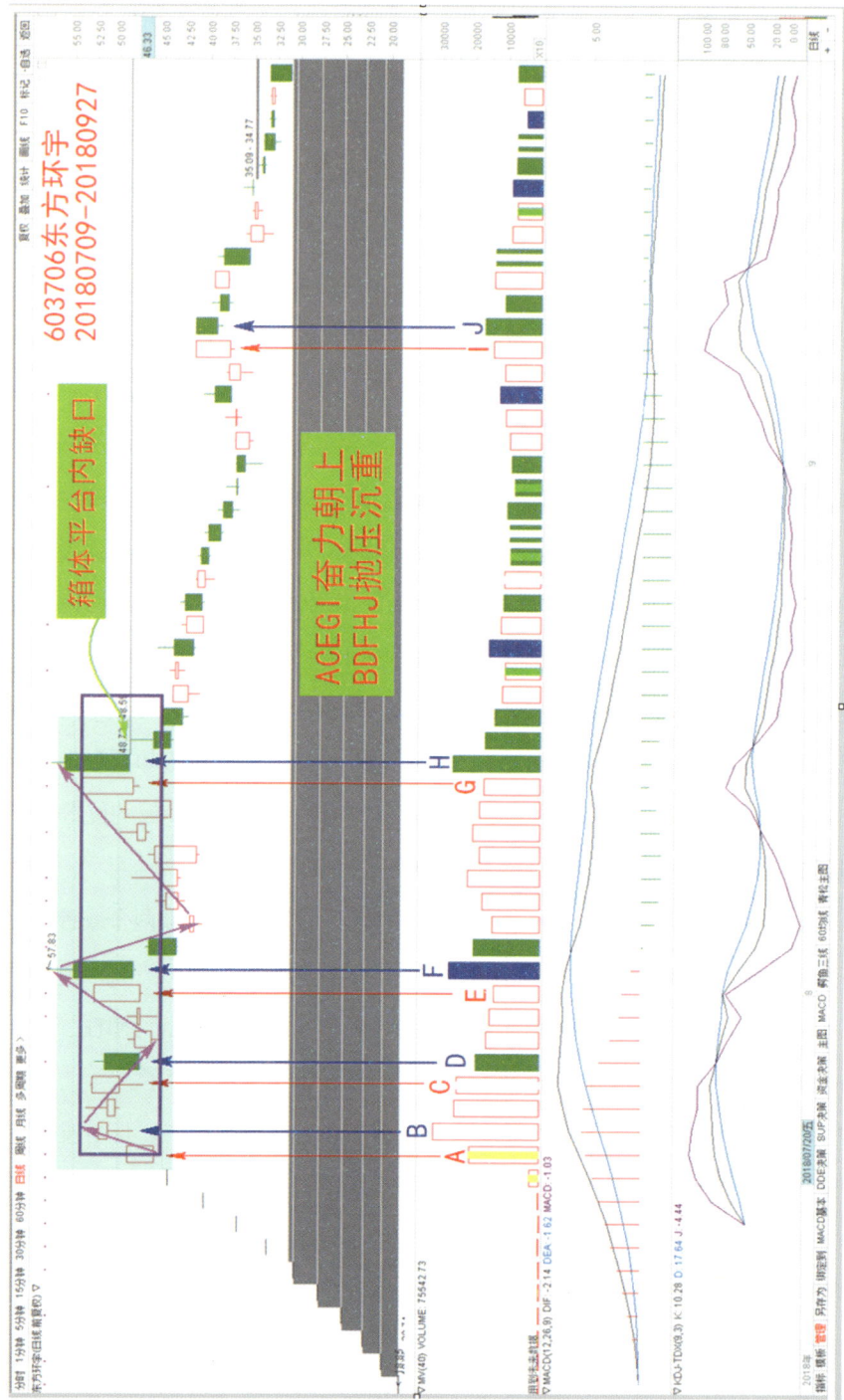

图21-4 东方环宇高位箱体平台内缺口图

第二十二章
"次新股"的"三种命运"

按照通常的说法，次新股是指上市后一年以内的股票。次新股一般是游资和私募特别青睐和集中攻击的板块。但并不是所有的次新股都能得到游资的青睐，能够得到青睐的，一般都是经过游资的挖掘，能够吸引市场眼球，符合当时热点题材范畴的。次新股连续一字板上涨开板之后，如果切合当时的热点题材，游资或者私募就会想方设法收集股票，然后伺机拉高，走出一段波澜壮阔的行情。

次新股之所以备受游资的青睐，其原因是次新股刚刚上市，股票比较干净，没有老庄潜伏其中的风险。同时，次新股刚刚上市，不存在大规模减持、资产重组等不确定性因素的干扰。如果某个主力能够顺利收集必要的筹码而没有强有力的竞争对手争抢，则该主力在条件具备的情况下就会发起一轮拉升动作。而一旦发现有实力相当的竞争对手争抢，则会展开博弈，直到一方知难而退。如果双方互不相让，则会相互绞杀，造成拉升夭折。

而那些没有主力关照的个股，因无人问津，则开板之后，只得跟随大盘指数一路同行，随波逐流，很难有所作为。

次新股能否走出一轮较好的行情，当然与大盘的走势有密切关系。如果次新股上市的时点恰逢大盘指数处于上升的趋势中，则主力拉升就相对轻松，次新股走出翻番行情的数量比较多，一般散户参与次新股的炒作获利的胜算概率也较大。而当

大盘指数处于下降趋势时，次新股要走出一段独立的行情，则相对比较吃力。次新股走出翻番行情的数量也很少，一般散户参与次新股的获利概率很低。

一般而言，次新股板块的股票有三种命运。

第一种命运为"一代天骄"型。生下来就注定光芒万丈。类似002941新疆交建（见图21-3），002930宏川智慧，600903贵州燃气，……，这些是次新股中的佼佼者，幸运儿，因为单一主力相当强大，无人争锋，涨起来一骑绝尘，一路飙升，让人仰天长叹，让人怀疑人生。但一旦主力出货完毕，就如同秋风扫落叶，一蹶不振，N年都不得翻身。

第二种命运为"春秋战国"型。生下来就注定该上下折腾。类似603706东方环宇（见图21-4），002929润建通讯，603348文灿股份，603709中原家居，002937兴瑞科技，603666亿嘉和，603773沃格光电，603214爱婴室……，因主力众多而产生分歧，雄心万丈者有之，见利忘义者有之，才拉起一个或者两个大阳，接着就来一个放量的假阴真阳。只因一山难容二虎，诸侯争霸，刀光剑影，几番征战，几番厮杀，要么突出重围，要么泯没众人。像603895天永智能这样，还能打出一点空间，折腾一番模样的不多。像300749顶固集创这样置之死地而后生的，更是凤毛麟角。多数是左冲右突，不得其所，不得善终。

第三种命运为"市场弃儿"型。生下来就被抛弃。类似601869长飞光纤（见图22-1），603587地素时尚，603693江苏新能，601138工业富联，002938鹏鼎控股，002933新兴装备，603590康辰药业……，从开板那天起，就遭到市场唾弃，避之唯恐不及，因无人问津，一路下跌，直至腰斩，风吹草低，不见牛羊，真是"凄凄惨惨，复又戚戚兮"。长飞光纤，开板第一天就从涨停板到跌停板，开板后第八天，跌幅达到43%；开板后第47天，跌幅达到55%。这种惨烈在次新股板块中，并非绝无仅有。

所以，次新股板块的生态，也是一言难尽。当然，如果大盘趋势朝上，则"一代天骄"会水涨船高，次新股中超过30%成为耀眼明星，因为生逢其时，恰逢盛世。而一旦大盘趋势朝下，则70%的次新股归类为"市场弃儿"，能够光芒耀眼的，只有5%~10%，其他的20%就是属于"春秋战国"型了。

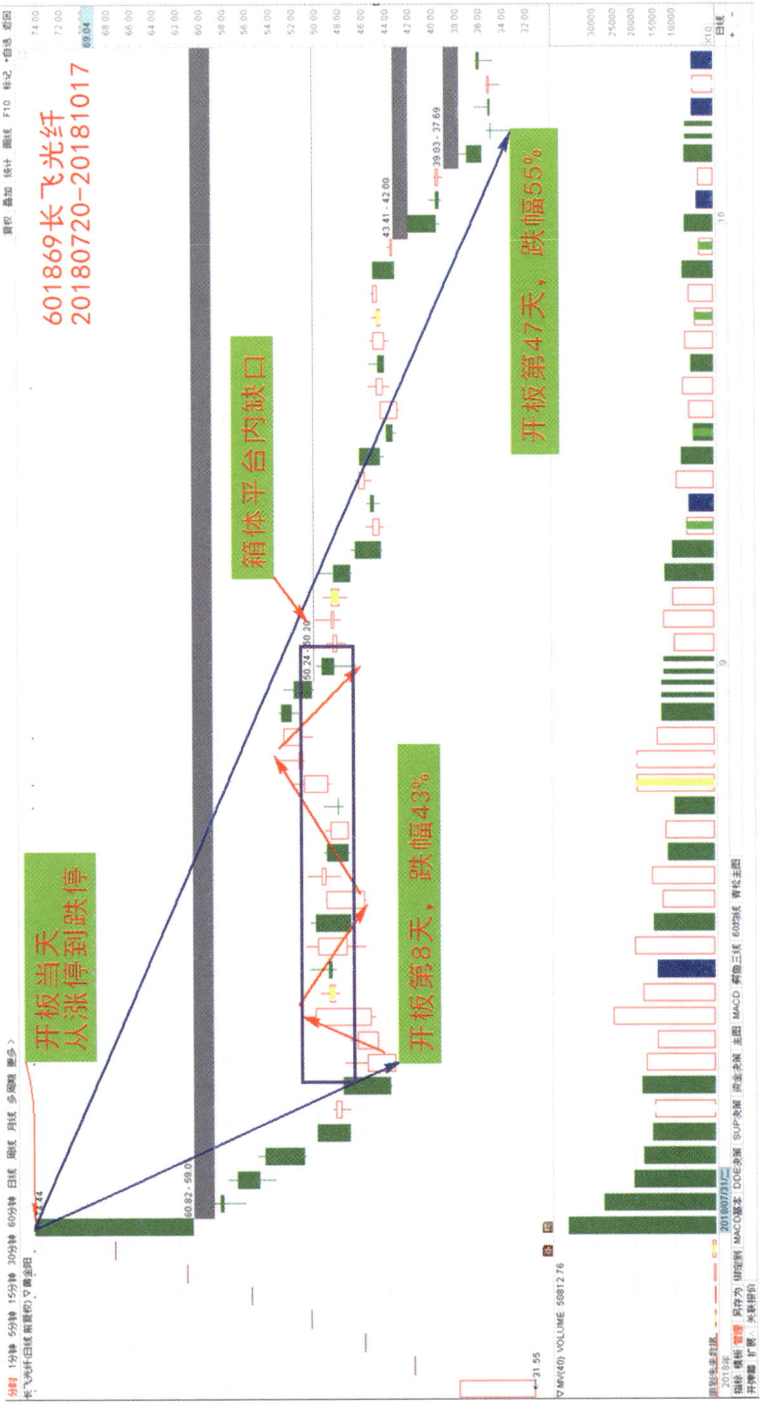

第二十二章 "次新股"的"三种命运"

图22-1 长飞光纤"市场弃儿"图

第二十三章
结构形态形似而神不似的甄别

2019年1月17日,有学员问:今天按照《连板捞金战法》低捞000555神州信息和002158汉钟精机,结构形态一样,为什么一个失败,一个成功?

答:如图23-1和23-2所示,神州信息和汉钟精机,局部看起来形态形似,都是二连板以后低开高走,基本上符合连板低捞的类型。但无论是从日像结构还是分时结构来看,都有较大的区别。

汉钟精机当下水平方向来自左侧的能量与神州信息来自左侧的能量完全不一样。汉钟精机当下水平方向的左侧,明显有两个涨停板,而神州信息却没有。如果允许我们把来自最近的、水平方向的左峰具有涨停板的,比喻为"漂亮的姑娘",那么站在当下的位置,往左看,是不是符合一句歌词"对面的女孩看过来……寂寞男孩情窦初开,需要你给我一点爱"?汉钟精机这个情窦初开的男孩,看到了对面漂亮的姑娘,因此劲头十足,奋力拉板,表现优异。而神州信息这个年龄相仿的男孩看到对面的女孩却是"一般一般",提不起兴趣,所以表现为没精打采的样子,分时5浪不涨停,双头无力,不仅无法封板,反而还回到起点附近。

为什么左侧有涨停板,对当下拉升连续的涨停板有帮助呢?其背后的逻辑是什么呢?其实很简单,一眼看去,两者之间的差异就出来了。大家知道,能否拉升涨停板是辨识主力强弱的标志信号之一。汉钟精机的主力在左侧的左峰处有两次拉板的动作,而神州信息在最近的两个左峰处都没有涨停板。谁强谁弱,立马就清晰可辨。

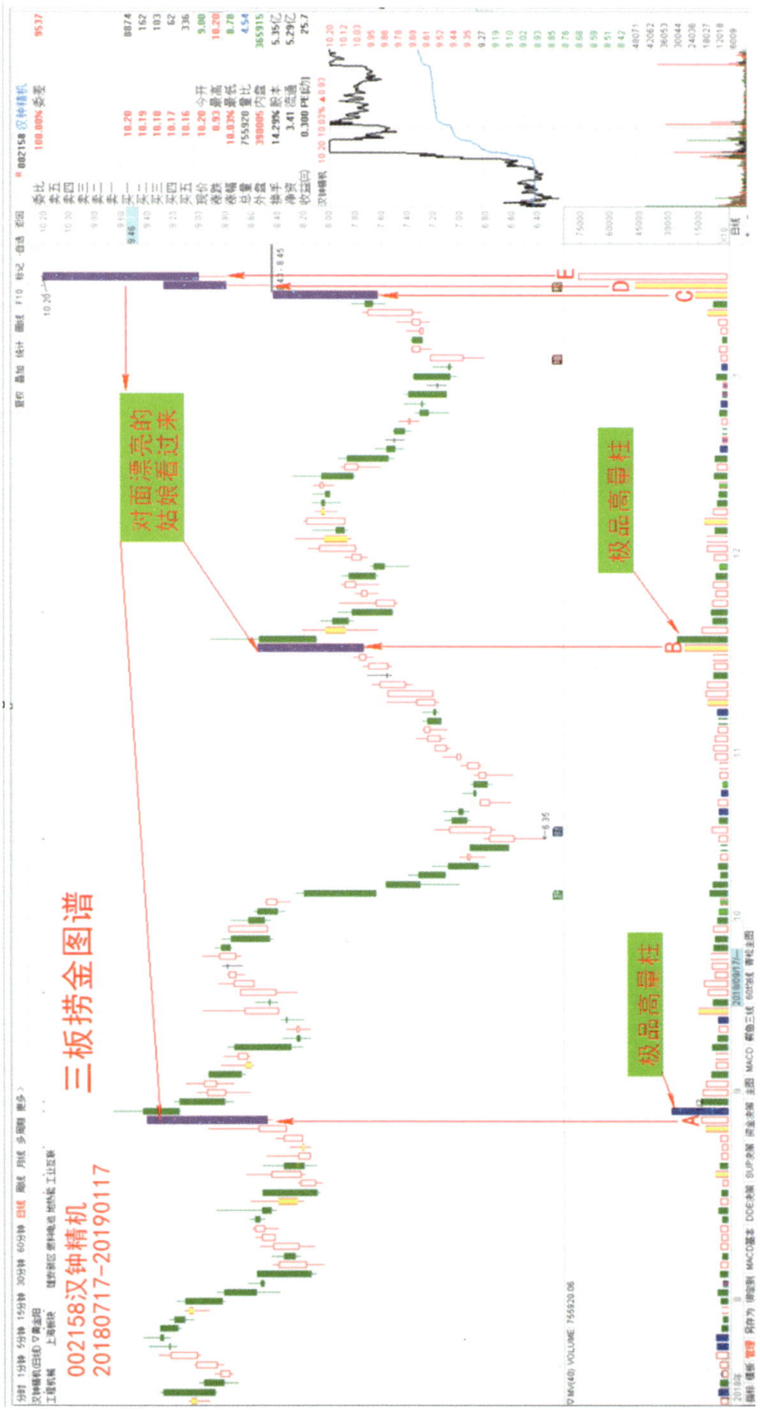

第二十三章 结构形态形似而神不似的甄别

图23-1 汉钟精机三板捞金成功示意图

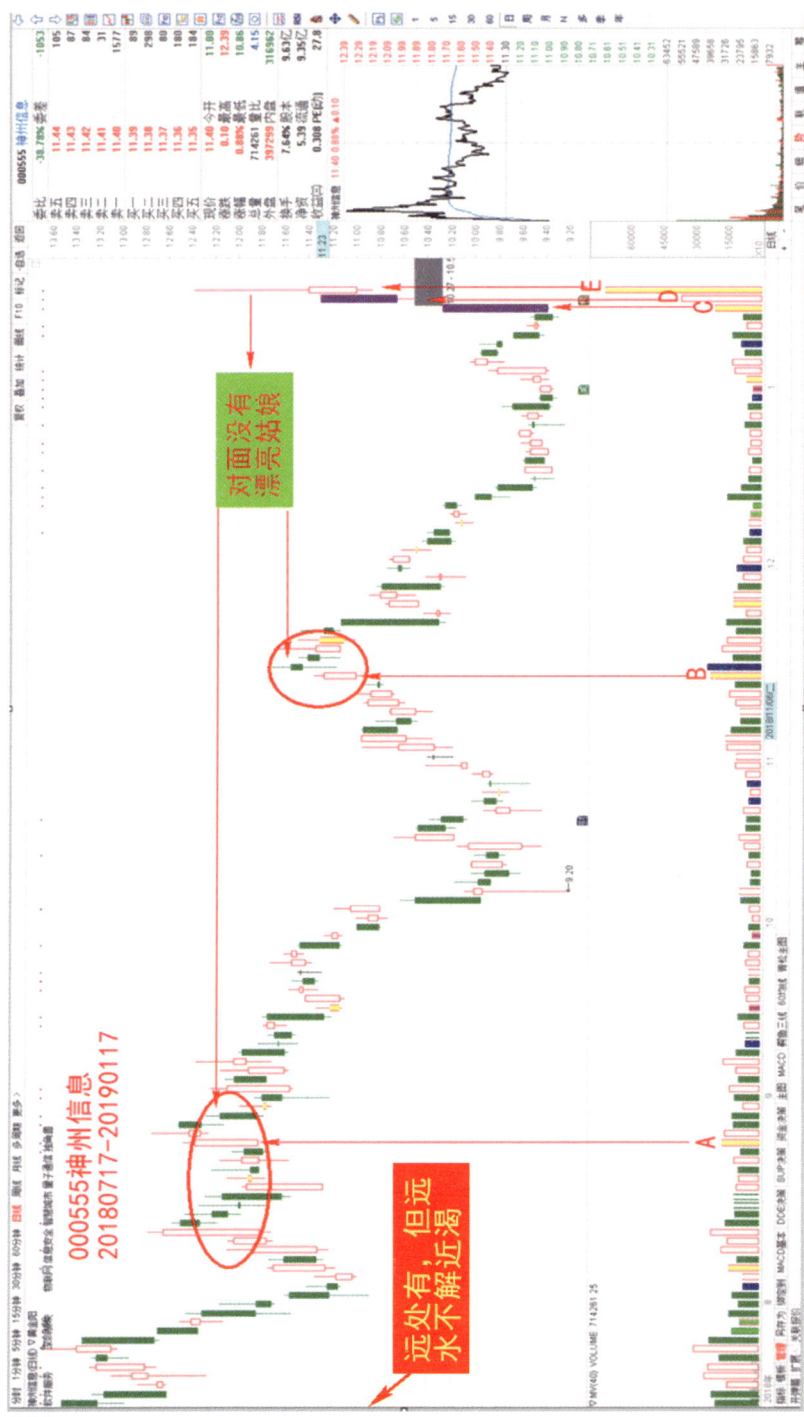

图 23-2 神州信息三板捞金失败示意图

学员反馈集锦

（1）山西–范耀中

2017年底开始学习高青松博士的"低调乾坤阳""早春新芽""鳄鱼三线腾空阳""大阴大阳组合"等战法，受益匪浅。12月29日当天小试牛刀买了三只股票全部涨停，顿时热血沸腾，这也是我炒股20年来第一次股票全板！

2018年春节期间我反复学习了课件，运用大阴大阳组合、板后双休选出了300487蓝晓科技，开市第一天跳空高开开盘，我就半仓杀进去了，不到十分钟五浪涨停，当时激动的快哭了。狗年第一板就这样诞生了，这也是当天最快拉板的股票。第二天高开又涨停，第三天高开还涨停。三连板的当天，午后烂板了，根据大阳内部结构的出货信号，我全出了，收获28%。

高老师的战法给了我极大的动力。2018年3月5日我根据早春新芽选出了002863今飞凯达，6日开盘5分钟正三围，我又一次冲了进去。7日、8日又是两连板。第一板犯了点错误，我出了一部分，晚上复盘根据精准十字星选了002629，早盘跳空高开开盘杀了进去，又干了两个涨停板。

读好书，交高人，乃人生两大幸事。命运之神眷顾与我，让我结识了高青松老师。与智者同行，你会不同凡响；与高人为伍，你能登上巅峰。

（2）四川–钟林志

我是2018年1月3日才成为中国人民大学量学大讲堂的学生，通过学习，在2

个月内抓了5个涨停。由此专门开了个账户按高青松战法来弄，目前该账户涨幅盈利14%。以前是一进就套，一套就割，现在终于扭转了被动的局面。严格按照买入信号和卖出信号操作，轻松愉快，还能赚钱。谢谢高青松老师，谢谢中国人民大学量学大讲堂。

（3）成都–鲁发东

高老师是我的贵人，哈哈哈，自从学了高老师的课程视频，就像窗户纸捅了个窟窿，透亮了。

（4）宁波–袁海奏

一个偶然的机会在一个QQ群里，有人在说高老师的"假阴真阳战法"很厉害，蛮好用，于是一路打听到www.lx448.com，买了课程后，拼命地没日没夜地看高老师的各种战法，晚上梦里都有早春新芽，大眼瞪小眼、一个个的数羊……。高老师的战法融合了波浪、缠论、均线、量柱量线、macd等指标，通俗易懂，易学而且不会忘记。

我从2018年3月28日进入16841学员群，到2018年4月24日初步统计了一下，一共抓板13个。其中有天鹅股份、宇环数控、傲农生物、瑞茂通、丽岛新材、隆华节能、亚士创能、高斯贝尔等。有几个半路开板的不算了，抓板的方法用到了高老师的早春新芽战法、低调乾坤阳战法、大眼瞪小眼战法、大阴大阳组合战法、零号黄金仓战法等。老师讲课中妙语连珠，三好学生、漂亮岳母、首跌缩量、红肥绿瘦、有序缩量、风吹草低见牛羊、A字量形、三羊开泰、缺口不补等朗朗上口。高老师把超过20年的炒股经验无私奉献给了我们，真心感谢高老师。

（5）珠海–李锲

有风口还要有好形态、好战法。最近学习了高青松老师的《过峰T字板战法》，2018年3月29日晚上选出三只股票，603067振华股份、300412迦南科技、300436广生堂，30日早盘干进去振华股份，没有想到居然涨停了。这种形态，要是在过去，我是绝对不敢动手的。学了高老师的战法后，看图作业，简单易懂，只要符合模型标准，干进去就行了，真是了不得啊。要是早认识高老师就好了。要知道，我在过去的2年里，亏了300万元啊。高老师真是我的贵人，自从学习了高老师的战法，2018年春节以来，我平均每周抓到一个涨停板，过去亏损的钱全部回来了。

（6）重庆–陈永工

感谢高老师的战法，这个星期（2018年3月26日至30日）大获全胜，我用"有板有眼战法"捕获二个涨停板，用"宝莲灯"跳空确认捕获一个，一个星期三个涨停板到手了。

（7）大连–谭广源

我今天（2018年3月30日）三个涨停板啊。其中300101振芯科技就是用"鳄鱼三线腾空阳战法"提前潜伏的。

（8）广东–刘泽

通过学习高老师的战法，我现在进出交易，也能够做到按照止盈止损信号来操作了。不过，我也经历了一段时间的将信将疑、不严格按照信号执行纪律的痛苦经历。痛定思痛之后，我现在也能够做到：有信号就买，没信号就休息，信号一出就算干错了也要干。昨天（2018年3月20日）我按照鳄鱼三线腾空阳战法买入西部黄金，当天被套，一点也不慌张，今天（3月21日）早盘它跳空阴，我也没有害怕，到尾盘居然涨停了。高老师的量化模型真是个好宝贝，经得起市场的检验，是就是，不是就不是，没有是不是，没有模棱两可。

（9）山东–李大牛

昨天学习了老师的"大阳内部结构"和"大阴内部结构"，今天（2018年3月

21日）就派上用场了。联诚精密高位烂板，我按照学到的知识点，卖在了涨停打开后反弹的最高点，锁定了利润，谢谢老师！

（10）绍兴-老酒

高教授确实好呀，把复杂的事情用通俗的语言和形象描述出来，象形会意，便于学习，便于记忆，也便于操作。

（11）深圳-桃花江畔

以前大盘一不好，手里拿着股就恐慌。现在学习了高教授的战法，心里一点不慌不忙，而是有理有据。我从心底里感激高教授做出的独特贡献。比如高老师讲的低调阳胜阴，很可能产生转折，形成底分型，这是一个胜算概率极大的介入点。

（12）山东-高山

高青松教授战法真神，但需反复看消化利用才是自己的，我每学习一次，就会有新的领悟。

（13）长沙-股民小阳

按老师数羊法，2018年3月19日尾盘买了国电南自。才学习不久，心里没底，非常忐忑，但第二天竟然涨停了！而且连续三个板！

（14）广州-青林

刚看完高老师新推出的课程《波浪理论与量价阴阳结构》，感觉好多票在走第三波，现在做票心里有底很多了，把握了节奏，临盘的涨涨跌跌也不慌了。

（15）山西-张华

高老师的课件《波浪理论与量价阴阳结构》太及时了，以前我习惯做短线，搞不清楚位置，拿着票心里没有底。现在有了大局意识，前后左右一起看，知道自己的票在哪一个波段里，大波套小波，小波做T+0，大波做波段，心里一点也不慌。自从学习高老师的"结构"，我现在可以一波一波做，就和齐步走一样，121，121，高老师让我我终于知道了什么叫"节奏"。

（16）长沙-李潇

高老师的战法真是太好了，我按照"零号黄金仓战法"和"有板有眼战法"模型，今天（2018年3月16日）逮住了300715凯伦股份，今天的这个板，既符合"低调第一板"又符合"低调乾坤阳战法"，估计明天还有板。看着这密集的基因，瞧着这红红的账户，我发自内心感谢高青松老师，感谢中国人民大学量学大讲堂，给我带来的福报。

（17）珠海-刘琦

高青松老师的漂亮股票结构形态学真是太神奇了。我这几天根据高老师的战法，左看右看，300104乐视网有机会了。我把想法告诉我的几个朋友，结果被这几个朋友臭骂一顿，原因是乐视网为问题股。

但我从形态结构看，如图24-1所示，怎么样看怎么样漂亮，横看竖看都漂亮。既符合"风吹草低见牛羊战法"，也符合"数羊战法"，而且两次风吹草低见牛羊了，三阳开泰了，哎呀。

昨天（2018年3月12日）收盘前10分钟，我看到另外一个基因又出现了，那就是"偷偷摸摸过左峰"信号出来了，当那个可爱的小三角形出现在价柱下面的时候，我的妈呀，我好激动。机不可失失不再来，全部干进去，结结实实干进去。干进去的时候，我的手啊，还是有点发抖。晚上一晚上睡不着啊。

但令我惊喜的是，今天（2018年3月13日）开盘不到10分钟，它今天居然涨停了。我炒股票十几年了，没有这么犀利的。哈哈，漂亮的结构长出漂亮的价柱，高老师啊，真是爱死您啦！

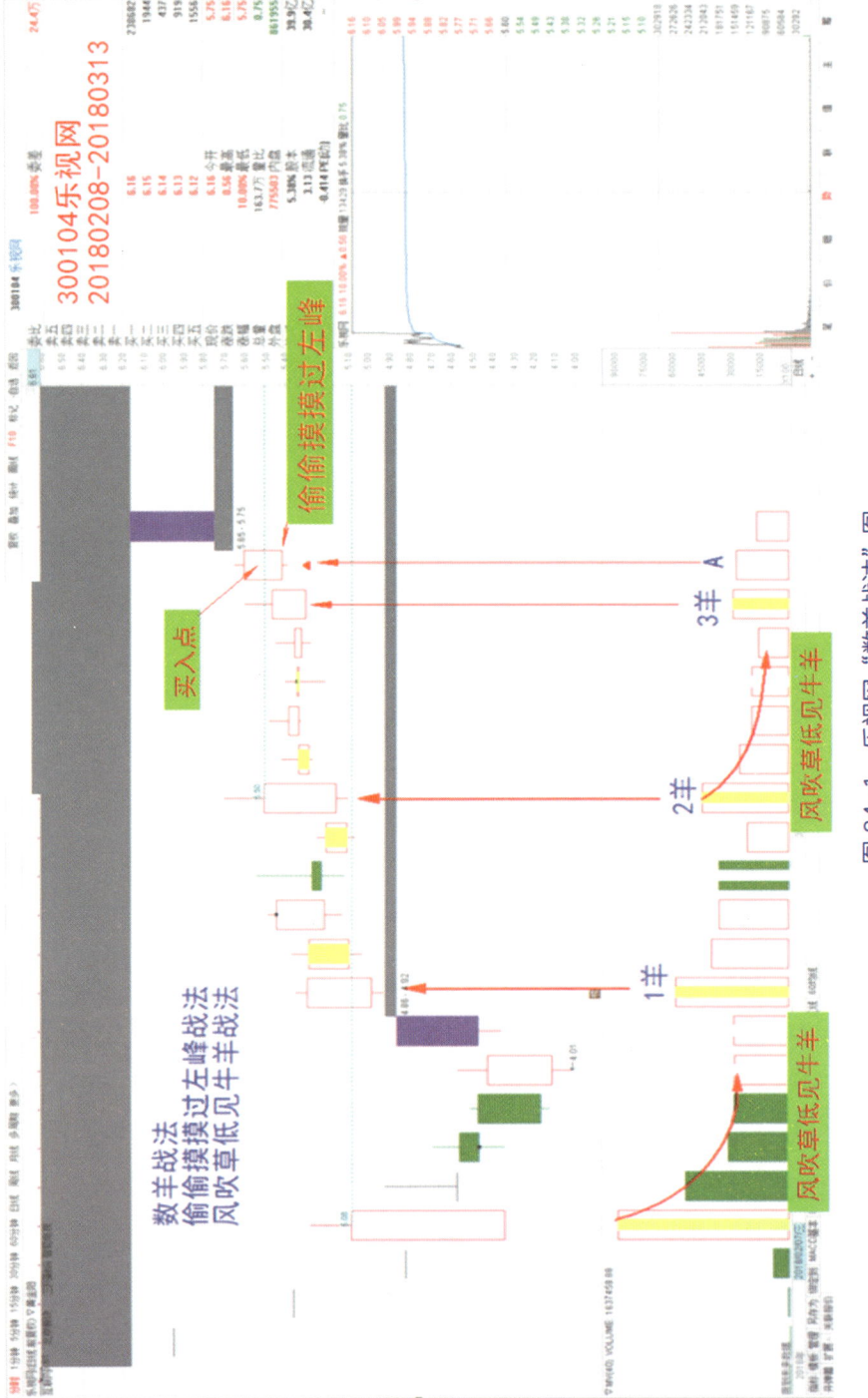

图 24-1 乐视网 "数羊战法" 图

（18）浙江-华平

自从学习了高青松教授的直播月课，本人根据形态结构找具有妖股潜力的股票进行潜伏的成功概率显著提高了。高老师反复强调，当一波波段行情来临，应该重点关注和跟踪"昨日涨停"和"昨日连板"这两个板块，牛股和妖股都是从这两个板块中产生的。

2018年11月12日基本上重点关注昨天涨停或连板个股的股票。实盘观察的时候，看到川金诺和华塑控股都是二板的票，当天观察了他们的过程，川金诺看它下来上去到涨停，可是说不出可用什么战法；对华塑控股，我也把握不定。于是在学员群里向高青松教授请教，针对这样的情况是不是可以按照"三板捞金"操作？

高青松教授马上回答我：川金诺在昨天上线的《偷偷摸摸过左峰分时量波与日像结构》已经讲到一部分。接下来的新课会讲到这种形态。华塑控股基本条件符合，但还缺一个信号。

那是什么信号呢？当时高老师并没有直接说出来。结果华塑控股尾盘砸开形成烂板。自己百思不得其解。

意想不到的是，晚上高青松教授根据当前的行情与我们相关操作要领还不到位的情况，特意给我们加了一堂课：高青松《三板捞金分时量波与日像结构》，看完了这堂课，知道了川金诺为什么今天还涨停以及自己不敢操作的原因，也领悟了华塑控股涨停之后砸板是缺少了某个信号。

接着根据自己的理解进行选股，川金诺、江泉实业、亚振家居、春兴精工、金利华电、永清环保等几只股票，作为11月13日的跟踪或操作。13日结合集合竞价情况，开盘买入了永清环保，当天涨停。亚振家居和江泉实业是早几天潜伏的，现在已经收获三个连板了。

这些收获，离不开高青松教授根据行情个股动态循循善诱的施教，因此非常感谢高青松教授。

（19）长沙–许桂芳

我学习高老师战法快一年了。通过学习，自己的进步是显而易见的。高老师的战法就跟他说的一样，简单实用，可操作性强。是就是，不是就不是。条件符合了买入就是。

（20）上海–紫涵

我是2018年1月开始开始学习高青松老师的漂亮股票结构形态学的，在www.lx448.com购买了高青松战法后，加入高教授的辅导群。刚入群，看见每天那么多师兄师姐买到了涨停板心里好羡慕。这使我更加充满信心的坚持下去。我一边学习老师的战法，一边少量仓位去实盘买卖。

老师的战法清晰、深刻，只做漂亮的，不漂亮的不做。所有的定量模型"是就是，不是就不是，没有是不是"，买卖点很明确。我印象最深刻的是2018年4月13日那天，除了新股一字板，涨停板只有13只，而我却买到了德生科技和荣之联这两只，当时心里好激动。其实我是一个股市小白，虽然以前偶尔也炒股但那时候没有系统学习过，乱买卖。

我在这三个多月里，无论大盘好坏，都可以做到0回撤，也可以买到涨停板，我可以做到，相信大家也可以。再次感谢高老师给我们录制了这么好的课程。学习是最好的投资，我会继续学习老师的各种战法，争取更大进步。

后　记

从本书的开篇到最后定稿，历时2载。看似简单的篇章，却凝练了28年股海沉浮的经验，有成功的喜悦，也有失误的辛酸。28年来，上上下下的折腾，进进出出的快感，如今都通过本书呈现在世人面前。

本书融合了行为金融学和交易心理学的研究成果，隐含了主力操盘逻辑思维结构和股价运行动力学的知识。本书从头至尾贯穿了"趋势、结构、形态、信号、靠山"十字方针。这十字方针包涵了买进卖出的依据以及风险控制的铁律。

下棋有棋谱，炒菜有菜谱，炒股有股谱。漂亮股票结构形态学，不是要放出个什么"大招"，只是从结构形态以及结构形态背后的逻辑视角来做一些常识性交易技巧的普及，只提供一些具有典型特征的定量模型。书中的任何一种战法模型，除了看得见的"形态"，更重要的是试图揭示"形态"背后隐藏的主力操盘逻辑。

眼睛看得见的地方叫作"视力"，看不见的地方，叫作"远见"。你视力看得见，人家也看得见，因为每个人都有"视力"。但"远见"，却不是人人都会有的，属于稀缺资源。所谓"早知三日事，富贵万万年"，指的就是"远见"的价值。

股票市场的"远见"，是透过结构形态的表象，弄清楚主力下一步的意图。要弄清楚主力的意图，必须搞清楚结构形态背后的思维逻辑。只有把主力的思维逻辑搞明白了，才能了解股价运行的方向以及股价运行动力的强弱。从某种意义上说，漂亮股票结构形态学，是作者通过实战得到的经验，是从枪林弹雨中走来的，是股票市场交易最前沿的的感性认知，是带兵打仗的"亮剑"，而不是坐而论道的学院派。

翡翠行业素有"赌石"之说，买来一颗大石头，一刀切开，其结果可能是"一刀穷"，也可能是"一刀富"，弄不好还会"一刀穿麻布"。因为翡翠是石头肚子里的货，摸得着，看不见，所以买石头就是赌石头。但漂亮股票结构形态学不同，你买或不买，看或不看，学或不学，用或不用，都不用"赌"。拿到本书，先把"目录"与"结构"看个通透；在实践之前，可以对照书中提供的定量模型，把你想要买入的股票看个通透。

而且，更重要的是，所有的概念模型，都是属于"是就是，不是就不是，没有是不是"的范畴，定义明确，信号客观，没有模棱两可。"是就是，不是就不是，没有是不是"是漂亮股票结构形态学的精华和灵魂。

所谓"外行看热闹，内行看门道"，在股票市场一样适用。看透这个理论之后，你再小仓位实践，积累经验。更确切地说，信心来源于成功的经验积累，积累信心之后，你才有气定神闲的勇气和底气去操作。

当然，本书中涉及的理论基础和实战模型，都是站在前人研究成果的基础之上，结合作者自己28年的交易经验，总结出来的。因此在这里，要特别感谢的，包括：波浪理论创始人拉尔夫·纳尔逊·艾略特；《缠中说禅》教你炒股票作者李彪；量价分析创始人威科夫；A股市场量学理论开拓者黑马王子；洛氏霍克结构创始人洛氏霍克；最早把混沌与分形理论引入证券操作的比尔·威廉斯；主控战略技术集大成者黄韦中；"三度强势理论"创始人蒋文辉；私募机构职业操盘手专家伍朝辉；职业游资操盘专家张宝龙；短线高手唐能通……正是这些股票交易市场的先贤和智者，给予了诸多赋能，才奠定了这个漂亮股票结构形态学的基

后 记

础。

感谢杨晨老师,为本书的策划提供了大力支持。同时,更要感谢杨旭、陈御明等各位朋友,他们把自己多年的交易经验无私地与我分享,让我的战法模型更为精细,操作的节奏更为精确。我的研究生朱泉郦、谢晓鸥、谭艳华、刘越等也参与了本书的一部分工作,高亦弘、徐玲参与了本书的校对工作,感谢大家的付出。

如果在阅读本书的过程中遇到疑惑,可以申请加入QQ群:199916858;也可以关注微信公众号:高青松战法;还可以登录www.lx448.com,进行交流和探讨。

高青松

2019年2月10日于湘潭大学